U0747209

服装高等教育"十二五"部委级规划教材（本科）

服装外贸与实务

范福军　钟建英　编著

中国纺织出版社

内 容 提 要

本书较系统地介绍了服装对外贸易的基本理论与实务方法，分析了我国服装产业出口现状及未来发展趋势，介绍了世界上主要服装大国的服装进出口市场情况，并且针对我国加入世贸组织之后的服装出口形式进行了探讨，以求对我国服装出口企业有所帮助。全书突出了理论与实践相结合的特点。

本书可作为纺织服装类普通高等教育、高等职业教育及成人教育的教学用书，也可供纺织服装行业有关人员学习使用。

图书在版编目（CIP）数据

服装外贸与实务／范福军，钟建英编著 .—北京：中国纺织出版社，2013.8
服装高等教育"十二五"部委级规划教材 . 本科
ISBN 978-7-5064-9861-6

Ⅰ. ①服… Ⅱ. ①范…②钟… Ⅲ. ①服装—对外贸易—贸易实务—高等学校—教材 Ⅳ. ① F746.83

中国版本图书馆 CIP 数据核字（2013）第 141731 号

策划编辑：华长印　责任编辑：王　璐　韩雪飞　责任校对：梁　颖
责任设计：何　建　责任印制：何　艳

中国纺织出版社出版发行
地址：北京市朝阳区百子湾东里A407号楼　邮政编码：100124
邮购电话：010 — 67004461　传真：010 — 87155801
http://www.c-textilep.com
E-mail:faxing@c-textilep.com
北京通天印刷有限责任公司印刷　各地新华书店经销
2013年8月第1版第1次印刷
开本：787×1094　1/16　印张：23.75
字数：380千字　定价：39.80元

出版者的话

《国家中长期教育改革和发展规划纲要》中提出"全面提高高等教育质量","提高人才培养质量"。教育部教高[2007]1号文件"关于实施高等学校本科教学质量与教学改革工程的意见"中,明确了"继续推进国家精品课程建设","积极推进网络教育资源开发和共享平台建设,建设面向全国高校的精品课程和立体化教材的数字化资源中心",对高等教育教材的质量和立体化模式都提出了更高、更具体的要求。

"着力培养信念执着、品德优良、知识丰富、本领过硬的高素质专门人才和拔尖创新人才",已成为当今本科教育的主题。教材建设作为教学的重要组成部分,如何适应新形势下我国教学改革要求,配合教育部"卓越工程师教育培养计划"的实施,满足应用型人才培养的需要,在人才培养中发挥作用,成为院校和出版人共同努力的目标。中国纺织服装教育学会协同中国纺织出版社,认真组织制订"十二五"部委级教材规划,组织专家对各院校上报的"十二五"规划教材选题进行认真评选,力求使教材出版与教学改革和课程建设发展相适应,充分体现教材的适用性、科学性、系统性和新颖性,使教材内容具有以下三个特点:

(1)围绕一个核心——育人目标。根据教育规律和课程设置特点,从提高学生分析问题、解决问题的能力入手,教材附有课程设置指导,并于章首介绍本章知识点、重点、难点及专业技能,增加相关学科的最新研究理论、研究热点或历史背景,章后附形式多样的思考题等,提高教材的可读性,增加学生学习兴趣和自学能力,提升学生科技素养和人文素养。

(2)突出一个环节——实践环节。教材出版突出应用性学科的特点,注重理论与生产实践的结合,有针对性地设置教材内容,增加实践、实验内容,并通过多媒体等形式,直观反映生产实践的最新成果。

(3)实现一个立体——开发立体化教材体系。充分利用现代教育技术手段,构建数字教育资源平台,开发教学课件、音像制品、素材库、试题库等多种立体化的配套教材,以直观的形式和丰富的表达充分展现教学内容。

教材出版是教育发展中的重要组成部分，为出版高质量的教材，出版社严格甄选作者，组织专家评审，并对出版全过程进行跟踪，及时了解教材编写进度、编写质量，力求做到作者权威、编辑专业、审读严格、精品出版。我们愿与院校一起，共同探讨、完善教材出版，不断推出精品教材，以适应我国高等教育的发展要求。

中国纺织出版社
教材出版中心

前言

2011年是中国加入WTO的第十个年头，同年12月11日在"中国加入世界贸易组织十周年高层论坛"上，时任国家主席的胡锦涛指出："10年来，中国全面履行加入世界贸易组织承诺，贸易和投资自由化、便利化程度显著提高。我们不断扩大农业、制造业、服装业市场准入，不断降低进口产品关税税率，取消所有不符合世界贸易组织规则的进口配额、许可证等非关税措施，全面放开对外贸易经营权，大幅降低外资准入门槛。中国关税总水平由15.3%降至9.8%，达到并超过了世界贸易组织对发展中国家的要求。中国对外开放政策的稳定性、透明度、可预见性不断提高。中国坚持实行平等互利、合作共赢的对外开放政策，为世界经济发展带来有力推动。中国全面享受世界贸易组织成员权利，经济发展获得了良好外部条件，同世界各国在经济、贸易、科技、文化等领域交流合作的广度和深度不断拓展；积极承担应尽国际责任，努力推动各国共同发展。我们积极采取一系列重大政策措施，同国际社会一道应对国际金融危机，着力推动世界经济强劲、可持续、平衡增长。"

纺织服装是我国最早融入世界贸易的产业，取得的成绩也是最显著的。有资料表明，我国有近1亿的人口是以满足人们服装消费而生存的。如此庞大的民生产业，集聚着数千万的产业劳动力，更需要数百万的专业人士来运筹帷幄。纺织服装早已是我国出口产品创取外汇的第一产业，为我国改革开放、经济建设、民生发展做出了历史性的卓越贡献，所以服装外贸人才的培养，任重而道远。

《服装外贸与实务》较系统地介绍了服装对外贸易的基本理论与实务方法；分析了我国服装产业出口现状及未来发展趋势；介绍了世界上主要服装大国的服装进出口市场情况；针对我国加入世贸组织之后的服装出口形式进行了研究；探讨了国际贸易术语含义及应用；阐述了国际服装贸易方式、合同条款及其商订和履行；例举出大量服装外贸函电、合同与协议，突出理论与实践相结合的特点。

本书共分八章，包括绪论，国际贸易政策与措施，国际服装市场简介，国际贸易术语，服装贸易方式，服装外贸合同条款，服装外贸销售合同商订与履行，服装外贸函电、合同与协议等。

本书在原《服装外贸学》的基础上，结合这几年的使用经验，重新对我国服装外贸情况进行撰写，并采用《服装外贸与实务》为书名，作为"十二五"部委级规划教材来出版。本书特别减弱了理论知识，加强实务，突出了应用的特点。

本书可作为纺织服装类、艺术设计类相关专业普通高等教育、高等职业教育及成人教育的教学用书，也可供纺织服装行业有关人员学习使用。

本书由华南农业大学范福军、钟建英编著；参与编著人员有：范福军（除下述之外的所有内容）、钟建英（第二章第一节至第四节、第四章第二节）、华南农业大学王霄凌（第四章第三节及第四节、第六章第二节及第三节）、华南农业大学王芳（第七章第四节）、广东工业大学朱广舟（第二章第五节）、陕西服装工程学院吕明（第二章第六节）。全书由范福军统稿。

鉴于编著者能力及水平有限，书中难免有错漏之处，恳请各位读者多多指教。

编著者
2013年1月

教学内容及课时安排

章	课程性质/课时	节	课程内容
第一章	课程导论 （2课时）		• 绪论
		一	国际贸易概述
		二	国际贸易理论与政策
		三	我国纺织服装贸易简况
		四	入世与我国服装业的发展
第二章	核心知识 （6课时）		• 国际贸易政策与措施
		一	一般关税
		二	进出口服装的通关
		三	特别关税和优惠关税
		四	非关税措施
		五	出口鼓励与出口管制
		六	国际经济一体化
第三章	专业知识 （2课时）		• 国际服装市场简介
		一	我国内地服装市场概述
		二	港澳台地区服装市场概况
		三	世界其他主要服装市场概况
		四	21世纪服装业的发展趋势
第四章	重点理论与专业知识 （8课时）		• 国际贸易术语
		一	国际贸易统计指标
		二	国际贸易术语与惯例
		三	适用于各种运输方式的贸易术语
		四	适用于水上运输方式的贸易术语
第五章	专业知识 （6课时）		• 服装贸易方式
		一	服装包销与代理
		二	服装寄售与服装展卖
		三	服装招标与拍卖
		四	服装期货与对销贸易
		五	服装对外加工贸易
		六	服装电子商务简介

章	课程性质/课时	节	课程内容
第六章	专业理论与知识 （6课时）		• 服装外贸合同条款
		一	服装品名、品质、数量与包装
		二	国际服装贸易运输
		三	服装的价格
		四	国际贸易货款的支付
		五	服装检验、索赔、不可抗力与仲裁
第七章	专业知识与专业技能 （6课时）		• 服装外贸销售合同商订与履行
		一	服装外贸销售合同概述
		二	服装外贸销售合同的商订
		三	服装出口合同的履行
		四	服装进口合同的履行
		五	国际服装运输保险合同与履行
第八章	专业技能 （4课时）		• 服装外贸函电、合同与协议
		一	服装外贸函电写作
		二	服装外贸常用中英函电范文
		三	服装外贸合同范文
		四	服装外贸协议范文

注　各院校可根据自身的教学特点和教学计划对课程时数进行调整。

目录

第一章　绪论

本章学习要点

1. 掌握服装国际贸易的基本概念、特点及其分类。
2. 了解服装国际贸易与实务的发展、现状及趋势。
3. 理解服装外贸与产业发展的关系。
4. 了解本课程的学习内容与学习方法。

第一节　国际贸易概述

一、国际贸易概念

国际贸易在奴隶社会和封建社会就已发生，并随生产的发展而逐渐扩大。到资本主义社会，国际贸易规模空前扩大，并具有全球性的特点。国际贸易是国际经济活动最主要和最基本的形式，是世界经济发展的重要因素。当今世界各国进出口贸易的商品内容极为广泛，从实物商品到劳务商品，从技术商品到知识商品，从生产要素的买卖到工业产权的转移。贸易方式也极其灵活多样，除了传统的货物买卖外，还出现了加工、易货、租赁贸易、合作、合资经营、国际承包等经济合作形式，使生产要素、流通要素、经济要素及科技要素相互渗透，紧密地交织在一起，进一步丰富和扩大了国际贸易的内容和范围。

国际贸易（International Trade）是指各个国家（或地区）之间的商品和劳务的交换活动，泛指国际的商品和劳务（货物、知识和服务）的交换，它由各国（地区）的对外贸易构成，是世界各国对外贸易的总和。传统的商品交换活动，主要指具体有形商品的进出口贸易。随着社会的不断发展，广义商品不仅包括有形商品，还包括无形商品。无形商品除了那些与进出口有直接联系的运输、保险、邮电及银行等业务外，还包括旅游、信息、知识和咨询服务等。这些劳务（Service)的提供与接受，被称为无形商品贸易。当代无形贸易的规模越来越大，其作用也越来越重要。

对外贸易（Foreign Trade）也叫"国外贸易"或"进出口贸易"，是指一个国家（地区）的商品和劳务的交换，由进口和出口两部分组成。对运进商品或劳务的国家（地区）来说，就是进口；对运出商品或劳务的国家（地区）来说，就是出口。

人们常用"世界贸易"(World Trade) 一词来代替国际贸易，但严格来讲两者之间仍有区别。国际贸易是世界各国对外贸易的总和，世界贸易则是世界各国对外贸易和国内贸易的总和。

二、国际贸易特征

（1）产品在国际间不能自由流动。

（2）各国有不同的货币制度。

（3）各国实行不同的经济政策。

（4）各国实行不同的对外贸易政策和措施。

（5）各国有不同的语言文字和风俗习惯。

国际贸易与国内贸易在性质上是不同的。但一般认为国际贸易与国内贸易同属流通领域，国际贸易只不过是国内贸易的延伸和扩大，在它们之间划分一个界限，既不可能也无必要。国际贸易与国内贸易是研究两个不同程度和范围的问题，而不是两个性质不同的问题。在国内经济活动中，各种生产要素的充分流动几乎是不存在的，而在国际经济活动中，资本和劳动力的大规模流动却时常发生。

国际贸易比国内贸易更复杂、更困难、风险更大。

三、国际贸易的优点

（1）通过国际分工和国际贸易，可获得成本比较差异所带来的差额利益。对外交易可充分利用世界资源，发展各国的商品生产及交换，促进世界经济持续稳定增长。可以充分利用我国劳动力资源丰富且价格较低的优势，多开展加工贸易，以获取外汇，并促进其他行业的发展。

（2）对外贸易可为本国多余闲置的产品提供广阔的国外市场，也可进口国内短缺和急需物资，以纠正国民经济各个部门之间的失衡现象，如可进口高技术、功能性、高品质服装材料及专用的高科技服装设备，以提高我国服装生产能力及服装品质，进而提高服装行业的经济效益。

（3）通过对外贸易可进口廉价的原料和设备，降低工资及成本，获得高额利润。通过扩大出口，实现规模经济，降低单位产品成本，提高相关行业的经济效益。

四、国际贸易分类

（1）按物流方向可分为：进口、出口与过境贸易。

（2）按国境及关境不同可分为：总贸易与专门贸易。

（3）按商品形态可分为：有形与无形贸易。

（4）按是否有第三者参与可分为：直接、间接与转口贸易。

（5）按清偿工具不同可分为：自由、结汇与易货贸易。

（6）按商品要素构成可分为：劳动、资本、土地、技术与知识等贸易。

（7）按国民经济综合国力不同可分为：水平与垂直贸易。

五、国际贸易的产生和发展

（一）国际贸易的产生

国际贸易的产生必须具备两个基本条件：一是有可供交换的剩余产品，二是国家或政治实体的形成。生产力的发展和社会分工的扩大，是国际贸易产生和发展的基础。

在奴隶社会和封建社会中，自然经济占主导地位，生产力水平低下，交通不便，致使国际商品交换只能在局部地区偶然发生，贸易规模、范围和商品种类都有很大的局限性。

15 世纪末期，新大陆的发现和新航线的开辟，使航海事业把世界陆地逐渐联系起来，为国际贸易创造了基础条件。18 世纪中叶，欧洲国家先后完成了工业革命，建立了资本主义的大机器生产，确立了资本主义生产方式。生产力水平的提高、产品的增加、商品经济的迅猛发展及生产规模的不断扩大，加大了广阔的市场和原料来源需求，从而促进了生产力发展，加深了社会分工，彻底瓦解了自给自足的自然经济体制。资本主义企业跨国经营，使社会分工和商品市场突破国界，进而形成国际分工和世界市场，由此产生了国际贸易。

（二）国际贸易的发展

19 世纪末 20 世纪初，各主要资本主义国家由自由竞争向垄断竞争过渡，垄断了多个行业的生产及市场。资本输出是垄断资本主义一大经济特征，关税成为鼓励和限制进出口的重要手段。由于争夺市场，1914 年、1939 年相继爆发了第一、第二次世界大战，期间还引发了第一次资本主义世界性经济大危机，各国纷纷采用关税壁垒、贸易大战、倾销措施、货币杠杆和集团经济等政策来保护各自的利益。

第二次世界大战之后，发生了人类历史上规模最大、影响最深的以原子能、电子计算机、人工合成材料、空间技术、遗传工程为代表的科学技术革命。这次革命对社会产生了巨大影响，引发了各国产业结构和经济结构的大调整，由此国际贸易呈现出新特点。

1. 国际贸易高速发展

2002 年，世界贸易总额为 6.2 万亿美元，美国、德国、日本、法国和中国为世界前五大出口国。到了 2011 年，世界贸易总额达到 18.2 万亿美元，中国出口额相继超过法国、日本、德国，成为全球第二大产值和贸易出口国。

2010 年中国对全球纺织品和服装出口额分别达到 770 亿美元和 1298 亿美元，均名列世界第一，出口领跑地位中短期内尚无任何国家或地区可以取代。但从市场份额角度来看，中国纺织品服装出口优势面临空前挤压。2010 年中国纺织品出口所占全球份额已经从

2009 年的 28.3% 下滑至 26%。服装方面，虽然中国的全球市场份额 2010 年继续从 2009 年的 34% 上升至 36.9%，但在美国市场，其 2011 年的市场份额却下滑近 3 个百分点，与之相对应的是，越南、孟加拉国等国的市场份额却节节攀升。随着人民币的升值和国内生产成本的上升，未来数年内中国纺织品服装出口的价格竞争优势将继续被削弱，市场份额可能进一步下降。

2. 商品结构发生巨大变化

20 世纪 50 年代后，工业制成品在国际贸易中所占比重超过初级产品的比重，此后二者差距逐步增大。

3. 集团贸易日益扩大

集团贸易在国际贸易中的地位日益重要，这是战后国际贸易领域中的一个显著特征。集团贸易在协调利益、统一政策、共享措施的基础上，加强了集体的对外竞争能力，促进了外部贸易发展。而集团内部实行自由贸易，促进集团贸易内部化，推动了成员国之间贸易扩大。集团贸易对国际分工和世界市场的格局产生了重要影响。世界三大经济集团组织（欧洲联盟、北美自由贸易区、亚太经济合作组织）与发展中国家发展大量的经济贸易，形成了全球合作的重要经济形式。在全球纺织品服装进出口格局变化过程中，欧洲、美洲和亚洲地区进一步控制了纺织品服装出口，地理位置因素对贸易格局影响日益凸显。

4. 发达国家处于主导地位

工业发达的国家在国际贸易中所占地位不断上升，其出口额占全球出口贸易额度的 2/3 以上，进口额占全球进口贸易额度的 3/4，且贸易多在发达国家之间进行。发展中国家贸易地位不断下降，并且主要贸易对象多是工业发达国家，这说明发展中国家对工业发达国家还有很大的依赖性。全球服装进口市场仍集中于欧盟、美国和日本，而纺织品进口市场则呈现多元化。2006~2010 年，欧盟、美国和日本三大传统市场合计占全球服装进口的比重基本稳定在 74%~78%，表明收入水平对服装消费需求仍具有决定性影响。截至 2010 年，亚洲、欧洲和北美洲地区合计占全球纺织品出口额比重已经达到 94.2%；而亚洲、欧洲和南美、中美洲地区合计占全球服装出口额比重则达到 92.9%，出口向上述区域集中的趋势自 2008 年金融危机以来尤为明显。

5. 全球纺织服装贸易与国际经济波动高度相关

自 2005 年配额取消以来，全球纺织品服装贸易发展呈现较大波动，与世界经济发展同步，并且对经济波动高度敏感。据世界贸易组织年度统计数据，2005~2011 年全球纺织品服装出口增长率和世界经济增速发展走势基本吻合。当世界经济处于较快增长阶段时（如 2005~2007 年），纺织品服装贸易也呈现稳步增长。在 2008~2010 年世界经济陷入金融危机时，贸易规模也随之一落千丈，其中 2009 年全球纺织品和服装出口额分别锐减 15.5% 和 13.2%。2011 年世界经济增幅从 2010 年的 5.2% 降低为 3.9%，全球纺织品服装出口额则大幅缩减 25.7% 和 30.4%。

第二节　国际贸易理论与政策

一、国际贸易政策的性质和类型演变

（一）国际贸易政策的性质

一个国家的国际贸易政策体现了国家的经济利益，国家可采用各种措施鼓励或限制进出口，国际贸易政策又是一个国家对外政策的组成部分之一，与该国政治及经济关系密切。

一个国家的对外贸易政策反映了这个国家在世界市场上的实力和地位以及同其他各国之间的关系和矛盾。经济实力较强的国家在世界市场上有较强的竞争能力，一般都要求减少或取消贸易限制，而落后国家则相反。各国从本国的利益出发，采取不同的对外贸易政策。国际贸易中既有斗争又有调和。

在一个国家中，各个集团有不同的利益，对国家的对外贸易政策上也有不同倾向性。一般来说，主要供应国内市场而受到进口竞争的产业、供应这些产业所须原材料和零部件的产业，倾向于国家采取限制进口的政策。各个集团之间经常有斗争，也有妥协和让步，关键看哪些集团在政治上、经济上的实力更强大，那么他们的倾向性更易被政府采用。

（二）国际贸易政策的类型演变

一个国家的国际贸易政策在国际关系上起着重要作用。各个国家国际贸易政策主要有两种类型：自由贸易政策及保护贸易政策。

自由贸易政策是指国家放宽或取消对进出口贸易的限制，对本国进出口商不给予特权和优惠，使商品能自由进出口，在国内外市场上自由竞争。

保护贸易政策是指国家采取各种限制进出口的措施，以保护本国商品在本国市场上免受外国商品自由竞争，并对本国的出口商品给予优惠或津贴，以鼓励商品出口，即"限入奖出"。

历史上资本主义国家对外贸易政策的演变，大致经历了以下五个阶段：

1. 保护贸易政策时期

这是 15~17 世纪资本主义生产方式准备时期，是重商主义所鼓吹的保护贸易政策时期。当时欧洲正处于原始资本积累时期，社会财富的重心由封建地主所有制的土地转向金银货币。人们认为金银货币是财富的唯一形态，一国财富的增加应来源于商业，而国内商业不会影响一国财富的增减，对外贸易的出超才能增加一国金银货币，从而增加一国财富。鼓吹经济民族主义，主张国际贸易是一种零和博弈（Zero-Sum Game），即你亏我盈，因此，国际贸易不可能是自愿自由的贸易，而需要用枪炮和军舰去打开他国的国门，占据更多的殖民地，通过宗主国与殖民地间不对等贸易来增加宗主国的财富。经济民族主义的传播使保护贸易政策在西欧得以普遍推行，从而加速了资本的原始积累，促进了资本主义生产方式的建立。因此，重商主义者主张国家必须干预对外贸易，实行奖出限入的保护贸易政策，以保护本国的对外贸易出超，增加国民财富。

2. 自由与保护贸易政策时期

这是在 18~19 世纪资本主义自由竞争背景下，以英国古典经济学派代表人物亚当·斯密和大卫·李嘉图所推行的自由贸易政策时期以及美国、德国所奉行的保护贸易政策时期。18 世纪 70 年代在英国开始的产业革命，开创了蒸汽机和大机器工业的时代，生产力迅速发展，资本主义生产方式开始确立。新兴的工业资产阶级需要有更广阔的国际市场，以推销其工业产品。而重商主义的保护政策阻碍了国际贸易的发展，形成了新兴工业资产阶级的障碍。古典经济学派的创始人亚当·斯密从哲学和经济理论上批判重商主义，宣扬自由贸易。古典经济学的思想在当时占据统治地位，并维持了一百多年之久。

当时，欧洲其他国家和美洲的经济还不发达，资本主义工业仍处于萌芽状态，这些国家要求保护他们的幼稚工业，为此形成了与自由贸易学说相对立的、以汉密尔顿和李斯特为代表的保护贸易学说。在这种学说的影响下，当时美国和德国采取了贸易保护政策，促进了本国工业的迅速发展。

3. 保护贸易盛行期（超保护贸易时期）

从第一次世界大战到第二次世界大战期间，是贸易保护政策盛行的时期。第一次世界大战之后，美国取代英国成为世界上最大的工业国。英国不得不放弃自由贸易政策，转向保护贸易政策。特别是 1929~1933 年资本主义世界发生经济危机，市场矛盾进一步尖锐化，使得各国竞相采用保护贸易政策，高筑关税壁垒，以邻为壑。英国经济学家凯恩斯推崇重商主义学说，为保护贸易政策提供了理论依据。但与第一次世界大战前有很大不同，不仅是工业后进国奉行保护贸易政策，工业先进国也是如此；保护的对象不是新建幼稚工业，而是已发展成熟的垄断工业；保护的目的不是培育自由竞争能力，而是加强国际市场的垄断。这种保护贸易政策也被称为超保护贸易政策。

4. 自由贸易化时期

这是 20 世纪以来，特别是 30 年代经济大危机以后，面对贸易保护主义盛行，贸易和金融关系紊乱，资本主义国家要求恢复实行自由贸易的时期。第二次世界大战后，德、法、英力量被削弱，美国成为世界上最强大的经济和贸易国家，它迫切要求扩大国外市场，实行"贸易自由化"。1947 年由美国倡导，23 个国家参加签订了"关税与贸易总协定（GATT）"。承认相互给予最惠国待遇，以逐步减免直至取消关税和其他贸易壁垒，促进贸易自由化为目标。以后，西欧成立了欧洲共同体和欧洲自由贸易联盟，逐步实现内部工业、农业产品的自由流通。

5. 自由贸易化后期

在贸易自由化的总趋势下，从 20 世纪 70 年代中期开始，贸易保护主义又有抬头。70 年代资本主义经济出现"滞胀"现象，80 年代西方主要国家之间的贸易失衡，美国连年扩大的巨额贸易逆差和日本、德国的巨额贸易顺差，使贸易保护主义的势力日趋增强。第三世界则由于世界市场初级产品价格长期下降，贸易条件恶化，加上发达国家贸易保护主义的影响，外汇收入减少，形成债务危机，迫使它们在对外贸易上进一步采取保护措施。

二、自由贸易与保护贸易政策的关系

自由贸易与保护贸易政策，对国际国内贸易影响而言，虽截然不同，但二者并不绝对排斥，既可相容并存，也可互相转化。

从历史发展来看，两种政策往往同时存在。只是在不同时期，两种政策互为主流与支流。一般在经济繁荣、科技迅速发展时期，自由贸易为主流；而经济停滞，市场不景气的时期，则以保护贸易政策为主流。自由与保护贸易政策也是相互交替转化的政策，即使同一国家，何时需要自由与保护贸易政策，也因时间而异，随条件而变化。

三、发展中国家的国际贸易战略

第二次世界大战之后，发展中国家多采取了进口替代和出口替代两种发展战略，以加速经济的发展。

（一）进口替代战略

进口替代（Import Substitution）是指一个国家采取保护措施，发展本国工业，以国内生产的工业制成品代替进口产品，从而促进民族工业和经济的发展。一般他们在开始阶段所生产的替代产品主要是消费品，以后逐步发展到重、化工业品，实现对资本货物的替代。

亚洲四小龙、四小虎及其他发展中国家，20世纪50、60年代都曾一度推行进口替代政策，之后转而采取出口替代战略。

（二）出口替代战略

出口替代（Export Promotion）或出口导向，是指一个国家采取各种措施，促使国内工业生产的发展面向世界市场，用工业制成品的出口来代替传统的初级产品的出口，以出口为动力，带动工业体系的建立和经济的增长。

（三）"两战略"比较

出口替代与进口替代相比，有以下优点：

（1）企业面向国际市场，能够采取一切措施来降低成本，提高技术，增强竞争能力。

（2）能够发挥本国资源禀赋的相对优势，更多更好地参与到国际分工中去，更快地促进本国经济的发展。

（3）能够以出口为导向，大力发展加工出口。利用进口原料，加工后出口，可提高产品的增值，创造更多的外汇收入。把原来用于进口替代的资源投入到出口部门以获得的外汇，一般比在高价保护下所节省的外汇更多。

但出口替代也有缺点，主要表现在对外经济关系的依赖性上。实行进口替代是以国内市场的需求为目标，国内工业发展受到世界经济波动的影响较小。而出口替代要面向世界市场，易受世界经济波动的影响；且工业产品的市场很大一部分在发达国家，这些国家对工业制品的进口，特别是对从发展中国家进口的劳动密集型轻工业产品设置种种关税和配额等限制，使发展中国家的经济发展困难有加。

现在越来越多的发展中国家不再采用单一的发展战略，而是根据国内的市场情况和经济条件，以及国际经济贸易环境，在不同的经济发展阶段确定不同的发展战略重点，并与其他战略相结合，以取得最佳综合效果。

（四）我国国际贸易战略和布局

总体来说，我国国际贸易战略和布局是：以广州作为我国货物贸易中心，上海作为我国服务贸易中心，北京作为我国技术贸易中心；南中北三点，三足鼎立，互为依托，优势互补，互相促进。

第三节　我国纺织服装贸易简况

一、我国纺织服装产业概况

（一）生产方面

纺织品服装产业的持续稳定增长对保证中国外汇储备、国际收支平衡、人民币汇率稳定、解决社会就业及经济可持续发展至关重要。

根据 WTO 的统计数据，中国 2010 年纺织服装业的出口额已占世界纺织出口额的 30.7%，首次超过欧盟成为世界上最大的纺织品出口国，而服装的出口额更是占有世界服装出口的 36.9%，稳坐全球第一的宝座。

据国家统计局数据，2010 年我国纺织服装行业规模以上企业共有 33 384 家，共创造 28 509 亿元产值（约占全国工业总产值的 4%），吸纳的从业人口大约 1800 万，其中 1200 万为农村剩余劳动力，还有 1 亿农业人口每年为纺织工业提供约 700 万吨天然纤维原料。

据初步统计，2010 年我国现有服装工业企业接近 5 万家，在职职工约 500 万人。拥有各种设备 255 万台（套），年生产服装能力超过 300 亿件。有 12 个省市服装产量超过亿件，分别是广东、浙江、江苏、上海、山东、河北、安徽、四川、辽宁、福建、湖北和天津。从国内服装产业布局和结构来看，服装产业多集中在东部沿海地区，其中山东、福建、浙江、江苏、广东五省的服装企业占全中国服装产业的 80%；规模以上的 1 万多家企业占了全行业产值的 70%，但出口只占 30%，90% 的中小服装企业承担了 70% 的服装出口。据世界贸易组织的数据显示，2001 年中国纺织服装出口额约占全球出口份额的 16%，2010 年这一数字被改写为 33%。

我国服装生产发展仍以数量型增长为主,服装出口和大商场的服装销售数量增长较大,新增服装产量大多是常规产品。行业内以低价位竞争为主,技术创新的竞争明显不足。由于过多地依靠或模仿国外技术,因此,国内高档服装的设计、板型和面料生产水平有待进一步改进和提高。在原材料供给方面,棉花价格、化纤价格经历了"过山车"般的上涨与下跌;在劳动力供给方面,用工荒现象普遍存在于珠三角、长三角、福建等纺织服装工业密集地,严重影响企业的正常开工;在贸易摩擦方面,在欧美经济复苏乏力的背景下,增大贸易摩擦成为美国的经济和政治需求,各种技术性贸易壁垒、召回通报等贸易保护现象极大增加了我国纺织品服装出口成本。

(二)效益方面

根据国家统计局数据显示,2011 年,全国 3.6 万户规模以上纺织服装企业实现工业总产值 54 786.5 亿元,同比增长 26.8%;销售产值 53 601.7 亿元,同比增长 26.86%。服装产量达 254.2 亿件,同比增长 8.1%。全行业 500 万元以上项目固定资产投资总额达 6799.1 亿元,同比增长 36.3%。规模以上企业实现利润 2956.42 亿元,同比增长 25.94%。但是,2011 年下半年较之上半年,行业面临的原材料成本、用工成本、资金成本等压力越来越大,利润增速大幅度下降。在出口方面,据中国纺织工业联合会的相关数据,剔除价格因素,2011 年我国服装出口数量同比下降 0.2%,行业利润增长持续减速。

今后 5~10 年,中国纺织品服装出口增长率将放缓,在稳定和扩大国际市场占有率的同时,着力提高产品附加值,将出口产品由中低档向中高档转变才是关键。中国纺织服装行业面临出口订单减少,原材料、劳动力和能源等生产要素成本大幅上升,人民币汇率升高以及环保方面约束等难题,以低档产品为主的生产加工型企业已没有出路,唯有提高技术含量、产品质量和原创品牌附加值,才能保持、发展和拥有市场。

相对来讲,服装在纺织行业中属于经济效益较好的行业,利润水平、资产运转率均高于纺织行业平均水平。但管理费用和销售费用增加,利润增幅降低,使服装行业的生产和效益增长不同步。两项费用增加的主要原因:一是国家加大了对企业三项保险金的收缴力度;二是服装行业在产业升级中,品牌的重要性被越来越多的企业认知,而树立和延伸服装品牌的广告费用则明显增加了成本投入。

(三)出口方面

1. 近年我国出口情况

2011 年,我国外贸进出口总值 36 420.6 亿美元,比 2010 年同期增长 22.5%,刷新了年度历史纪录。贸易顺差 1551.4 亿美元,比上年净减少 263.7 亿美元,收窄 14.5%。在出口商品中,传统大宗商品出口稳定增长,其中服装出口 1532.2 亿美元,增长 18.3%;纺织品出口 946.7 亿美元,增长 22.9%;鞋类出口 417.2 亿美元,增长 17.1%。虽然

2011 年下半年以来我国外贸进出口增速持续走低，但是贸易发展更趋平衡，进出口协调发展，外贸顺差逐年收窄。

我国海关 2012 年 7 月 10 日发布统计数据显示，2012 年上半年，出口纺织品、服装、箱包、鞋类、玩具、家具、塑料制品等 7 大类劳动密集型产品 1864.7 亿美元，增长 7.7%，占出口总值的 19.5%，同比降低 0.3 个百分点，这一数据显示出我国传统劳动密集型产品出口比重有所降低。据发改委网站消息，自 2012 年以来，在宏观经济环境影响下，国内外市场需求减弱，我国纺织工业经济增长的减速态势仍在延续，主要经济指标增速较上年同期明显下降。

2. 近年我国出口特点

（1）一般贸易出口占七成以上。2012 年 1~7 月，我国以一般贸易方式出口纺织品服装 1049.4 亿美元，同比增长 28.1%，占同期我国纺织服装出口总值的 76.2%；同期，以加工贸易方式出口 234.6 亿美元，同比增长 13.2%，占 17%。

（2）私营企业出口占据半壁江山，且增长较快。2012 年 1~7 月，我国私营企业出口纺织服装 701.8 亿美元，同比增长 33.9%，占同期我国纺织服装出口总值的 51%；同期，外商投资企业出口 395.5 亿美元，同比增长 16.3%，占 28.7%。此外，国有企业出口 220.6 亿美元，同比增长 23.6%，占 16%。

（3）欧盟、美国和日本为我国前三大出口市场，同时我国对新兴市场的出口增长较快。2012 年 1~7 月，我国对欧盟出口纺织服装 312.7 亿美元，同比增长 29.7%；同期，对美国出口 204.7 亿美元，同比增长 13.9%；对日本出口 139.9 亿美元，同比增长 24.3%。对上述 3 大市场出口合计占 47.7%。此外，对新兴市场出口增长明显，其中，对东盟出口 110.7 亿美元，同比增长 41.2%；对拉丁美洲出口 92.6 亿美元，同比大幅增长 50.7%。

（4）浙江、广东、江苏出口位居三甲。2012 年 1~7 月，浙江出口纺织服装 338.8 亿美元，同比增长 24.3%；广东出口 244.8 亿美元，同比增长 21.6%；江苏出口 228.8 亿美元，同比增长 27.8%。上述 3 省市出口合计约占同期我国纺织服装出口总值的 59%。此外，山东出口 115.5 亿美元，增长 24.6%；上海出口 115.1 亿美元，同比增长 21.9%；福建出口 91 亿美元，同比增长 41.6%。

（5）国际贸易保护主义持续升温抬高我国产品出口门槛。随着我国对外经济贸易的快速发展，一些国家政府和行业组织日益频繁地对我国出口产品和企业设置各种贸易和投资壁垒，保护其国内产业和市场。我国面临的贸易摩擦形势依然严峻。根据中国商务部统计，2007 年共有 20 个国家（地区）对我国发起 81 起反倾销、反补贴、保障措施和特保调查，涉案金额达 36 亿美元，同比增长 95.1%。美国还对我出口产品发起 17 起"337"调查，技术性贸易壁垒措施、滥用知识产权保护等各类贸易壁垒措施，对我国对外经济贸易产生的影响进一步加深。

近年来，我国纺织品面临的贸易摩擦越来越多样化，从最初的配额限制、反倾销、特别保障措施，到目前的反补贴、技术壁垒、企业社会责任、召回等形式。据资料显示，2011 年上半年，欧盟委员会非食品类快速预警系统（RAPEX）对全球共发布召回通报 583

起，其中对我国通报 300 起，高居榜首。对我国纺织服装类产品共发布召回通报 56 起，占对华通报总数的 18.67%，占对全球纺织服装类通报产品的 47.86%，涉及童装、成人 T 恤、牛仔服、运动服装和服饰以及鞋类产品等。与此同时，贸易保护发起国正由发达国家向发展中国家蔓延，如土耳其近日决定对自国外进口的梭织面料和服装征收 20% 和 30% 的附加关税；墨西哥、阿根廷分别对原产于中国的牛仔布、男用或童用套装、夹克等商品开展反倾销调查。目前国际技术性壁垒越来越多，技术指标更新越来越快，认证费用越来越高，很大程度上抬高了我国纺织服装产品的出口门槛。

目前，对我国纺织服装产品出口总体评价是：一流原料、二流加工、三流品质、无流品牌、低档价格、低效增长。世界上经济发达的国家衣着用、装饰用、产业用纺织品三大应用领域是平分天下，而我国三大应用领域所占比例为 70:20:10，不均衡现象显著。

（四）国内服装市场方面

城市服装消费追求高品质、个性化的服装，市场上占有率高的品牌服装销售增幅较大，这些品牌在全国市场或区域市场的流动性不断增强。随着农村进城务工人员的不断增加和农村城市化进程的推进，城市中又形成了一个新的服装消费群体。这个群体的消费水平介于城市和农村之间，穿着品位较高，但价格承受能力低。农村服装消费正处于成长阶段，做工粗糙、款式陈旧的服装已逐渐不能适应农村市场的需求。

（五）服装产业重点地区

2010 年中国纺织工业协会（现为中国纺织工业联合会）授予 175 个城镇为中国纺织产业特色城镇，其中有 47 个是以服装饰品为特色命名的城镇。诸如：中国休闲服装名镇（广东省中山市沙溪镇）、中国女装名镇（广东省东莞市虎门镇）、中国牛仔服装名镇（广东省增城市新塘镇）、中国内衣名镇（广东省南海市盐步区）、中国针织名镇（广东省佛山市张槎镇）、中国羊毛衫名镇（广东省东莞市大朗镇、浙江省桐乡市濮院镇）、中国休闲服装名城（江苏省常熟市）、中国出口服装制造名城（江苏省金坛市）、中国出口服装制造名城（山东省即墨市）、中国袜子名镇（浙江省诸暨市大唐镇）、中国衬衫名镇（浙江省诸暨市枫桥镇）和中国童装名镇（浙江省湖州市织里镇）等。

二、我国纺织服装行业经济运行现状

（一）产业集群优势明显

服装主产区专业市场的区域产业集群，由于其外部规模经济优势和集群企业间的专业化分工，公共配套服务共用基础设施体现内部规模经济优势，使集群区具有极强的产业综合竞争能力，并以特有的高产业效率、低成本，吸引着越来越多国内外的客户和订单。同时，产业集群地区良好的服装产业基础、快捷的信息、世界一流的生产厂房设备和政府的支持，也使这些地区成为海外投资的热点，产业集群地区服装生产发展速度明显高于其他地区。

（二）产业结构升级正在调整

为了适应市场国际化和产业升级，一些大企业把生产经营、资本运营结合起来，开始在国际投资上加大资本融资，逐步实现资本国际化，并聘请发达国家的设计师、工艺师、专业技术人员、营销专家、管理专家来工厂任职。

（三）"品牌化"推动了市场发展

"品牌多元化"在近年的服装行业内也悄然成风，这是我国国内大众衣着消费向高品质、个性化发展的重要标志。对产品差异化的需求，有利于改变我国服装业低水平重复和过度竞争的局面，不仅给大企业创造品牌、提高竞争力带来了有利的时机，同时市场细分也为众多小企业争得一席之地。

（四）设计队伍的作用不断发挥

服装企业在竞争中成长的大批优秀青年设计师逐步走向成熟，如今已成为中国时装业发展的骨干。这对摘掉以往中国服装只是"加工好"的帽子，从而提高附加值，将产生越来越大的积极作用。

（五）企业制度改革促进企业转型升级

较早实现市场化的服装行业中，有相当一部分企业现已完成了改制工作。通过改制，企业普遍增强了自我生存和发展的意识和能力。以市场为导向的经营结构、生产结构、产品结构调整主动迅速，使一些原本已陷入困境的企业，逐渐步入良性循环。

（六）服装行业的团队意识逐渐增强

集群区内企业间的内在联系和对团队意识的需求，已初步形成企业间的密切关系、组织意识与合力作用。同时，在遇到困难的时候有较强的大局观念，能形成统一意识，便显得尤为重要。不少企业既珍惜自己的竞争力，又珍惜来自于群体的无形资产，团队意识是服装产业社会化生产力发展的重要表现。

随着纺织、服装生产技术在高效化、自动化、智能化方面的进展，发达国家已实现了纺织、服装加工企业的全面升级。但是，我国目前纺织、服装的生产技术还相对滞后，仍为劳动密集型产业，科技成果的推广仍存在许多困难，纺织、服装的生产质量与国际标准相比差距较大，而人们对纺织品的需求无论在数量上还是在质量上都有了更高的要求，特别是城市居民的消费更加注重个性化、舒适化、品牌化和时尚化。纺织、服装的生产质量已直接影响到纺织服装市场的生存和发展。

三、国内服装品牌国际化运作特点

国内服装品牌国际化的步履维艰，国际化口号响、行动少，而且发展不平衡，江、浙、闽地区领先，粤随后，其他地区较落后。

目前，我国国内服装企业就品牌国际化方面都跃跃欲试，都把品牌国际化作为其未来发展的目标。他们为了使品牌更适应国际化的要求，纷纷请专门的品牌策划机构，进行品牌名称和品牌标识的重新设计和调整。

虽然国内服装企业的品牌国际化做得很努力，但在当今国际市场上，用我国自有品牌销售的服装品牌仍非常少。在 2001 年以前，我国还不是世界的成衣协会的成员国，也从未参加过世界成衣大会，在国际性的成衣统计中，找不到中国和中国品牌。我国作为世界第一大服装生产国和出口国，绝对不是没有产量，也不是产量不大，只是绝大部分在替国外的品牌作加工。

入世以来，一些企业在品牌国际化方面做了一些更扎实的工作，如品牌的国际化注册、图案的国际化、参加国内和国外的国际性服装展览、聘请国际的设计师和国际性的品牌形象代言人、个别企业采取了走出去的策略等，但这些工作对创立国际性品牌来讲是不够的。中国纺织服装品牌不仅进入欧美发达国家困难重重，即使是东欧和其他不很发达的国家，对中国纺织服装品牌的认可度也不高。在我国入世十年后的今天，中国品牌要想顺利进入这些市场同样需要比较长的时间，要逐步建立信誉，创立起真正的中国品牌。

第四节　入世与我国服装业的发展

世界贸易组织（World Trade Organization，即 WTO，简称世贸组织）。其前身为"关税与贸易总协定"（General Agreement on Tariff and Trade，即 GATT，简称关贸总协定），是一个规定国际贸易准则的国际多边协定，又是进行多边贸易谈判，消除贸易障碍，协调和处理国际贸易争端的场所，在国际贸易中做出了积极的贡献，成为当前世界国际贸易中对成员国最具有权威性和约束力的世界性组织。

一、世界贸易组织概况

（一）宗旨

WTO 的宗旨是在贸易和经济事务方面，提高生活水平，保证充分就业，大幅度稳步地提高实际收入和有效需求。充分利用世界资源，扩大货物服务的生产和贸易。期望通过达成互惠互利安排，实质性削减关税和其他贸易壁垒，消除国际贸易中的歧视待遇。同时应依照可持续发展的目标，促进对世界资源的最佳利用，寻求既保护环境，又与不同经济发展水平的需要和关注相一致的方式，加强国际贸易。需要做出积极努力，以保证发展中国家，特别是其中最不发达的国家，在国际贸易增长中获得与其经济发展需要相当的份额；决定建立一个完整的、更可行的和持久的多边贸易体制；决心维护多边贸易体制的基本原则，并促进该体制目标的实现。

WTO 的职能有制订和规范国际多边贸易规则、组织谈判、解决争端、实施和管理协议、提供技术支持和培训等。

（二）目标

根据《建立世界贸易组织协议》，WTO 的目标是产生一个完整的、更具有活力的和永久性的多边贸易体系，以巩固原来关贸总协定为贸易自由化所作的努力和乌拉圭回合多边贸易谈判的所有成果。通过在互惠互利原则基础上的谈判，以协议、协定等形式，建立新的国际贸易秩序，大量减少关税和其他贸易壁垒，消除国际贸易关系中的歧视性待遇。

（三）基本原则

1. 非歧视的贸易

这一原则包括两个方面，一个是最惠国待遇（Most-Favoured-Nation Treatment），另一个是国民待遇（National Treatment）。成员一般不能在贸易伙伴之间实行歧视；给予一个成员的优惠，也应同样给予其他成员。这就是最惠国待遇。这个原则非常重要，它在管理货物贸易的"关税与贸易总协定"中位居第一条，在"服务贸易总协定"中是第二条，在"与贸易有关的知识产权协议"中是第四条。因此，最惠国待遇适用于世贸组织所有贸易领域。国民待遇是指对外国的货物、服务以及知识产权应与本地的同等对待。

2. 更加自由的贸易

协议确认，减少贸易壁垒是最明显的鼓励贸易的方式。这些壁垒包括关税和配额等限制数量的措施。关贸总协定进行的八轮谈判主要就是为了减少贸易壁垒：起初致力于降低关税，后来又扩大到非关税措施，同时也从货物扩大到服务和知识产权。协议允许成员逐步减少贸易壁垒，发展中国家一般有更长的过渡期。

3. 可预见性

世贸组织成员在同意开放货物或服务市场时，必须约束关税，即未经与其他贸易伙伴进行补偿谈判（即可能要补偿贸易伙伴的贸易损失）不得提高关税。承诺不增加贸易壁垒有时与减少贸易壁垒一样重要，因为商业人士可以对未来的机会有一个明确的预期。除了对关税进行约束外，世贸组织还通过不鼓励配额和数量限制，以及要求成员保持各自规定的透明度（即公开各自的政策和做法）来增加可预见性。

4. 促进公平竞争

协议是一套鼓励公开和公平竞争的规则。非歧视原则就是为了创造公平的贸易环境。一些具体的规则，例如反倾销和反补贴规则，也是为了确定公平和不公平的准则。

5. 鼓励发展经济改革

世贸组织四分之三的成员是发展中国家和正在向市场经济转型的国家。世贸组织应致力于世界各国的经济发展。另外，最不发达国家在实施协议的时间方面需要灵活性，这已经成为共识。协议继承了关贸总协定中的规定，给予发展中国家以特别的援助和贸易减让。

（四）基本性质

WTO 是规范国际贸易行为准则的多国性契约，是世界历史上建立的第一个国际多边贸易体系。关税与贸易总协定于 1947 年 10 月在日内瓦由 23 个国家发起成立，自 1948 年正式生效以来，对世界经济贸易的发展一直起着重要的作用。随着国际贸易的不断发展，关贸总协定于 1995 年 1 月 1 日正式更名为世界贸易组织，该组织所制定的各项协定，各成员国可在这个契约性质的框架下进行国际贸易，该组织的目的是为商界创造一个有保障和可预见的国际贸易环境，并使投资、创造就业和贸易繁荣的贸易自由化可持续发展，以促进全球经济增长。

世界贸易组织是一个独立于联合国的永久性国际组织，在法律上与联合国等国际组织处于平等地位。无论是过去的 GATT，还是如今的 WTO，它一直承担着国际贸易之间的互惠互利、削减关税、取消障碍、推行贸易自由化的职能，对降低关税税率、规范贸易行为、解决贸易纠纷、培养专业人才等方面，起着广泛积极的作用。WTO 提倡的非歧视待遇、稳定贸易发展、促进公平贸易、发展中国家可享受特殊优惠待遇、贸易政策法规统一与透明等 11 项原则及相关规则，一直是国际贸易的基本准则，并被世界各国公认。

中国是 WTO 第 143 个成员，中国台湾是第 144 位。另有 30 余个国家和地区，正在积极申请或正在谈判，争取加入 WTO。现在 WTO 成员已不限于主权国家，一些地方政府在中央政府同意后，也可以单独以关税区名义加入总协定。目前 WTO 缔约方之间的贸易额占世界总贸易额的 90% 以上，在国际经济关系上，被称为调节世界经济的三大支柱之一（其他为国际货币基金组织和世界银行）。

WTO（GATT）范围除货物贸易外，还延伸到服务、知识产权保护和与贸易有关的投资措施，其规则已被世界各国普遍接受。

二、WTO对我国纺织服装业的影响

（一）入世后的机遇

服装行业是最典型的劳动力密集型工业，我国又是世界头号服装产量及出口大国。我国服装业的比较优势很明显，服装工业的外向型特征极为显著。人们普遍认为，加入WTO 后服装工业是最大的受益者，但也存在严峻的挑战，有利也有弊，当然是利大于弊。

1. 可加大服装出口

可使我国产品在所有缔约方享受多边的、无条件和稳定的最惠国待遇，扩大出口。

我国服装业经过几十年的努力，奠定了较为扎实的基础。从 1994 年开始，中国作为服装生产和出口第一大国的地位比较稳固，随着中国服装行业在产品设计、工艺技术、经营管理水平等方面不断地提高，中国服装在世界市场上已经具备了相当的国际竞争能力，其国际竞争力系数已达 0.93。入世后，我国服装出口外部市场环境得到很大改善，不但可获得 ATC"一体化比例"和"额外增长率"，拥有自由贸易的权利，而且在多边谈判中可获得普遍优惠待遇，特别是被动配额的取消，可使我国服装出口更加通畅。

2. 可享受特殊优惠待遇

根据透明度原则，可获得更多的信息资料，便于分析形势，制定政策。享受发展中国家的特殊优惠待遇，可适应保护幼稚工业在一定限度内出口补贴，保持贸易弹性。

3. 可保护我国利益

利用世贸组织多边争端解决程序，公正地解决争端，避免贸易中的歧视和不公平待遇，保护自己利益。可享受世贸组织法规制订及修改的权利，使我国发挥更大的作用，维护我国在世界贸易中的权益。为我国经济贸易发展和现代化建设创造较为稳定的环境。

4. 可提高就业能力及水平

按每出口 1.5 万美元可安排一个工人的就业来估算，我国良好的出口态势对解决国内就业压力、提高人民生活水平、稳定社会安定、支援国家建设等，都会带来积极作用。

5. 有助于服装产业结构调整

目前，我国服装产业呈现东盛南旺、西部淡的局面，占全国面积 60% 以上的西部地区服装工业还很落后，规模很小，而服装资源、劳动力资源、生产加工能力资源等，还有很大空间可供开发利用。

入世后，国内外两个巨大服装市场竞争更加激烈，东部地区的服装产业优势在国家西部政策的引导下，势必会推动中西部地区服装产业的发展，从而推动我国地域性服装产业结构不合理的调整。同时，国外先进服装生产管理技术的输入、国外资金的投入、服装产品信息的迅捷传入，必将使服装产业更加活跃，不断培育、刺激、推动服装市场走向成熟，促使服装消费者形成个性化、多样化、品牌化消费理念，使服装产品结构逐渐走向成熟并与国际接轨，进而迈向国际化发展之路。入世不但刺激、推动着企业家市场意识的增长，而且也培育了市场，促动了消费的成熟。为满足不同层次消费群体的服装需求，服装产品结构调整的速度一定会随之加快。

6. 可提高服装行业竞争力

入世后，我国经济趋于全球化，我国目前已拥有 13 多亿人口，国内也将成为世界服装消费大国，随着国内长期的稳定局面及国民经济的持续发展，人民生活水平、文化素质的不断提高，人们对服装的消费需求也必然随之变化，这是一个巨大的服装潜在市场。入世后，国外先进的服装生产管理技术、领先的加工设备、优异的经销手段、国外跨国公司的进入以及"三资企业"的渗透，将会强烈地激发我国服装行业的竞争意识，迫使他们在产品开发、技术提高、员工培训、科技投入、品牌建设等方面多下工夫，进而增强各自在服装市场中的竞争力。

（二）入世后的挑战

"入世"并不意味着我国服装出口能长期高速增长，原因有三，其一是发达国家市场是逐步开放的，短期内带来的出口贸易增长空间十分有限，同时我国纺织服装行业受国际经济发展状况影响将加大；其二，我国对配额市场的出口只占全部出口额的20%，80%的产品是对非设限国家的出口；其三，我国也是一个纺织品服装进口大国，进一步降低关税和取消非关税措施的结果是纺织品服装一般贸易进口增加，国内市场压力增大。

1. 加剧国内服装出口企业的无序竞争

由于受过去计划经济的影响，目前我国服装行业仍缺乏有效的管理手段及机制，服装企业自我管理和自我约束能力有限，有序竞争机制及意识薄弱，入世后可能会引起企业在服装出口方面激烈的无序竞争，导致进口国或地区采取反倾销措施，阻碍我国服装出口。

2. 服装中小企业将受严重冲击

目前，我国有相当一部分服装企业实力薄弱，与国际水平相比，相去甚远，其产业升级还需一个过程；自身实力不足，缺乏专业人才，更缺少能从事国际贸易的专业人才和经验；对我国入世行业优势思想过于乐观，与"狼"共"舞"，不知"狼"性，也不懂如何去"舞"。入世后，竞争力弱小的企业，不适应新经济规则的运作，势必会受到冲击以致被冲垮，国内服装企业将面临一次更大的"大浪淘沙"过程。长期计划经济体制与缺乏竞争的环境下，我国现行经济外贸体制还不适应许多规章法令，人们的意识观念、价格体制、外汇机制有待改进，由于不适应新环境，某些企业将面临冲击，甚至可能倒闭。

3. 影响服装一般贸易

由于我国服装上游产品——服装材料档次不高，所以入世后对国外面料的进口会有所增加，将使服装一般贸易有所下降。目前，我国出口服装大多是"一大三低"产品（大路货、低档次、低质量、低价格）；粗加工产品多，而精深加工产品少；"三来一补"（来料、来牌、来样及补偿贸易）加工产品多，而自我开发、自主品牌、高档产品少；纺织、印染、制衣衔接较差，国内高档优质服装材料不能满足国际市场需求，仍需大量进口，入世后，在一定时期内将主要以加工贸易为主，而一般贸易会相对下降，造成服装产品进出口净创汇额不能令人满意。

4. 服装出口会受到环保问题的制约

入世只能解决关税壁垒问题，而对非关税壁垒，特别是服装环保这一我国薄弱环节，将是制约我国服装出口的最大困难。工业发达国家相继立法，对进入本国服装产品实行环保认证及有害物质检测认证制度，结合进口产品高技术含量作为屏障，通过非关税的技术壁垒限制我国服装出口，这是我国服装产品出口面临的新困难。

（三）入世后我国服装出口主要障碍

乌拉圭回合后，随着《纺织品与服装协定》的实施，许多国家迫于国内服装企业的压力，多采取各种措施对本国服装企业进行保护。美国主要利用原产地规则或歧视性服装贸易政策，保护本国服装市场。欧盟主要采取技术指标限制，同时推行环保标准，如生态标准、废物管理与利用规则等，保护本地区服装生产企业。征收高额反垄断倾销税、区域贸易集团化趋势的加剧，也使 WTO 体制下的服装自由贸易大打折扣。具体如下：

1. 服装的国际生态标准

欧盟、美国、日本等发达国家和地区一直不断充实服装的健康、安全和环保的规定，要求越来越高，涉及范围也越来越广。服装产品质量不仅在外观、质地和功能上有相应的要求，且更多地要求安全、卫生、无害和无污染，并限制生产过程中给环境带来负面影响，对发展中国家的服装出口形成"绿色技术壁垒"。

国际生态学研究测试协会发布的纺织品服装生态标准如下：

（1）服装原料的生产过程必须符合生态学标准。它包括两方面，一是要求植物纤维的栽培、施肥、植保、生长助剂的使用，以及提供动物纤维的动物饲养、保健、防病和生长剂的使用要尽量减少或消除纤维上的农药毒性残留，避免大剂量使用农药与化肥，以免造成生态失衡和破坏土地肥力；二是要求尽量使用生态良好的化学纤维。

（2）服装的生产加工和保证必须符合生态学标准。一要做到清洁生产，避免或减轻对环境的污染；二要保证最终产品 pH 值达到最佳值，不含有毒染料和有害化学物质，不含杀菌剂，以免服装在使用中对消费者产生不良影响。

（3）服装使用的后处理应符合环保要求，应尽量减少或避免环境污染，符合环保要求，恰当选择可回收、回收再使用、可降解的化学原理与焚烧等方式。美国及西方等国家，多数服装一次性使用后即处理掉，故服装处理方法很重要。

2. 服装原产地规则

原产地规则是发达国家和地区保护国内及本地区服装市场非常有效的非关税壁垒之一。美国 1996 年 7 月宣布实施以缝合地取代裁剪地，作为服装原产地的判定标准，使我国劳动力低廉地区的服装出口配额大幅度缩减。

此外，区域经济集团的发展，也使我国对欧美传统服装市场出口处于不利地位。

三、入世后十年的成效

至 2011 年 12 月 11 日，我国加入世界贸易组织已满十年，我国利用世界经济全球化深入发展的有利时机，扩大对外开放，吸引利用外商投资，引进先进技术，改造提升国内产业，在全面参与国际分工和竞争中，实现了对外贸易的跨越式发展；融入全球经济的进程加快，对外贸易的活力进一步增强，出口规模已跃居世界第一，比入世前增长了 4 倍。入围全球500 强的中国企业数量也由 2001 年初的 12 家发展为 2010 年的 54 家。主要成绩如下：

（一）货贸量位于全球前列

1978 年我国货物进出口总额仅 206 亿美元，在世界货物贸易中排名第 32 位，比重不到 1%。而 2010 年进出口总额达 29 740 亿美元，比 1978 年增长了 143 倍，年均增长 16.8%。其中，出口总额 15 778 亿美元，年均增长 17.25%；进口总额 13 962 亿美元，年均增长 16.4%。其中，纺织纱线、织物及制品出口总额 771 亿美元，比上年增长 28.4%；服装及衣着附件出口总额 1295 亿美元，比上年增长 20.9%。

2001~2010 年中国贸易量年均增长 21.64%，到 2010 年，出口总额和进口总额占全球的比重分别提高到 10.4% 和 9.1%，2009~2010 年连续两年成为世界货物贸易第一出口大国和第二进口大国。

（二）货贸结构根本变化

1980 年我国初级产品与工业制成品出口贸易额基本持平，出口主体实现了由初级产品向工业制成品的转变；1990 年我国初级产品与工业制成品出口贸易额所占比例改写为 25.6：74.4，出口主体又实现了由轻纺产品向机电产品的转变；进入 2000 年，该比例又调整为 10.2：89.8，表现在电子和信息技术为代表的高新技术产品出口比重不断扩大；而 2010 年此比例扩大到 5.2：94.8。外贸经营主体除了国有企业外，还包括外商投资企业、民营企业等，后两者的进出口总额目前均已超过国有企业。20 世纪 80 年代至 21 世纪初，中国加工贸易蓬勃发展，成为外贸的半壁江山。在中国外贸发展中，外商投资企业和加工贸易发挥了十分重要的作用。

（三）形成全方位和多元化进出口市场格局

改革开放后，中国全方位发展对外贸易，与世界上绝大多数国家和地区建立了贸易关系。贸易伙伴已经由 1978 年的几十个国家和地区发展到目前的 231 个国家和地区。欧盟、美国、东盟、日本以及其余金砖国家等成为中国主要贸易伙伴。21 世纪以来，中国与新兴市场和发展中国家的贸易持续较快增长。2005~2010 年，中国与东盟货物贸易占中国货物贸易比重由 9.2% 提高到 9.8%，与其他金砖国家货物贸易所占比重由 4.9% 提高到 6.95%，与拉丁美洲和非洲货物贸易所占比重分别由 3.5% 和 2.8% 提高到 6.2% 和 4.3%。

（四）服务贸易的国际竞争力不断增强

加入世界贸易组织后，中国服务贸易进入新的发展阶段，规模迅速扩大，结构逐步优化，排名也进入世界前列。旅游、运输等领域的服务贸易增势平稳，建筑、通信、保险、金融、计算机和信息服务、专有权利使用费和特许费、咨询等领域的跨境服务以及承接服务外包快速增长。2001~2010 年中国服务贸易总额（不含政府服务）从 719 亿美元增加到 3624 亿美元，增长了 4 倍多。中国服务贸易出口在世界服务贸易出口中的比重从 2.4% 提高到 4.6%，2010 年达 1702 亿美元，从世界第 12 位上升到第 4 位；服务贸易进口比重从 2.6% 提高到 5.5%，2010 年达 1922 亿美元，从世界第 10 位上升到第 3 位。

（五）对外贸易发展有力推动了中国的现代化建设

中国已经逐步成长为一个开放的经济体。参与国际分工与竞争，引进先进技术、设备和管理，利用外商直接投资等举措极大地促进了中国技术进步和产业升级，提高了企业管理水平和市场竞争力。加工贸易迅速发展壮大使中国劳动力充裕的比较优势得以发挥，加快了中国的工业化和城镇化进程。对外贸易直接带动就业人口超过 8000 万，其中 60% 以上来自农村，就业者的收入和生活得到显著改善。对外贸易与国内投资、消费一起，成为中国经济增长的三大引擎。

（六）进一步降低关税，削减非关税措施

自 2005 年 1 月起，对 424 个税号产品的进口配额、进口许可证和特定招标等非关税措施全部取消，仅仅保留了依据国际公约以及在世界贸易组织规则下为保证生命安全、保护环境实施进口管制产品的许可证管理。2010 年，中国关税总水平已经降至 9.8%，其中农产品平均税率降至 15.2%，工业品平均税率降至 8.9%。关税约束率自 2005 年起一直维持在 100%。截至 2010 年，中国加入世界贸易组织的所有承诺全部履行完毕。

（七）我国外贸发展对世界经济的贡献

我国对外贸易的发展不仅推动了中国经济的现代化和综合国力的提升，提高了 13 多亿中国人民的生活水平，也使中国经济成为世界经济一部分，促进了经济全球化向有利于世界各国和地区共同繁荣的方向发展。世界贸易组织的数据显示，2000~2009 年，我国出口量和进口量年均增长速度分别为 17% 和 15%，远远高于同期世界贸易总量 3% 的年均增长速度。

（八）我国对外贸易的发展提高了贸易伙伴的国民福利

我国依靠劳动力成本优势、较强的产业配套、加工制造能力和不断提高的劳动生产率，逐渐发展成为世界工业品的主要生产国和出口国，为世界各国和地区提供了物美价廉的商品，满足了国际市场多种多样的需求。中国在全球制造业环节的规模经济优势和加工成本优势，部分地消化了上游生产要素的价格上涨，起到了抑制全球通货膨胀、提高贸易伙伴消费者实际购买力的作用。

（九）我国对外贸易的发展为贸易伙伴提供了广阔市场

我国迅速扩张的进口已成为世界经济增长的重要推动力，为贸易伙伴扩大出口创造了巨大市场空间。目前，中国已经是日本、韩国、澳大利亚、东盟、巴西、南非等国家第一

大出口市场，是欧盟的第二大出口市场，是美国和印度的第三大出口市场。中国工业化、城镇化正在快速推进，内需持续增长，不断扩大和开放的市场将为贸易伙伴提供越来越多的发展机会。

（十）纺织服装业在我国经济发展中占有重要地位

纺织业是我国国民经济传统支柱产业和民生产业，也是国际竞争优势产业，在扩大出口、吸纳就业方面发挥了重要作用。到 2011 年中国纺织出口约占中国出口总额的 13%，吸纳就业人数超过 2000 万人，其中 80% 为农民工。

但是与此同时，我国仍然是一个发展中国家。与世界贸易强国相比，中国出口产业仍处于全球产业链的低端，资源、能源等要素投入和环境成本还比较高，企业国际竞争力、一些行业的抗风险能力相对较弱。我国外贸产品中很大一部分属于资源密集型和初级产品，其附加值低，技术含量低。一方面导致出口商品对资源过度依赖，对资源利用率很低；另一方面也导致了对资源的掠夺性开采和对环境的破坏，造成了严重的资源浪费、环境污染以及对经济发展后劲的削弱。显然，这不利于整个国民经济的稳定发展。要实现由贸易大国向贸易强国的转变，将是一个较为长期的进程，还需要付出艰苦努力。

我国出口产品遭遇的反倾销、反补贴、保障措施调查、特保措施调查、反规避、反垄断、美国 337 调查以及技术性贸易壁垒等也越来越多。据商务部统计，自入世至 2010 年底，中国受到贸易救济调查共 692 起，涉及总额约 400 亿美元。国际贸易中特别是发达国家对商品的技术标准要求越来越高，越来越多的跨国公司或政府采购对供应商提出卫生、安全、环保、社会责任和质量体系等国际认证要求，但目前国内许多出口产品的技术标准不高，国际认证不齐备，这都造成了很多企业难以突破发达国家的技术性贸易壁垒，甚至是环境壁垒和社会壁垒。

四、21世纪中国服装业的发展特点

21 世纪，就中国服装业的发展来说，与 20 世纪的状况截然不同，至少有以下几点引人注目的变化或趋势。

（一）服装经营网络化

世界的服装业在 21 世纪将依靠网络获得前所未有的大发展，中国的服装业也将依靠网络获得有史以来的最大发展。在网络的帮助下，服装行业的经营将全面实现网络化。这主要将体现在以下方面：

1. 以网络的联结沟通整个世界服装市场

网络是没有国界的，网络将全世界联结在一起，这是以前任何历史时期都做不到的。中国的服装企业要率先进入国际化的服装网络市场，并将这一市场作为自身发展的舞台。这并不是说中国的服装企业一定要去外国卖服装，当然将中国服装卖到国外也是完全做得到的，而是说中国的服装企业一定要以网络市场为背景来发展自己，以网络提供的信息来转换自己的产品和经营方式，更好地稳定和扩大自己的客户。

2. 规避市场风险，降低生产成本

服装企业与服装用户之间将通过网络建立长期的密切关系，增进相互的了解。这样，在企业了解用户的同时，用户可以借助网络更好地了解企业。有了网络的联结，用户才能真正同企业形成稳定关系，长期从自己选择的企业购货。服装这种特殊的个性化商品，将在网络的帮助下，更好地实现其个性和价值。

（二）服装设计网络化

网络的联结可使设计者的视野极为开阔，有助于他们更加方便快捷地了解世界各地的最新信息，启迪设计灵感和思维。更重要的是，企业可以从网络上选择设计者，以保证企业的设计永远都是最优秀的。不论是哪一个国家、哪一地区的人，都可以在网络上直接为特定的服装企业作设计，这是 21 世纪与 20 世纪服装业的根本区别。

本章小结

■ 国际贸易(International Trade)是指各个国家（或地区）之间的商品和劳务的交换活动。生产力的发展和社会分工的扩大，是国际贸易产生和发展的基础。第二次世界大战以后，国际贸易得到迅速发展。

■ 一个国家的国际贸易政策体现了国家的经济利益。国家可采用各种措施增加及限制进出口。第二次世界大战之后，发展中国家一般采取了进口替代和出口替代两种发展战略，以加速经济的发展。

■ 我国纺织服装业在生产、效益方面均好于其他行业。我国纺织服装行业生产量、出口创汇和固定资产均有大幅度的提高。但国内服装品牌国际化的步履维艰，任重而道远。

■ 世界贸易组织（World Trade Organization，即WTO，简称世贸组织），是一个规定国际贸易准则的国际多边协定，又是进行多边贸易谈判，消除贸易障碍，协调和处理国际贸易争端的组织。入世十年来我国纺织服装外贸取得了可喜的成绩。纺织服装业在我国经济发展中占有重要地位，是我国国民经济传统支柱产业和民生产业，也是国际竞争优势产业，在扩大出口、吸纳就业方面发挥了重要作用。

思考题

1. 什么是国际贸易？它有何特点？

2. 国际贸易是怎样产生发展起来的？第二次世界大战后国际贸易呈现出哪些新特点？

3. 历史上资本主义国家对外贸易政策的演变，大致经历了哪几个阶段？

4. 什么是出口替代与进口替代？出口替代与进口替代相比有哪些优缺点？

5. 近年来我国服装产业经济运行有何特点？

6. 入世对我国服装产业带来了哪些影响？

7. 入世十年来我国取得了哪些成效？

第二章　国际贸易政策与措施

本章学习要点

1. 熟悉一般关税的概念、特征及分类。
2. 掌握一般关税的征收方法与原则。
3. 掌握服装国际贸易进出口通关的程序与要求。
4. 了解特别关税与优惠关税的内容与做法。
5. 了解非关税措施的内容与作用。
6. 了解出口鼓励与管制的意义与做法。
7. 了解国际经济一体化的发展趋势。

第一节　一般关税

一、关税概述

（一）关税（Customs Duties；Tariff）

1. 关税概念

关税是指进出口货物通过一国国境时，由政府所设置的海关向其进出口商所征收的一种税。

2. 关税分类

按征收关税的目的，可以分为财政关税、保护关税、自由关税和社会关税；按课税对象可分为进口税、出口税和过境税；按差别待遇可分为进口附加税、差价税、普通关税和优惠关税；按征税方法可分为从量税、从价税、复合税和选择税。

3. 关税性质

关税同国家凭借政治权力规定的其他税赋一样，具有强制性、无偿性和固定性。强制性是指关税由海关凭借国家权力依法征收，纳税人必须无条件地服从；无偿性是指关税由海关代表国家单方面向纳税人方面征收，而国家无须给予任何补偿；固定性是指关税由海关据预先规定的法律与规章加以征收，海关与纳税人双方都不得随意予以变动。关税征收对象是进出境的货物及物品；关税具有涉外性，是对外贸易政策的重要手段。

关税虽早已出现，但作为一种完整的商业制度却是在近代才形成。近代关税制度的一个基本特点是国境关税制，即进出口货物统一在一国国境上一次性征收关税，而在同一国境内不再重征。英国首先使用并被其他国家普遍采用，一直沿袭至今。

（二）海关与关境

1.海关概念

海关（Customs）是设在国境上的国家行政管理机构，是国家机构的一个组成部分。关税的征收通过海关来执行。海关受权于国家，行使国家权力，不仅对外代表国家行使国家主权，且对内也代表国家即代表中央政府行使其对地方的权力。海关一般设置在沿海口岸和陆地边境。由于近代航空运输、道路运输的发展，进出口货物也可从国外直达内地，因而在开展国际航空、国际联运、国际邮包交换业务，以及其他外贸业务活动的地方，也都设有海关机构。

2.海关的基本职能

对进出国境的货物、邮递物品、旅客行李、运输工具等进行监督管理，征收关税和法定海关征收的其他税费；查禁走私；办理其他的海关业务。

3.关境

关境又称税境或关境域，是指海关法适用的领域，是一个国家的关税法令完全实施的境域。海关需规定一个地域界限，货物进入这个地域时为进口，离开这个地域时为出口，这个地域界限，称之为关境（Customs Frontier），一般关境如同国境。但也有例外，如有些国家在国境以内设有经济特区、自由港与自由贸易区等免税区，此时关境范围小于国境；有些国家相互之间结成关税同盟（Customs Union），参加关税同盟的国家的领土即为合并成一个统一关境，或国家与邻国之间划出一个地带为海关监管区，这个区域可以在国境内，也可以在国境外，在境外的就要比国境大，此时关境范围要大于其中某一国之国境，最典型的就是欧盟。由于关境并不总是与国境相一致，故确切地讲，关税是进出口货物通过一国关境时，由海关向其进出口商所征收的一种税。在海关征税过程中，海关是征税人；进出口商是纳税人，也叫税收主体，这是指在法律上规定了的负责纳税的自然人或法人；而进出口货物则是税收客体，即依法被征收税的标的物。

4.海关税则

海关征收关税的依据是海关税则（Customs Tariff），也叫关税税则，它是一国对（另一国）进出口货物计征关税的税率表。关税税则的内容主要包括税号、货品名称、计征单位和税率几个部分，海关照此征税。

二、关税分析

（一）关税基本作用

1.增加国家财政收入

关税收入是国家财政收入的一个来源，这部分税收又称为财政关税（Revenue Tariff）。

随着资本主义的发展，财政关税的意义由于其他税源的增加而在降低；目前，发达国家的关税仅占其财政总收入的 2%~3%；发展中国家的关税一般占其财政总收入的 13%，我国约占 7%。在许多落后国家，财政关税仍是他们财政收入一个重要来源。

2. 保护国内的同类产业市场

这主要是针对进口贸易而言，关税限制了外国商品的自由进入，尤其是高关税形成一种贸易壁垒，大大减少了有关商品进口数量，减弱以至消除进口商品的不利竞争，以期达到保护国内产业或相关产业的生产与市场。这种以保护本国的产业和市场为主要目的的关税，称为保护关税（Protective Tariff）。

一个国家中某种产业的发展，大致要经历幼稚工业、成熟工业与衰退工业三个阶段。广大的发展中国家往往采用保护关税，以保护和促进本国幼稚工业的发展；而不少发达国家设置关税则往往是保护本国的成熟和衰退工业，以保护它们的既得利益。

3. 调节进出口商品的结构

通过调整关税结构等调节进出口服装的结构。所谓关税结构，是指海关税则中各类商品的税率高低对比。一般原料进口税率最低或免税，中间产品进口税率高一些，制成品税率最高，此现象叫"关税升级"。在海关税则中，可通过调整税率来减少或扩大进出口。

（二）关税的主要影响

在国际贸易中设置关税，导致总体上全球福利损失。从进口方面来讲，存在下面影响。

1. 减少出口国的商品出口

这是由于关税税则增加了交易的成本费用。关税虽是由本国海关对本国进口商征收，但关税却是一种区别于直接税而言的间接税。直接税是由纳税人依法纳税，并直接承担税负不能转嫁他人的税。间接税，则是由纳税人依法纳税，但可通过契约关系或交易过程将税负的一部分或全部转嫁给他人的税。关税的进口税款只是由进口商垫付，它会在今后的交易中将此作为成本的一部分加到货价上，即将税款转嫁给买方或消费者，而后收回他的垫付税款，这就直接提高了进口商品的价格，从而起到削弱进口商品竞争能力的作用。此外，进口商也可能事先考虑到进口税的负担，在进口交易中压低价格，尽可能将其税负预先转嫁给对方的出口商，从而直接影响到对方出口商的经济效益，起到了削弱其出口能力的作用。

2. 进口国的消费者遭受了损失

进口国进口是由于国内无法生产与提供产品，或国内供给不足，或国内产品不如国外，也可能是国家之间的利益关系。进口税的设置不仅提高了进口商品的价格，也会提高国内商品的价格，使国内消费者减少该商品消费量，或保持原消费量而花更多的钱。两种选择都会使国内消费者遭受损失。

3. 进口国的生产厂商获得了收益

在有关税的情况下国内厂商遭受进口的竞争，要比无关税情况下国内厂商所遭受的进口竞争小，此为关税保护作用。这样可使国内新产品维持较高的价格与较大的市场，令国内厂商受益。

4. 进口国整体遭受到福利损失

进口国作为一个整体，在物资财富的消费上受到损失，可称为国民净损失。即国内厂商的收益和政府的关税收益加在一起，也弥补不了国内消费者所遭受的损失。

5. 关税设置为进口国的经济发展提供了帮助

进口国不仅要考虑本国福利的得失，更要考虑本国经济发展的得失，为本国幼稚工业发展提供保护。故设置关税所引起的福利损失，是进口国为发展经济所付出的一种保护代价，使福利损失与经济发展之间在宏观上形成一种成本效益关系。从原则上讲，一个国家不能为眼前的福利而不顾经济发展的长远好处，同时，也不能为追求经济发展而无谓地牺牲眼前的福利。

（三）关税的保护率

关税保护率（Tariff Rate）是用来说明关税保护程度的，其程度大小指标则是海关税则上的关税税率。在其他条件不变的情况下，关税税率越高，意味着对本国同类产品的保护程度越高。但由于某一特定工业所受到的保护不仅受到对它们销售的产品征收关税的影响，也受到它们的原料投入征收关税的影响，关税税率所反映的保护率只是一个名义保护率，或称为名义关税率（Nominal Tariff Rate）。只有考察某一特定工业单位产品的增值部分的税率，才代表着关税对本国同类产品的真正有效的保护程度。这个真正有效的保护程度叫有效保护率，或称为有效关税率（Effective Tariff Rate）。当某一特定工业的产品受到比其投入更高关税率的保护时，有效保护率才会大于名义保护率。

三、关税的征收

（一）关税的基本种类

关税通常分为三类：进口税、出口税与过境税。

1. 进口税（Import Duties）

进口税是进口国海关在外国产品输入或从自由港、出口加工区、保税仓库进入国内市场时，对本国进口商所征收的关税。进口税是关税中最主要的一种。进口税又可分为最惠国税率、普惠制税率和普通税率三种。

（1）最惠国税率（Most-Favored-Nation Tariff Rate）。适用于与该国签订有最惠国待遇原则贸易条约与协定的国家或地区所进口的商品。最惠国税率比普通税率低，两者差距一般较大。如美国可差 10 倍。由于第二次世界大战后，大多数国家都加入了关税与贸易协定，或签订了双边的贸易条约或协定，相互提供最惠国待遇、享受最惠国税。故被称为正常关税。

一个国家往往对某些产品征收较高的进口税，这样便形成了国际贸易中的关税壁垒，从而减少了货物的国际流转量和进口商品数量。一般多数国家对工业制品进口征收高关税，对半成品次之，而对原料进口税率最低甚至免税。

如美国对棉机织男衬衣进口征收的普通税率为45%，最惠国税率为21%；对棉坯布分别征收13.5%和7.61%。欧洲经济共同体的共同进口税率情况为棉花免税、棉纱8%，棉织品14%。

（2）普惠制税率。它是发达国家给发展中国提供的优惠税率，是在最惠国税率的基础上实行减税或免税。此税多为单向给予。

（3）普通税率。未与该国签订有最惠国待遇原则贸易条约和协定的国家或地区所进口的商品，则适用于普通税，也叫法定税率。这是最高的一种税率。

2. 出口税（Export Duties）

出口税是指出口国海关在本国商品输出时，对本国出口商所征收的税。由于各国都追求贸易顺差和获取最大限度的外汇收入，故国际贸易中很少征收出口税，甚至给予出口保护，采取补贴政策。第二次世界大战结束后，征收出口税国家主要是发展中国家。征收出口税的目的是增加财政收入，保障国内供应，稳定国内经济。

3. 过境税（Transit Duties）

过境税又叫通过税或转口税，是一国对于通过其领土运往另一国的外国货物所征收的关税。这时外国货只是地理上的通过而并不进行该国市场交易。

由于货物过境对本国市场和生产无影响，目前缔约国一般都免收过境税，只收取运输费及相当于因过境而支出行政费用或提供服务的费用。

（二）海关税则

海关税则又叫关税税则，是海关对于征税商品、免税商品及禁止进出口商品的系统分类表。海关税则由政府通过立法程序，制订和公布实施。它是一国关税政策的具体体现，是海关征收关税的法定依据。税则的关税税率表中一般包括税则号、商品名称、计征单位及税率等内容。

1. 海关合作理事会税则目录（CCCN）

1953年1月开始编撰制定了《海关合作理事会税则目录》（Customs Co-operation Council Nomenclature，CCCN），因其在布鲁塞尔制定而成，故称《布鲁塞尔税则目录》（Brussels Tariff Nomenclature，BTN）。目前，除美国、加拿大外，其他国家均已采用。1965年、1972年、1978年又进行了三次修订。

BTN把产品分为21类（Section）、99章（Chapter）、1015个税号（Heading No.）。其中前4类（第1~24章）为农产品，5~21类（第25~99章）为工业制成品。各类商品税则号由4位数字构成。中间用圆点隔开，前两位表示商品所属章次号，后两位表示该章项下某种商品的税则号。如男衬衣为第61章第1项，其税则号为61.01。税则目录按类、章、税则号的数字顺序排列，从 01. 01 一直到 99. 06。有的税则号下还有子目号，并按 A、B、C 一一排列。税则公约规定，目录中类、章、项不得改变，但对子目编排有一定的机动性。

BTN 总的原则是按商品的原料组成为主，结合商品的加工程度、制造阶段和最终用途来划分。一般同类原料划分为一章，其后按上述原则列出，加工程度越复杂，税则号越向后。如第 55 章的棉花从未梳的原棉（CCCN55. 01）→短绒棉花→棉纱→棉纱罗→……→棉织品（CCCN55. 09）；再如原料不同，丝织品为 CCCN50. 09，毛织品为 53. 11，麻织品为 54. 05，棉织品为 55. 09，长丝人造纤维为 51. 01，短丝人造纤维织品归入 56. 07；帽类属第 65 章。

BTN 的栏目有三栏，第一栏为税则号，第二栏为相应的联合国《国际贸易标准分类》号（SITC），第三栏为商品名称，目的是保证分类体系对应相互关系和协调统一。

为此联合国和海关合作理事会一致建议各国采用这两种体系的分类办法。海关合作理事会税则目录用于海关管理，国际贸易标准分类则用于统计。但美国及加拿大则采用的是本国自行编制的海关税则目录。

2. 商品名称及编码协调制度（HS）

1973 年海关合作理事会（1995 年更名为世界海关组织）为不断发展的商品编号制订了《商品名称及编码协调制度》（Harmonized Commodity Description and Coding System，HS），简称《协调制度》。是在结合《海关合作理事会税则目录》（CCCN）和联合国的《国际贸易标准分类》（SITC）的基础上，考虑美国、加拿大分类及结合各种运输分类目录，吸收了有关各方近 60 个国家和 20 多个国际组织参与制订的方案。《商品名称及编码协调制度》于 1988 年 1 月 1 日起在国际上正式实施，并取代了原先的《海关合作理事会税则目录》。自 1989 年 1 月起，美国、加拿大也实施了协调产品分类制。

《协调制度》的分类原则遵循了一定的科学原理和规则，将商品按人们所了解的自然属性、生产部类和不同用途来分类排列，同时还照顾了商业习惯和实际操作的可能。因此便于理解、归类、查找和记忆。目前，实际采用《协调制度》的国家和地区已达到 200 多个，全球贸易总量 98% 以上的货物都是以《协调制度》进行分类。WTO 及其成员国都采用《协调制度》作为贸易谈判的共同贸易语言，大多数发达国家的 WTO 关税减让表也已根据《协调制度》来制定。截至目前，《协调制度》已经历了六个版本，分别是 1988 年、1992 年、1996 年、2002 年、2007 年和 2012 年版本。为适应国际贸易形势的变化及科技的发展，世界海关组织（WCO）每 4~6 年对《协调制度》进行一次全面修订，称为一个"审议循环"。

HS 采用六位数编码，把全部国际贸易商品分为 21 类，97 章（其中第 77 章为保留章）。章下再分为目和子目，商品编码的前两位数代表"章"，前四位数代表"目"，五、六位数代表"子目"。HS 中"类"基本上是按经济部门划分的，纺织原料及制品在第十一类。

经国务院批准，我国海关自 1992 年 1 月 1 日起开始采用《协调制度》，使进出口商品归类工作成为我国海关最早实现与国际接轨的执法项目之一，同年 6 月 23 日，我国海关又根据外交部授权，代表中国政府正式签字成为《协调制度公约》的缔约方。我国海关采用的《协调制度》分类目录，前 6 位数是 HS 国际标准编码，第 7、8 两位是根据我国关税、统计和贸易管理的需要加列的本国子目，同时，还根据代征税、暂定税率和贸易管制的需要对部分税号增设了第 9、10 位附加代码。随着进出口贸易的不断发展和商品种类的日益繁多，我国商品编码的数量也从 1992 年采用《协调制度》之初的 6250 个增加到了 2011 年的超过 10 000 个。外经贸部与海关总署合作，将许可证商品纳入 HS 目录管理，实现了联网传输海关统计数据和联网核销管理，与国家税务总局合作以 HS 编码为基础加强对出口退税商品的核销管理，与外汇管理部门合作加强了对出口结汇、进口付汇管理等。此外，作为《京都公约》的缔约国，我国以《协调制度》为基础制定了协调非优惠原产地规则，并把税号改变标准作为判定"实质性改变"的基本标准，2005 年 1 月 1 日起正式实施的《关于非优惠原产地规则中实质性改变标准的规定》标志了协调原产地规则在我国的正式适用，从而进一步开拓了《协调制度》在我国新的应用领域。

2012 年版《协调制度》在 2007 年版的基础上进行了较大范围的修订，共有 221 组修订，修订后《协调制度》六位子目总数从 5052 个增加到 5216 个，涉及 54 个章的产品。

3. 加拿大和美国税则

由于目前的 HS 税则是在原基础上，融合了加拿大及美国税则内容，故类同性较强。

加拿大税则把所有商品分为 A、B、C 三大类（Schedule）：其中 A 类是应税或免税商品，这里又分为 12 组（Group），组以下设立税则号（Tariff Items）；B 类是供国内消费的退税商品；C 类是禁止进出口的商品。

美国税则把商品分为八大类（Schedule）、各大类为若干部分（Part），有的部分以下设分部（Subpart）。美国税则号由五位数字构成，第一位数字指该产品所属的类别号，第二、三位数指产品在该类中的项目号（Item No.），第三位数后有一圆点，圆点后的第四、五位数为子目号（Sub-Item No.），子目常有变动。美国税则的八大类中，前七大类中所列商品都是应税商品，第八大类所列商品基本上都是免税商品。

美国税则商品分类原则大致为：在大多数情况下，按产品的原料来分类，但同一原料产品并不按加工程度来排列。分类另一原则是按其最终用途来划分，多以美国国情来定。在有些情况下，美国税则是按商品的物理特性来归类。有的商品则以其价值、税率来归类，如服装、成衣等，由于价值不同而设立不同的子目。如混纺纺织品，则以其中含量较大或价值较大的部件作为产品的归类。如同一产品在税则中出现两次或多次，则归类在有具体说明的税则号项下，或归入税率较高的税则号项下。在商品税则号的确定上出现争端时，美国海关官员有一定的裁决权。故美国税则号分类制度比较灵活。

（三）税率的基本分类

1. 税则分类

各国税则中，有的税则是单式税则（Single Tariff），又称一栏税则，即一个税则号只有一个税率，适用于来自任何国家的服装，没有差别待遇。为了在关税上实行差别待遇，争取关税上的互惠，现在大多数国家都放弃单式税则而改行复式税则，只有少数发展中国家仍实行单式税则。复式税则（Complex Tariff），又叫多栏税则，即一个税则号项下订有两个或两个以上的税率。在复式税则下，对同种产品不再采用一种税率，而是采用高低不同的税率，来实行关税方面的差别待遇。我国目前采用二栏税则，美国、加拿大等采用三栏税则，欧盟等国实行四栏税则。

一国关税税则中税率高低的确定，一般又分为两种情况。一种是自由税则（Autonomous Tariff），又称固定税则，是指一国立法机构据关税自由原则单独制订的一种税率。另一种是协定税则（Conventional Tariff），是指一国与其他国家或地区通过谈判，以贸易条约或协定的方式确定的一种税率。协定税则又可分为单边的、双边的与多边的三种情况。协定税则是在本国原有的固定税则以外，再另行规定一种税率，它是关税减让、谈判的结果，故比固定税率低。

2. 复式税则的税率分类

目前世界各国复式税则税率名目繁杂，且时有变化，但总体上可分三种：普通税率、最惠国税率和普惠制税率。

（四）关税的征收方法

关税的征收方法又叫征税标准，主要有从量税和从价税，在此基础上又有混合税和选择税。

1. 从量税（Specific Duties）

从量税是指按商品的重量、数量、容量、长度、面积等计量单位为标准计征的关税。其中，重量是最常用的计税标准之一。各国在重量的计算方法上各有不同，分别以商品的毛重、净重、法定重量等来计量。

$$从量税税额 = 货物计量单位数 \times 从量税率$$

从量税计税手续较简单，无须审查货物的规格、价格、品质等，但缺点是同一税则号的货物，在价格或质量相差悬殊的情况下，按同一税率征收，税负不合理；此外，当物价变动时，税负不能随之增减，不仅影响财政收入，也影响关税保护作用的发挥。征收从量税，在物价增长（下降）时，税额不能随之增加（减少），其保护作用减小（增大）。在世界性通货膨胀的情况下，其保护作用减小，因此各个国家普遍采用了从价税的征收方法。

2. 从价税（Ad Value Duties）

按服装的价格为标准计征的关税，其税率表现为货物价格的百分率。

$$从价税税额 = 货物计量总值 \times 从价税率$$

从价税的优点是税负较合理，货价增减时税款也随之增减，其保护作用不受商品价格变动的影响；但其缺点是计征手续比较复杂。

从价税计征之所以较复杂，主要表现在商品完税价格的确定上，完税价格是经海关审定作为计征关税的货物价格，货物主要按此价格照章完税。但目前在完税价格的确定上，各国还不统一，有的按发票价格；有的按装运港船上交货价（FOB 价）；有的按运费、保险费在内价（CIF 价）；有的按独立的买卖双方在自由竞争条件下成交的价格即所谓"正常价格"；还有的按"海关估定价格"来计算。

3. 混合税（Mixed or Compound Duties）

混合税又称复合税，是指同时采用从价、从量两种方法计征关税。有的以从价税为主，加征从量税；有的以从量税为主，加征从价税。美国采用混合税较多。

4. 选择税（Alternative Duties）

选择税是指对某一种商品同时订有从价、从量两种税率，选择其中税额较高者征收。如日本对坯布的进口征收协定税率为从价 10%，或从价 7.5% 加上从量每平方米 2.6 日元，按税额高的征收。但为了鼓励某种商品进口，也有选择较低者征收的。

5. 我国税率情况

我国 20 世纪 90 年代末期平均关税达 17%，其中税率在 25% 以上的税目较多，占总税目的 30%。2000 年之后我国工业品平均关税降至 15%，但较发展中国家平均关税的 11% 仍略高，到 2005 年我国平均关税税率将达 10%，与发展中国家平均关税持平。20 世纪 90 年代初，我国各种名目非关税措施多达 1247 项，近年来不断降低，但仍有 400 余项。

（五）海关估价

1. 海关估价概念

海关估价又称海关价格，是指海关按从价标准征收关税时，根据海关估价制度对商品进行估价。经海关审查确定的完税价格，也称为海关估定价格。进出口商品的价格经货主（或申报人）向海关申报后，海关须按本国关税法令规定的内容进行审查，确定或估定其完税价格。

2. 海关估价方法

国际贸易中的商品价格形式多种多样，海关估价以何种价格为依据，各国都有不同的规定，最通常使用的进口纺织品服装估价依据是到岸价格；有些国家则使用离岸价格、产地价格或出口价格，也有些国家使用进口地市场价格，进口国海关价格，或同时使用几种价格。

估价依据的价格不等于是完税价格，需要根据国家的估价规定进行审查和调整后才能规定为完税价格。由于各国海关估价规定的内容不一，有些国家可以利用估价提高进口关税，形成税率以外的一种进口限制的非关税壁垒。目前，国际性的海关估价规定主要有《关于实施关贸总协定第七条的协定书》，也称《新估价法规》，另一种是《布鲁塞尔估价定义》。在乌拉圭回合的多边贸易谈判中，制订了《海关估价守则》协议，"守则"规定了 6 种可供选择的估价方法，海关在使用时，应严格按以下顺序：只有当按照第一种方法无法有效地做出估价时，才选择第二种方法，以此类推。但可以在第四种与第五种方法之间任选。具体 6 种方法为：

（1）实际成交价格（Transaction Value）。是指商品出口到进口国实际支付或应支付的价格，通常是发票上的价格，但也并非总是如此。

（2）相同产品的成交价格（Transaction Value of Identical Goods）。与所估商品同期出口到同一进口国销售的相同产品的价格。所谓相同产品指在各方面相同，包括其物理性能、质量、信誉等。如果表面上具有微小差别的其他商品，不妨碍被认为符合相同产品的定义。如果具有两个以上相同产品的成交价格时，应采用其中最低者来确定应估商品的关税价格。

（3）类似商品成交价格（Transaction Value of Similar Goods）。是指与所估商品同时或几乎同时出口到同一进口国销售的类似商品的成交价。所谓类似商品就是尽管与应估商品比较各方面不完全相同，但它有相似特征，使用同样的材料制造，具备同样的效用，在商业上可以互相替代的商品。在确定时应考虑包括该商品的品质、信誉、现有的商标等。

（4）倒扣法（Reverse Deduction）。是以进口商品，或相同、类似进口的商品在国内销售时的价格为基础减去有关的税费后所得的价格。倒扣的项目有代销佣金、销售利润和一般费用、进口国国内的运费、保险金、进口关税和国内税等。

（5）估算价格（Computed Value）。是以制造该进口商品的材料、零部件、生产费、运输和保险费用等成本及销售进口商品所产生的利润和一般费用为基础进行估算的完税价格。

（6）顺序类推法（Sequence Analogy）。当以上任何方法都不能确定海关估价时，应通过采用与本协议的原则相符合的合理方法，在进口国可得到信息的基础上加以确定。

禁止使用的估价方法有：进口国生产的商品在本国的销售价格、可供海关从两种可选择的估价中选用较高的估价制度、出口国国内市场的商品价格、除已确定的进口商品的估算价值以外的其他生产成本、出口到除进口国以外其他国家的商品价格、最低海关估价及武断地或虚假地估价。

总之，海关估价确定的完税价格除可以凭以计算税款外，还可作为对外贸易统计的依据，作为以价格为准的配额制或许可证制的计算依据以及征收进口环节的其他税费的依据。

3. 海关估价的权利

（1）价格审查权。海关为审查申报价格的真实性和准确性，可以行使下列职权：查阅、复制与进出口货物有关的合同、发票、账册、结付汇凭证、单据、业务函电和其他反映买卖双方关系及交易活动的书面资料和电子数据；向进出口货物的收发货人及与其有资金往来或有其他业务往来的公司、企业调查与进出口货物价格有关的问题；对进出口货物进行查验或提取货物货样进行检验或化验；进入进出口货物收发货人的生产经营场所、货物存放场所，检查与进出口活动有关的货物和生产经营情况；向有关金融机构或税务部门查询了解与进出口货物有关的收付汇资料或缴纳国内税的情况。

（2）要求合作权。海关在行使价格审查权时，进出口货物的收发货人应予以合作，如实反映情况，提供账簿、单证等有关书面资料和电子数据，不得拒绝、拖延和隐瞒。

（3）价格质疑权。海关对申报价格的真实性和准确性有疑问时，有权向进出口货物的收发货人提出质疑，将怀疑的理由以书面的形式告知进出口货物的收发货人，要求其以书面形式在海关书面通知发出之日起 15 日内作进一步说明。

（4）估价决定权。进出口货物的申报价格经海关审查不符合成交价格条件，或进出口货物的收发货人未在规定期限内向海关提供进一步说明的，或海关经审核所提供的资料或证据后仍有理由怀疑申报价格的真实性或准确性时，海关可以不接受其申报价格，并依次运用其他估价方法估定完税价格。

4.海关估价的义务

（1）举证责任。海关无论是行使价格质疑权还是估价决定权，必须要有充分的理由和证据，必须行使举证的责任。

（2）书面告知的义务。海关在行使价格质疑权时，必须要书面告知进出口货物的收发货人。在作出估价决定后，应进出口货物的收发货人的书面申请，向其制发《海关估价告知书》。

（3）保密的义务。海关对进出口货物的收发货人提供的属于商业秘密资料予以保密，不得外泄。

四、关税减免

海关减免关税政策是国家对符合条件的企业、单位和个人而实施的一项税收优惠政策。企业、单位在享有减免税优惠待遇的同时，要珍惜这一权利，依法申请、使用、保管和处置减免税货物，并承担相应义务。具体办理方法如下：

（一）申请流程

申请单位项目备案预录→海关项目备案审核→申请单位减免税审批预录→海关减免税审批→海关出具《进出口货物征免税证明》→报关进出口。减免税备案、减免税审批和减免税后续管理中的相关审批事项实行三级审批作业制度。

（二）申请时限

除另有规定外，项目单位应在货物进出口 15 日前，持齐全有效单证向海关申请办理进出口货物减免税审批手续。

（三）受理时限

海关受理备案申请和减免税审批申请，在单证齐全有效和电脑数据无疑义的情况下，应分别在受理之日起 5 个工作日内完成，如果该申请须由所在地主管海关上报直属海关审批，直属海关在接到有效的单证及电脑数据之日起 5 个工作日内做出批复。特殊情况除外。

（四）申请材料

减免税项目备案、审批所须单证等。如出口退税附送材料有：

（1）报关单。报关单是指货物进口或出口时进出口企业向海关办理申报手续，以便海关凭此查验和验放而填具的单据。

（2）出口销售发票。出口销售发票是指出口企业根据与出口购货方签订的销售合同填开的单证，是外商购货的主要凭证，也是出口企业财会部门凭此记账做出口产品销售收入的依据。

（3）进货发票。提供进货发票主要是为了确定出口产品的供货单位、产品名称、计量单位、数量，是否是生产企业的销售价格，以便划分和计算确定其进货费用等。

（4）结汇水单或收汇通知书。

（5）属于生产企业直接出口或委托出口自制产品，凡以到岸价 CIF 结算的，还应附送出口货物运单和出口保险单。

（6）有进料加工复出口产品业务的企业，还应向税务机关报送进口料、件的合同编号、日期，进口料、件名称、数量，复出口产品名称，进料成本金额和实纳各种税金额等。

（7）产品征税证明。

（8）出口收汇已核销证明。

（9）与出口退税有关的其他材料。

（五）减免税货物备案手续

1. 备案

在申请办理进出口货物减免税审批手续之前，项目单位应当向主管海关申请进行减免税备案。海关对该项目单位进行资格确认，对项目是否符合减免税政策要求进行审核，确定项目的减免税额度等事项。

2. 填表

项目单位申请办理减免税备案手续时，应当填写《减免税备案申请表》，并向海关提交齐全有效的备案单证。

3. 审核

海关对项目申请单位的主体资格和项目的资格进行形式审核，重点审核申请备案提交的单证是否齐全、有效，申请填报规范等，受理申请并自受理之日起 5 个工作日内作出批准或者不予批准的审批决定。申请材料不全或者不符合规定形式的，海关应当在收到申请材料之日起 5 个工作日内，一次告之项目单位需要补正的全部内容。

4. 变更

项目单位因故需变更备案内容或因故需撤销或停止执行的减免税项目的，应向主管海关递交书面申请说明原因，并提交按规定所须项目审批部门出具的意见，经海关审核后予以办理变更手续。

（六）减免税货物审批手续

1. 申报

项目单位应当在货物进出口前，填写《进出口货物征免税申请表》，并持齐全有效单证向主管海关申请办理进出口货物减免税审批手续。未在货物进出口前向海关申请办理减免税审批手续，视作自动放弃其有关货物的减免税资格，海关应当不予办理其有关货物的减免税手续。

2. 审证

海关在受理进出口货物减免税手续前，审核所提交单证是否齐全、有效，各项数据填报是否规范，项目资金来源是否影响减免税货物的所有权。海关受理项目单位申请后，审核申请减免税货物是否符合国家税收优惠政策规定，是否为不予免税商品，是否在减免税额度内，经审核无误后予以签发《征免税证明》，除另有规定外，有效期不超过半年。

3. 变更

项目单位因故需变更已签发的《征免税证明》中可直接变更的栏目及其他栏目或作废已签发的《征免税证明》的，应向主管海关递交书面申请，海关审核同意后予以变更或作废，并收回作废的《征免税证明》。项目单位不慎遗失已签发的《征免税证明》且需重新办理的，应向主管海关递交书面申请，海关审核同意并经核实《征免税证明》的使用情况后，应及时将尚未使用的原《征免税证明》的电子数据予以作废，并重新签发《征免税证明》。

（七）减免税货物的税款退还和担保

1. 申报

按照规定可予以减免税的货物已征收税款的，并且项目单位在货物进出口前，按照规定持有关文件向海关办理减免税审批手续，项目单位可在货物实际进出口之日起 3 个月内持《征免税证明》、主管海关出具的货物进口前受理减免税审批申请的书面证明及其他有关单证向海关申请退税。

2. 放行

正在海关办理减免税审批手续过程中，进出口货物已经到达港口，项目单位向海关申请先放行货物的，可凭主管海关出具的正在办理减免税审批手续的书面证明和足额税款担保向海关申请办理税款担保放行手续。税款担保期限一般不超过 6 个月。项目单位不能提交主管海关出具的正在办理减免税审批手续的书面证明的，现场海关应当予以照章征税放行。

（八）减免税货物结转手续

项目单位因故需将海关监管年限内的进口减免税货物转让的，须事先持有关单证向海关申请办理减免税货物结转或补税手续。减免税货物结转手续按以下要求办理：

1. 转出申请

转出减免税货物的项目单位事先向转出地海关提出申请，转出地海关审核同意后，由其所在的直属海关向转入地直属海关发送《××海关减免税进口货物结转联系函》。

2. 转入申请

转入减免税货物的项目单位按照办理进口货物减免税申请要求，向转入地海关申请办理转入手续。转入地海关审核无误后签发《征免税证明》，并由转入地直属海关将联系函回执联发回转出地直属海关。

3. 报关

转出、转入减免税货物的项目单位分别向转出、转入地海关办理减免税货物的出、进口形式报关手续。

4. 结案

转出地海关凭《海关减免税进口货物结转联系函》回执联和结转出口报关单办理已结转减免税货物结案手续。

5. 监管

转出、转入地直属海关应加强联系配合，由转入地海关对结转设备继续实施后续监管。除另有规定外，转出地、转入地海关分别指转出和转入减免税货物的项目单位所在地海关。转出地直属海关与原审批海关不是同一个直属海关的，转出地海关应及时将减免税货物结转手续办理情况书面通知原审批海关。项目单位因故需将海关监管年限内的进口减免税货物转让给其他不享受减免税优惠待遇资格的项目单位，须事先向其主管海关申请办理减免税货物补缴税款和解除监管手续。项目单位将其进口减免税货物转让的，其减免税额度不予恢复。设备转入的项目单位应当按照货物成交价格扣减项目减免税额度，设备监管期限连续计算。

（九）减免税货物贷款抵押申请手续

1. 申请

项目单位以海关监管期内的特定减免税货物向国内外金融机构作贷款抵押的，须事先持有关单证向主管海关书面申请，经核准后方可办理贷款抵押手续。对实行配额许可证管理的特定减免税货物不得用于抵押货款地。

2. 抵押

特定减免税货物贷款抵押限于向中国境内金融机构或境外金融机构的，项目单位不得以特定减免税货物向除金融机构以外的其他法人、团体或公民设定抵押。境内金融机构系指在中国境内注册登记，并经主管机关批准的银行和非银行金融机构（包括信托投资公司、融资租赁公司和财务公司等）。境内金融机构包括内资金融机构和外资金融机构，其中"外资金融机构"系指依照《中华人民共和国外资金融机构管理条例》，经批准在中国境内设立和营业的含有外国资本的金融机构，具体包括总行在中国境内的外国资本的银行、外国银行在中国境内的分行、外国的金融机构同中国的公司、企业在中国境内合资经营的银行、总公司在中国境内的外国资本的财务公司、外国的金融机构同中国的公司、企业在中国境内合资经营的财务公司等。

3. 估价

抵押贷款数额与特定减免税货物（抵押物）应缴税款之和，应当小于该特定减免税货物（抵押物）的实际价值；该特定减免税货物（抵押物）的实际价值以海关估价为准。

4. 折价

当抵押贷款无法清偿时，需要以监管期内的特定减免税货物（抵押物）折（变）价抵偿贷款时，项目单位应先办理税款担保转移手续；已签署海关、金融机构和项目单位三方书面协议的，项目单位（抵押人）或金融机构（抵押权人）应当先从抵押物的折（变）价款中优先偿付税款后，剩余部分再清偿贷款。

（十）减免税货物的退运出口

项目单位因故需将尚在海关监管期内的减免税进口货物退运出境的，须事先持有关单证报主管海关核准。货物退运出口后项目单位持出口报关单向主管海关办理原减免税进口货物结案手续，减免税额度不予恢复。

（十一）不得申报出口退免税的行为

（1）出口企业将空白的出口货物报关单、出口收汇核销单等出口退（免）税单证交由除签有委托合同的货代公司、报关行，或由国外进口方指定的货代公司（提供合同约定或者其他相关证明）以外的其他单位或个人使用的。

（2）出口企业以自营名义出口，其出口业务实质上是由本企业及其投资的企业以外的其他经营者（或企业、个体经营者及其他个人）假借该出口企业名义操作完成的。

（3）出口企业以自营名义出口，其出口的同一批货物既签订购货合同，又签订代理出口合同（或协议）的。

（4）出口货物在海关验放后，出口企业自己或委托货代承运人对该笔货物的海运提单（其他运输方式的，以承运人交给发货人的运输单据为准）上的品名、规格等进行修改，造成出口货物报关单与海运提单有关内容不符的。

（5）出口企业以自营名义出口，但不承担出口货物的质量、结汇或退税风险的，即出口货物发生质量问题不承担外方的索赔责任（合同中有约定质量责任承担者除外）；不承担未按期结汇导致不能核销的责任（合同中有约定结汇责任承担者除外）；不承担因申报出口退税的资料、单证等出现问题造成不退税责任的。

（6）出口企业未实质参与出口经营活动、接受并从事由中间人介绍的其他出口业务，但仍以自营名义出口的。

（7）其他违反国家有关出口退税法律法规的行为。国家商务部、税务总局明确规定，出口企业凡从事上述业务之一并申报退（免）税的，一经发现，该业务已退（免）税款予以追回，未退（免）税款不再办理。骗取出口退税款的，由税务机关追缴其骗取的退税款，并处骗取退税款一倍以上五倍以下罚款，并由省级以上（含省级）税务机关批准，停止其半年以上出口退税权。在停止出口退税权期间，对该企业自营、委托或代理出口的货物，一律不予办理出口退（免）税。

（十二）出口贸易退税计算

我国执行的退税做法是"先征后退"，是指生产企业自营出口或委托代理出口的货物，一律先按照增值税暂行条例规定的征税率征税，然后由主管出口退税业务的税务机关在国家出口退税计划内按规定的退税率审批退税。

目前，外商投资企业出口货物退税办法包括"先征后退"和"免、抵、退"税。外贸企业自营或委托出口的货物，除另有规定外，可在货物报关出口并在财务上做销售核算后，凭有关凭证在规定的期限内向所在地主管税务机关退税部门申报退税。生产企业自营或委托外贸企业代理出口自产货物（包括视同自产货物），除另有规定外，可在货物报关出口并在财务上做销售核算后，凭有关凭证在规定的期限内向所在地主管退税的税务机关申报"免、抵、退"税。

1. 计税依据

"先征后退"办法按照当期出口货物离岸价乘以外汇人民币牌价计算应退税额。"离岸价"（FOB 价）是装运港船上交货价，但这个交货价属于象征性交货，即卖方将必要的装运单据交给买方按合同规定收取货款，买卖双方风险划分都是以货物装上船为界限。因此，FOB 价是由买方负责租船订舱，办理保险支付运保费。

最常用的 FOB、CFR 和 CIF 价的换算方法如下：

$$FOB价=CFR价-运费=CIF价×（1-投保加成×保险费率）-运费$$

因此，如果企业以到岸价格作为对外出口成交的，在货物离境后，应扣除发生的由企业负担的国外运费、保险费佣金和财务费用；以 CFR 价成交的，应扣除运费。

2. 计算方法

（1）一般贸易计算公式：

$$当期应纳税额=当期内销货物的销项税额+当期出口货物离岸价×外汇人民币牌价$$
$$×征税率-当期全部进项税额$$

$$当期应退税额=出口货物离岸价格×外汇人民币牌价×退税税率$$

（2）有关说明：

①当期进项税额包括当期全部国内购料、水电费、允许抵扣的运输费、当期海关代征增值税等税法规定可以抵扣的进项税额。

②外汇人民币牌价应按财务制度规定的两种办法确定，即国家公布的当日牌价或月初、月末牌价的平均价。计算方法一旦确定，企业在一个纳税年度内不得更改。

③企业实际销售收入与出口货物报送单、外汇核销单上记载的金额不一致时，税务机关按金额大的征税，按出口货物报关单上记载的金额退税。

④应纳税额小于零的，结转下期抵减应交税额。

第二节　进出口服装的通关

一、通关概述

（一）报关

1. 报关概念

报关是指货物、行李和邮递物品、运输工具等在进出关境或国境时，由所有人或其代理人向海关申报，交验规定的单据、证件，请求海关办理进出口的有关手续。我国海关规定报关时应缴纳的单据、证件有进出口服装报关单、进出口货物许可证、商品检验证书、动植物检疫证书以及提货单、装货单、运单、发票、装箱单等。

海关对进出口纺织服装货物报关管理的主要制度实际是报关注册登记制度。凡是在中华人民共和国进出境口岸办理进出口服装报关手续的企业必须向海关办理报关注册登记，必须先经海关批准成为报关单位，并履行进出口服装的报关手续。能够向海关注册登记的单位分为两类，一类是办理报关注册登记单位，另一类是办理代理报关注册登记单位。办理报关和代理报关登记，在企业所在地海关办理。报关业务，应由报关企业和代理报关企业指派专人即报关员办理。报关员必须经海关培训、考核合格并获得由海关颁发的《报关员证》才可以从事报关工作。非报关单位的服装进出口须委托报关单位及其报关员办理报关手续。在报关时，要填写报关单，并交验海关所规定的各项单证。海关在接受报关后应予以申报登记，即对报关员交验的各项单证予以签收、报关单编号登记、批注接受申报日期。

根据我国《海关法》的规定，进口服装的收货人应当自运输工具申报进境之日起14日内，出口服装的发货人，除海关特准的外，应当在装货的24小时以前向海关申报。超过时间，要征收滞报金。进口服装如进境后3个月未报关，由海关提取变卖处理。如果属于不宜长期保存的，海关可以根据实际情况提前处理。被处理货物，如在货物变卖之日起一年内补报关，变卖所得货款在扣除有关费用、税款和罚金后，可发还货主。逾期无人认领，上缴国库。

2. 报关企业分类

我国实行的是不同类管理的企业，采取不同的报关要求。在进出口贸易的实际业务中，绝大多数是卖方负责出口服装货物报关，买方负责进口服装货物报关，即绝大多数的贸易公司只是同自己国家的海关开展业务活动。目前我国根据现有条件，依据《中华人民共和国海关企业分类管理办法》，将报关企业分为 AA、A、B、C、D 类管理企业五种，海关总署按照守法便利原则，对适用不同管理类别的企业，制订相应的差别管理措施，其中 AA 类和 A 类企业适用相应的通关便利措施，B 类企业适用常规管理措施，C 类和 D 类企业适用严密监管措施。

（1）AA 类报关企业如下。

① AA 类服装报关企业（或进出口货物收发货人），应当同时符合下列条件：符合 A 类管理条件，已适用 A 类管理 1 年以上；上一年度进出口报关差错率 3% 以下；通过海关稽查验证，符合海关管理、企业经营管理和贸易安全的要求；每年报送《企业经营管理状况评估报告》和会计师事务所出具的上一年度审计报告；每半年报送《进出口业务情况表》。

② AA 类报关办理程序：服装企业在海关网站下载《适用 AA 类管理申请书》和《经营管理状况报告》；企业向各主管关（处）提交申请资料。申请资料齐全有效的，予以受理；经海关审核认为符合 AA 类条件的，海关对企业进行验证式稽查。

③ AA 类报关应当提交的资料：经本企业法定代表人签字并加盖公章的《适用 AA 类管理申请书》和《经营管理状况报告》；《报关注册登记证书》复印件；会计事务所出具的上一年度《审计报告》；《适用 A 类管理决定书》复印件。

④ AA 类报关办理时限：海关应自受理之日起 6 个月内作出适用或者不予适用决定。

（2）A 类报关企业如下。

① A 类报关服装企业（或进出口货物收发货人），应当同时符合下列条件：已适用 B 类管理 1 年以上；连续 1 年无走私罪、走私行为、违反海关监管规定的行为；连续 1 年未因进出口侵犯知识产权货物而被海关行政处罚；连续 1 年无拖欠应纳税款和应缴罚没款项；上一年度代理申报的进出口报关单及进出境备案清单总量在 2 万票（中西部 5000 票；"中西部"是指除东部地区以外的其他地区，东部地区包括北京市、天津市、上海市、辽宁省、河北省、山东省、江苏省、浙江省、福建省、广东省）以上；上一年度进出口总值 50 万美元以上；上一年度进出口报关差错率 5% 以下；会计制度完善，业务记录真实、完整；主动配合海关管理，及时办理各项海关手续，向海关提供的单据、证件真实、齐全、有效；每年报送《企业经营管理状况评估报告》；按照规定办理《中华人民共和国海关进出口货物收发货人报关注册登记证书》的换证手续和相关变更手续；连续 1 年在商务、人民银行、工商、税务、质检、外汇、监察等行政管理部门和机构无不良记录。

②办理程序：服装企业在海关网站下载《适用 A 类管理申请书》和《经营管理状况报告》；企业向各主管关（处）提交申请资料，申请资料齐全有效的，予以受理。

③应当提交的资料：经服装本企业法定代表人签字并加盖公章的《适用 A 类管理申请书》和《经营管理状况报告》；《报关注册登记证书》复印件；《企业管理类别调整决定书》复印件（发生管理类别调整情况才提交）。

④办理时限：海关应自受理之日起 3 个月内作出适用或者不予适用决定。

AA 类或者 A 类服装企业涉嫌走私被立案侦查或者调查的，海关暂停其与管理类别相应的管理措施；暂停期内，按照 B 类企业的管理措施实施管理。

（3）B 类报关企业如下。

服装企业未发生 C 类及 D 类所列情形并符合下列条件之一的，适用 B 类企业（或进出口货物收发货人）管理。首次注册登记的；首次注册登记后，管理类别未发生调整的；AA 类企业不符合原管理类别适用条件，并且不符合 A 类管理类别适用条件的；A 类企业不符合原管理类别适用条件的。

（4）C 类报关企业如下。

①具备条件：有下列情形之一的，适用 C 类服装企业（或进出口货物收发货人）管理：有走私行为的；1 年内有 3 次以上违反海关监管规定行为，且违规次数超过上 1 年度报关单及进出境备案清单总票数 1‰的，或者 1 年内因违反海关监管规定被处罚款累计总额人民币 100 万元以上的；1 年内有两次因进出口侵犯知识产权货物而被海关行政处罚的；拖欠应纳税款、应缴罚没款项人民币 50 万元以下的。

C 类服装企业自海关作出类别调整决定之日起满 1 年未再发生适用 C、D 类管理所列情形的，经企业申请，海关将其调整为 B 类；D 类服装企业自海关作出类别调整决定之日起满 1 年未再发生适用 D 类管理所列情形的，经服装企业申请，海关将其调整为 C 类。

②办理程序：服装企业海关网站下载《企业管理类别调整申请书》、企业向各主管关（处）提交申请资料、申请资料齐全有效的，予以受理，否则不予受理，应当提交的资料：经服装本企业法定代表人签字并加盖公章的《企业管理类别调整申请书》；《报关注册登记证书》复印件；《企业管理类别调整决定书》复印件。

③办理时限：海关应自受理之日起 1 个月内作出适用或者不予适用决定。

（5）D 类报关企业如下。

有下列情形之一的，适用 D 类管理：有走私罪的；1 年内有 2 次以上走私行为的；1 年内有 3 次以上因进出口侵犯知识产权货物而被海关行政处罚的；拖欠应纳税款、应缴罚没款项人民币 50 万元以上的。

3. 报关单证

（1）报关单概念。进出口服装报关单是指进出口服装收发货人或其代理人，按照海关规定的格式对进出口服装的实际情况做出书面申明，以此要求海关对其货物按适用的海关制度办理通关手续的法律文书。它在对外经济贸易活动中具有十分重要的法律地位。它既是海关监管、征税、统计以及开展稽查和调查的重要依据，又是加工贸易进出口货物核销，以及出口退税和外汇管理的重要凭证，也是海关处理走私、违规案件，及税务、外汇管理部门查处骗税和套汇犯罪活动的重要证书。

（2）报关单分类。按服装的流转状态、贸易性质和海关监管方式的不同，进出口服装报关单可以分为以下几种类型：

①按进出口状态分：进口服装报关单、出口服装报关单。

②按表现形式分：纸质报关单、电子数据报关单。

③按使用性质分：进料加工进出口服装货物报关单（粉红色）、来料加工及补偿贸易进出口服装货物报关单（浅绿色）、外商投资企业进出口服装货物报关单（浅蓝色）、一般贸易及其他贸易进出口服装货物报关单（白色）、需国内退税的出口服装贸易报关单（浅黄色）。

④按用途分：报关单录入凭单、预录入报关单、电子数据报关单、报关单证明联。

（3）我国海关出口服装货物报关单内容。包括：编号、日期、经营单位、运输方式、贸易方式、征税性质、结汇方式、许可证号、各种费用、包装种类、毛重（公斤）、唛码、审单、报关员、申报单位（签章）、征税、查验、放行、电话等。

（4）报关单栏目含义如下。

出口口岸，指服装经海关放行出境的最后一个关境口岸的名称；经营单位，指对外签订或执行出口合同的中国境内服装企业或单位的全称；目的港（站），指服装预定最后到达的港口或城市的全称；合同（协议）号，指本报单服装货物的合同号码，包括年份、字轨、编号及附件号码；贸易方式，指目前使用白色《出口服装报关单》申报出口的服装。一般有以下几种贸易方式可视具体情况选择填报：一般贸易、国家间及国际组织无偿援助和赠送的物资、边境小额贸易、对外承包工程货物、租赁贸易、易货贸易、出料加工贸易、其他贸易等；运抵国（地），指出口服装直接运抵的国家（地区）或在运输中转国（地）未发生任何商业性交易的情况下的最后抵运国（地区）名称；消费国别，指服装实际消费的国家（地区）名称，不能确定实际消费国的，以预知的最后运往国为准，如售予甲国而运往乙国的，填具乙国的名称，对成交条件订明为选择港的，以第一个选择港所在国填写；收货单位，指境外最终收货商的名称及所在地，可依据出口合同、发票填写。

（二）通关

通关即结关，习惯上又称清关，是指进出口服装和转运服装进入一国海关关境或国境时，必须向海关申报办理海关规定的各项手续，履行各项法规规定的义务。只有在履行各项义务，办理海关申报、查验、征税、放行等手续后，服装才能放行，货主或申报人才能提货。同样，载运进出口服装货物的各种运输工具进出境或转运，也均需向海关申报，办理海关手续，得到海关的许可。服装在结关期间，不论是进口、出口或转运，都是处在海关监管之下，不准自由流通。

灰色清关是指出口商为了避开复杂的通关手续，将各项与通关有关的事宜交由专门的清关公司处理的一种通关方式。清关公司，即清关代理，是指专门从事国际代理报关纳税业务的企业，受进出口服装所有人以及他们的代理人或者税收发货人的委托，并为其进出口服装、物品或运输工具的所有人承担办理海关各种手续，如填制进出口服装货物报关单、报关数据的预录入、代客办理向海关申请企业备案登记手续、陪同海关验货、对服装货物税则归类、计算税费、提货、咨询服务、代办申请减免税关税保函手续、合同备案登记等。

清关公司本身并没有经营进出口业务权。

一般来说，清关公司均兼营与报关业务有关（如服装货物运输、办理关税保函和保险）的经营，以形成配套的一条龙服务体系。清关代理既要向服装、物品或运输工具的所有人负责，又要向海关负责，属于双向负责的中介代理机构。

进出口服装必须向海关申报进出口，接受海关对服装的查验，履行海关规定的通关手续。办完通关手续，结清应付的税额和其他费用，经海关同意，服装即可通关放行。服装通过海关称为通关，通关时应办一系列手续，称为通关手续，也可称为报关手续。

二、通关程序

通关工作的全部程序分为申报、查验和放行三个阶段。

（一）进出口服装的申报

进出口服装的收、发货人或者他们的代理人，在服装进出口时，应在海关规定的期限内，按海关规定的格式填写进出口服装报关单，随附有关的货运、商业单据，同时提供批准服装进出口的证件，向海关申报。报关的主要单证有以下五种：

1.进口服装报关单

一般填写一式两份（有的海关要求报关单份数为三份）。报关单填报项目要准确、齐全、字迹清楚，不能用铅笔；报关单内各栏目，凡海关规定有统计代号的，以及税则号列及税率一项，由报关员用红笔填写；每份报关单限填报四项服装；如发现其他情况需变更填报内容的，应主动、及时向海关递交更改单。

2.出口服装报关单

一般填写一式两份（有的海关要求三份）。填单要求与进口服装报关单基本相同。如因填报有误或需变更填报内容而未主动、及时更改的，出口报关后发生退关情况，报关单位应在三天内向海关办理更正手续。

3.随报关单交验的货运、商业单据

进出口服装通过海关，都必须在向海关递交已填好的报关单的同时，交验有关的货运和商业单据，接受海关审核诸多单证是否一致，并由海关审核后加盖印章，作为提取或发运服装的凭证。随报关单同时交验的货运和商业单据有：海运进口提货单；海运出口装货单（需报关单位盖章）；陆、空运运单；服装的发票（其份数比报关单少一份，需报关单位盖章等）；服装的装箱单（其份数与发票相等，需报关单位盖章）等。需要说明的是，如海关认为有必要，报关单位还应交验贸易合同、订货卡片、产地证明等。另外，按规定享受减、免税或免验的货物，应在向海关申请并已办妥手续后，随报关单交验有关证明文件。

4.进（出）口服装许可证

进出口服装许可证制度，是对进出口贸易进行管理的一种行政保护手段。我国与世界上大多数国家一样，也采用这一制度对进出口服装、物品实行全面管理。必须向海关交验

进出口服装许可证的服装并不固定，而是由国家主管部门随时调整公布。凡按国家规定应申领进出口服装许可证的服装，报关时都必须交验由对外贸易管理部门签发的进出口服装许可证，并经海关查验合格无误后始能放行。但对外经济贸易合作部所属的进出口公司、经国务院批准经营进出口业务的各部门所属的工贸公司、各省（直辖市、自治区）所属的进出口公司，在批准的经营范围内进出口服装，视为已取得许可，免领进出口服装许可证，只凭报关单即可向海关申报；只有在经营进出口经营范围以外的服装时才需要交验许可证。

5. 检验检疫出境服装报检单

国家出入境检验检疫局与海关总署从 2000 年 1 月 1 日起实施的检验检疫服装通关制度，通关模式为"先报验，后报关"。对卫生检验检疫局、动植物检验检疫局、商品检验检疫局进行"三检合一"，全面推行"一次报检、一次取样，一次检验检疫，一次卫生除害处理，一次收费，一次发证放行"的工作规程和"一口对外"的国际通用的检验检疫模式。对实施进出口检疫的服装使用"入境服装通关单"和"出境服装通关单"，并在通关单上加盖检验检疫专用章，对列入《出入境检验检疫机构实施检验检疫的进出口商品目录》范围内的进出口服装（包括转关运输货物），海关一律凭货物报关地出入境检验检疫局签发的"入境服装通关单"或"出境服装通关单"验放，取消原"商检、动植检、卫检"以放行单、证书及在报关单上加盖放行章通关的形式。海关要求报关单位出具"入境服装通关单"或"出境服装通关单"，一方面是监督法定检验服装是否已经接受法定的商检机构检验；另一方面是取得进出口服装征税、免税、减税的依据。

除上述单证外，对国家规定的其他进出口管制服装，报关单位也必须向海关提交由国家主管部门签发的特定的进出口服装批准单证，由海关查验合格无误后再予以放行。

（二）进出口服装的查验

查验是通过对进出口服装的检查，核实单、货是否相符，防止非法进出。查验服装一般在海关监管区内的进出口码头、车站、机场、邮局或海关的其他监管场所进行，或在服装的装卸过程中进行。在特殊情况下，经收发货人或其代理人的申请，海关审核同意，也可到有关公司或生产单位加工现场或仓库查验，并按规定收取费用。

进出口货物查验是指海关在接受申报并审核报关单证的基础上，对进出口服装进行实际校对检查。查验的目的是核对实际进出口服装的品名、规格、成分、原产地、货物状态、数量和价格等与报关单证所报内容是否相符，有无错报、漏报、瞒报、伪报、申报不实、走私等行为，审查服装的进出口是否合法，确定服装的物理性质和化学性质，并为今后的征税、统计和后续管理提供可靠的监管依据。进出口服装，除海关总署特准免验的之外，都应接受海关查验。

海关在审核单证、查验服装并照章收缴税款等费用后，在一切海关手续办妥以后，在提单、运单、装货单上，盖上海关放行章以示放行，进出口服装由此通关，由收、发货人据此向港口、民航、车站、邮局办理提取或托运手续。海关查验服装应在海关规定的时间和场所进行。如有特殊理由，事先报经海关同意，海关可以派人员在规定的时间和场所以外查询。申请人应支付相关费用。

海关查验服装时，要求服装的收、发货人或其代理人必须到场，并按海关的要求负责办理货物的搬移、拆装箱和查验服装的包装等工作。海关认为必要时，可以径行开验、复验或者提取货样，服装保管人应当到场作为见证人。

海关实施查验可以是彻底查验，也可以是抽查。查验操作可以分为人工查验和设备查验。海关可以根据货物情况以及实际执法需要，确定具体的查验方式。人工查验包括外形、开箱查验。外形查验是指对外部特征直观、易于判断基本属性的货物的包装、运输标志和外观等状况进行验核；开箱查验是指将货物从集装箱、货柜车箱等箱体中取出并拆除外包装后对货物实际状况进行验核。设备查验是指利用技术检查设备为主对货物实际状况进行验核。

（三）进出口服装的放行

海关对进出口服装的报关，经过审核报关单据、查验实际服装，并依法办理了征收服装税费手续或减免税手续后，在有关单据上签盖放行章，服装的所有人或其代理人才能提取或装运服装。此时，海关对进出口服装的监管才算结束。

另外，进出口服装因各种原因需海关特殊处理的，可向海关申请担保放行。海关对担保的范围和方式均有明确的规定。口岸海关对进出口服装的放行意味着：

（1）对一般贸易进出口服装，海关监管结束。

（2）对需转为海关以其他方式继续监管的服装，进入另一种方式的海关监管；对需转另一设关地点的服装，则甲海关监管结束和乙海关监管开始。

（四）报关时限

报关时限是指服装运到口岸后，法律规定收货人或其代理人向海关报关的时间。出口服装的发货人或其代理人除海关特许外，应当在装货的 24 小时以前向海关申报。做出这样的规定是为了在装货前给海关以充足的查验货物的时间，以保证海关工作的正常进行。如果在这一规定的期限之前没有向海关申报，海关可以拒绝接受通关申报，这样，出口服装就得不到海关的检验、征税和放行，无法装货运输，从而影响运输单据的取得，甚至导致延迟装运、违反合同。因此，应该及早地向海关办理申报手续，做到准时装运。

根据我国海关法的规定，进口服装的报关期限为从运输工具申报进境之日起 14 日内，由收货人或其代理人向海关报关，做出这样的规定是为了加快口岸疏运，促使进口货物早日投入使用，减少差错，防止舞弊。超过这个期限报关，由海关征收滞报金。滞报金的起收日期为运输工具申报进境之日起的 15 日；转关运输服装为服装运抵指运地之日起的第

15 日；邮运进口服装为收到邮局通知之日的第 15 日。截止日期为海关申报之日。滞报金的每日征收率为进口服装到岸价格的 0.5%，起征点为人民币 10 元。计算滞报金的公式为：

$$滞报金总额=服装的到岸价格×滞报天数×0.5\%$$

服装到达后，进口服装在规定的日期内未办理通关手续，海关有权将服装存入候领服装仓库，一切责任及费用均由进口商负责。进口服装的收货人自运输工具申报进境之日起超过 3 个月未向海关申报的，其进口服装由海关提取变卖处理。所得价款在扣除运输、装卸、存储等费用和税款后，尚有余款的，自服装变卖之日起一年内经收货人申请，予以发还；逾期无人申请的，上缴国库。确属误卸或者溢卸的进境服装除外。

进出口服装的报关期限在《海关法》中有明确的规定，而且出口服装报关期限与进口服装报关期限是不同的。各国通关手续往往十分繁杂，在通关手续上各国之间也常提供优惠待遇。为及时通关提货，进口商也可委托熟悉海关规章的报关行代办通关手续。

三、服装报关

（一）对进料加工服装的报关

1. 进料加工的概念

进料加工是指国内有外贸经营权的单位用外汇购买进口原料、材料、辅料、配套件和包装物料等，加工制成服装后再返销出口的业务。

2. 经营进料加工具备的条件

（1）经营人必须是经主管部门或其授权主管部门批准的具有外贸出口经营权的进出口公司，其他单位和个人不得经营。

（2）用外汇购进的进口原料，零部件必须加工成服装复出口。

（3）进口的料件和加工的成品的所有权归经营人，经营人自负盈亏。

3. 进料加工进出口服装的报关手续

（1）进料加工服装进出口时，经营单位应填写《进料加工登记手册》和"进料加工进（出）口服装专用报关单"向海关申报，同时交验服装的运单、发票、装箱单等有关单证；

（2）进料加工合同项下进口的料、件，免领进口服装许可证，出口的成品如需出口许可证，应交验出口服装许可证。

4. 进口料件与国内料件串换的报关

进料加工合同项免税进口的料、件，应坚持专料专用，不得与国内其他料、件串换使用。在特殊情况下，因加工出口产品急需，拟使用国内同品种、同规格、同等数量的原材料顶替进口原材料，并无出售盈利赚取差价时，应事先报经主管海关批准。

海关对纺纱行业的进料加工中有棉花的，因生产工艺必须与国内其他料、件串换使用有以下规定：

（1）工艺性料、件串换，经营单位应经主管海关核准，并具备保税工厂监管条件。

（2）工厂要健全管理制度，按海关要求建立账册、记录投料与产出时间备查。不允许先出口后进口，或不经加工在国内收购产品出口。不允许倒卖进口料、件。

（3）出口服装中，属于搭配使用国产原料加工出口部分，如属应征出口税的，可予免税。

5. 进料加工服装内销的报关

进料加工项下进口的料、件和加工服装，均不得在境内销售。如因故必须转为内销的，应经经贸部主管部门批准，并经海关许可。上述转内销服装，无论以人民币或外汇结算，经营单位和加工生产企业应及时向海关缴纳原进口料、件的关税、产品税（或增值税）。属于国家限制进口的或属于实行进口许可证管理的服装，应按国家有关规定向海关交验进口审批件或进口许可证后方可准予内销。

6. 进口料件加工为半成品后转让给其他单位再加工的报关

进口料、件加工为半成品后，转让给其他承接进料加工复出口业务的单位进行再加工装配时，原进口料、件的单位应会同该承接单位持凭双方签订的购销合同或生产加工合同等有关单据向海关办理结转和核销手续，并可继续予以保税。该承接单位应按照有关规定单独申领新的《登记手册》，但可免予办理进出口批准手续。对已执行完毕合同所余的料、件，也可采取结转办法将剩余料、件转入另一合同中继续加工服装出口，海关继续予以保税。

出口合同中规定由国外客户免费或有价提供的原辅料的包装物料，加工服装后，如有剩余，由经营单位提出申请，海关同意后可以转入其他出口合同中继续加工出口，如有特殊情况，应及时补纳关税。

7. 进料加工合同报关备案所须单证

（1）《报关注册登记证明书》及复印件。

（2）注册备案证明书复印件各一份。

（3）加工企业工商营业执照复印件。

（4）加工企业生产能力证明正本一份。

（5）加工贸易业务批准正本一式两份，并在上面加盖税务部门印章。

（6）经营企业对外签订的进出口合同正本一式两份。

（7）经营企业与加工企业签订的委托加工合同正本一份。

（8）企业加工合同备案呈报表（预录入）。

（9）海关认为必要的其他证件和单据。

其中（1）~（3）项为新办企业首份合同所须单证，（4）~（7）项为一般合同所须单证。

（二）来料加工服装的报关

1. 来料加工的概念

从广义上来说，来料加工、来料装配就是运用国外提供的原料、零部件加工成品或装配整机，收取加工费或装配费。按海关关于对外加工装配的管理规定所称的对外加工装配业务是指：

（1）由外商提供（包括外商在国内订购）的原材料、零部件，必要时提供设备，由我方加工单位按对方要求进行加工装配，服装交给对方销售，我方收取工缴费。外商提供的设备价款，我方用工缴费偿还。

（2）将料件和服装分别计价，分别订立合同，对开信用证，不动用外汇，料件和设备的价款在服装出口价格中扣除，我方净得工缴费。

（3）由外贸（工贸）公司与外商签订合同，承担加工装配业务，然后组织工厂生产，外贸（工贸）公司同工厂之间按购销关系办理。

2. 来料加工与进料加工的区别

（1）来料加工是对方来料，我方按其规定的花色品种、数量进行加工，我方向对方收取约定的加工费用；进料加工是我方自营的业务，自行进料，自定品种花色，自行加工，自负盈亏。

（2）进料加工，进料是一笔买卖，加工再出口又是一笔买卖，在进出口的合同上没有联系；来料加工原料进口和成品服装出口往往是一笔买卖，或是两笔相关的买卖，原料的供应往往是服装承受人。

（3）来料加工的双方，一般是委托加工关系，部分来料加工，虽然包括我方的一部分原料，在不同程度上存在买卖关系，但一般我方为了保证产品的及时出口，都订有对方承购这些产品的协议，进料加工再出口，从贸易对象来讲，没有必然的联系，进归进，出归出，我方和对方都是服装买卖关系，不是加工关系。

3. 经营单位对外签订的来料加工合同必须具备的内容

经营单位对外签订的合同，须经对外经济贸易部、国务院有关部门或省、自治区、直辖市的对外经贸管理部门，或者他们的授权的机关审批。签订的合同必须具体列明以下内容：

（1）外商提供的料、件、设备等。

（2）我方加工服装的名称、规格、数量、包装、价格等。

（3）进口料、件、设备和加工服装的交货日期、进出口岸、运输方式、支付方式、用料定额、损耗率、工缴费标准等。

（4）合同有效期限和违约、撤约、索赔、仲裁办法。

（5）外商在我国境内用外汇价购的料、件应按规定报经主管部门或有关进出口公司批准并在合同中注明。

4. 经营单位和加工单位的职权

经批准有对外经营权的外贸（工贸）公司可以对外签约，没有经营权的加工单位在与外商谈判时，需有上述公司参加。外商委托我国内代理人签订合同的，要提供经国内公证机关或经贸部门认定的委托证明文件，承接来料加工的企业和外商的国内代理人必须是具有法人资格的经济实体。

加工单位与外贸（工贸）公司联合对外签发的，可直接向海关办理有关手续，承接法律责任。参与签约的外贸（工贸）公司要对签约的事负责，并向海关负连带责任。外贸（工贸）单独对外签约而后由公司再组织加工单位进行生产的（包括公司与加工单位按购销关系办理的），由有关公司及企业向海关负法律责任。外商或其代理人违反本规定的行为，同样应向海关负法律责任。

5. 合资企业的来料加工

合资企业搞来料加工，若属于其经批准的经营范围的项目，可直接对外签订来料加工合同；如超出其经营范围，须报有关经贸主管部门批准。

来料加工业务由外商承包，由外方拥有企业的所有权和管理权，改变了来料加工性质，因此不能再享受来料加工的优惠待遇。

6. 来料加工合同的备案登记

有关经营单位应在对外签订的来料加工合同自批准之日起1个月内持下列有关单证向有关单位办理合同备案手续：

（1）加工单位或外贸（工贸）公司的营业执照。

（2）税务机关签发的税务登记证。

（3）审批部门的批准文件或合同备案证明书。

（4）对外经济贸易部批准立项的项目，还应提供对外经济贸易部批准的文件。

（5）对外签订的合同副本。

（6）海关认为必要的其他单证，如保函或保证金等。

海关核准后，向经营登记备案的来料加工合同，其服装进出口时，不能享受来料加工的优惠政策，应按一般贸易进出口服装办理有关手续。

7. 来料加工进出口服装的报关

来料加工项下服装进、出口时应向海关提交下列单证：

（1）填有进、出口服装数量、价格、规格等项目，并带有经海关认可的报关单位签章的"来料加工进出口货物专用报关单"一式三份。

（2）来料加工进出口产品登记手册。

（3）进出口服装的运单、发票、装箱单及海关认为必要的其他单证。

海关对上述单证进行审核，如无不符合规定的，对进口服装予以放行。如果合同规定的数量或重量允许有一定比例的上下幅度，那么，在幅度之内的多进口部分，如申报人如实填报"登记手册"和进出口服装的报关单，海关照数放行。超出上述范围的多进口部分，海关按一般进口服装对待。申报的，应办理进口纳税手续，其中属领证商品的，还应交验进口服装许可证。

8. 来料加工合同报关备案应提交的单证

（1）经营单位进出口经营权批准文件、工商营业执照及海关核发的注册备案证明书复印件各一份。

（2）加工企业工商营业执照复印件。

（3）加工企业税务登记证复印件。

（4）加工企业生产能力证明正本一份。

（5）外经贸部门签发的加工贸易业务批准正本一式两份。

（6）经营企业对外签订的进出口合同正本一式两份。

（7）经营企业与加工企业签订的加工协议（合同）正本一份。

（8）企业加工贸易合同备案呈报表（预录入）。

（9）海关认为必要的其他证件和单据。

其中（1）~（4）项为新办企业首份合同需单证，（5）~（8）项为一般合同所须单证。

（三）对保税仓库服装的报关

保税服装在保税仓库所在地海关入境时，货主或其代理人应当填写"进口服装报关单"一式三份，加盖"保税仓库服装"印章并注明此货系存入某保税仓库，向海关申报。经海关查验放行后，一份由海关留存，两份随货带交保税仓库。保税仓库经理人应于服装入仓库后即在上述报关单上签收，一份留存，一份交回海关存查。

货主在保税仓库所在地以外的其他口岸进口服装，应按海关对转关运输服装的规定办理转关运输手续，转关运输应持有"海关转关运输服装准单"，服装运抵后再按上述办法办理入库手续。

（四）对转关运输服装的报关

转关运输的服装报关是指海关为加速口岸进出口服装的疏运，方便收、发货人办理海关手续，依照有关法规规定，允许海关监管服装由关境内一设关地点转运到另一设关地点办理进出口海关手续的行为。其应用范围包括由进境地入境后，向海关申请转关运输，运往另一设关地点办理进口海关手续的服装；在起运地以办理出口手续运往出境地，由出境地海关监管放行的服装；由关境内一设关地点转运到另一设关地点，应受海关监管的服装。

转关运输服装的报关：

1. 承运人转关手续及提交证件

从事转关运输服装的境内承运人，应向海关办理下列注册登记手续并承担有关责任：

（1）向所在地或主管海关办理企业、运输工具以及驾驶人员的注册登记手续，海关认为必要时，承运人应向海关提供经济担保、银行担保或海关认可的其他方式的担保。

（2）承运人办理注册登记手续时应提交下列证件。

①工商行政管理部门签发的企业营业执照副本或影印件。

②交通管理部门签发的运输工具的行驶证的影印件。

③驾驶人员执照影印件（船舶可免交验）。

④承运转关运输服装申请表。

经海关审核同意后，颁发有关批准注册登记证书。

2. 申请人转关手续及提交证件

在办理转关运输手续时，申请人应按照海关规定，向海关如实申报，并递交下列单证：

（1）进口转关。进口服装的收货人或其代理人应自运输工具申报进境之日起 14 日内，向进境地海关如实申报转关运输，步骤如下：

①填报《中华人民共和国海关进口转运货物申报单》一式三份（国际铁路联运货物为货车装载清单三份），交数据录入中心录入海关计算机报关自动化系统，并递交申报单、指运地海关签发的进口转关运输货物联系单、随附有关批准证件和货运、商业单证（如货物的提单或运单、发票、装箱单等）。

申请办理属于申领进口许可证的转关运输服装，应事先向指运地海关交验进口许可证，经审核后由指运地海关核发进口转关运输服装联系单，并封交申请人带交进境地海关。

②进境地海关在接受进口货物收货人或代理人申报递交的有关单证后，要进行核对，核准后，要将上述有关单证制作关封，交进口货物的收货人或其代理人。

③进口货物的收货人或其代理人要按海关指定的路线负责将进口货物在规定的时限内运到指运地海关，向指运地海关交验进境地海关签发的关封，并应在货物运至指运地海关之日起 14 日内向指运地海关办理报关、纳税手续。

④指运地海关在办理了转关运输货物的进口手续后，按规定向进境地海关退寄回执，以示进口转关运输货物监管工作的完成。

来往港澳进境车辆装载的转关运输服装，由车辆驾驶人员向进境地海关交验载货清单一式三份，并随附有关货运、商业单证，进境地海关审核后制作关封交申请人带交出境地海关，由出境地海关负责办理该车辆及所载货物的监管手续。

保税仓库之间的服装转关手续，除应办理正常的服装进出口保税仓库的手续外，在填报申报单时，在"指运地"一栏还应填写服装将要存入的保税仓库名称。

空运转关运输服装的转关手续，当指运地与运单的目的地相同时，可免填"申报单"，海关可不签发关封，由海关在运单上加盖"海关监管货物"印章。指运地与运单目的地不同时，仍按上述程序办理通关手续。

（2）出口转关。出口服装的发货人或其代理人应向起运地海关申报出口转关运输货物，填报《中华人民共和国海关单》交起运地数据录入海关计算机报关自动化系统，并打印成正式的转关运输申报单和出口货物报关单，各一式三份。办理服装报关纳税手续，出境地海关在服装出口后，起运地海关签发出口转关货物联系单，并将上述有关单证制作关封，交申请人带交出境地海关。出境地海关在货物出口后按规定向起运地海关退寄回执，以示出口转关运输货物监管工作的完成。

来往港澳出境车辆装载的出口转关运输服装，由车辆驾驶人员向起运地海关交验出口货物报关单或载货清单一式三份，并随附有关货运、商业单证，起运地海关审核后制作关封交申请人带交出境地海关，由出境地海关负责办理该车辆及其所载货物的监管手续。

（五）对补偿贸易方式的报关

1. 补偿贸易的概念

补偿贸易是指国外厂商提供或利用国外进出口信贷进口生产技术和设备，由我方企业进行生产，以返销其产品的方式分期偿还对方技术、设备价款或信贷本息的贸易方式。

2. 补偿贸易的形式

（1）服装返销，也称回购贸易或简称返销。在补偿贸易中，用进口的设备或其他物资生产的服装，通称为直接产品，用直接产品支付的，叫产品返销。一般适用于设备和技术贸易，在国际上有人称为"工业补偿"。在我国一般称为直接补偿。

（2）服装换购，统称互购。首次进口的一方用于支付进口货款的服装，不是由进口物质直接生产出来的产品，而是双方商定的其他服装，即间接产品。由于这种贸易有时候并不直接与其他生产相联系，故在发达资本主义国家有人称为"商业性"补偿贸易。由于这种补偿贸易用间接产品偿还，在我国一般称为间接补偿贸易。

（3）多边补偿，也称转手补偿。这种形式的补偿贸易形式比较复杂。由第三国替代首次进口的一方承担或提供补偿产品的义务。

3. 补偿贸易应向海关办理登记备案的手续

执行补偿贸易合同的经营单位和生产企业，应于合同批准之日起1个月内向海关申请备案登记，海关在对上述单证审核后，对符合补偿贸易条件予以备案，并核发《加工装配和中小型补偿贸易进口服装登记手册》，凭此办理服装的报关手续。

4. 补偿贸易项下进出口服装的报关

补偿贸易的原材料、零部件、元器件和设备进口，以及加工服装出口时，有关外贸（工贸）公司和生产公司单位应凭《登记手册》和填写的服装报关单一式三份，向进出口地海关申报，并交验服装的运单、发票、装箱单等有关单证。

第三节　特别关税和优惠关税

一、进口附加税

在国际贸易中，有些国家特别是西方发达国家进口服装，除了征收正常的进口关税外，往往据某种需要再加征一种进口税。这种进口附加税（Import Surtax），因与一般关税不同，故称特别关税。进口附加税的征收，常作为一种特定的临时性措施来实施。其目的是：

（1）调节贸易平衡与国际收支。

（2）对某些服装的进口作特别限制。

（3）在国家与地区间实行贸易歧视和贸易报复。

（4）限制服装进口的重要手段。

进口附加税在征收上采取两种方式：一种是对所有进口服装征收，即在海关关税基础上加补附加税；另一种是针对某项服装征收进口附加税，以限制这种特定服装的进口。针对个别服装征收进口附加税，主要有反补贴税与反倾销税两种。

二、反补贴税

在当前国际贸易中，补贴常被用来作为促进出口的一种手段。出口补贴，简要地讲，就是出口某种服装时，给予出口商以现金津贴，或财政上的优惠待遇。

（一）反补贴的国际规则

在国际贸易中，一般认为对出口服装采取补贴的方式是不合适且不公平的。当进口国发现其进口的服装受到了补贴，进口国政府就有可能对这种进口服装征收"反补贴税"。故反补贴税（Countervailing Duty），是对受到补贴的外国服装所征收的一种进口附加税，其目的是抵消出口国对该出口服装所作补贴的鼓励作用，故反补贴税又叫抵消税或补偿税。

发达国家之间常为补贴税问题发生贸易摩擦，发达国家也常用反补贴税来限制发展中国家商品的出口，而补贴税又恰恰是许多发展中国家扶植新建工业的一个重要手段。

（二）WTO补贴税规定

WTO最早就反补贴问题作了规定，总原则是：各缔约国对其国内工业补贴；直接或间接促进出口或减少进口时，应向其他缔约国报告并说明补贴的数量、效果及其原因；受到影响的进口国可采取措施，对受到补贴的进口产品征收特别关税，即反补贴税。具体规定如下：

（1）反补贴税应是为了抵消服装在制造、生产或输出时所直接或间接接受任何奖金或补贴而收的一种特别关税。

（2）补贴的后果会对国内某项已建立的工业造成重大损害或产生重大威胁，或对国内某些工业的新建造成严重阻碍时，方能征收反补贴税。

（3）反补贴税的征收不得超过"补贴数额"。

（4）对于受到补贴的倾销服装，进口国不得同时对它既征收反倾销税又征收反补贴税。

（5）在某些例外情况下，如延迟将会造成难以补救的损害，则进口国可在未经缔约国全体事先批准的情况下征收反补贴税，但应立即向缔约国全体报告，如未经批准，这种反补贴税应立即予以撤销。

（6）对产品在原产国或输出国所征的捐税，在出口时退还或因出口而免税的，进口国对这种退税不得征收反补贴税。

（7）对初级产品给予补贴以维持或稳定其价格而建立的制度，如符合若干条件，不应认为造成重大损害。

（三）WTO《补贴与反补贴原则》

WTO 的《补贴与反补贴原则》明确了有关条款，主要内容如下：

1. 反补贴税调查

签字国必须按规定程序发起调查，以征收反补贴税。一般应据受影响的工业部门或以受影响的工业部门名义提出书面要求发起调查，以确定所补贴的存在和影响情况。书面要求应证据充分，说明因果关系。除特殊情况外，调查应在发起后一年内结束。

2. 反补贴税的征收

在符合征收反补贴税的条件下，实际上是否要征收反补贴税，则由进口签字国的机构做出决定，但反补贴税不得超过已查明的补贴数额。在出口国政府同意取消或限制补贴，或出口商同意修改其价格，使调查机构确信补贴的损害性影响已消除的情况下，一般可中止或结束诉讼，不再征收反补贴税。

3. 损害的确定

除另有规定外，是指对某项国内工业造成的实质性损害或威胁，或对建立此项工业实质性妨碍。损害确定应包括以下两方面客观审查。

（1）进口服装的数量及其对国内市场同类产品价格的影响。

（2）进口服装对国内同类生产者所带来的影响，如产量、销售、市场份额、利润、生产率、股票利润以及设备利用等。如由于其他原因造成的损害不应归咎于受补贴的进口货。

4. 关于出口补贴的规定

如禁止对包括矿产品在内的工业品进行出口补贴；对农产品的出口补贴不应使出口国的这类产品出超；各签字国为推行社会及经济政策的目标而采用出口补贴以外的补贴，如政府对某些国内企业资助等，以避免造成下列三种不利影响：

（1）对其他签字国的国内工业造成损害。

（2）严重损害其他签字国的利益。

（3）可能抵消或损害另一签字国据总协定所应得到的利益。

5. 对发展中国家的规定

（1）不应妨碍发展中国家为扶植国内工业而采取的政策与措施，其中包括对出口部门的政策与措施。发展中国家可以对其工业品出口实行补贴，但不得对签字国的贸易和生产造成严重损害。

（2）当某一发展中国家签字国对补贴的使用违背其竞争与发展需要的，则应尽力做出保证，减少或取消其出口补贴。

（四）反补贴税的实施

国际贸易中反补贴税的实施，实际上是通过国内立法来进行的，是作为受害国可能采用的一种补偿手段。进口国的受害者一般是私人企业而非国家政府，故要立法实施。

如美国商务部在接到私人企业申请后，美国国际贸易委员会同时考虑申请所载事实是否为立案提供了足够基础。商务部必须及时决定是否接受此案。决定应在联邦期刊《Federal Register》上公布，并正式通知国际贸易委员会。该委员会应在规定期内确立国内某工业是否因补贴进口受到损害，商务部在确认后便开始全面展开调查外国政府补贴的数量与实质。

近年来，美国的反补贴实践中又出现了所谓"上游补贴"，有时也称间接补贴，即利用受补贴的原材料所生产的产品，也认为是含有补贴成分。

与反补贴法实施密切相关的是补贴的计算和国内工业受损的确定。补贴的计算包括三个因素：形态、期间和贴现率。形态表示补贴企业受益情况，是否平均每年受益相同，或受益递增或递减；期间是指政府所提供的补贴可使受补贴企业在多长时间内受益，即补贴的效果会延续多久，此计算方法较复杂；贴现率反映的是补贴金额在补贴年限内的分摊，以累积计算方法将时间考虑进去。

三、反倾销税

（一）倾销概述

所谓倾销，是指以低于本国国内市场的价格或低于公平价格在其他国家进行服装销售，造成国际市场价格的不平等。价格区别或价格歧视，一般被认为对竞争不利。

反倾销税（Antidumping Duty）是对实行服装倾销的进口货所征收的一种进口附加税，目的在于抵制服装倾销，保护本国的市场与工业。从理论上讲，倾销还包括了"逆向销售"，即服装在国内市场的价格低于在国外市场的销售价格。在国外市场倾销服装的原理与国内市场价格歧视的原理是相同的，都必须在两个以上的不同市场销售同一产品。

1. 倾销获利因素

出口商从服装倾销中获得利润的机会依赖于以下三种因素的综合作用。

（1）国内外市场对该服装的需要。如国内市场对倾销服装需求的价格弹性较小，或在国外市场服装需求价格弹性较大，则厂商以倾销获利的可能性也较大。

（2）倾销服装重新进入国内市场的障碍。如不存在重新进口的障碍，则价格歧视在本国内是很难长久持续下去的，因倾销服装会重新进入本国市场，使倾销商的国内市场遭到破坏。在国际贸易中，出口商很易在国内与国外市场之间造成价格歧视，且还可利用各种贸易壁垒来达到这一点。因此，倾销的先决条件是必须把国内市场与国外市场割裂开来。

（3）倾销厂商经营的成本情况。一般出口商的倾销做法是为了获取经营的最大利润，但也有使利润减少甚至亏损的。服装倾销在价格方面的损失，通常可由以下几种方法来补偿。

①维持国内高价，来弥补对外倾销的损失。

②用倾销手段占领国外市场，而后抬高价格，获取高利。

③从国家机构或同业公会获取出口补贴。

④国家对倾销服装给予减免税款等优惠待遇，降低成本。

⑤由政府设专门机构对外实行低价倾销，损失由国库负担。

2. 倾销形式

按倾销的具体目的和时间不同，服装倾销可分为：

（1）偶然性倾销。常因销售旺季已过，或因公司改营其他业务，在国内市场不能售出的服装，以倾销方式在国外市场抛售。由于倾销时间短，进口国对此较少采用反倾销措施。也有在国外生产者处理库存积压时进行的，一般在被倾销国不易引起注意。

（2）间歇性或掠夺性倾销。其目的是占领、垄断和掠夺国外市场，以获取高额利润。这种方式严重损害了进口国利益，故许多国家都采取反倾销等措施进行抵制。

（3）长期性倾销。长期以低于国内市场价格在国外市场销售，其目的在于通过规模经济的效益来降低生产成本。这种倾销具有长期性，其出口价格应远高于边际成本，有的出口厂商还可通过获取本国政府的出口补贴来进行倾销。

3. 外汇倾销

通过本国货币对外汇贬值来降低本国服装的对外销售价格，以扩大服装的出口，叫外汇倾销。本国货币的对外贬值包括两种情况：一是一国政府宣布减少其货币含金量，使币值降低，叫法定贬值；另一种是因外汇市场上供求关系而引起币值跌落。

一国货币的对外贬值不仅可以降低出口服装的外销价格，从而扩大出口作用，且可提高进口服装的销售价格，从而起到限制进口的作用。故与服装倾销有所不同，货币贬值起到了促进出口和限制进口的双重作用。外汇倾销是通过降低服装在国外市场的价格来实现的。

（二）反倾销的国际规则

（1）用倾销手段将一国服装以低于正常价值的办法挤入另一国市场时，如因此对另一国领土内已建立的服装工业造成重大损害或威胁，或对其国内新建的服装工业产生严重阻碍，这种倾销应该受到谴责。

（2）缔约国为了抵消或防止倾销，可对倾销服装征收金额不超过这一服装倾销额的反倾销税。

（3）"正常价值"是指相同服装在出口国用于国内消费时在正常情况下的可比价格。如没有这种国内价格，则是：

①相同服装在正常贸易下向第三国出口的最高可比价格。

②服装在原产国的生产成本加合理的推销费用和利润。

（4）不得因抵制倾销或出口补贴，而对服装进口同时征收反倾销税与反补贴税。

（5）为了稳定初级产品的价格，即使有时会使出口国商品的售价低于相同产品在国内市场销售的可比价格，也不应认为对进口国的工业造成了重大损失。

（三）WTO《反倾销协议》的主要内容

1. 倾销的确定

倾销指在正常的贸易过程中，其产品以低于正常价值的价格出口到另一国家或地区，从而给进口国国内相关产业造成实质损害。

2. 损害的确定

应据确凿的证据确定，主要从两方面进行审查，一是倾销的进口产品数量及其价格，对国内同类产品价格造成的影响；二是这些进口产品对国内同类产品的生产商造成的后续冲击程度。

3. 反倾销调查程序

（1）提出申请。反倾销调查从国内产业的全部生产商或合计总产量占大部分的国内生产商，提出书面申请开始。申请内容包括：

①具有代表性的国内生产商声称存在倾销的事实。

②该倾销行为对国内产业相同产品造成的损害。

③倾销产品与声称的损害之间存在的因果关系。

④申请人的身份及其对国内相同产品生产价值和数量的综述。

⑤该产品在原产地国或出口国国内市场上出售时的价格资料、出口价格资料。

⑥所声称倾销进口产品数量发展变化的资料，进口产品对国内市场相同产品价格影响及对国内市场相关产业造成的后续冲击程度的资料，表明影响国内相关产业状况的相关因数和指数。

（2）进口国当局立案审查和公告。进口国当局应审查申请书所提供的证据的准确性和充分性，以确定是否有足够的证据发起反倾销调查。如果申请受到国内生产商的支持，其集体产量占国内相关产业全部产量的 50% 以上，则被视为"由国内产业或代表国内产业"提出的申请。如其集体产量不足国内相关产业全部产量的 25%，则调查不应发起。

当反倾销有足够证据提起时，当局应予以公告，公告内容如下：

①出口国名称和涉及的产品。

②开始调查的日期。

③申请书声称倾销的证据。

④导致产生声称损害的概要说明。

⑤指明有利害关系的当事人及其住址。

⑥允许有利害关系的当事人公开陈述其观点的时间限制。

（3）反倾销调查过程。一旦开始调查，当局应将国内相关产业的生产商提出的申请，全文提供给已知的出口商和出口成员当局，并应在收到要求时，向其他有关的有利害关系的当事人提供资料。在调查过程中，有关当局做出存在倾销的最初裁决，且断定采取临时措施对防止调查期间发生损害是必须的，可采取临时措施。临时措施有两种：一是征收临时反倾销税，时间一般在 4 个月内，特殊情况下不得超过 9 个月；二是提供担保，即出口商支付现金或保证金，其数额相当于临时预计的反倾销税。临时措施应从反倾销调查开始之日起 60 日后采用。

当出口商以价格承诺方式主动承诺修改其价格，或停止以倾销价格向该地区出口，从而使当局对倾销有害结果的消除感到满意时，反倾销调查可暂时停止或终止。否则可立即采取临时措施。

（4）裁决。反倾销调查的结局就是依倾销是否存在、是否构成对进口国国内相关产业的影响，做出最终裁决，并予以公告。做出最终裁决的方式，即据倾销的幅度和影响征收反倾销税。如决定征收反倾销税，还应公布涉及各出口商，生产商出口产品应征收的反倾销税额或税率。

（5）行政复审。在任何有利害关系的当事人提出审查要求并提交了认为十分必要的确切资料时，或征收反倾销税已超过了一段合理的期限，当局应对继续征收反倾销税的必要性进行审查，行政复审一般在 12 个月内结束。

4. 反倾销机构

WTO 建立了由成员方组成的反倾销实施委员会，负责履行反倾销协议或成员方授予的职责，组织成员方之间的磋商。WTO 秘书处同时也是反倾销委员会的秘书处。各成员方应尽快向委员会报告其采取的所有反倾销行动。各成员方应通知委员会，其国内由哪一个主管部门负责反倾销调查及其程序。

5. 争议解决

成员方涉及倾销与反倾销而产生的争议，可提交 WTO 争端解决机构处理，其主要争议包括：

（1）成员方认为进口成员方实施反倾销措施影响其直接或间接利益，侵害了应受到 WTO 反倾销协议保护的权益。

（2）成员方认为进口成员方的反倾销措施妨碍了 WTO 反倾销协议目标的实施，且经协商未达成满意的结果。

（3）成员方认为进口成员方所采取的临时反倾销措施违反了 WTO 反倾销协议的规定。

（四）我国反倾销对策

我国一直是遭受国外反倾销调查最多的国家之一，尤其是服装产品，中国企业虽然已经开始意识到应诉的重要性，但普遍应诉的积极性不高。究其外部政策原因，国外给予中国非市场经济地位是应诉不利的重要原因之一。中国入世后，包括反倾销领域在内的保护性贸易措施的法律环境都发生了一些变化，了解并认识新的法律环境对做好反倾销应诉工作，以及充分合理地运用世贸组织所允许的贸易补救措施，都是非常有必要的。

1. 应用世贸组织《反倾销协议》维权

在反倾销领域及其他保护性贸易措施领域，常用的维权方法就是世贸组织下的《反倾销协议》。另外，中国可以享有一个世贸组织成员方所拥有的权利并履行其义务，在世贸组织框架下解决与他国的贸易争端等。

在应诉国外反倾销调查时，除了应该了解世贸组织《反倾销协议》的规则外，还必须了解提起反倾销调查的具体国家的反倾销法规。因为世贸组织成员方在制订其国内反倾销法规时，并不一定完全照搬世贸组织的《反倾销协议》，许多成员在采用世贸组织的《反倾销协议》时，都加入了一些自己国家或地区的特点。此外，各个成员方也试图结合本国的具体情况在其国内反倾销立法中体现出一些特点来。

2. 注意各国反倾销法

各个国家或地区的反倾销法规也是在不断变化和完善的。世贸组织《反倾销协议》为其各个成员制订各自的反倾销国内法规提供了基础，各个成员不断对本国或本地区的法规进行完善补充。

以欧盟的反倾销法规为例，欧盟对其法规所做的几次修订，对现行法规进行了补充或细化。此外，欧盟还根据世贸组织专家小组的裁定，制订了特别立法来复查已经裁定的反倾销案件。

在应对国外反倾销调查时，一方面应该特别关注世贸组织争端解决机构所做出的最新裁决；另一方面还应特别关注提起反倾销诉讼的具体国家或地区的法规变化情况。

应该特别关注与中国处于同一发展水平的国家对中国提起的反倾销调查。由于这些国家自身以及国内企业的一些原因，应诉这些国家的反倾销调查难度可能更大，企业的不规范影响、应诉效果、应诉企业的性质会比以往更加复杂多样，有更多的私营企业拥有进出口经营权，其构成千差万别。

新兴的私营企业在激烈的市场竞争条件下，无论是因为自身发展的原因还是因为外部的原因，可能会有一些不符合国际规范的做法，而这些做法有时对应诉反倾销的影响是非常大的，这为反倾销应诉工作提出了新的课题。

市场经济地位问题仍是中国企业应诉需要解决的难题之一。如果这个问题能得到妥善解决，可能有越来越多的企业获得单独税率，随之而来的会产生应诉企业与不应诉企业的利益冲突问题，这也会为应诉工作提出新的课题。

3. 服装行业协会应做好工作

（1）服装行业协会应做好企业利益、行业利益的协调工作。应诉的服装企业一般来讲总是希望为自己的企业赢得利益。在企业利益与行业利益发生冲突的情况下，服装行业协会要解决好利益协调的问题。

（2）应规范服装协会会员企业的经营活动。服装企业经营的规范化对企业应诉反倾销会产生积极的影响，尤其在中国的市场经济环境逐渐被认可的形势下更是如此。因此，服装行业协会应促进会员企业的行为规范化，敦促企业在平时就注意规范自己的经营活动，不要等到有案子时无法弥补。

（3）应完善服装行业和服装企业的发展战略。服装行业和服装企业应该有长远的发展目标，在对待国外反倾销问题上，应该把目光放远一点，在积极应诉国外反倾销指控，争取保住或扩大自己市场份额的同时，还可以主动采取行动。

应充分利用作为世贸组织成员所享有的权利，密切跟踪世贸组织及各国反倾销规则的新变化，依据世贸组织规则做好应诉工作；在注重反倾销应诉工作的同时，应特别注意其他贸易补救措施的采用。

四、特惠税

特惠税（Preferential Duties）又称优惠税，是指对某个国家或地区进口的服装，不同程度地给予特别优惠的低关税或免税待遇。特惠税分互惠与非互惠两种，但都是一种地区性优惠安排，它不适用于从非受惠国家或地区服装的进口。

五、普惠制

普惠制（Generalized System of Preferences，GSP），是发达国家给予发展中国家的一种关税优惠制度。它有助于发展中国家增加出口收入，促进工业化与加速国民经济增长，加强国家间贸易合作。

（一）普惠制的建立

第二次世界大战之后，广大殖民地、半殖民地国家取得独立。长期的殖民统治造成了遗留下来的殖民地、半殖民地经济的落后状况和畸形发展，严重地阻碍了这些国家工业化的进程与对外贸易发展，加上关税壁垒的盛行，至 20 世纪 60 年代中期，发展中国家出口下降，贸易逆差骤增，外债负担日重，发展中国家认为这是殖民主义造成的历史恶果，是发达国家普遍设置关税壁垒之结果。1968 年，联合国第二届贸易与发展委员会经磋商，会议通过了建立普惠制的有关决议，并在贸发会下设立了特别委员会。

联合国大会指出，普惠制应继续作为一个主要长期措施，用以促进贸易与发展方面的合作，特别是增加发展中国家在世界贸易中所占份额。建立一个普遍的、非歧视、非互惠的优惠制度，对发展中国家出口贸易的扩大和多样化，加快它们的经济增长速度，都是极其重要的。

（二）普惠制的内容

普惠制给惠方案（GSP Scheme）是各给惠国政府或国家集团为实施普惠制而制订的具体执行办法，定期或不定期地以政府法令形式公布。目前的普惠制具体是由 29 个给惠国的 16 个普惠制方案组成，涉及受惠国和地区达 190 多个。这些普惠方案都是由各个给惠国或国家集团单独制订的，各有特点，不尽相同。但在方案的组成上，一般具有受惠国或地区、给惠产品范围、减税幅度、保护措施、原产地规则以及有效期等一些共同内容。

1. 受惠国家或地区

这是一个受惠国（地区）的名单。给惠国主要据发展中国家经济发展状况及政治态度来选择其受惠国。

2. 给惠产品范围

各给惠方案都列有自己的给惠产品清单与排除产品清单。其范围也在变，随给惠国经济贸易政策需要与受惠国的要求有所增减。

3. 减税幅度

减税幅度又叫普惠制优惠幅度，取决于最惠国税率与普惠制税率之间的差额，最惠国税率越高，普惠制税率越低，差幅就越大，反之，差幅就越少。

4. 保护措施

（1）例外条款，也称免责条款，是指当从受惠国优惠进口某项产品的数量增到对给惠国相同产品或有直接竞争性产品的生产者造成或即将造成严重损害时，给惠国保留对该产品完全取消或部分取消关税优惠待遇的权利。

（2）预定限额，是给惠国据本国或受惠国的经济贸易情况，预先规定一定时期（一般1年）内某项产品的关税优惠进口限额，达到这个额度，将停止或取消给予的关税优惠待遇。

（3）竞争需要标准，又叫竞争需要排除条款。美国又有"毕业条款"。即如一年内，来自某一受惠国（地区）某项产品的优惠进口额超过竞争需要限额或超过（或等于）美国进口该项产品总额的一半，则取消下一年度该受惠国（地区）这项产品的优惠待遇。如因竞争需要标准而被排除的产品，以后年进口额降至上述限额以内，则下一年仍可恢复优惠待遇。

5. 原产地规则

这是普惠制的基本条件之一，以保证给予发展中国家生产制造的原产品以及取得原产品、产地资格的产品优惠待遇，各给惠国都对受惠产品的原产地标准、直接运输规则和证明文件等作了具体规定。

（三）原产地规则及其主要内容

原产地规则是普惠制的主要组成部分和核心内容，是衡量受惠国出口产品是否取得原产地资格、能否享受优惠的标准。保证发展中国家受惠，防止非受惠国或产品打乱正常贸易秩序，使普惠制原则失去意义。

各给惠国方案中原产地规则包括如下五部分。

1. 原产地标准

原产地标准是各给惠国对原产品概念所下的定义，可分两大类：

（1）完全原产品。指完全用受惠国的原料、零部件并完全由其生产制造的产品。此规定极为严格，不得有任何掺假现象，即使是局部或个别表面加工也不行。

（2）含有进口成分的产品。全部或部分使用进口（包括原产地不明）的原料或零部件制成的产品，经受惠国充分加工或制作，其性质和特征达到了实质性变化的程度，变成了另外一种完全不同的产品。这时，这种含有进口成分的产品应视为受惠国的原产品。但各国标准并不一致，认识标准如下：

①加工标准。据所制服装中进口成分的税则号加工以后的变化，来确定其是否能达到实质性变化的标准，叫加工标准。一般如果进口成分与服装其制成品的税则号不同，即发生了变化，则进口成分视为达到了实质性变化程度，符合加工标准。有时便于澄清，必要时要有加工工序单附给给惠方案之后。

采用加工标准的给惠国在各自的给惠方案中列有清单 A 及 B。A 为否定清单，即产品中成分税则号虽改变，但还须符合一些附加条件，才能取得资格。B 为肯定清单，产品中进口成分的税则虽未变，但只要符合一些加工条件，就能取得原产地资格。

②百分比标准。据进口成分（或本国成分）占服装价值百分比来确定是否达到实质性变化的标准，但各国亦有不同标准。

2. 直运规则

直运规则即直接运输规则，是指受惠国的原产品必须从该受惠国直接运至进口给惠国。但由于地理原因或运输需要，也允许在第三国暂留，且必须一直处于该过境国海关监管之下，而未投入当地市场销售或交付当地使用，装卸作业和为使服装保持良好状态而作的必要处理除外，避免第三国可能进行任何再加工或换包。

3. 普惠制书面证明

凡是要求享受普惠制待遇的出口服装，都必须持有效证明其产地资格的原产地证明书和符合直运规则的证明文件。

普惠制原产地证明书有格式 A、59A、APR 证书及简易的普惠制原产地证书等。符合直运规则的则有在出口受惠国内签发的直运提单、联运提单及过境海关当局签发证明货物名称、卸货及装货日期、船名、起船日期等，并证明货物在过境国的情况。

原产地证书格式 A 是受惠服装出口到给惠国时享受普惠制减免关税待遇的官方凭证，相当于一种有价证券，仅正本有效，以英文或法文印制，但自 1982 年起证书背面注释可使用受惠国文字印刷。格式 A 证书由受惠国出口商填制申报，由出口受惠国政府指定的签证机构负责审核、证明与签发。有关证明要求还应在给惠国注册登记，并在联合国贸发会秘书处备案。

4. 普惠制给惠国成分

据原产地一般原则，凡出口受惠国之外生产的原料与零部件在受惠国进行加工制造时，均视为进口成分，但有些国家认识不尽一致，实行给惠国成分时，一般只要用原产地证书格式 A 即可。

5. 普惠国原产地累积

原产地原则上是以单一受惠国为一个原产地的概念基础上确立的，要求每个受惠国都是一个独立的经济区域，只有在此地区域进行生产、加工和增值的产品，才可给予该国原产品资格,否则一律不承认,但是,几乎所有给惠国都先后不同程度地采用了原产地累积制。

原产地累积按地理概念分为全球性累积和区域性累积;按产品增值程度分为全部累积与部分累积。全球性累积是指在实施原产地累积时,把世界上所有受惠国(或地区)视为一个整体进行累积。而区域性累积,则把若干个受惠国(或地区)视为一个统一的经济区域,他们之间的原料和劳务价值可互相累积。全部累积是将在其他受惠国进行的一切生产、加工和增值全部予以累积。部分累积只是对那些使产品获得原产资格的部分进行累积。现行原产地累积制主要有全球性全部累积、区域性全部累积与区域性部分累积三种,但各国认识也有所不同。

(四)普惠制的实施

普惠制的实施是通过给惠方案来具体进行的。普惠制经多年实施,起到了积极作用,虽不完善,有待改进,但仍是目前经联合国推动的、对发展中国家最有利的一项优惠措施。

普惠制的利用率,是指受惠国实际享受到优惠的出口产品总额与给惠国列入普惠制优惠项下的产品总额之比。

$$普惠制利用率 = \frac{实际享受优惠出口总额}{可以享受优惠出口总额} \times 100\%$$

一般利用率在30%~60%。亚洲"四小龙"利用最成功。

第四节 非关税措施

一、非关税措施概述

非关税措施是指关税以外的一切干预进出口贸易的各种措施。除关税以外的一切用来限制商品进口的各种措施,就是非关税壁垒(Non-Tariff Barriers,NTBs)。

NTBs起源于20世纪30年代资本主义经济危机之后,并广泛发展起来。如进口服装配额,进口许可证及外汇管制等非关税壁垒措施。当前NTBs愈加强盛的趋势表现如下:

1. NTBs项目日益复杂

据WTO统计,NTBs从20世纪60年代的八百多种,现已增至上千种之多,其中主要包括:进口服装配额制、"自动"出口限额制、有秩序的销售安排、进口许可证制、外汇管制、进出口国家垄断、歧视性政府采购政策、各种国内税等,名目繁多。

2. 非关税措施适用范围日益扩大

随着非关税措施项目的增多,用于限制商品进出口的范围也日益扩大。据统计,发达国家纺织品与服装进口受限范围已超过一半,以后还将进一步扩大。

3. 非关税措施的歧视性日益加深

发达的资本主义国家,往往据不同国家的政治经济关系而采取不同的非关税措施。从

20 世纪 70 年代以来，歧视性非关税措施更为明显，如欧共体对中国麻布抽纱制品规定进口服装配额，而同时对许多国家的同类产品没有进口限制，近年来又提出"有选择的限制"政策等。

4. 受到非关税壁垒限制的国家日益增多

受损国不仅有发展中国家，也有发达资本主义国家。这一情况已完全具有世界性特征，成为当今国际贸易中的一个主要问题。

二、传统非关税措施

（一）进出口服装配额制（Import/Out Quotas System）

进出口服装配额制又叫进口限额制，是一国政府在一定的时期内，对某些服装进口数量或金额加以直接限制。在规定期内，配额以内的服装可进口，超过配额的服装不准进口，或在征收高税或罚款后才能进口，这是非关税措施主要形式。我国加入 WTO 之后，此项措施对我国来讲即告失效。

（二）进出口服装许可证制（Import/Out License System）

进出口服装许可证制是一种凭证进出口制度。为限制服装进出口，国家规定某些服装的进出口必须领取许可证，否则不许进出口，这与服装配额制相似，是一种进出口的数量限制，是对贸易的一种行政管理措施与直接干预。服装进出口许可证是国家货物进出口的法律凭证。凡属于服装进出口许可证管理的货物，除有特殊规定外，各类服装进出口企业应在进出口前按规定向指定的发证机构申领进出口许可证，海关凭进出口许可证接受申报和验放。服装进出口许可证的签发实行分级管理原则，进出口企业应按照国家外贸主管部门所规定的进出口许可证管理商品分级发证目录及授权范围，申领服装进出口许可证，不得交叉领证。

（三）外汇管制

外汇管制（Foreign Exchange Control）是一国政府通过法令对国际结算和外汇买卖实行限制，以平衡国际收支和维持本国货币汇价的一种制度。在外汇管制下，出口商必须把出口所得外汇按官方汇率卖给国家外汇管制机关，进口商进口所须外汇也必须按官方汇率申请购买。这样，国家可通过官定汇率的确定与外汇收支的集中控制来限制进口的服装种类、数量和来源国。外汇管制有下列四种类型。

1. 数量性外汇管制

即国家外汇机构对外汇买卖的数量直接进行限制和分配，其目的在于集中外汇收入，控制外汇支出，实行外汇分配，以限制进口服装品种、数量和国别。

2. 成本性外汇管制

即国家外汇管理机构对外汇买卖实行复汇率制，利用外汇买卖成本的差异，来间接地影响不同服装的进出口。

3. 复汇率制

即政府规定几种同时并存的官方汇率，利用汇率的判别来达到限制或鼓励某些服装的进口或出口，依此可加强出口或限制进口。

4. 混合型外汇管制

即同时采用数量性和成本性的外汇管制，以实行更严格的外汇管制与贸易限制。

（四）进出口国的国家垄断

进出口国的国家垄断（State Trade）是指在对外贸易中，对一些服装的进出口，规定由国家直接经营，或是由国家特许的垄断组织经营，又叫国家贸易。国家对贸易的垄断主要是通过设立全权受理某项产品贸易的公司来进行。

（五）歧视性政府采购政策

歧视性政府采购政策（Discriminatory Government Procurement Policy）是国家通过法令，规定政府机构在采购时要优先购买本国产品的做法。歧视外国产品，从而起到限制进口的作用。

（六）歧视性国内税

歧视性国内税（Discriminatory Internal Taxes）指用征收国内税的方法来限制外国服装的进口，国内税与关税不同，它的制订与执行是属于本国政府机构，有时是地方政府机构的权限，通常不受贸易条约与协定的制约。国内税是比关税更灵活更隐蔽的一种贸易限制措施。

许多国家都利用征收国内税的办法，来削弱进口产品的市场竞争能力，从而达到限制进口的作用。

（七）最低限价

最低限价（Minimum Price）是政府规定某种进口服装的最低价格，凡进口货价低于规定的最低价格，则征收进口附加税或禁止进口，以此来限制外国服装的进口。

（八）禁止进出口

禁止进出口（Stop Import & Export）是一国政府对贸易采取的一种极端做法，通常是通过颁布有关法令来实施。另外，由于外交政策的需要也采用禁运措施。

（九）进口押金制

进口押金制（Import Deposit Scheme）又叫进口存款制。要求进口商必须在政府机构或国家指定的银行存入一笔款项，然后才能获准进口。存款金额以进口金额为基数，按政府规定百分比加以计算，并按政府规定的期限无息存放。这实际上是政府从进口商那里得到一笔无息贷款，同时也增加了进口商的资金负担，从而起到限制进口的作用。

（十）产品归类与海关估价

进口纺织品服装的税负取决于服装的价格与税率高低，在海关税率已定情况下，税负大小应取决于产品与海关估价（Customs Valuation）。前者是指将进口服装归在哪一个税则号下，后者是指海关如何估计进口服装的完税价格。

进口服装归在哪一个税则号下具有一定灵活性，海关对此具有相当机动权。具体确定又必须在海关现场决定，一般就高不就低，这增加了进口关税的负担和不确定性，增加了交易的困难，从而起到限制服装进口的作用。海关当局还可通过武断地提高进口服装的完税价格，来增加进口服装的关税负担，从而限制外国服装的输入。

（十一）繁苛的技术标准、卫生检疫规定及包装标签规定

不少国家，特别是发达国家对进口服装有许多规定与标准，且经常变化，使外国服装企业难以适应，从而限制了外国服装的进口与市场销售，这已成为目前国际贸易中非关税壁垒的重要手段。

三、新贸易壁垒措施

（一）技术壁垒

技术壁垒是指一国以维护国家安全、保障人类健康、保护生态环境、防止欺诈行为及保证产品质量等为由而采取的一些技术性措施。它主要通过颁布法律、法令、条例、规定，建立技术标准、认证制度、卫生检验检疫制度等方式，对外国进口服装制订苛刻的技术、卫生检疫、商品包装和标签等标准，从而提高对进口服装的技术要求，最终达到限制其他国家的服装产品自由进入本国市场的目的。

1. 利用技术标准和技术法规设置技术壁垒

在国际贸易中用来设置技术壁垒最为广泛的是技术标准和技术法规，主要是因为凭借技术标准、技术法规很容易使所实施的技术壁垒具有名义上的合理性、提法上的巧妙性、形式上的合法性、手段上的隐蔽性，从而使得出口国望之兴叹，其具体表现在：

（1）技术标准、法规繁多。为了阻碍外国服装产品的进口，保护本国市场，许多国家制订了繁多的标准、法规，甚至用法律明确规定进口服装必须符合进口国标准。

（2）技术标准要求严格。发达国家凭借其经济、技术优势，制订出非常严格苛刻的标准，有的标准甚至让发展中国家望尘莫及。欧盟的"OKO——生态纺织品标准100"中对服装和纺织品中的某些物质的含量要求高达 PPb 级，如对苯乙烯的要求是不超过 5PPb，乙烯环乙烷不超过 2PPb，这无疑给发展中国家的纺织出口贸易造成很大的难度，一方面由于技术有限，很难控制到 PPb 级；另一方面由于经济、实验条件有限，而无法检测出 PPb 级的物质。如果让发达国家的检测机构检测，费用相当昂贵，成本增高，这样严苛的技术标准便起到了技术壁垒的作用。

（3）针对某些国家形成专门技术壁垒。有些标准经过精心设计和研究，可以专门用来针对某些国家的产品形成技术壁垒。

（4）利用各国标准的不一致性，灵活机动地选择对自己有利的标准。法国规定服装含毛率只需达到 85% 以上就可以算作纯毛服装了，而比利时规定的纯毛含毛率必须达到 97%，德国要求更高，只有当纯毛的含毛率达到 99% 时，才能成为纯毛的服装。所以德国出口服装时选择对方的标准，进口纯毛服装时就选择自己的标准，以此减少纯毛服装进口，使得法国和比利时的羊毛制品在德国难以销售。

（5）设置技术标准实施障碍。技术标准、法规不仅在条文上可以限制外国服装的销售，而且在实施过程中也可以对外国服装的销售设置重重障碍。

此外，一些国家还利用服装的包装和标签标准、法规给进口服装增加技术和费用负担，设置技术壁垒。如美国和新西兰禁止利用干草、稻草、谷糠等作为包装或填充材料，在某些情况下，这类包装材料只有在提供了消毒证明后才允许使用；又如澳大利亚因我国包装规格高 900cm，与他们的包装规格高 914cm 不符，不便于流通周转，使包装规格成为两国的贸易壁垒。

总之，利用技术标准、法规设置技术壁垒的方法很多，而且名目繁多。

2. 利用电子数据交换（EDI）设置技术壁垒

在当今电子信息时代，贸易电子化、无纸化将是一种发展趋势。电子数据交换是将贸易、运输、金融、保险、海关等业务，以一种符合国际公认的标准格式，通过计算机网络相互传递，从而实现有关部门之间的数据交换，完成以贸易为中心的全部工作过程。这一整套技术能够有效提高贸易业务传递和处理的速度，降低成本，减少错漏，提高竞争力。推行电子数据交换，亦即推行"无纸贸易"。将引起世界范围内的一场商业大革命。

目前世界各国为了保护本国的商业利益和经济地位，都非常重视服装信息的快速传递与处理，积极开发、推广和应用电子数据交换技术。美国、欧洲都已做出决定，从 1992 年起将全面采用电子数据交换方式办理海关业务，不采用电子数据交换方式的，海关手续将被推迟受理。据报道，美国在 1999 年要求海关全部采用 EDI，否则不予办理。未来的贸易离不开 EDI，如果不采用 EDI，也将会造成贸易中的障碍。

3. 利用计量单位制设置技术壁垒

很多出口服装能否顺利销售，有时取决于所使用的计量单位制。有些国家抵制与本国计量单位不一致的服装进口。欧共体市场已经宣布，1989年以后，他们将不再购以英寸或磅为计量单位的任何服装，甚至包括带有双重计量单位标记的服装。米制已成为世界普遍采用的计量单位制。

（二）环境壁垒

环境壁垒包括以下内容：

1. 环境技术标准

发达国家的科技水平较高，处于技术垄断地位。它们在保护环境的名义下，通过立法手段，制订严格的强制性技术标准，限制国外服装进口。

2. 多边环境协议

目前，国际上已签订的多边环境协议有150多个，其中近20个含有贸易条款。特别是保护臭氧层的有关国际公约，将禁止受控物质及相关产品的国际贸易。

3. 环境标志

环境标志是一种印刷或粘贴在产品或其包装上的图形标志。它表明该服装产品不但质量符合标准，而且在生产、使用、消费及处理过程中符合环保要求，对生态环境和人类健康均无损害。

4. 环境管理体系标准

ISO 14000是国际标准化组织在汲取发达国家多年环境管理经验的基础上，制订并颁布的环境管理体系标准，得到世界各国政府、企业界的普遍重视和积极响应。

5. 绿色补贴

发达国家将严重污染环境的产业转移到发展中国家，以降低环境成本，发展中国家的环境成本却因此而提高。更为严重的是，发展中国家政府对自身无力承担治理环境污染费用的企业，有时给予一定的环境补贴。而发达国家则以违反世界贸易组织规定为由，限制发展中国家的服装出口。

（三）社会壁垒

社会壁垒是指以劳动者劳动环境和生存权利为借口采取的贸易保护措施。相关的国际公约有100多个，国际劳工组织（ILO）也制订了上百个国际公约，它们详尽地规定了劳动者权利和劳动标准问题。目前，在社会壁垒方面颇为引人注目的标准是SA8000，用以规范企业员工职业健康管理。通过认证的公司会获得证书，并有权在公司介绍手册和公司信笺抬头处印上SGS-ICS认证标志和CEPAA标志。此外，它们还可得到SA8000证书的副本用于促销。目前，全球大的采购集团非常青睐有SA8000认证企业的产品，迫使很多企业投入巨大人力、物力和财力去申请与维护这一认证体系，由此无疑会大大增加成本。发展中国家以劳工成本较低作为其最大的比较优势，这样一来就会大大削弱发展中国家在劳动力成本方面的比较优势。

第五节　出口鼓励与出口管制

一、出口鼓励

当今国际贸易中各国鼓励出口做法很多，涉及经济、政治、法律等许多方面，既有微观方面，又有宏观方面。这里主要从宏观经济政策方面叙述。

（一）生产补贴与出口补贴

在现今国际贸易中，国家政府越来越多的干预形式是补贴。基本方式有两种，即生产补贴和出口补贴（Export and Making Subsidies）。生产补贴是指产品无论出口与否，都给予生产这种产品的工业部门以补贴。生产补贴与关税有相同的作用与影响，因补贴可使本国企业的服装产品价格低于进口服装，从而使其在竞争中能有效地挤垮进口货。出口补贴又称出口津贴，是一国政府为降低出口服装的价格，加强其在国外市场上的竞争能力，在出口某种服装时给予出口厂商以现金补贴或财政上的优惠待遇。由于采用出口补贴，就使产品具有了"双重价格"——国内市场销售价格和国外市场价格，而出口产品要低于国内市场的销售价格。但在实际生活中，这并不是十分明显的，因接受补贴的公司可能将政府给予补贴带来的好处，平均分摊到出口和内销的价格中去。由于政府只对出口产品进行补贴，这无形中就鼓励和刺激了企业多生产出口产品。当然政府补贴形式还很多，且名目繁杂，不胜枚举。

（二）服装倾销与外汇倾销

服装倾销与外汇倾销（Garment and Exchang Damping）主要表现为出口服装的价格竞争，只是方法及途径不同。前者表现为厂商的微观行为，后者表现为国家的宏观措施。

（三）出口信贷与出口信贷保险

1. 出口信贷（Export Credit）

出口信贷是指国家通过银行对本国服装出口所提供的一种信贷资助，用于促进和扩大出口。从银行来讲，是出口信贷业务。出口信贷按时间长短可分三种：短期、中期、长期信贷；按借贷关系又可分为卖方及买方信贷。

2. 出口信贷保险（Export Credit Insurance）

出口信贷保险是指对出口商按信贷条件出口服装，在买方不能按时支付时承担赔付贷款的一种保险。它与商业上对服装的品质数量损失提供的海上保险不同，它是政府为了鼓励出口而实行的一种出口信贷担保，保证贷款不受损失的措施。

（四）其他鼓励出口的措施

1. 成立专门的出口促销组织

许多国家成立专门组织，研究与制定出口战略，扩大出口。

2. 建立商业情报的服务系统

许多国家都设立了官方的商业情报机构，在海外设立商情网、负责向出口厂商提供所须情报。

3. 组织贸易中心和贸易展览会

贸易中心是长期固定的设施，在中心内提供陈列展览的场所，办公点及咨询服务等。

4. 组织贸易代表团互访洽谈

许多国家为了发展国际贸易，经常组织贸易代表团出访，其出国费用大部分由政府补贴。许多国家还专门设立机构接待来访团体。

5. 组织出口厂商的评奖活动

对扩大出口成绩卓著的厂商，国家授予奖章、奖状，并通过授奖活动推广经验。

6. 外汇分成制度

从政府允许出口厂商的出口所得的外汇收入中，提取一定比例的外汇用于出口，以此鼓励其扩大出口的积极性。

7. 出口奖励证制

政府对本国出口厂商出口某种服装后，发给一种奖励证书，该证书在市场上可转让、出售，从中获利。

8. 复汇率制

政府对不同的出口服装确定不同的汇率，以促进某些服装的出口。

二、经济特区

在国际贸易中，世界各国各地区的经济特区（Special Economic Zone）占有重要地位，通过经济特区来促进和扩大出口，发展对外的经济贸易往来。所谓经济特区，指的是一个国家或地区在其关境以外划出一定区域，在这区域内适用免除关税等特殊优惠政策，以促进对外经济贸易的发展。

（一）经济特区的发展简介

经济特区的发展已有很长的历史。在封建社会后期已出现自由港或自由贸易区的雏形。进入20世纪50~60年代，一批新型自由贸易区——出口加工区开始出现。1965年，世界上第一个以出口加工区命名的经济特区在台湾高雄港兴建，从此出口加工区这类新型经济特区，便在发展中国家和地区迅速涌现。

整个20世纪60~70年代，以工业贸易型为特征的出口加工区，已成为国际间经济特区的主导。到 70 年代末、80 年代初,出口工业由劳动密集型向技术与知识密集型产品过渡,甚至设置专门特区,引进技术密集和知识密集工业。新加坡与中国台湾借高校及科研机构设立了工业园区,使世界经济特区向综合型方向发展,建设成为多行业多功能的综合型经济特区,不但重视出口工业对外贸易的发展,而且也经营旅游、金融、保险及交通、电讯等多种行业。

(二)经济特区的种类

世界经济特区按其特点,大致可分为自由港、自由贸易区、出口加工区、保税区、边境自由区、科学工业园及综合经济特区。这几种类型在理论上可区分开,但在实践中,各类特征与作用往往交叉并存于一个经济特区之内。

1.自由港

自由港又叫自由口岸。在这种港口区域对服装的输出输入不征收关税,或只对少数服装征税,且一般准予在港内自由进行改装、加工、装卸、整理、买卖、展览、销毁和长期储存等。但外国船舶必须遵守有关过境贸易,吸引外国船只或货物过境,从中获取运费、堆栈费、加工费等收入。

自由港大体分两类:一类是北美型(自由贸易区),自由港与非自由港间无明显区域界限,并比较分散,不连片;另一类是欧洲大陆型,它有明显的区域界限,港口作业、仓储、产品的加工或装配等都在同一区域内进行。

2.自由贸易区

自由贸易区又叫免税贸易区或自由区,也有叫自由贸易港、国际贸易区、自由市等。自由贸易区是划在关境以外,准许外国服装自由免税出入的地区,它仅为一块不动产土地,需受当地法律的限制。自由贸易区形成大小不同、目的各异,主要是方便外国服装进出,发展贸易和转口贸易。

(1)自由贸易区的管理规定。进入自由贸易区的服装不纳税,也不办理海关手续;按国家规定能进出口的服装,均可进入自由贸易区;服装进区后,可拆散、储存、分级、分类、修理、再制造、重新包装、标签、销毁、与外国或国内商品混合或重新出口,海关不予监督或控制。但各国规定不同。进区的商品如要运进自由区所在国内其他区域,则要办理报关手续,受服装配额限制,缴纳进口税。进口服装可是原来服装的全部,也可是一部分;既可是原样,也可是再加工。当进口货实际毛重大于货物净重加海关规定的法定皮重,可在区内进行改装。服装过境途中发生损坏,也可在区内进行检验。进出自由贸易区的活动,不加限制。有些国家对区内征税有特殊规定。

(2)自由贸易区的优惠待遇。自由贸易区服装进口、存放、加工、展销及再出口均不缴纳关税,不受服装配额限制,不受外汇管制,可免除大多数统计申报,不受保护消费者利益立法的限制。自由贸易区一般都设在近海港的城市内,给外商提供接近终点市场的服装储存与加工基地,然后转口销出。可节省运费、关税及其他费用,也可作为回旋措施。厂商可在合适的免税区从事加工装配工作，节省了税捐，降低了成本、运费、厂房租金、工资及保险费等。自由贸易区也是服装的展销窗口，以便进一步进入当地市场。

3. 综合型与科技型经济特区

这也是在出口加工区基础上形成和发展起来的经济特区，是世界经济特区发展的新阶段和趋向。综合型经济特区一般特点是：特区规模大、经营范围广，是一种多行业、多功能的特殊经济区域。科技型经济特区一般特点是：以大学和科研机构为依托，以科研为先导，创立技术密集与知识密集型的新型产业，发展高、精、尖工业产品，具有较强的国际竞争能力。

4. 保税区

保税区又叫保税仓库区，它是海关设置或经海关批准注册的特定地区和仓库。外国服装进入这些保税区内可暂时不缴纳进口税，如再出口，也不缴纳出口税。运入区内的服装也可进行储存、改装、分类、混合、展览、加工与制造等。保税区起到类似自由港或自由贸易区的作用。保税区以日本设定最为典型。常有下列几种：

（1）指定保税区与保税棚。是为了方便报关，向外国服装提供的装卸、搬运或暂时储存的场所。

（2）保税仓库。由海关监管供储存暂未缴纳关税的进口应税服装的专门仓库。未经许可不得将服装搬出仓库，必须在缴清关税及其他费用之后才准许运入国内。如重运出口，则不需纳税。

（3）保税工厂。是由海关监管供外国货物进行加工、制造、分类及检修等保税业务活动的专门工厂。

（4）保税陈列场。是经海关批准在一定期限内用于外国服装进行陈列展览的保税场所。

保税仓库区应当设立在有海关机构、便于海关监管的区域，符合海关对保税仓库布局的要求；具备符合海关监管要求的安全隔离设施、监管设施和办理业务必需的其他设施；具备符合海关监管要求的保税仓库计算机管理系统并与海关联网；具备符合海关监管要求的保税仓库管理制度、符合会计法要求的会计制度；符合国家土地管理、规划、交通、消防、安全、质检、环保等方面法律、行政法规及有关政策规定。

经营保税仓库的服装企业，应当具备下列条件：

①经工商行政管理注册登记，具有企业法人资格。

②注册资本最低限额为300万元人民币。

③具备向海关缴纳税的能力。

④具有专门存储保税服装的营业场所。

⑤经营特殊许可商品存储的，应当持有规定的特殊许可证件。

⑥经营备料保税仓库的加工贸易服装企业，年出口额最低为1000万美元。

⑦法律、行政法规、海关规章规定的其他条件。

5. 出口加工区

源于自由贸易区，是一个国家或地区在其港口或邻近港口、国际机场等地方，划出一定的范围，提供基础设施以及免税等优惠待遇，吸引外国投资，发展出口加工工业的特殊区域。自由港与自由贸易区以发展转口贸易，取得工业方面的收益为主。出口加工区既提供了自由贸易区的某些优惠待遇，又提供了发展工业生产所必需的基础设施，是自由贸易区与工业区的一种结合体，兼有工业生产与出口贸易两种功能的工业——贸易型经济特区。目的是引进外资、先进技术及经营管理方法，利用本国劳动力资源参与国际市场，发展出口加工工业，以扩大出口贸易、增加劳动就业与外汇收入。

出口加工区一般分两类：一是综合性出口加工区；二是专业性出口加工区。前者多见。世界各国出口加工区吸引外资的鼓励措施一般为：

（1）提供工业化所必需的一般先决条件。主要包括：提供有训练的、工资水平与生产效率和技术熟练程度相适应的劳动力；提供有形基础设施，如码头、供水、国际机场、通信等；接近销售市场和国际贸易通道；经济稳定，对外国投资具备法律保护；有利于服装、资本及利润进出的精简高效的行政机构和规章制度。

（2）提供财政上的优惠和补贴，以保证可能获利，对引进投资有足够的吸引力：课税优惠；按补贴性的收费率提供公用事业和基础设施服务及工厂用地；服装进出口免征关税；按限定的或给予补贴的工资及条件提供劳动力。

6. 自由边境区与过境区

自由边境区过去也叫自由贸易区，这种设置仅见于美洲少数国家。一般设在本国的一个省或几个省的边境地区。对区内生产设备、材料及消费品可免税或减税进口，转入其他区域则要照章纳税。外国服装可在区内进行储存、展览、混合、包装、加工和制造等业务活动，其目的在于利用外国投资开发边境地区的经济。

自由边境区与出口加工区主要区别是，前者进口商品加工后大多数在区内使用，只有少数是用于再出口，目的是开发边境区经济，经济发达后可取消。

沿海国家为了便利邻国的进出口货物，开辟某些海港、河港或国境城市为货物过境区，可简化手续，免征关税或只征小额过境费用。也可在过境区作短暂储存，重新包装，但不得加工。

三、出口管制

出口管制（Export Control）指国家通过法令和行政措施对本国出口贸易所实行的管理与控制。出口管制的服装多是自限商品和某些出口竞争品。如国际纺织品协定项目下的服装，各国在出口时要自行管制，同行业协调对外竞争某些商品也往往受到出口管制。出口管制形式有：

1. 单边出口管制

对本国某些服装出口进行审批和发放许可证，完全由一国自定，不对他国承担义务与责任。

2. 多边出口管制

几个国家政府通过一定的方式建立国际性多边出口管制机构。商讨和编制多边出口管制的清单，规定出口管制的方法，以协调彼此的出口管制政策与措施，达到共同的政治与经济目的。

第六节 国际经济一体化

一、国际经济一体化概述

"一体化"英文为"Integration"，是国家与国家通过协调，相互转换利益，结合成一个统一的整体。建立国家联盟，在生产乃至整个国民经济领域的各项政策进行国际间经济协调，通过各国利益的相互转换，以实现共同政策，行动及措施。目的是把各个成员联结成一个单一的经济实体。目前经济一体化有五种形式或五个阶段：

（一）工业自由贸易区

工业自由贸易区（Industrial Free Trade Area）是指各成员国取消相互之间工业品贸易的关税和数量的限制，让成品服装或半成品服装在贸易区域内免税自由流通，对来自区外第三国的进口服装，仍按各国自己的关税税率征税，数额限制。这种组织要求实现的目标有限，仅限于工业制成品的市场和交换，是经济一体化最低级组织形式。

（二）自由贸易区

自由贸易区（Full Free Trade Area），也称为完全自由贸易区，和工业自由贸易区一样，成员国可保护各自独立的对外贸易政策，但在区内可自由流通，免征关税，数额亦不受限制。

（三）关税同盟

关税同盟（Customs Union）是指把分布于各成员国之间的海关关境撤销，然后合并组成一个统一的共同关境。在同盟内部取消各种贸易限制和障碍，成员国的进出口商品均可免税自由流通、自由竞争，服装数量及金额都不受限制。在共同关境的外部，实行统一的国际贸易政策和共同的税则，对非成员国的服装实行统一的贸易管制法规和征收统一的海关关税税率。同盟成员通过缔结协定在关税方面结合成一个整体，实现关税的一体化，这是实现经济一体化的基础与核心。

（四）共同市场

共同市场（Common Market）的目标是在关税同盟为基础和主要内容上，实现各种生产要素——劳动力，劳务和资本的自由流动，消除关税壁垒和非关税壁垒，在区域性集团保护主义之下扩大市场，实现关税、贸易和市场的一体化。

（五）经济同盟

经济同盟（Economic Union）是一体化的高级形式。它是在实现关税、贸易和市场一体化的基础上，进一步协调成员国的经济政策和社会政策，包括货币、财政、经济发展、社会福利政策、强化超国家领导机构的权利，制定和执行某些共同政策，建立统一的货币制度和货币基金组织，从而实现关税、贸易、市场和货币的全面经济一体化。

自由贸易区只限于内部服装可免除关税和限额，没有共同的对外经济贸易政策，没有统一的组织领导机构进行超国家的经济调节，各成员国对主权的让渡也极有限，它是一种国际间的经济协商组织，而不属于经济一体化组织。

经济同盟比共同市场广泛得多，但共同市场却是经济同盟的核心和主要内容。关税同盟涉及一体化的深度与广度，比共同市场狭窄一些，但关税同盟却是共同市场的核心和主要内容。实践证明，关税同盟易于把成员国的利益统一起来，付诸实施，而经济同盟则矛盾重重，困难较大。

二、国际经济一体化组织

第二次世界大战后，国际贸易的显著特点之一是国际经济一体化组织蓬勃兴起，形成一种普遍趋势。战后国际经济一体化组织起源于欧洲，很快发展到全世界。欧洲联盟、北美自由贸易区和亚太地区经济圈三大区域经济集团形成了当前世界经济贸易主要格局。

（一）欧洲联盟

欧洲联盟（European Union），简称欧盟（EU），总部设在比利时首都布鲁塞尔，是由欧洲共同体（European Community，又称欧洲共同市场）发展而来的，主要经历了三个阶段：荷卢比三国经济联盟、欧洲共同体、欧盟。迄今为止，欧盟共有 27 个成员国。欧盟是一个集政治实体和经济实体于一身、在世界上具有重要影响的区域一体化组织。

（二）北美自由贸易区

北美自由贸易区（North American Free Trade Area，NAFTA），由美国、加拿大和墨西哥三国于 1992 年正式建立。这是世界上第一个发达国家与发展中国家共同建立的一体化经济贸易集团组织，也是世界上最大的区域性贸易集团组织。自由贸易区内的国家货物可以互相流通并减免关税，而贸易区以外的国家则仍然维持原关税及壁垒。

（三）亚太经济合作组织

亚太经济合作组织（Asia-Pacific Economic Cooperation，APEC）是亚太地区最具影响

的经济合作官方论坛。20 世纪 80 年代，在欧洲经济一体化加快、北美自由贸易区已显雏形和亚洲地区在世界经济贸易比重日益上升的背景下，1989 年 11 月，澳大利亚、美国、加拿大、日本、韩国、新西兰和东盟 6 国在澳大利亚首都堪培拉举行亚太经济合作会议首届部长级会议，标志着亚太经济合作会议的成立。1993 年 6 月改名为亚太经济合作组织。1991 年 11 月，中国以主权国家身份，中华台北和香港（1997 年 7 月 1 日起改为"中国香港"）以地区经济体名义正式加入亚太经合组织。目前，亚太经合组织共有 21 个成员国（地区）。

（四）东南亚国家联盟

东南亚国家联盟（Association of Southeast Asian Nations），简称东盟（ASEAN）。东盟的前身是马来亚（现马来西亚）、菲律宾和泰国于 1961 年 7 月 31 日在曼谷成立的东南亚联盟。东南亚国家联盟现有 10 个成员国，成为政府间、区域性、一般性的国家组织。1992 年 1 月东盟首脑会议决议，加快合作与协调进程，提高经济贸易一体化程度。决定在 15 年内，分阶段逐步取消成员国之间关税，完成自由贸易区的建设，然后再向共同体过渡。

（五）其他经济组织

由于亚洲国家地区情况复杂，亚洲一些国家正在酝酿组建非体制的、松散的、形式多样的经济贸易组织。如泰国、越南、老挝、柬埔寨、缅甸组成"铢经济圈"；韩国西海岸地区、中国东北地区、日本九州地区组成"环黄海经济圈"；中国吉林省以及朝鲜和俄罗斯远东地区组成"图们江经济圈"；广东省和香港组成了"华南经济圈"以及组建"环日本海经济圈"。亚洲国家经济发展具有明显的层次性。第一层次是日本，第二层次是新兴工业国家和地区，即由中国香港、新加坡、中国台湾、韩国组成的"亚洲四小龙"。第三层次是由泰国、马来西亚、印度尼西亚和菲律宾组成的所谓"四小虎"。第四层次是亚洲的其他国家或地区。

三、我国与全球互利合作经贸关系

我国的对外贸易是全方位发展的对外贸易，中国坚持不分大小、贫富，与所有贸易伙伴发展务实合作和互利共赢的经贸关系，我国与发达国家贸易持续稳定增长，实现了优势互补和互惠互利，与新兴市场和发展中国家贸易增长强劲，发展潜力巨大。

截至 2010 年，与我国签订双边贸易协定或经济合作协定的国家和地区已超过 150 个。我国与美国、欧盟、日本、英国、俄罗斯等主要经济体均建立和保持着经济高层对话机制；与亚太经济合作组织、东盟与中日韩（10 ＋ 3）领导人会议、东亚峰会、中非合作论坛、大湄公河次区域经济合作、中亚区域经济合作、"大图们倡议"等区域和次区域建立经济合作机制。我国坚持"与邻为善、以邻为伴"方针，与周边国家和地区建立和发展多种形式的边境经济贸易合作。

本章小结

■ 关税是进出口货物通过一国国境时，由政府所设置的海关向其进出口商所征收的一种税。海关是设在国境上的国家行政管理机构，是国家机构的一个组成部分。关税的征收通过海关来执行。

■ 报关是指货物、行李和邮递物品、运输工具等在进出关境或国境时，由所有人或其代理人向海关申报，交验规定的单据、证件，请求海关办理进出口的有关手续。通关是指进、出口货物和转运货物进入一国海关关境或国境时，必须向海关申报办理海关规定的各项手续，履行各项法规规定的义务。

■ 特别关税包括进口附加税、反补贴税、反倾销税。中国一直是遭受国外反倾销调查最多的国家之一，应该了解并认识新的法律环境做好反倾销应诉工作。普惠制是发达国家给予发展中国家的一种关税优惠制度。它有助于发展中国家增加出口收入，促进工业化与加速国民经济增长，加强国家间贸易合作。

■ 非关税措施是指关税以外的一切干预进出口贸易的各种措施。除关税以外的一切用来限制商品进口的各种措施，就是非关税壁垒。新贸易壁垒措施有：技术壁垒、环境壁垒、社会壁垒。

■ 当今国际贸易中各国鼓励出口做法主要有生产补贴与出口补贴、服装倾销与外汇倾销、出口信贷与出口信贷保险等。经济特区，指的是一个国家或地区在其关境以外划出一定区域，在这区域内适用免除关税等特殊优惠政策，以促进对外经济贸易的发展。

■ "一体化"英文为"Integration"，是国家与国家通过协调，相互转换利益，结合成一个统一的整体。当前欧洲联盟、北美自由贸易区、亚太地区经济圈三大区域经济集团形成了当前世界经济贸易主要格局。

思考题

1. 什么是关税？关税有何特点？

2. 关税税则包括哪些内容？关税有何作用？

3. 关税如何分类？加拿大、美国税则内容有哪些特点？

4. 关税如何征收？从量税及从价税各有何优缺点？

5. 海关估价常用哪些方法？海关通关申报单证有哪些？

6. WTO对反补贴税及反倾销税有何规定？

7. 什么是倾销？我国应对倾销有哪些对策？

8. 普惠制和原产地规则包括哪些内容？

9. 进口许可证与外汇管制如何分类？各有何特点？

10. 出口鼓励有哪些措施？出口管制包括哪些内容？

11. 什么是经济特区？经济特区有哪些形式？各有何特点？

12. 什么是国际经济一体化？国际经济一体化有哪些具体形式？

第三章　国际服装市场简介

第一节　我国内地服装市场概述

一、我国[1]纺织服装市场状况

我国有 13 多亿人口，是世界上最具潜力的纺织服装市场，同时我国又是世界最大的纺织服装生产加工大国，每年纺织品服装出口量位居世界之首，另外纺织服装市场受国际环境影响很大，行业效益对国际市场依赖度很高，所以一直是我国非常重要且多变的市场。

我国纺织工业纤维加工量占世界的比重，从 2000 年的 25% 上升到 2010 年的 51%；纺织品服装出口总额占世界的比重，从 2000 年的 24% 上升到 2010 年的 35%；纺织工业以扩大内需为第一动力，规模以上企业内销产值占该行业总销售产值的比重，从 2000 年的 67% 上升到 2010 年的 82%。纺织工业惠及中国十几亿人口，同时创造了日益丰富和更加美好的衣着生活。

如表 3-1 所示，自 2005~2011 年，除了因 2008 年年底爆发的国际金融危机对我国纺织服装出口影响较大，导致 2009 年我国外贸出口出现负增长以外，其他年份我国纺织服装出口每年都在以较高的比率增长，多数增长率都超过两位数。

表 3-1　2005~2011 年我国纺织服装出口情况

年　份	金额（亿美元）	同比（%）
2005	1149.9	20.9
2006	1439.7	25.2
2007	1711.5	18.9
2008	1857.3	8.5
2009	1671.0	−10.0
2010	2065.3	23.6
2011	2478.9	20.0

资料来源：中国纺织工业联合会。

---

[1] 本节"我国"指我国内地，概述内容及数据均不包括港澳台地区。

2010 年服装行业"产品销售收入"百强企业合计实现产品销售收入 3237 亿元，比上年提高 32%，"利润总额"百强企业合计实现利润总额 309 亿元，比上年提高了 51%，"销售利润率"百强企业平均销售利润率达 13%，比上年提高 2.8%。产品销售收入超过 30 亿的企业从 2005 年的 7 家增至 2010 年的 26 家，其中过百亿的企业有 5 家；利润总额超过 2 亿的企业从 2005 年的 12 家增至 2010 年的 35 家，其中过 10 亿的企业有 6 家；2010 年销售利润率前 10 名均超过 20%，前 50 名企业均超过 10%，大多是男装、女装、童装和内衣品牌企业。

2011 年 12 月 7 日国务院新闻办首次发布《中国的对外贸易》白皮书，解读了中国外贸的黄金十年。目前，中国已经成为世界第一大出口和第二大进口国，但与此同时，中国也并未独享外贸机遇。中国加入世界贸易组织十年，平均每年进口 7500 亿美元的商品，相当于为贸易伙伴创造了 1400 多万个就业岗位。在华投资的外商企业累计汇出的利润是 2617 亿美元，年均增长 30%。中国对外投资企业聘用的当地员工接近 80 万人，每年在当地纳税超过 100 亿美元。

"十一五"期间，我国纺织工业已经从加工制造向产品设计和创意转型，初步形成了一批设计创意园区。纺织品服装出口由加工生产（OEM）向设计生产（ODM）和品牌生产（OBM）转变，纱线、面料、辅料等中间产品的品牌价值也得到市场认可，我国纺织服装自主品牌逐步走向国际市场。目前已经拥有 143 个服装服饰类中国名牌，45 个家纺类中国名牌，国内消费者对服装家纺自主品牌认知度有所提高。

纺织服装工业作为基础性消费品产业，在全面建设小康社会的事业中，始终处于支柱性地位，发挥重要的民生作用和在国际合作与竞争中的优势作用，纺织服装工业在规模与结构、科技与品牌、质量与效益、开拓国内外市场等方面取得了巨大的发展和进步。全面建设小康社会，以"十二五"为关键阶段的新时期已经开始，对纺织工业由大变强不仅提出了更高要求，也提供了重要机遇。

（一）我国纺织服装市场特点

1. 纺织服装市场分布极不均匀

中国服装行业协会根据"会员参与、自愿申报"的评选原则，2010 年分别对中国服装行业百强企业"产品销售收入"、"利润总额"和"销售利润率"三项指标进行排序，全国共有 143 家企业榜上有名，如表 3-2 所示，以浙江、江苏为代表，我国东南区域服装行业百强企业分布密集，西北部百强企业寥寥无几。基本呈现"东盛南旺西北淡"的局面。

表 3-2　2010 年我国服装行业百强企业发布情况

地　区	浙江	江苏	山东	广东	福建	上海	北京	湖南	河北	安徽
企业数	41	24	18	13	10	8	4	4	3	2
地　区	辽宁	江西	吉林	四川	山西	湖北	陕西	云南	重庆	河南
企业数	2	2	2	2	2	2	1	1	1	1

资料来源：中国纺织工业联合会。

2. 纺织服装市场经营向农村地区延伸

农村消费滞后于城市消费，且农村纺织品服装市场消费水平仍然不高。近年来，农业劳动力的转移及城镇化进程进一步加快，使农民收入有了一定的提高，拉动了部分农村消费需求。农村衣着消费仍以物美价廉的纺织品服装为主，特别是一些化纤纺织品居多，与城镇纺织服装商场相比具有价格低、品种集中适用，纺织服装消费在农村的潜力巨大，市场前景广阔。

3. 纺织品应用领域出现新变化

在服装、家纺、产业用纤维三大领域，我国纺织品纤维消费的结构与发达国家的相比有着很大的差异，用于服装面料的纤维比重明显偏大，产业、装饰用材料的纤维比重较低。随着居住条件的改善和农业、水利、交通、建筑等行业对产业纺织品需求增加，特别是纺织新产品的运用和新材料的开发，使纺织品的应用领域得到了进一步拓展。到2012年服装、家纺、产业用三大类终端产品纤维消费量的比例由"十五"末的54：33：13调整为51：29：20，产业用纺织品应用领域不断扩大，化纤在纺织原料中的比重达到70%。至"十二五"末，服装、家纺、产业用三大类终端产品纤维消费量的比例将达到48：27：25。新产品开发能力进一步增强，产品品种更加丰富，内销比重逐步提高，满足高中低不同消费层次的需求。

4. 不符合环保标准的纺织服装数量较多

国内抗皱类服装甲醛含量大多超标，服装在生产加工过程中存在诸多污染源，如纤维原料种植过程中的杀虫剂、除草剂、化肥；纺织原料储存过程中的防腐剂、防霉剂、防蛀剂；织造过程中的氧化剂、催化剂、去污剂、荧光增白剂；印染过程中的偶氰化剂、卤化物载体、重金属等。由于不符合环保标准，我国每年高达几十亿美元的纺织服装产品被退回。显然，我国的纺织服装企业在生产生态纺织品和绿色环保服装上仍然缺乏市场竞争力。

（二）近年来我国服装行业经济效益情况

近年来，服装行业利润水平高于纺织行业平均水平。调查资料显示，大型服装企业集团的效益状况佳，年人均利润、产值和利润率均居行业首位。经过这几年的反复洗练和整合，业内的大型企业集团具有了相当的实力和韧性，不但拥有品牌优势、规模优势和精良的设备，更重要的是他们拥有创新能力，并且能够不断推出适应新形势的新举措，使其始终位于行业的巅峰。这些大型企业集团大多是依靠服装品牌起家，在既有品牌商誉优势的基础上，不断开拓其他生产领域，利用新的产业激活和提升了原有服装产业。但近年来大型企业集团在服装生产加工方面的扩张速度已明显减慢，有些企业相当一部分利润不是来自服装生产。纵观近年来我国的服装行业的发展，突出特点如下：

1. "马太效应"❶加强

国内各种服装产品生产企业的收益能力呈两极化发展态势，著名品牌、驰名商标企业

---

❶ 马太效应，指强者越强、弱者越弱的现象，广泛应用于社会心理学、教育、金融以及科学等诸多领域。

秉承把公司先做大，再做强的理念，利用产业链的上下游关系，进行多元化水平重组整合，扩大经营规模与范围，垄断局部区域性市场，获得更高的经济效益。而中小微企业则以个人社会资源为契机，利用自身地域和人脉关系，抓住市场的空缺，寻求机动灵活的产品经营，以获取差异化市场空间，维持低迷的利润回报。

2. 我国纺织服装行业经济仍依赖世界经济的发展

在经济全球化前期，国际贸易发展一直是以美国为主要推动和主导力量。进入21世纪以来，凭借劳动力成本和原料成本优势，加上市场广阔，新兴经济体进入稳定快速发展阶段，尤其是中国、印度、俄罗斯、巴西等新兴市场经济国家逐渐成为世界经济的领头羊，日益成为经济全球化的积极参与者与驱动力，中国更是成为全球出口大国。

3. 出口增长大幅回落

作为中国经济增长三驾马车之一的出口增长逐渐放缓。欧元区主权债务危机导致的信用危机、金融危机，已经对欧洲经济以至世界经济产生较大冲击，并导致贸易保护主义抬头，给我国出口带来了较大阻碍。据统计，2011年全国出口同比增长20.1%；2012年1~8月份出口同比增长7.1%，8月份同比增长只有2.7%。另外，受招工困难、成本提高、人民币升值、资金紧张等多方面困难影响，国内出口企业扩大出口的能力下降，很多企业存在出口越多亏损越多的情况。

4. 出口服装一般贸易占到主导地位

如表3-3所示，2011年我国服装一般贸易出口占纺织服装出口总额的70%以上，边境小额贸易出口增速较快。

表3-3　2011年不同方式的纺织服装出口情况

类　　别	出口额（亿美元）	增长幅度（%）	所占比率（%）
一般贸易方式	1869.8	22.3	75.4
加工贸易方式	417.3	9.9	16.8
边境小额贸易方式	87.9	26.2	3.5
海关特殊监管区	48.9	29.3	4.3

资料来源：中国纺织工业联合会。

5. 纺织服装私营企业主导出口

我国纺织服装出口企业中私有企业占到一半以上，且出口额增长较快。如表3-4所示，2011年我国不同性质企业出口纺织服装情况。

6. 纺织服装出口地理方向较集中

我国主要纺织服装出口市场为欧盟、美国和日本，对东盟、拉丁美洲和非洲等新兴市场出口增长较快。表3-5为2011年我国纺织服装在各区域的出口情况。

表 3-4　2011 年不同性质服装企业出口情况

类　　别	出口额（亿美元）	增长幅度（%）	所占比率（%）
私营企业	1285.2	27.5	51.8
外商投资企业	704.2	12.4	28.4
国有企业	386.2	15.8	15.6
集体企业	99.8	6.4	4

资料来源：中国纺织工业联合会。

表 3-5　2011 年我国纺织服装出口市场分布情况

国家（地区）	金额（亿美元）	同比增长（%）	占出口总额比例（%）
欧盟	534.4	19.7	21.6
美国	376.6	11.7	15.2
日本	27.1	20.8	10.9
中国香港	153.9	3	6.2
东盟	198.6	34.2	8
拉丁美洲	165.9	38.1	6.7
非洲	136.3	25.1	5.5

资料来源：中国纺织工业联合会。

7. 纺织服装出口地区很集中

与 2010 年相比，2011 年，浙江出口纺织服装 602.5 亿美元，增长 21.1%，占我国纺织服装出口总额的 24.3%；广东 427.1 亿美元，增长 13.3%，占 17.2%；江苏 408.7 亿美元，增长 21.7%，占 16.5%。如图 3-1 所示，浙江、广东、江苏以绝对优势位居我国纺织服装产品出口前三甲。同期，上海出口 208.8 亿美元，增长 17%，占 8.4%；山东出口 203.8 亿美元，增长 17.7%，占 8.2%；福建出口 168 亿美元，增长 45.6%，占 6.8%。

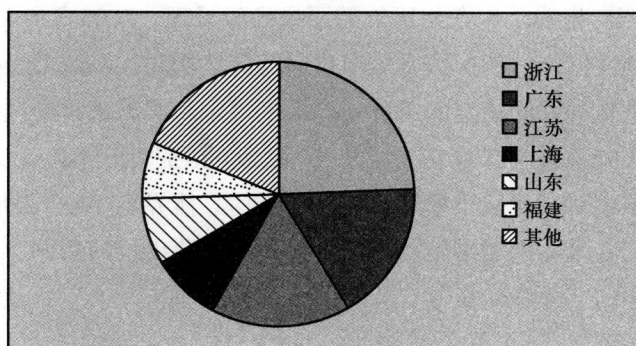

图3-1　2011年我国不同省份纺织服装出口情况

二、我国在国际服装市场的地位

根据 WTO 2010 年度贸易报告资料，我国纺织品出口额与服装出口额双双稳居世界出口的首位，分别占世界纺织品和服装出口总额的 10.2% 和 18.1%，特别是在服装出口中，我国的出口额是第 2、3 位出口国的 2~3 倍，占有绝对优势。

我国出口的纺织品和服装在国际市场占有绝对份额，关键在于我国纺织品服装出口产品是从国情出发，适应了国际市场的需求，满足了国际市场对中低档商品的需求。我国纺织品对外贸易最早打入国际市场，在市场经济大潮中已历经五十年，也是我国各行业中与国际接轨最早、最适应国际市场的行业之一。许多进口国对中国产品有很强的依赖性，可以预计这种依赖性在短时间内仍将存在。但是我国出口的以中低档为主的纺织品和服装应尽快升档，提高质价，从数量型向质量型转化，同时不能牺牲已有的中低档市场，应该逐步增加中高档产品出口来改变中国纺织品服装出口的产业结构。

三、我国服装出口的困境

随着我国纺织品服装出口市场多元化战略的实施，全国各地中小型服装企业如雨后春笋般涌现，使得服装出口企业增多，订单分散，竞争加剧，加之部分企业因盲目扩大生产规模，致使某一类产品大量涌入进口国（地区），不仅大大增加了进口国反倾销的概率，同时也导致我国出口服装产品价格无法上扬。目前，我国服装出口还存在以下困境：

（一）缺乏品牌优势

我国服装行业发展将继续保持平稳向上的态势，但服装产品价格低位运行的态势在短期内仍然难以有所改变。提高产品附加值才是我国服装企业成长壮大的紧要任务，一个成功的企业要从品牌上去获取利润，而不是只赚取低廉的生产加工费。除了缺乏品牌，我国服装产品价格卖不上去的重要原因，是生产企业的产品结构不合理、营销策略不得当，单纯依赖大路货、低价位战略等打入国际市场。

为争夺市场份额自相残杀、竞相压价的恶果已经显现。2003 年 5 月 21 日，美国决定对中国服装启动限制性措施，使中国服装出口门槛陡然增高。欧盟最近也新修订了关于欧盟以外国家纺织品进口的共同规定的条例。该条例规定，假若来自中国内地的纺织品及服装可能"扰乱市场，妨碍欧盟市场正常发展"，欧盟可在适当时候，针对该产品实施特别市场保护措施；规定中对"扰乱市场"一词没有任何具体界定，欧盟随时可借这一不确定的"理由"对中国服装采取限制措施。这项针对中国服装出口的条例，具有极大的随意性和不确定性，是典型的"弹性壁垒"。

（二）产品品种单一

我国纺织品服装必须尽快改变传统以量取胜、以规模取胜的做法，不能单纯依靠"大路货"、"大规模"、"低利润"的出口模式换汇，要注重提高产品档次和附加值，要在产品多样化、市场多元化上下工夫。

（三）新的对华限制

服装行业不仅要从外贸出口金额、更要从就业因素方面来评价欧美设限带来的影响，通过提升成本、技术、品牌等综合优势，确保国际竞争力、保持稳定的国际市场份额。

欧美国家正在通过一定的方式限制从中国进口纺织品服装，具体做法主要有：

1. 市场保护措施

目前，我国纺织品服装出口的数量大且价格低，很容易被认为是扰乱市场秩序（如低价倾销），或从数量上占有太大的市场份额而对其他成员国的产业产生实质性的损害。

2. 绿色环保和社会道德准则要求

纺织品和服装由于与人的身体长期接触，因而对它的绿色环保要求越来越高。如美国和欧盟相继提出了对非环保染料的限令性要求，对纺织品中的偶氮染料、甲醛、五氯苯酚、杀虫剂、有机氧化物等含量都实施了严格的限制。在欧美国家，带有绿色标签已成为消费者选购的基本要求之一。而我国大部分的企业还达不到绿色标签要求，因此有没有绿色标签事实上将限制我国纺织品服装的出口。

此外，欧盟还提出了对纺织服装企业的经营道德操守方面的要求，如不得进口有违《劳工法》（如雇佣童工、工作条件恶劣等）的企业生产的服装产品。而我国许多服装企业普遍存在生产时间超长现象，特别是交易高峰期，加班加点已是惯例。

3. 服装出口附加值太低且面临新型贸易保护主义的挑战

中国服装出口业一直以劳动力资源为优势，而科技含量高、利润高的纺织品服装较少。近年来，又面临来自世界自由贸易区新型贸易保护主义挑战的严峻性。目前，欧盟自由贸易区内有 52% 是内部贸易，北美自由贸易区内有 38% 是内部贸易。中国加入 WTO 后，尽管取消了配额制，减少了配额成本（占销售价的 10%~15%），但与自由贸易区内国家和地区比较，仍有关税和原产地保护的区别。此外，WTO 成员可以以更加严格的技术壁垒和"磋商"办法限制中国产品进口的增长量。这些说明，设限国家将继续以新的保护措施，限制中国技术含量低的纺织品服装向其出口，这些均是削弱我国劳动力资源优势的劲敌。

另外，其他发展中国家，特别是中国的周边国家地区劳动力更便宜、技术进步加快，他们与中国在纺织品服装贸易中的竞争日益激烈，他们的一些粗加工产品竞争优势有的已超过中国。另外，韩国等后起工业化国家由于劳动力成本大幅提高，在新技术、新工艺、新面料方面有较强的竞争优势，出口特种纤维纱线、面料和服装等方面有较强的竞争优势。

四、我国服装市场的国际竞争力

（一）出口总量第一，但盈利微薄

我国是世界上最大的服装生产国和出口国，服装出口对我国国际贸易具有举足轻重的作用。近年来，我国服装出口贸易额逐年上升，但我国服装出口企业主要是出口加工型企业，从某种意义上讲，我国服装出口企业只是外国服装经销商的加工厂，仅能从中赚取一点微薄的加工费。

（二）服装贸易方式多元化，以低层次竞争为主

我国服装国际贸易，包括"三来一补"（来料加工、来件装配、来件加工和补偿贸易）和直接出口多种方式。但均保持在低水平的价格竞争层面上，易受政策及国际经济因素的影响，周边国家货币大幅贬值带来的价格比较优势，发达国家经济和科技的优势，对我国服装出口形成双重压力，且我国服装出口附加值较低。

现今服装业国际竞争的焦点，已从劳动力成本的比较转向服装品牌的较量。我国大多数出口服装是以订牌生产为主，没有或缺乏自己的品牌，更无国际知名品牌，短期内以自己的品牌出口服装尚有一定的困难。品牌竞争力弱，名牌产品少，缺乏国际竞争力。

（三）出口市场过于集中，风险较大

我国服装的出口主要集中在中国香港、日本、美国、欧盟、韩国等五个国家和地区，这五个市场总和占到我国服装出口的2/3。出口市场过于集中，不利于服装出口的进一步增长，也会增加国际市场动荡，对我国服装出口产生不利影响，增加服装出口风险。服装出口企业为争夺资源与客户常常形成多头对外，高价争购，低价竞销，极不利于我国服装出口。

（四）国际服装行业竞争更加激烈

服装行业具有进入壁垒小、竞争性强、消费需求弹性大的特点。我国服装出口的国际市场面临众多发展中国家的竞争，出口的产品结构与东南亚国家类似，且发达国家出于某种目的，给予某些发展中国家更优惠的待遇，促进这些国家和地区的服装出口，对我国造成更大的竞争压力。

（五）内需欠旺，相对过剩，出口供给乏力

由于我国正处于经济结构调整期，国内服装需求不旺，增长幅度不高。如国内市场不能获得大力发展，发展国外市场就缺乏后劲与基础。目前我国服装生产相对过剩，结构失衡，原料价高，供过于求，面辅料生产技术与服装脱节，高档服装面料大多依靠进口，这不利于降低服装企业的生产成本，加大了我国服装行业角逐国际市场的难度。

五、我国国际纺织服装市场的未来走势

（一）纺织服装业的竞争格局将发生较大变化

与发达国家相比，我国纺织服装业在劳动密集型产业中占有较大的优势，但要实现从产业优势向竞争优势的升级，关键在于培育企业的核心竞争力和技术创新优势，实现从产品单一、类型单一，向多品种、多类型、高科技含量、高附加值跨越。有些经营户不惜重金，相继赴美国、日本、法国、韩国等国家参加纺织品展销会，在企业走出去的同时，一些外商也纷至沓来，日本、韩国、巴基斯坦等国家和地区的企业在我国还设立了办事处。

（二）加强环保和绿色营销意识

在世界性崇尚自然、绿色消费的浪潮下，各国都在积极开发、生产有利于环境保护、有利于人体健康的产品，同时纺织品的功能性也成为人们提高生活质量的希望。随着新材料、新技术的发展，人们对服装功能要求的提高，各种各样的功能性纺织品不断推出，如防紫外线、抗菌、免烫、抗皱、阻燃、防静电、防水、防电磁波等纺织品，促使纺织服装业要求生产商、销售商树立环保和绿色营销意识，积极开发和生产生态纺织品与绿色环保服装，以增强市场的竞争力。

（三）实施工商联动，组织强有力的市场攻势

产品的竞争，一定意义上是企业市场化运作水平、能力、机制、体制的竞争。通过联合协作，把纺织服装的工业生产和商业经营紧密结合起来，建立以全国性中心市场为枢纽、区域性市场为骨干、集贸市场为基础的纺织服装品市场体系，实现流通组织形式和经营方式的现代化，同时，通过建设一批跨地区经营的社会化大型专业物流中心和规模化、规范化的代理制及连锁经营企业，使产品尽快走向国内、国际市场。

（四）进一步加强我国纺织服装专业市场建设

2009 年 7 月 1 日起我国正式实施了纺织服装业第一个行业标准——《纺织服装专业市场建设及管理技术规范》，它填补了国内纺织服装贸易领域行业标准的一项空白。我国纺织服装专业市场是 20 世纪 80 年代中后期从沿街摊位起家，起初市场规模很小、商品档次低、经营品种单一，经过了初创期、发展期、高峰期的演变和发展，已经呈现了大型化、高档化、品种全、功能多、辐射广等特点。目前，我国销售额上亿元的专业市场有 400 多家，近年来每年的销售额都以 20% 左右的速度增加。由于各地办市场渐成风气，专业市场发展过快、过滥，规划的欠缺、经营的不规范等问题导致同质化竞争和低水平重复建设现象严重，服务水平亟待提高。不少市场的升级改造，只是将过去散落在街头的小摊位集中到一幢现代化的大楼里，缺少本质的改变，管理和竞争手段仍然停留在 20 世纪 80 年代的水

平。该标准由中国纺织品商业协会负责组织编写，商务部立项并发布。共分 13 章，分别从建设环境、经营环境、安全要求、招商管理、经营管理、市场秩序及信用管理、商户管理、从业人员管理等方面对纺织服装专业市场的建设与管理进行了规范。

第二节　港澳台地区服装市场概况

一、香港纺织服装市场

（一）香港纺织服装市场概况

香港作为亚洲的资讯中心，吸引了众多国际性企业及零售商，香港的服装信息也包含欧美市场的信息，同时拥有众多的国际品牌专卖店和代理商。香港的时装款式在国际上很有声誉，并具有商业创新精神，许多香港制造的服装在国际市场上售价很高。香港的服装展示会及贸发局在世界各地举办的国际性展示会，给予服装企业许多的贸易机会，以利于寻求新的合作伙伴。香港的贸易比较自由，加之处于中国南大门的地理位置，在整个亚洲区来讲都可以作为一个中心点，这些有利条件促使很多地区很多国家的商客都到香港来做贸易。香港的自由贸易基点在 20 世纪对于很多成衣制造公司发展帮助很大，而且因为香港税收较低，贸易手续较为简单，也为一些成衣公司进行进出口贸易活动提供了极大的方便。

香港有很多纺织服装行业的专业民间机构，如香港纺织业联合会、香港制衣同业协会、香港制衣业训练局、香港布厂商会、香港纺织商会有限公司、香港制衣业总商会、香港纺织及服装学会、香港无纺布协会、香港时装设计师协会等，他们代表会员表达意见，协调政府与企业之间的关系，指导企业了解业内信息，提供生产、技术和贸易的相关咨询和帮助，举办交流会、研讨会、协调有关配额使用、反倾销、税收等与企业经营相关的很多问题。也有处理劳资关系的组织，向企业提供劳工法律咨询、雇员职业培训及业余进修课程等。中小型企业服装产品设计及发展中心，是由香港特区政府创新及科技基金资助同香港制衣同业协会共同赞助成立的，其功能是为中小纺织服装企业提供产品研发和设计，发展香港本地服装品牌。

香港贸易署专门负责国际通商关系，推行贸易政策和建议，为中小企业提供支持和帮助，还是实行纺织品出口管制制度及进口签证制度的机构。香港贸易发展局是全球贸易推广的公营机构，为香港制造商、贸易商及服务出口商服务。其宗旨是为香港公司，特别是中小企业在全球创造市场机会，协助他们把握商机，推广香港具备优良商贸环境的国际形象。香港贸易发展局还负责组织包括纺织服装行业内的许多展览会，出版时装品牌杂志，组织时装摄影大赛，组织发布纺织服装行业的统计信息等。香港特别行政区的投资促进机构是投资推广署，其职责是宣传香港作为亚洲投资及贸易中心的各种优势，为到香港进行投资提供咨询和帮助。

（二）香港纺织服装贸易

1. 发展背景

香港以劳动力密集型的纺织、成衣等行业为先驱，充分利用来自上海等内地城市的资金和人力，积极开拓欧美市场，在20世纪50年代短短七八年中取得了很大的成就，新工业区在香港、九龙纷纷兴起，到50年代末成衣制造业产品出口，在全港出口总值中的比重高达七成，这是香港从转口港转变成工业城市的标志。香港成衣制造业的特点是大进大出，香港缺乏自然资源，本地市场狭小，加上从50年代开始，内地移居香港的200万人口形成了大量的廉价劳动力，这些条件使香港的成衣制造业自然找到了一种特殊模式，从外地输入原料或半制成品进行加工装配，大部分产品出口。自20世纪60年代以来，纺织服装工业一直是香港制造业的重要支柱。纺织及成衣业在香港经济起飞的过程中，发挥了重要的推动作用，虽然近年香港的经济结构起了明显变化，但纺织服装业作为香港最大制造行业的地位并未受动摇。

2. 贸易特色

在过去二十多年中，香港纺织品服装的生产已逐渐减少，工厂设施逐渐外移，其中大部分境外生产基地由港商管理。香港纺织服装的主要产品为高档机织和针织面料、男女服装服饰、女性内衣等。香港拥有世界级的展览会议设施，是中国及亚洲区内最重要的商贸展览中心，每年吸引大量的海外买家到香港采购纺织品和服装。香港作为国际大都会和世界服装中心，每年在香港举办各种纺织品服装展览会、时装发布会、模特大赛等。比较著名的展览有香港时装周、香港国际时尚汇展、香港国际时装材料展等。香港在纺织服装领域的会展经济成为香港纺织服装行业生机勃勃的一大特色。在纺织服装各种展览会期间，主办单位一般会安排专场时装表演，让买家可以在T型台上近距离观赏香港设计师的精心杰作及各时尚品牌的最新系列，同时召开品牌推广会及专题研讨会，推广香港设计服务及特许经营业务等。举办展览会已经成为拓展香港纺织服装行业生产和国际贸易的一项不可缺少的重要内容。通过展览会香港把具有国际水准的时尚品牌推向全球各地，使香港进一步巩固作为亚洲时尚焦点的地位。香港人不但注重原创品牌，也懂得利用国际资本和地域差异经营国际品牌，及时赚取商业利润。

3. 行业优势

香港服装产业最大的竞争优势，在于它对国际潮流的敏感、市场运作的规范、科技领先的意识、渗透生活方式的成熟掌握。香港时装业在注重经营质量、追求国际品位、塑造品牌个性、多种技术文化手段并用方面，处于国际领先地位。香港服装业的特点在于设计精良而前卫，其余依次为品质、品牌、服务、效率、销售网络、快速响应、价格及品种多样化。香港把欧洲、美国、日本的优秀设计能力、香港的经商能力和中国内地的制造能力相结合，创造出香港服装产业的特殊优势。

香港纺织服装行业注重高科技面料的研究和发展，积极开发新产品，生产具高科技含量的功能性纤维产品，如抗菌防臭、防紫外线、远红外线及弹性纤维等已普遍应用于服装行业。目前香港的面料研究机构正扩大功能性纤维的应用，如将抗菌防臭技术及生物酶技术用于棉、麻、化纤织物，生产出具抗菌防臭功能的床单、枕头、袜子、内衣、裤子等；应用远红外线技术制作衣服，将陶瓷粉末加到布料中，利用陶瓷吸热和散热的特性，使衣服具有保暖、保健功能等。此外，香港纺织与成衣行业还鼓励厂商研究、开发非衣用纺织产品，如应用于医疗方面用的特殊布料生产的人造血管、心脏补片、软组织补片；在建筑方面开发低成本、耐用的特殊布料；在国防方面开发可让电波穿透的通信器材保护用布料及有特殊涂层、使红外线热能探测器失效的特殊服装；开发应用于电子行业的导电纤维制作的无尘室工作人员的保护服等。

在香港，众多服装设计师教育程度高，很多设计师在欧美或日本接受严格的教育。能够时刻站在潮流的尖端，把创新意念糅合商业元素，设计出既时尚又迎合市场需求的服装，畅销于海外市场，为香港纺织品和服装的加工和贸易提供了坚实的基础。香港的设计师能够将最新的作品以最快的速度转化为产品是香港纺织服装行业的又一特色。同时，已经有很多香港本地品牌享誉世界，再加上欧美日的顶级品牌产品可以在香港集中，使得香港的知名服装品牌荟萃，有力地推动了香港纺织品服装的品牌价值和产业进步。

4. 市场分布

香港的服装消费市场分成以下几种：全球顶尖的品牌在香港均设有专门店或旗舰店，名牌专卖店的集中地在香港岛的铜锣湾及九龙的尖沙咀；中环和金钟的太古广场集中了大部分进口欧、美、日的中高档纺织品和服装；在铜锣湾的 Sogo 崇光百货、时代广场以中档货品居多，如埃斯普利特（Esprit）、彼芭（Biba）、Theme 女装，以及玖熙（Nine West）、真美诗（Joy & Peace）等品牌；香港的内衣、袜子、手套等小商品相当丰富，质量有保证，价格相对便宜；在铜锣湾一带的店铺专营各种新潮纺织品和服装，是青年消费者和游客喜爱购物的地方，路边小摊也是香港购买纺织品服装特色。中环一带聚集了一些服饰市场和专业街，此外还有油麻地的女人街、庙街夜市、上海街、新填地街的露天市场，旺角的花园街与园圃街，铜锣湾的渣甸坊、渣甸街以及赤柱市场等。各主要购物区均有出口成衣店，在中环、湾仔、铜锣湾、尖沙咀的金马伦道和红堪等地的小型服装店特别密集。

此外，香港服装行业的另一特色是服装辅料和服饰品种繁多，质量可靠。香港的服饰企业包括服装垫肩、拉链、纽扣、内衬，各种金属或塑料的、天然或人工合成的服饰产品琳琅满目。香港生产服饰的企业大多是小型企业，其产值约占整个服装产业产值的 3.3%。

5. 消费特色

全球纺织品服装消费市场中，香港是消费较高的地区之一。香港拥有比较成熟、理智的消费群体，他们对纺织品和服装的消费观点是注重本港和世界名牌，但不崇尚名牌，中档品质的产品是香港的消费主流。香港的纺织品服装款式新颖齐全，选择多元化，价格丰俭由人。香港消费者对纺织品服装消费的档次由高到低划分为顶级名牌、一般进口品牌、中档香港品牌、香港产便装和出口剩余品。香港消费者一般注重纺织品的使用功能、环保功能和保健功能，特别注重服装服饰的穿着场合。这些比较理性的消费者在旅游休闲时间，绝不穿正式套装，休闲服是他们的首选。香港人用于纺织品服装的消费一般为每月约1100港币，消费日趋谨慎。香港人每人平均拥有大约6条牛仔裤，人均拥有量居全球之冠。喜爱牛仔的主要原因是穿着感觉舒服自然，与人造纤维混纺服装相比，他们还特别喜爱纯棉制服装。香港女性消费者每月平均选购衣服2.5次，她们注重衣服的质量、价格、款式、布料与纤维成分及颜色，喜爱购买的服装类别依次为大衣、羊毛针织服装和新款牛仔裤。

6. 内地与香港的经济合作

香港与祖国内地的经贸关系日益紧密，两地的经济融合度和依存度不断提高，内地与香港间人流、物流以及资金流往来的手续日趋简化。2003年6月29日，《内地与香港关于建立更紧密经贸关系的安排》（CEPA）正式签署。根据这个"安排"，自2004年1月1日起，内地放宽香港包括旅游、货物运输代理、视听服务、银行、证券、保险等在内的17个服务贸易行业的市场准入，逐步对进入内地市场的符合原产地原则的香港产品实行零关税，其中纺织、服装制品约90项。对港产273种以外的其他产品，内地将不迟于2006年1月1日全部实施进口零关税。CEPA的签订，标志着今后内地与香港将进行更紧密的经贸工作，并由民间主导、非官方的形式，转变为官方带领、政府协调、加强调控的新模式。零关税的实施，为香港服装进入内地降低了门槛，给香港时装成本下降带来了巨大空间，每年节省关税可达40亿元人民币左右。

目前，香港是内地最大的转口港、第三大贸易伙伴和第二大出口市场，而内地则是香港最大的贸易出口（2001年首次超过美国）、进口及转口对象。与内地有关的转口贸易及其相关服务成为香港的经济支柱，中港贸易总量（不计算离岸贸易）占香港GDP的比重达25%，为GDP增长带来的贡献近10%。

香港是我国内地纺织品服装的主销出口市场，香港也是内地进口纺织品服装重要地区，在我国内地进口纺织品服装的国家和地区排名中列第4位。在纺织品服装的主要出口国家和地区中，香港排在第一位，占我国纺织品服装出口总额的1/5。香港是内地的最大投资者，目前香港占内地的外来直接投资总额的一半左右。另外，内地也有2000多家企业在香港从事银行、贸易、旅游和分销等业务，并有上百家内地公司在香港的资本市场挂牌上市。香港在内地的投资呈多元化趋势，相对集中在南方。广东省与香港直接接壤，一直是内地和香港经贸合作的重要区域。目前，香港在广东建立的企业已达5万多家，企业员工达800多万人。

7. 本地外贸

香港的纺织服装企业多年来与美国、日本及欧盟的买家保持紧密接触，凭其遍布全球的客户资源和服务网络，奠定了其作为亚洲以至世界采购中心的地位。每年来自全球的纺织品和服装买家以香港为中介，到香港并通过香港进行进出口业务。

香港纺织品和服装的主要出口市场是美国、中国大陆、欧盟、东盟和日本。欧盟市场是香港成衣出口除美国外的最大市场，香港是其进口服装的第三大供应地，占其进口额的大约9%。

（三）香港纺织服装业发展策略

1. 发展举措

为振兴纺织服装产业，2001年香港特别行政区政府成立"创新及科技基金"，资助香港专业教育学院和香港制衣同业协会设立"设计和产品开发中心"，进行产品开发，降低成本，增强竞争力。香港一些纺织、服装企业计划尽快采用高科技来创造新的竞争优势，要让香港成为"世界一流的设计和时装中心"，将香港发展为继纽约、伦敦、巴黎、米兰之后的又一世界时装中心。香港纺织业联合会已经提出15项具体建议，包括在香港设立时装设计局、设计中心、展示中心、时装精英大道，培养更多的设计从业人员，为本地设计师、企业家提供技术支援，加强与世界时装界的交流等。

2. 应对方法

区域性经济集团如欧盟、北美自由贸易协定等的形成并迅速发展，亦是贸易保护主义最新、最有效的手段。对此，部分香港纺织制衣业者为了不被排斥在这些经济集团大门外，已将生产基地由中国内地迁至劳动成本较低的集团国，避开种种贸易限制。香港的服装出口居全球第二位，随着内地服装出口配额限制取消后，港商将进一步把生产设施移往内地，充分利用其生产成本低廉的相对优势，同时将高增值活动如设计、市场推广等集中在香港；如此一来，香港与内地的分工势必更趋专门化，有助港商提高竞争力，以应付东欧、墨西哥等低成本地区供应商的挑战。

3. 扩大合作

在美国及欧盟，服装业正出现一片合并整固之风。美国专售低档货的小型零售商，抵挡不住大型企业的冲击，业务持续走下坡。目前，效率超卓的连锁优惠店及不设门市的零售商在美国触目皆是，吸引大量消费者，这类零售商在与香港供应商讨价还价时占尽上风，迫使港商不得不调低出口价。

由于劳工短缺以及生产成本上升，香港制衣业者已在成本地区设立离岸设施。港商投资的地点相当分散，生产网络已伸展至全球各地。在众多生产基地中，中国内地是港商的首选，原因是生产成本低，文化一脉相承，地理上又接近，而且消费市场有利可图。

来自低成本供应地的竞争日益增大，尽管港商不断扩展离岸生产，但是来自海外供应商的竞争仍然十分激烈。自从多个发展中国家于20世纪80年代实行贸易自由化以来，大部分服装买家均采取多元化策略，向不同的国家及地区采购货品。诸如中国等新兴生产国，由于成本结构远比其他地区低廉，在全球服装出口所占的比重正逐渐增加，而香港及台湾等历史悠久的供应地区，所占的份额却不断缩减。

与此同时，随着地区性的贸易在欧洲及北美洲相继出现，来自海外供应商的竞争更见激烈。另外，鉴于南方共同市场的扩展计划面临僵局，以及有关方面希望能在 2005 年之前建立西半球自由贸易区，美国现在正与智利及其他国家商谈双边贸易协议。类似的事态发展显然对香港服装出口商不利。

（四）香港服装业的资讯科技

香港服装业通过互联网与各个方面联络，所涉成本低廉，有助于服装买家与供应商加强联系。互联网的应用范围甚广，包括营销及推广、收集市场资讯及潮流动向、采购物料、供应链管理以及直销等。

目前，香港不少制造业（包括服装业）均使用以互联网为基础的资讯科技，以加强供应管理及分销网络。在快速反应带来的压力下，地域相近成了买家选择外国供应商的一个日益重要的条件。因此，欧盟及美国买家均倾向从临近的东欧及拉美国家采购货品。为了抗衡竞争对手在地理上的优势，港商必须在实行快速反应方面增加投资。目前，香港厂商主要通过有效采购和引进技术等办法来应付快速反应带来的挑战。许多公司在放码、排版、放样、裁剪等方面均采用电脑辅助设计及电脑辅助制造（CAD/CAM）等先进的技术。扩大应用资讯科技及互联网通信技术，有助加强供应链管理，进而提高快速反应的能力。

二、澳门纺织服装市场

（一）澳门纺织服装市场概况

澳门开埠四百多年，既是贸易港口，也是文化古城，培育出特别的服装生产和消费模式。在这里，不但随处可见民族色彩浓厚的长衫马褂，也可见到按照西欧风俗和独特理念裁剪的欧式打扮，从中可以看出澳门服装款式和档次的多种多样。一般来说，老年人的服装讲究面料而式样比较朴实，中年人讲究实用并看场合穿衣，年轻人则花样百出追逐潮流。市场出售的服饰衣物，除本地产品外，中国（含内地、香港、台湾）、日本、法国、意大利的产品也随处可见。其中，港产服装款式新颖，价钱相宜，在澳门服装市场中占主要地位。内地和台湾产衣服售价低廉，亦拥有一定市场，而欧美日等国进口的高档服装，售价通常是内地服装的 3 倍。

（二）澳门纺织服装业的发展

20 世纪 60~70 年代，是澳门工业的奠定基础并高速发展时期，逐步形成了以纺织品配额、廉价劳力供应、普遍优惠税制为依赖的劳动密集型生产形态。80 年代，澳门经济多元化发展，出口加工业虽仍以劳动密集型为主，但随着生产组织方面的局部自动化、电脑化、专业化为标志的技术水平的提高，在推行产品高档化、非配额化、市场多元化方面均有不同程度的进展，逐步形成以劳动密集型为主，技术、资金密集型为辅的生产形态。在澳门的工业结构中，制衣工业和毛针织工业尤其发达。制衣工业是澳门最大的工业行业，其工厂、工人及产值的数字，均居其他行业之首。制衣工业的产品，包括各种纤维的针织布和机织布服装、头巾、手巾、围裙、台布、床套、被褥等；澳门毛针织工业仅次于制衣工业，是第二大工业行业，亦是澳门纺织业的主体，生产各种毛质针织品，包括毛衣、毛裤、外衣及其他毛质服装。

1999 年回归之后，澳门的服装贸易突然出现了较大转弯，纷纷进军内地市场，通过在内地设立分公司进行连续的商贸活动、合作代理与内地厂商建立商业联系或者直接投资等方式，充分利用内地的劳动力资源寻求高额回报。

（三）澳门纺织服装业的商业结构

澳门市场规模有限，商业销售架构也较为简单，层次不多。大体可分为总经销、分销、批发、零售等层次。有的商品根据市场的需求，在各区建立分销点，形成一个销售网络。有的在香港的总公司直接在澳门设立分销店，有的香港总经销允许在澳门设立"特许经营"的连锁店，有的批发商同时兼零售业务。澳门缺乏资源，大部分的原材料都需从内地输入，而且澳门市场规模过于细小，对货品需求量不大，因此难于直接从原产地输入。其实，大部分外国商品都必须由香港总代理购入，澳门进口商只是扮演一个经销商角色而已。即使内地产货可以直接从原产地输入，但由于货量不多，也只能通过香港总经销输入。这就造成商品成本增加，从而削弱竞争能力和影响利润。

（四）澳门纺织服装业的消费市场

澳门拥有五百多家制衣工厂，其产品主要销往欧洲、美国及澳洲市场。澳门生产的服装种类多样，主要产品是牛仔裤、童装和运动服。现时澳门售卖的货品，如衣服、皮鞋、手袋、珠宝、手表、化妆品等主要款式。顾客通过购买这些款式的货品，以展示他们的品位及生活模式。随着高等教育的普及，澳门人的知识和见识都更加丰富，大型综合休闲购物中心自然很能迎合顾客的需要。澳门服装零售店主要分布在高士德、南湾、荷兰园、中区和殷皇子等一带，各类型的零售都很不集中，店铺之间分布很散。

澳门人均生产总值达 12.8 万澳元，这是经营零售业的有利条件。第一，澳门是通往中国内地的主要入口，很多中国内地的人都热衷于来澳购物，也可作为配合将来发展珠江三角洲一带市场的重要据点，在降低经营成本方面进一步努力。第二，澳门人口大部分是中国人，文化背景与其他区域内华人社会甚为相近，在零售业中能够与客人沟通是一项非常有利的因素。第三，澳门拥有便利的交通及银行网络和其他辅助性的服务设施以配合零售业的发展，同时澳门拥有光纤网络及不同的通信设备等，优良的信息科技设施是零售业高速发展的保障。

三、台湾纺织服装市场

（一）台湾纺织服装市场概况

台湾虽地域狭小，但纺织服装工业却十分发达。目前台湾有纺织服装企业约7000家，从业人员25万人，年产值约为6000亿台币，其中出口200亿美元，占台湾出口总值的11.3%，仅次于电子产品及资讯与通信产品，位居第三。出口产品值占台湾纺织总产值的95.1%，说明台湾纺织服装产业的销售以出口为主导。年贸易顺差达150余亿美元，在对外贸易上一枝独秀。在出口市场分布上，香港特区占30%居首位，其次为美国占19%，以及东南亚国家，而向香港地区出口的产品中有61%左右是转往大陆市场。这主要是因为台湾具有上中下游整体连贯的生产体系（从纤维制造到纺纱织布印染再到成衣服装），在价格方面比欧美、日本、韩国、中国大陆更具优势，因此纺织品出口具有相当程度的竞争力。

（二）台湾服装业的发展概况

服装行业是个消费行业，台湾的服装市场走势也是随着市场的发展而变化的。最早台湾的服装业是以生产内裤为主，大约在30年前相当蓬勃。后来服务业开始兴起，服装逐步转为白领风格。随着生活水平的转变，穿西装上班成为潮流，西服的生意又随之兴旺。从1980年开始，由于制造结构的改变及技术的进步，台湾的成衣开始在国际市场上建立威望。特别值得强调的是20世纪80年代，当时台湾服装的品质有了相当大的进步。到现在，成年人的服装已经是百花争艳，人们又把眼光投到了儿童身上，儿童服装的多样化和名牌化反而成为消费的热点。

因为台湾本地的市场非常狭窄，台湾的纺织服装厂商就非常重视成品出口和对外投资，20世纪90年代后期，许多台湾服装生产商受北美自由贸易区政策的鼓舞，纷纷到中美洲投资设厂。中美洲以其地价不高、劳动力低廉、原料丰富曾经是台湾纺织服装产业的第一投资地。然而在2001年中国大陆加入WTO之后，其在中美洲的生意逐渐衰落，且因为台商在中美洲的公司面临严重的劳资纠纷和违规操作，影响交货期。因此，现在台商普遍不愿把生意放到中美洲去做。

另外，为了降低成本、扩展市场空间，传统的纺织服装从业厂商从20世纪80年代开始络绎不绝地西进大陆。10多年前，台湾出口导向型的制鞋、纺织服装等传统行业，开始大举到大陆投资，掀起第一波大陆投资热。目前，东南沿海的珠江三角洲和长江三角洲，已聚集了数万家台资企业。祖国大陆成为台湾传统产业新的制造基地和重要的利润来源地。在大陆生产，使以国际代工为特色的台湾传统成衣制造企业，摆脱了岛内工资上扬、地价飞涨的经营劣势；大陆廉价充足的劳动力和土地资源，降低了台湾传统制造业的成本，使其在国际市场上能够继续以价廉物美的产品保持着竞争力；而大陆的巨大市场，更使这些企业获得广阔的发展空间。

　　大陆与台湾纺织服装领域双边贸易的主要特点有：一是进出口非均衡特征显著。无论是纺织原料还是产品，大陆方面目前仍然存在着逆差。二是贸易实物结构互有差异。大陆向台湾出口以服装为主、纺织品为辅，两者比例约为6：4，而台湾向大陆出口的纺织品在总出口量中占了约90%的份额。

（三）台湾纺织服装产业优势

　　台湾为了提高纺织品服装的竞争能力，已从以往以量取胜及低成本策略，调整为以新产品开发及少量多样快速反应的纺织品为主、求值不求量的生产策略，并逐渐导向纺织品成衣生产领域。各上游企业均利用高科技手段开发新型面料，几年前他们就提出了行动口号："新原料、新纱线、新布料"、"快速反应计划与提升纺织工业设计与技术能力计划"。

　　重视新型纤维应用与开发，是台湾纺织服装业的一大特点。近几年来开发的各类功能性用布的出口，也有较快增长。尽管目前国际市场竞争激烈，但纺织业因拥有上游原料供应的竞争优势，以及先进的织造装备规模与高素质员工队伍，使台湾的纺织产品无论在设计能力，订单快速反应，都已达到很高水准。

　　台湾纺织产业保持较好业绩，其成功之道有以下几个方面：

1. 信息发达

　　充分利用现代化信息网络手段，掌握国际市场变化脉搏，搞好产品创新和市场开拓。一方面搞市场开拓，台湾许多公司均在国际上设有分公司。另一方面了解市场信息，营销网络齐全，反馈信息快速。此外在企业内部则把产品研制开发作为企业第一位工作来抓，建立一支较强的研发队伍，配置先进的仪器与小样机等设备。

2. 产品有特色

　　根据企业特点搞好产品定位，发展有特色的产品。由于产品特点不同，各自在市场上占有一席之地，避免了同类产品低价位竞争。

3. 企业员工素质高

　　有强烈的产品质量意识与一支高素质的员工队伍。为了使企业出口产品领到国际通行证，几乎所有企业都通过ISO 9000系列的质量体系认证，对环保有要求的企业还通过了ISO 14000环保体系认证。

4. 重视产业改造

　　围绕新品开发与节约用工进行装备更新改造，特别是织造业中无梭化比例高达95%以上，在国际上已处于领先地位。由于采用先进装备，既适应了高附加值产品开发，又大大减轻了工人劳动强度，节约用工成本。

第三节 世界其他主要服装市场概况

服装工业是目前世界上全球化程度最高的行业之一，目前有超过 160 个国家在从事服装的出口贸易；经常进口服装的国家则超过 30 个。人类对穿着的依赖和需求是永恒的，它的色彩与形式虽然可以依时代和空间的不同而改变，但其功能和性质却并不因为时代的变化而改变。不管时代如何变化，纺织服装工业都是一个国家不可或缺的重要行业。

调查显示，全球消费者平均每年购买服装次数为 6~22 次，但消费者购买服装的次数与所花费的金额并不成正比。各地区消费者购买服装的支出，占其收入的比重从 2.7%~24.6% 不等，法国、美国和日本等发达国家的服装消费者购物地点取决于个人爱好。在中国香港地区、德国、美国和法国，消费者大多喜欢在连锁店购物。

调查报告指出，消费者购物受文化制约因素较大，这主要体现在服装的款式和购买动机上。因此，全球服装市场将会更注重品牌的发展，扩大品牌的影响力。

2006 年全球货物贸易额达 25 万亿美元，同比增长 8%。2005 年全球纺织服装贸易额 4790 亿美元，2006 年超过 5000 亿美元。2000 年仅 3512.7 亿美元，2006 年为 2000 年的 1.45 倍。至 2005 年，全球纤维消费 7000 万吨，其中天然纤维 3220 万吨（棉纤维 2408.5 万吨，麻类纤维 570 万吨）、化纤 3790 万吨，占全球纤维总量的 54%，其中聚酯纤维 2450 万吨，2000 年全球纤维消费只有 5265 万吨，全球纺织纤维消费继续呈现较快增长的趋势。且 2005 年全球纤维人均消费也由 2000 年的 8.7kg/ 年增长到 11kg/ 年。

一、美国纺织服装市场

（一）美国纺织服装市场概况

美国纺织服装工业的发展始于 1790 年，主要集中在南部诸州，其中南、北卡州的纺织服装工业最著名。纺织服装工业曾在美国的经济生活中占据重要地位。如今作为劳动密集型的纺织服装工业，由于劳动成本不断增加，在美国已不具备比较优势，国内需求主要依靠进口。美国官方将本国的制造业分为 21 个门类，其中纺织工业占据两类，一类被称为"纺织工厂"类，包括天然纤维和人造纤维的机织、针织、制线、后处理、地毯、挂毯、轮胎用纤维制品等产品的制造；另一类被称作"服饰及其他纺织类"，包括男女服装、帽子、手套、毛皮制服饰、窗帘等家庭装饰用品以及纺织箱包等产品的制造。

美国现有纺织企业 6000 余家，从业人员约 200 万人，平均每年为美国创造不低于 500 亿美元的产值。美国是世界非织造织物生产第一大国，目前非织造织物的生产量占全球生产总量的 41%。例如美国碳纤维的总产量居世界第二位，其产量占全球碳纤维生产总量的 33%。2000 年以来，美国的纺织服装业不断萎缩，特别是美国纺织工业中的面料生产正在向其他国家和地区转移，目前已将相当大比重的纺织生产转移至拥有廉价劳动力的墨西哥。在服装生产的大部分工序中，美国仅承担包装加工的最后环节，该行业在美国的整个产业链中正处于辅助地位。

（二）美国国内纺织服装消费市场

美国是纺织品和服装消费大国，其中服装在美国各类纺织品进口中占有突出地位。美国市场上销售的大宗服装产品为男女衬衫，其次是长、短裤。从消费者性别分析，50% 的服装是针对女性，30% 则针对婴幼儿。服饰类产品进口增幅较大，原料性产品进口增幅下降或呈负增长，服装消费趋向舒适型和实用型。棉纺织品目前是美国纺织品消费市场上最受大众喜爱的纺织产品，消费量占美国全部纺织品消费的一半以上，并呈逐年增长趋势。另外，美国消费者对家用纺织品的消费约占家庭纺织品服装总消费的 1/3。

美国服装消费者的品牌意识很强，各服装店均根据自身多年的销售经验，推出各自的品牌，如 POLO、李维斯（Levi's）、卡尔文·克莱恩（Calvin Klein）、BOSS、宝姿（Ports）等，知名品牌服饰在美国大的服装公司的营业额中占有 98% 以上的份额。

美国消费者会根据产品类型从多种零售渠道购买纺织服装产品，并获得符合他们心理价位的产品质量。目前，纺织服装市场上的消费者需求是多变和零散的，他们要求物超所值、品种多样、个性化服务和便宜的价格，他们会充分利用新兴的购物渠道购买质优价廉的产品，而不再像十年前那样忠于某一品牌。销售渠道面对的销售压力也比以前大得多，在美国，服装、床上用品、浴室用品、厨房 / 餐厅产品等细分门类能够通过各类销售渠道出售，包括超市、百货商场、连锁专卖店、网上商店、目录销售以及奥特莱斯。超市、百货商场、连锁专卖店是美国纺织服装产品三大主要销售渠道。此外，奥特莱斯和二手集市如车库销售也为纺织服装产品的销售做出了一些贡献，但是份额十分有限。

（三）美国纺织服装贸易情况

1. 贸易规模

2006 年，美国纺织品服装进口占其货物贸易总进口额（18 598 亿美元）的 5%，纺织服装产品进口增幅低于货物贸易总进口增幅（货物贸易总进口增幅为 10.9%）。美国纺织品服装进口主要来自中国、北美自由贸易区、加勒比地区和其他发展中国家或地区。据美国海关统计，2007 年，美国纺织服装进口来源前十国家为中国、墨西哥、印度、越南、印度尼西亚、孟加拉国、巴基斯、洪都拉斯、柬埔寨、意大利。这十国出口到美国的纺织服装占美国全部纺织服装进口的 70% 左右。中国对美纺织服装出口主要以服装为主，服饰次之，布料和纱线较少。

2. 贸易结构

美国进口以服装为主，服装在美国各类纺织品进口中占有突出地位，2009 年底，美国从全球进口纺织品服装 810.05 亿美元，同比下降了 13.07%。

美国整体关税水平较低，2005 年其平均关税水平为 1.5%，但高关税主要在纺织品、鞋类、塑料、革制品、珠宝、陶瓷等产品中存在。例如 2010 年美国海关税则第 61 章、第 62 章中服装的平均关税达 11% 以上，马裤和短裤的税率为 27.8%，女士西服套装的税率为 25.9% 的从价税加 35.3 美分每公斤的从量税。此外，美国对鞋等产品中的高价商品适用较低税率，而价低产品适用较高税率，这些商品不仅是中国向美国大宗出口的商品，而且也是美国居民的生活必需品。美国关税升级的现象仍较为严重，一些制成品或半制成品的关税随着加工程度的加深而增加。美国对部分产品设置的关税高峰及关税升级，降低了中国相关产品在美市场的竞争力，增加了中国产品进入美国市场的难度。

（四）美国服装产品零售商直接采购的期望和要求

（1）服装产品要有好的质量，最好是通过国际化质量标准的检测或认证，如 ISO 9000 系列或 ISO 14000 标准认证。

（2）服装产品要具有低成本的竞争力。

（3）服装产品要有更短的开发及生产周期，以实现快速反应。

（4）服装产品要具有更小的订单量，甚至是一对一的服务。

（5）服装产品要能按时发货装运，实行国际贸易服务一条龙。

（6）服装产品要来自具有社会责任感较强的生产企业生产等。

（五）美国零售商近年来在采购服装产品时参考的法规

美国除了严格要求服装产品在材料质地、款式造型、缝制质量、规格尺寸、花色图案、整理加工等方面符合质量标准及环保要求外，对服装的成分标签、洗涤标签及燃烧性能等制订了如下法规：

1. 服装成分标签

（1）必须正确书写服装成分标签，不得使用缩写、类似的符号、星号或脚注等非规范标识。

（2）服装材料成分含量的允许公差规定：完全由一种纤维组成的，可表示为 100% 或纯的纤维零公差；多组分纤维允许有 3% 的偏差；纤维含量少于 5%，只标其他纤维（功能纤维除外），例如 94% 棉、3% 锦纶、3% 羊毛，需标 94% 棉、6% 其他纤维。

（3）对有装饰边或装饰品的服装，只标服装主体织物成分，装饰边或装饰品除外。

（4）有夹里、夹层、填充物和填料的服装，除了需标注面料成分外，也要标里料和填充料的成分。

（5）多种织物组合成的服装，则组合织物部位及各织物成分要标注。

（6）涂层织物的服装，要标织物主体及涂层成分。

2. 服装洗涤标签

美国联邦贸易委员会（FTC）所修订的服装洗标法案，延续了过去以文字方式表达的洗涤标志，其内容包括如下：

（1）服装洗涤标志。

①机洗 / 手洗 / 干洗。

②洗涤温度（高温 / 中温 / 低温）。

③机洗程序（柔和 / 耐久压 / 普通）。

④漂白标记（不能漂 / 非氯漂 / 氯漂）。

⑤烘干方式（滚筒烘干 / 挂干 / 平干 / 滴干）。

⑥熨烫（不能烫 / 低温烫 / 中温烫 / 高温烫）。

⑦警告语（分开洗涤，不能拧绞等）。

（2）服装洗涤标准。现在美国 FTC 标准使用新的洗标系 ASTM 标准，这个标准也能接轨 ISO 洗涤符号的含义，这样做可以减少国际贸易障碍。现在美国已使用不用文字说明的洗标符号。

3. 服装燃烧性能

按照美国 FTC 法规要求，用于一般服装的燃烧性能标准有 16 CFR 1610，用于儿童服装和睡衣的标准有 16 CFR 1615 和 16 CFR 1616，该标准的执行由美国消费品安全委员会（CPSC）负责。16 CFR 1610 标准最低要求规定了三个级别的燃烧性能：

（1）正常燃烧光面织物燃烧时间大于 3.5s；起毛织物燃烧时间大于 7s。

（2）中等程度燃烧起毛类织物燃烧时间约 4.7s。

（3）迅速燃烧光面织物燃烧时间小于 3.5s；起毛织物燃烧时间小于 7s。

16 CFR 1615 和 16 CFR 1616 标准规定最低要求：试样的烧焦长度平均不超过 17.8cm（7inch）；试样的烧焦长度没有一块超过 25.4cm（10inch）。

（六）美国的 WRAP 组织

目前美国零售商直接采购特别注重，而且只与 WRAP 指定企业进行业务往来。WRAP 是"全球负责任服装组织"的英文缩写（The Worldwide Responsible Apparel Production），它是由美国服装和鞋袜协会（AAFA）倡导组成的一个世界性的中性组织，目前有十多个国家参加，服装企业近千家，我国已有 30 多个企业参加到 WRAP 行列。WRAP 的目的是独立督察及验证企业生产设施是否符合对社会负责任的全球性的标准原则，并确保缝制产品是否在合法、人道和符合道德的情况下生产。凡是志愿接受 WRAP 认证计划评鉴的企业，均要符合 WRAP 原则标准，并可获得 WRAP 的证书，这样企业就可与美国零售商直接采购进行业务来往。现在 WRAP 原则有以下 12 个方面：

1. 符合法令及工作时间规定

即要求缝制产品的企业必须遵守他们经营业务所在地点的法令及规定。

2. 禁止强制劳动

缝制产品的企业不得使用非自愿或强制劳动，包括契约束缚、禁锢或其他形式的强制劳动。

3. 禁止雇佣童工

缝制产品的企业不得雇佣任何未满 14 岁或未满接受强制教育最高年龄、或法令规定最低年龄的雇工，而以上述各项中最高的年龄为准。

4. 禁止滋扰或虐待劳工

缝制产品的企业须提供一个不存在任何形式滋扰、虐待或体罚措施的工作环境。

5. 符合薪酬与福利规定

缝制产品的企业须最少付给雇工当地法令规定的最低总报酬，包括所有指定工资、津贴、福利。

6. 符合工作时间规定

每日工作小时及每星期工作日数，不得超过服装生产设施所在国的法定限制。除非要应付紧急业务需要，缝制产品的企业须每七日为雇工提供一日休息。

7. 禁止歧视

缝制产品的企业须根据工人执行工作的能力，而非个人特征或信念来雇佣、给付报酬、晋升和解雇工人。

8. 符合健康与安全标准

缝制产品的企业须提供一个安全和健康的工作环境，若缝制产品的企业为工人提供住宿地方，须保证宿舍的安全和卫生。

9. 保障结社自由

缝制产品的企业须承认和尊重雇工行使他们自由结社的权利，包括参加或不参加任何社团的权利。

10. 符合环境管理要求

缝制产品的企业须遵守适用于他们设施经营活动的环境管理规定、规则、标准，并遵守他们经营业务的所在地点的保护环境做法。

11. 符合海关规定

缝制产品的企业须遵守适用的海关法令，特别是须设置并持续执行符合有关防止非法转运缝制产品海关法令的程序。

12. 防止运转毒品

缝制产品的企业须与当地、全国性及外国海关和管制毒品机构合作，以防止非法运转毒品。

对于执行以上 WRAP 原则标准，我国的服装制造企业还存在不少问题，但若要进行国际性的出口服装交易，还必须对照这些标准进行自律，在符合的基础上，再向 WRAP 组织提出申请，请求评鉴和获得 WRAP 证书，为自己制造的服装产品打开进入美国市场和其他国际市场的大门。

（七）美国的技术标准、法规的技术壁垒状况

美国一方面表面上极力倡导贸易自由化，另一方面为维护自身利益，在技术标准、法规等方面具有较强的保护主义色彩。如美国利用安全、卫生检疫及各种包装、标签规定对进口商品进行严格检查。美国在要求进口商品满足 ISO 9000 或 ISO 14000 系列标准之外，还附加了许多为进口商品制定的条例。其中有些条例是专门针对进口国家或商品而制定的，例如，制定等级、尺寸、质量和成熟度与进口国产品不同的标准。

美国对进口商品专门制订了各种法律条例。美国职业安全与健康管理局、消费者产品安全委员会、环境保护局、联邦贸易委员会、商业部、能源效率标准局等都各自颁布了法规。

最近美国做出规定，要求供应商都要进行 ISO 9000 或 ISO 14000 注册，否则不购买其产品。

二、欧盟纺织服装市场

（一）欧盟纺织服装市场概况

欧盟是全球最大的纺织品服装消费及进出口市场，纺织品服装的生产和贸易在欧盟经济中占有重要地位。德国、意大利、法国是传统的纺织服装工业发达国家，这些国家不仅能生产高科技含量的技术纺织品服装及精密的现代化纺织机械，还是世界高档时装的大本营。

1. 生产概况

欧盟纺织业现有 10 万多家公司，从业人员约 250 万，年营业额 1870 亿欧元。欧洲纺织品结构调整已历时 10 余年，经过多年调整，产品已向高端化转型，转型使欧洲的研究开发和创新优势得到加强，技术含量高的纺织品和高档面料增加，避免了与中国和印度等国在中低档纺织面料方面的竞争。

2. 消费概况

欧盟纺织服装市场从整体上可以分为两个消费档次：德国、法国、意大利、英国等国家属于第一档次，对纺织服装的要求较高，消费数量较大；其次是希腊、葡萄牙、爱尔兰等国家，国民收入水平较低，纺织品服装消费相对较少。欧盟各国的纺织服装消费又各有其特点。法国人对服装服饰的时尚性要求很高；轻松、休闲、宽松是意大利人日常服装的主要特点；德国人偏爱简洁、朴素和严谨的服装风格。

近年来，欧盟服装市场的结构、进口量都发生了较大的变化。从欧盟的消费来看，女式服装占欧盟消费总量的 43%，男式服装占 20%，其余为男女皆宜的服装（如 T 恤衫和羊毛衫）。在进口服装地区中，亚洲占有相当大的份额，其次为东欧和地中海地区。2008年金融风暴以来受欧洲消费水平疲软和亚洲金融危机的影响，欧盟服装进口量增长幅度很小。在欧盟成员国中，德国对纺织品服装进口量占欧盟服装总进口量的 25%，德国、法国、

意大利和英国合计占总进口量的 75%。

我国与欧盟进出口贸易一度受倾销和反倾销影响及出口"绿色壁垒"高槛的频频阻拦，但由于双边贸易长远发展和贸易互补性的需要，使得我国与欧盟进出口对外贸易在磨合和相互适应中稳步发展。目前，欧盟是中国的第三大贸易伙伴，仅次于日本和美国。

（二）欧盟纺织品服装贸易情况

欧盟纺织品服装进口来源地中，以欧盟内的进口为主，其次主要的进口国家分别是中国、印度、孟加拉、巴基斯坦、土耳其。欧盟还是世界上第一大纺织品服装进口地、第一大纺织品出口地和第二大服装出口地。

1. 贸易规模

欧盟每年纺织服装进口超过 2 千亿美元，从原料到成品都有进口，但以成品为主，产品档次要求较高，质量检查标准及方法极其严格。同时，欧盟也出口纺织服装产品，出口货值约 1600 亿美元。

2. 贸易结构

欧盟虽然是全球最大的纺织品进出口市场和全球最大的服装进口市场以及全球第二大服装出口市场，但其内部高度一体化，贸易成本大大低于欧盟外国家和地区，因此，欧盟的纺织品服装进出口大多为内部贸易，欧盟外国家和地区所占比例还处于较低水平。

3. 欧盟主要国家进口单证要求

提交商业发票、原产地证明书、优惠转运单据、欧共体外部转运单据、货物流转证明等基本进口单证。

4. 纺织品服装关税

（1）欧盟现行纺织品服装关税。根据欧盟在 WTO 中的承诺，欧盟现在对纺织品服装征收的关税与其他 WTO 成员相比处于一个较低的水平，并且还将进一步降低。总体来说，欧盟在纺织品服装进口关税的制定上采取了关税升级的方式，但关税平均水平较低，且基本不存在关税高峰。

（2）欧盟在世贸组织中纺织品服装的约束关税。欧盟在世贸组织中承诺，到 2005 年将纺织品服装部门的平均关税约束至 7.9% 以下（美国是 8.9%，日本是 6.6%）。欧盟在 WTO 约束的纺织品服装关税中，纺织品关税的平均约束水平为 6.2%，服装为 11.3%，上述承诺欧盟均已实现。

（3）关税优惠。很多第三国享受进入欧盟市场的免关税或低关税待遇，通过各种优惠贸易安排协议来实现。

（4）在普惠制项下的规定。根据欧盟最新的 2002~2004 年的普惠制规定，最不发达国家（指联合国认定的 49 个）享受免税待遇，其他享受欧盟普惠制的国家，在向欧盟出口纺织品服装时只需缴纳欧盟最惠国税率的 80%。我国的服装产品已经在欧盟的普惠制中毕业，因而我服装产品在向欧盟出口时已不能享受任何优惠，而纺织品仍然可以享受优惠，所交关税为欧盟最惠国税率的 80%。

我国一直是欧盟最大的服装供应地，目前所占市场比重已超过 20%。香港地区排名第三，目前所占市场比重已超过 8%。

（三）欧盟的技术标准、法规的技术壁垒状况

欧盟是最先意识到国际贸易中技术壁垒的地区，同时这些成员国也是设置技术壁垒最严重也最多的国家。

欧盟各国由于经济、技术实力普遍较高，因而各国的技术标准水平也较高，法规较严，尤其是对产品的环境标准要求，让一般发展中国家的产品望尘莫及。欧盟不仅有统一的技术标准、法规，而且各国也有各自的严格标准，它们对进口商品可以随时选择对自己有利的标准，从总体来看，要进入欧盟市场的产品必须至少达到如下三个条件之一：

①符合欧洲标准 EN，取得欧洲标准化委员会 CEN 认证标志。

②与人身安全有关的产品，要取得欧盟安全认证标志 CE。

③进入欧盟市场的产品厂商，要取得 ISO 9000 合格证书。

同时，欧盟还明确要求进入欧盟市场的产品凡涉及欧盟指令的，必须符合指令的要求，并通过一定的认证，才允许在欧洲统一市场流通。

在技术标准、法规方面，德国目前应用的工业标准约有 1.5 万种，虽然这些标准并非全部属于强制性规定，并非要求进口商品全部符合这些标准，但许多德国客户喜欢符合这些标准的商品，因而进口产品是否符合德国工业标准，实际上已成为推销产品的一个重要因素。英国法律规定所有在英国销售的电热毯，必须符合英国技术标准 3456 号的安全要求，标签上应说明人躺在床上时这种毯子是否可用，必须注明是盖毯还是床垫。法国政府规定，所有进口玩具必须符合政府颁布的 NFS 51-202 和 NFS 51-203 法令中强制性安全标准。

三、法国纺织服装市场

法国、意大利和德国是欧盟三大纺织及服饰工业大国。法国纺织业营业额占欧盟纺织业总营业额的 12%，仅次于意大利 32% 和德国 13%。纺织服装业在法国全国工业生产中也仅排在汽车制造业和食品工业之后。法国人均消费纺织品 17.6kg，在欧盟内排第四，排在意大利、德国和英国之后，法国纺织产品主要有服装面料、家具面料、家用纺织品和技术性纺织品等，产品档次较高。法国家庭对地毯、床上用品、厨房用纺织品、餐桌用纺织品的淘汰非常快，消费者多选择浪漫的图案花色和品种。

目前，法国床上用品的来源主要是巴基斯坦，法国每年从巴基斯坦进口约 1 万吨家用纺织品。近年来，法国流行环保服装服饰产品，很多纺织品和服装要求获取 Eco-label 和生态纺织品标签认证才能进入流通领域。欧盟国家一直是法国纺织品的主要出口市场，占其出口总额的近 2/3，其次是传统的地中海沿岸纺织服装制造国家，以及近年来俄罗斯、罗马尼亚等新兴市场。中国是法国纺织品第二大供货国，是法国服装进口来源的第一大国，

占法国供货市场的 30% 左右。然而目前中国还不是法国纺织品出口的主要客户国，但是随着中国对法国高品质纺织产品的需求不断增长，法国对中国出口纺织品的出口金额增长率近年来一直在快速增长。

（一）法国纺织服装进口概况

据法国海关统计，2010 年法国总计进口服装 142.3 亿欧元，其中针织服装类 78.28 亿欧元，非针织服装类 64.02 亿欧元，分别占其进口总额的 2.1% 和 1.8%。

（二）中国服装出口法国情况

法国 2010 年从中国进口服装总计 15.69 亿欧元，其中针织服装类 8.8 亿欧元，非针织服装类 6.89 亿欧元，分别占法国针织服装和非针织服装进口总额的 11.53% 和 10.7%，居法国服装进口国的第二位。

中国服装出口法国，自 20 世纪 90 年代以来呈迅速增长趋势。目前在法国服装市场上，无论是大百货公司，还是邮购公司、超市、零售店，到处可见中国生产的服装。但是，服装中标明中国品牌的或者标明 "Made in China" 的不多。基本上是为外国品牌加工或者为商店定牌生产，产品质量总体处于中等水平。目前，我国服装约占法国服装进口总量的 10% 左右，市场份额还较小、发展潜力仍然很大。

在进口方面，法国还没有对我国服装产品在技术、安全、准入等方面设限。为了巩固我国现有市场份额，继续扩大对法国出口，除了大力发展我国服装品牌，提高产品质量，扭转我国服装中低档产品的形象外，还需加强以下三方面工作：

1.社会引导与帮助

政府和中介组织应加强对服装企业的政策和信息服务，在对国际流行趋势信息的研究及服装产品款式的开发等方面引导企业发挥产品优势。

2.促进交流与培训

以政策和财政补贴的办法，鼓励我国服装企业走出去，参加国际性服装展览，宣传我国产品，加强同行间交流，并与外国服装研究所和服装院校建立培训与交流机制，培养年轻服装设计师。同时大力办好我国服装展览会，固定时间、地点，加强宣传，吸引更多的外国服装企业前来我国参展。

3.政策创新与革新

我国应将纺织服装企业和非纺织服装企业的高新技术企业结合在一起，推动高新技术服装面料的研发、生产、销售、产品与服务等环节，研究法国人体测量数据，开发适销对路的服装产品。如我国优势产品麻制品、羊绒制品等在法国市场很畅销。

（三）法国服装消费情况

法国服装消费平均每个家庭一年消费 600 余欧元，法国服装市场潜力仍然很大，市场还远远没有饱和。据法国服装工业联合会消息，由于法国生产服装成本较高，法国服装企业逐年减少，第一线生产工人平均每年减少12%。为满足市场需求，法国将继续扩大服装进口。

1. 法国的时装

法国的时装分为高级时装和成衣两种。成衣在固定的时间发布服装流行趋势，而高级时装发布会则更多的是设计师个人风格的展现和竞相施展才能的舞台。巴黎每年的春夏和秋冬两次高级时装发布会，一直是全世界时装界的盛会。不同于成衣时装发布的是，高级时装发布虽然每次都能吸引成百上千专门为此而来的各国记者和游客，但由于高级时装用料考究、价格昂贵、实用价值有限，其曲高和寡的特点决定了最终顾客人数十分有限，真正消费这些动辄数十万美元的服装的人，全世界加在一起也仅仅几千人。

2. 法国的高级时装

高级时装展示是法国独有的，其声誉、权威性和对媒体、公众的吸引力无与伦比。对普通法国人来说，高级时装展示甚至可以说是一种艺术表现形式，就像电影、音乐和美术等艺术形式一样。但它又不等同于传统的艺术形式，而是多种艺术形式和现代工业、工艺技术的结合。

在正式参展的各大名牌时装公司的展示会之间，还穿插了20多个非正式的时装展示会，另外还有一些未被列入正式日程表的展示会，可见巴黎高级时装展示会的魅力犹存。

四、德国纺织服装市场

（一）德国纺织服装市场简况

德国纺织服装企业以中小型企业为主。在过去的几十年中，因外部环境变化和国内劳动力成本高等因素的影响，德国纺织服装业规模总体呈缩减态势，生产逐年下降，销售总额逐年减少，服装生产已几乎全部转移到国外。经过近十年的调整，德国纺织业靠技术创新走上了增长道路。目前，德国高科技纺织品的年营业额占总营业额的45%，亚洲国家已成为德国高科技纺织品的重要消费国。德国纺织业的优势及发展重点已转移到工业及其他非消费用的专业技术密集型纺织品上。德国纺织机械业水平目前仍居世界首位，100多家纺织机械企业年生产纺织机械产值约160多亿欧元，其中90%以上的纺织机械供出口，出口地区覆盖全球140个国家和地区。德国是全球最大的纺织机械出口国，每年的纺织机械和配件的出口额达120亿~130亿欧元，占据了世界1/3的市场份额，其中亚洲是德国纺织机械最大的出口地区，占德国出口总额的48%，而对中国的出口额更是占到了总额的1/4。德国的纺织化学产品驰名中外，其中三大著名的化工公司：赫司特（Hoechst）、巴斯夫（BASF）、拜耳（Bayer），所生产的纺织工业染辅料和助剂，已经成为高品质纺织品服装生产过程中不可或缺的支持产品。

德国主要纺织产品为丝、棉、化纤、毛线及其面料以及工业用无纺布、家纺产品和新型多功能纺织品等。其纺织三大应用领域比为服装占30%、家纺产品占30%、产业用产品占40%，且已占领了产业用纺织品新技术的制高点。德国是仅次于美国的世界第二大纺织服装进口国，也是纺织品的出口大国。德国的家纺产品主要靠进口，特别是床上用品、桌布和家具面料，进口比率高达74%左右。德国纺织服装进口主要以服装为主。德国的纺织品服装进口额中，约30%来自亚洲，10%来自土耳其，13%来自波兰、捷克、罗马尼亚和匈牙利4个中欧国家。德国还是牛仔裤的进口大国。有不少产品皆是德商在国外加工的自有品牌产品，其中亚洲加工产品约占了30%。中国已成为德国纺织品服装最大的供货国。德国是中国在欧洲的最大经贸伙伴，从中国进口的服装主要有棉布裤子、T恤衫和男式衬衫。

（二）德国纺织品服装的消费

德国是仅次于意大利的欧盟第二纺织大国和欧盟最大的服装市场，人均服装消费名列欧盟前茅，按人均年进口额计算，德国以约两百欧元位居世界第一。近年来家用纺织品除外，各类纺织品和服装价格均略有提高。德国大多数消费者注重面料的舒适，并不十分器重名牌产品，休闲、个性的工艺服装在德国有着广阔、成熟的市场。德国服装常常以严谨的现实精神展现，简洁、朴素、讲求舒适及经典是德国纺织品服装消费的共同特点。进口商和消费者对纺织品和服装的需求已从传统的实用、美观日益趋向更加重视安全和卫生，特别对面料色质和偶氮染料等技术指标的要求明显提高。

德国纺织品服装的销售渠道主要有专营商店、邮售、百货商场和日用品连锁超市。专营商店是其销售的主渠道。德国有5万家服装专卖店，其销售额占总销售额的一半以上。在德国，邮购的服装销售模式也十分流行，销售额占德国服装总销售额的15%，成为德国服装分销的主要渠道之一。德国的纺织品和服装专营商店，除了那些专营服装的中小企业外，也包括C&A、H&M等大型连锁服装零售商店。

（三）德国服装博览会简介

德国是我国赴境外参展的重点国家之一，德国服装博览会有关情况简要介绍如下：

1. 科隆春/夏季国际男装博览会（Herren–Mode–Woche）

科隆春/夏季国际男装博览会创办于1970年和1954年，每年各举办一次。展出重点：男士服装、西装、上衣、裤子、体育服装、皮革服装、衬衫、领带、围巾、牛仔裤和青年时装。

2. 慕尼黑春/夏季国际体育用品和服装博览会（ISPO）

慕尼黑春/夏季国际体育用品和服装博览会创办于1970年和1979年，每年各举办一次。展出重点：体育用品、运动服装、运动鞋和登山设备等。

3. 杜塞尔多夫春/夏季国际服装博览会（CPD）

杜塞尔多夫国际服装博览会创办于1982年，每年春季和夏季各举办一次。展出重点：女士上衣，青年时装，男士服装，儿童服装，裘皮服装，皮革服装，晚装，针织品，结婚礼服，洗浴服装，紧身内衣，服装装饰物等。

4. 莱比锡春/夏季国际服装博览会（Fashion Look）

莱比锡国际服装博览会创办于 1991 年，每年春季和夏季各举办一次。展出重点：女装，男装，儿童服装，裘皮服装，皮革服装，晚装，针织品，体育服装，鞋，洗浴服装，牛仔裤，服装装饰物等。

5. 法兰克福国际服装博览会（FUR & Fashion Frankfurt）

法兰克福国际服装博览会创办于 1949 年，每年举办一次。展出重点：室外裘皮服装，皮革和纺织品，裘皮帽子，服装皮革，裘皮等。

除国际博览会外，德国还在汉堡（Hamburg）和辛德芬根（Sindefingen）分别举办一年两届（春秋）地区性服装博览会。

五、意大利纺织服装市场

纺织服装业是意大利制造业中的骨干行业，现有企业近 6 万家，就业人数占整个制造行业就业人数的 11.4%，是意大利第二大制造业。意大利是世界第二大纺织机械制造国，产品门类齐全，具有世界一流的技术水平。同时意大利还是世界第二大纺织服装出口国，2006 年意大利纺织产品出口共计 142.75 亿欧元，其中服装出口 129.08 亿欧元，意大利纺织品出口额占整个意大利出口额的 44%。意大利纺织品质量优良，在高端和顶级产品上占有优势，其主要出口品种为羊毛、真丝和纯棉织品。主要出口市场是德国、法国、西班牙、美国和日本等传统市场，其中约 6% 的羊毛织品出口到德国、法国和日本。60% 的真丝织品和 30% 的棉织品出口到西班牙、法国和德国，另外，意大利进出口均以成衣、纺织面料、针织衣物和纱线为主，且纺织服装业的贸易顺差主要来自成衣和纺织面料，其中面料每年的销售收入超过 90 亿欧元，其中 60% 来自出口，出口额排名世界第二。羊毛织物、亚麻织物、棉织物分别占世界贸易份额的 40%、18% 和 12%，排名世界第二。丝织物占市场份额的 18%，排名世界第三。中国从意大利进口的面料近年来呈不断增长态势。

从服装行业看，意大利的精粗毛纺服装以做工精致、品牌著名而独具特色。真丝领带则以情调典雅、质量上乘而引导世界时尚潮流。随着意大利纺织工人的劳动力成本的不断增加，且保持居高不下，严重削弱了意大利中低档产品的竞争力。在国内消费持续低迷的情况下，中低档的进口产品不断增加，其中低档纺织服装主要来自中国、土耳其和印度等国家。

无数世界顶级的时尚品牌皆出自意大利，米兰时装周被视为世界潮流的风向标，在意大利，时尚早已成为一种文化，融入人们的生活中。与美国、中国、韩国和墨西哥一样，意大利是全世界主要的纺织服装生产国家和地区之一，产品主要销售市场是德国、法国、美国和英国，而中国、罗马尼亚、德国和法国则是意大利的主要进口国。高级时装产品中，10 家意大利公司几乎控制了 20% 的国际市场，货值至少为 465 亿欧元，最主要的出口国是美国和日本。

服装和制鞋业是意大利的传统行业，特别是意大利男装，多采用圆润肩型、长腰身、线条流畅的温情造型。意大利有一大批国际知名的一线品牌，古琦(Gucci)、普拉达(Prada)、芬迪（Fendi）、范思哲（Versace）、阿玛尼（Armani）、MAX & Co.等著名品牌。意大利时装制造业的成功源于以下两方面：一为建立在意大利文化和历史基础上的创造氛围；二为完整齐全的纺纱织造技术及纺织机械工业体系。在意大利，纺织工业最重要的生产区域是皮埃蒙特、伦巴第、威尼托、托期卡那大区。服装工业分布在全国各地，其中最著名的区域为艾米利亚的罗马涅（卡尔卑）大区。

纺织服装产业是意大利历史悠久的传统产业，也是国民经济的支柱产业。截至2008年年底，意大利纺织和服装业销售收入541.16亿欧元，占意大利制造业总生产量的7.3%，创造的附加值占8.4%。

六、日本纺织服装市场

（一）日本纺织品服装业概况

1. 纺织工业发展概况

纺织工业曾是日本的基础产业，产值约占日本整个工业的1/3。直到20世纪60年代，纺织服装业都是日本最大的工业部门，其纺织品出口额占当时日本出口总额的50%以上。20世纪60年代起，随着日本工业中心的转移，纺织业逐渐萎缩，纺织服装业在制造业中所占比重从1950年的24.6%，下降至1998年的3%，纺织品出口额占出口总额的比重也降至2%。

2. 纺织服装市场整体概况

日本是亚洲纺织工业最早发达的国家，拥有世界最新的纺织科技，纺织工业对日本经济的振兴曾经发挥了巨大的作用。日本纺织工业如今已经放弃"量产型、低价格、技术层次低"的产品，将其移往国外生产，在国内则集中资源生产附加值较高的高级流行成衣、服饰用品以及工业用、汽车用、医疗用等获利较高的纺织产品。日本的纺织工业在全国约有160个基地，雇用人员68万人，占全部制造业用工的10%，加上纺织批发和零售等有关人员，从业人数达到180多万人。日本有不少世界著名的纺织品企业，如东丽公司、钟纺、东洋纺、尤尼吉卡和远东纺织等，其销售额一直处于世界前100强。日本有很多纺织服装行业协会等民间机构，如日本纤维产业联盟、日本流行色协会、大阪成衣协会、日本纺织协会、日本服装协会、日本化纤协会、日本纤维输出入组合、大阪成衣协同组合等承担着日本纺织服装行业的生产及贸易的中介和咨询职能。日本每年举办众多的纺织品服装展览会、时装周及纺织机械展览会，展示本国的产品，促进出口，如作为日本全国最高级的时装展览会——日本国际时装博览会（International Fashion Fair）的展品类别非常广泛，几乎包括了服装类的所有细目。

3. 纺织服装生产概况

随着日本国内劳动力成本不断上升，日本纺织服装业已经将大部分生产基地转移到中国和其他东南亚地区，国内的生产能力较小，而且生产成本高，所以日本纺织服装市场，尤其是服装市场严重依赖进口。日本的主要纺织品服装的进口国包括中国、意大利、韩国、越南、美国等。目前，日本纺织工业品依靠高新技术的支撑，在环保、医疗卫生、信息工程、工农业、军工用品、航空航天和建筑土木工程等领域应用较广。日本在化纤技术、纺织品染色及后整理、新产品开发、纺织机械设备等诸多方面处于世界领先地位。将技术与面料完美结合，从而创造出各种新型精品面料。同时，日本在时装品牌设计、经营和市场营销方面居世界领先地位，其服装产品质量严谨、款式前卫。东京作为世界四大时装之都之一，拥有许多国际著名的时装设计师。在本国设计开发优秀的服装作品，然后到劳动力价格低廉的发展中国家加工生产，已成为日本服装企业的发展新思路。

4. 纺织服装消费概况

日本是一个高度信息化、消费成熟化的国家。目前其消费市场的具体特征表现为：

（1）市场规模巨大，消费呈现多元化。年轻群体消费实力较强且数量庞大。据统计，2007年日本全国衣着类商品零售额超过1100亿美元。从家庭消费看，2007年日本每一家庭平均消费支出超过430万日元，其中衣着类支出约为22万日元，衣着类支出占全部支出的5%。从市场结构来看，女装占57%，男装占33%，童装占10%。

（2）品牌忠诚度高，崇尚新奇化和个性化的产品。追求品牌、价值仍是日本服装消费市场今后的潮流。近年日本市场高档与低价商品并存，服装消费"两极分化"加剧。由于消费者实质经济能力并未下降，对于符合喜好的品牌产品，即使价格高昂也愿购买。日本市场流行周期非常短，变化迅速，只有多品种、小批量、短周期产品才能适应其要求。时尚性较强的产品大都只有很短的销售期，超过期限，商品价值就会大打折扣。

（3）对纺织服装的品质要求苛刻。日本的消费者对于纺织品服装品质要求非常苛刻，日本进口商对质量、交货期要求十分严格。因此，日本贸易商及零售商对纺织品和服装的品质要求也异常苛刻。对在日本销售的纺织品和服装，日本的贸易商会有一套严格的产品质量标准作为审核的机制，一般可分为日本工业标准（JISL）、产品责任法（P/L法）与产品质量标准等3种规范。

（4）毛巾消费量特别大。日本市场对毛巾的需求量很大，一般年消费毛巾700亿~800亿日元。所须的毛巾多数从中国、越南、巴基斯坦、美国、泰国和法国等国家和地区进口，其中中国、越南及巴基斯坦为主要供应国，约占日本毛巾总进口量的90.8%。

5. 日本纺织品服装市场在世界上的地位

日本已经从原先的纺织品服装主要出口国转为纺织品服装主要进口国。成为继欧盟、美国、中国香港地区之后的世界第四大进口市场，同时也是仅次于欧盟、美国的世界第三大消费市场。日本纺织品所须天然原材料的80%、服装等成品的50%依赖于国外进口。

（二）日本纺织服装贸易

1.贸易规模

日本是纺织品服装的消费大国，其服装进口数量占市场比例由 1997 年的 70.6% 上升到 2002 年的 89%，纺织品则有 1997 年的 55% 上升到 2010 年的 70%。2010 年日本从世界各地进口服装总量达到了 36.68 亿件，连续 3 年创历史新高。

2.贸易结构

日本进口纺织品服装主要来自以中国为主的亚洲，其次是欧盟和美国。中国是日本第一纺织品服装供应国，服装占日本进口份额从 1993 年的 62.1% 增长到 2010 年的 96%。意大利是日本第二大纺织品服装供应国，也是欧盟成员国中出口日本纺织品服装最多的国家。日本纺织品服装的出口市场主要分布在以中国为主的亚洲地区，中国是日本纺织品服装出口的主要地区。

受日本经济衰退影响，日本纺织品进口额近年来持续下降，但从中国进口的纺织品服装的市场份额却连续扩大。中国产品以 71.24% 的市场占有率稳居供应国之首。

日本曾是世界上第二经济大国，尽管 20 世纪 90 年代以来，日本经济持续低迷，但由于其技术和经济基础雄厚，消费市场庞大，对亚洲乃至世界经济仍具有重要影响力。日本的纺织服装业产生了一批具有国际竞争力的大型服装企业和知名品牌，东京也是公认的世界时装中心之一，拥有三宅一生等许多国际著名的时装设计师。

目前，日本在纤维和面料开发技术、纺织服装机械制造、纺织品染色后整理、服装设计和产品开发及市场营销等诸多方面仍处于世界领先地位。因此，日本服装业的现状、成功的经验和面临的问题及今后的战略目标和政策导向，对我国服装业和企业发展战略有很好的借鉴作用。

日本的服装制造业作为传统产业，其地位和作用虽今非昔比，但在国民经济，特别是地域经济和就业方面仍起着相当重要的作用。据日本纤维时装信息中心发布的数据，目前日本衣服及其他纤维制品制造业企业数约为 2.5 万家，从业人数约 44 余万，产值近 4 万亿日元，其中衣着类制造业企业数为 2 万余家，从业人数 36 万人，产值约 3 万亿日元。日本的大型服装企业以综合性企业为主，具有很强的产品设计、企划和市场营销能力，这些企业大多有几十甚至上百年的历史。由于历史的原因，众多小企业并不具备产品设计、企划能力，只是承接大企业的委托加工。随着日本国内劳动力成本不断上升，20 世纪 80 年代以来，大企业纷纷在东南亚、中国等投资设厂，造成日本国内服装制造业的衰退。

（三）日本对服装纺织品加工质量的要求

众所周知，日本客户对于服装纺织品的质量要求近乎苛刻。虽然我国的众多企业与日本客户的交往都十分谨慎，但是在交货之前往往只注重外在质量，忽视了很多服装加工过程中的基础质量管理，以致于不能百分之百按合同全数交货。服装纺织品的加工工序复杂、工艺流程长，每个环节都十分重要。特别是加工高附加值的产品，工艺要求严格，质量控制繁杂，专用设备的维护保养直接关系到产品的质量。因此重视基础管理，才能保证产品质量符合日本客户的要求。以加工男西装为例，由于生产每件西服一般需要数百道工序，每道工序都需要特殊的设备，从按样品成交到批量生产要雇用数百名技术纯熟的工人或技师，甚至某些工序需要高级技师方可胜任，而且要严格要求每道工序的加工及检验，每道工序采用不同的质量检验方法及手段才能确保最后成品的质量符合合同。有些日本客户为了保证自己的合同100%如数交货，甚至派遣专门的质量检查人员盯在生产线上来回巡视，发现质量问题及时纠正，一旦发现次品毫不留情，甚至不接受返工的产品。

有些企业误以为服装纺织品的加工技术简单、高科技含量低而忽视基础管理。尽管企业建立了整套的质量管理规章制度，却缺乏实际的质量检查监督的有效手段从而失去日本客户。据统计，2001年我国出口日本的服装在装箱之前，就发现质量问题造成逾期交货的占总成交数量的9%。其结果只能是接受索赔，甚至失去信誉。日本客户讲究信誉是世界公认的。一旦进口商不能按质按期交货，零售商或连锁店就要向进口商索赔，进口商当然就会将索赔转嫁到出口商身上。所以，保证质量就是保证信誉，保证信誉的基础就是严格基础质量管理。日本对中国的服装纺织品虽然不是配额限制国家，但是，严格的质量保障体系足以使中国的厂家正视自己、规范自己，以保证我们对日出口的发展。

（四）日本消费者对纺织品服装的质量要求

由于日本消费者对服装纺织品的质量要求较高，在日本普遍建立了事前质量标准100%合格保证制度。这种制度的中心，就是产品进入零售店之前必须保证产品100%合格，没有在商店购买之后发现产品不合格退款或赔偿的规定，而是商品一旦由消费者购买就必须合格。

（五）日本的技术标准、法规的技术壁垒状况

日本的技术法规和标准名目繁多，其中，只有极少数是与国际标准一致的，当外国产品进入日本市场时，不仅要求符合国际标准，还要求与日本的标准相吻合。日本工业标准调查会（JISC）是日本国际标准化工作的主管机构。日本的技术标准、法规及合格评定程序，一方面促进企业提高产品质量，保护了消费者的利益；另一方面阻止了外国商品的进口，日本依据各种法规以及检验与检疫要求、自动标准等对进口商品进行严格管制。日本对很多商品的技术标准要求是强制性的，并且通常要求在合同中体现，还要求附在信用证上，进口货物入境时要由日本官员检验是否符合各种技术性标准。

进入日本市场的商品，其规格选择亦为严格，堪称抑制国外商品进入日本市场的枷锁。

而这些商品分为两种规格：一是强制型规格。这主要指商品在品质、形状、尺寸和检验方法上均须满足其特定的标准，否则就不能在日本制造与销售；二是任意型规格。这类商品主要是每年在日本市场消费者心目中自然形成的产品，此规格又分为国家规格、团体规格、任意质量标志三种。其中 JIS 规格（工业品）、JAC 规格、G 标志、SG 标志和 ST 标志等均为日本消费者所熟知，是任意的，但如果不能满足这些标准的要求，基本上不可能进入日本市场。

（六）日本口岸通关

货物不论以何种运载工具运抵日本港口或航空港，一般均卸存于海关指定的保税区或货棚，等候海关办理查验、纳税、放行手续。海关对货物储存的期限进行限制，超过期限不再存放的外国货物海关将科以监管金。进口货物一般由注册的报关行，代表进口商向海关申报。报关时进口商除交申报单外，必须提交下列单证：进口报单、商业发票、装箱单、产地证明书刊号、提单及其他海关征税证。

第四节　21世纪服装业的发展趋势

一、21世纪服装业的发展特点

21 世纪服装业的发展趋势将呈现如下特点：

（一）专用设备的功能更趋集成化

专用设备的功能更趋集成化，即一个操作工可操作几台设备。目前德国已出现钉扣、锁眼、缝领、包边带缝合、熨烫等组合设备，操作工只要在一只送料装置上放上裁好的衣片，组合机就能自动完成送料、定位、缝制、折叠等动作。

（二）电脑控制技术进一步向纵深发展

服装的设计将采用三维立体设计，能把服装效果图转换成样板图，可模仿面料的质地、织法、悬垂度，实现电脑三维模拟表演等，使设计的服装在屏幕上显示出完美逼真的形象，效果更加直观。不少国家正加快研制机器人，谋求实现无人操作的服装生产系统。

（三）特种服装的门类越来越多

具有永久性的防水、防火、防污、防腐蚀等特种要求的服装品种不断发展，以满足人们不同种类的需要。为了给人类社会带来更大方便，世界服装业将掀起研究特种服装技术的高潮。

（四）服装的设计研究趋于个性化

服装的整体设计更加注意人体全身的对称与和谐，不仅考虑穿衣者的上衣与裤子的协调，而且还考虑与其他商品（如鞋、帽、裙、衬衣、领带、携带的小包等）是否相配，甚至连其发型、脸型、体型、皮肤、头发颜色等也在考虑范围之内，设计生产出能使全身更加漂亮的整套服装。

（五）时装款式更趋向于个性化

现代社会人们的服饰款式、用料、色彩、配件等方面都体现出个性化的特点。服装必须小型化、多品种、小批量、高质量才能与之相适应而发展。

（六）先进的黏合技术不断发展

国际服装发展总趋势是向多门类和广阔领域发展。各类混纺布、针织布、无纺布以及一次性使用的纸质服装和黏合衬里的出现，必将给服装生产工艺带来重大改革。专家预言，将会有厂商采用先进的黏合技术，生产出"无缝西装"与"黏合衬衫"，赋予时装以新的面貌。

（七）电子商务技术在服装业广泛应用

所须服装信息一旦从网上发出，服装品牌、服装设计、服装文化、服装面料、服装企业等一系列电子商务活动就会同时进入企业，即可按订单快速组织生产。这种以消费者为导向的新时装产业结构，大大缩短了原料→成本→货币的转换时间，使商品和原料的规划同步进行，降低了生产成本和产品价格。于是，全球性的纺织服装集团就会应运而生。

二、21世纪纺织服装产业格局

（一）发达国家和地区仍处于主导地位

由于纺织和服装工业劳动密集的属性，工人工资便成为制约成本的重要因素，所以企业家不断迁移工厂，寻求低工资水平区。新的国际劳动分工理论意味着这些"成熟"工业产品的出口，从发达国家向欠发达国家持续转移。在服装出口方面，中国排名领先（占总出口额的18.2%），排名第2~4位的国家和地区是意大利（占7.1%）、中国香港（扣除转口后为占5.1%）和美国（占4.4%）。在前十五大服装出口国或地区中，8个是高收入国家或地区，出口额占世界服装出口的1/3以上（占38%），可见，发达国家和地区的纺织服装业仍处于主导地位。

（二）发达国家的产业集群特点

在发达国家，出现了许多被称为柔性生产区的新型工业区，这些区域经济是基于设计密集型和劳动密集型传统工业，特别是纺织和服装工业发展起来的。这些柔性生产区的成功意味着在这些新工业区的纺织和服装工业作为另一种主导工业获得"新生"。

1. 在柔性生产区内的纺织和服装工业的主要特征

就生产过程和产品而言，在柔性生产区内的纺织和服装工业真正代表了从事高附加值产品生产的"创新、灵活、优质的制造商区域网络"的集群，其集群特征是资本的回报率高，通过优质产品体现差别化，灵活的调整和创新能力。在这些传统的劳动密集型工业中应用新的柔性技术，如计算机辅助设计（CAD）、计算机辅助制造（CAM）、电子销售站点系统（EPOS）。主要生产过程的信息高度密集，囊括设计、零售、市场和物流。区内企业彼此之间展开全方位竞争，而不仅仅是价格竞争。它们分担同一个区内的许多不经济的因素，如机器、信息和技术人员储备，依靠彼此之间的信任支撑长期合作。它们彼此之间的依存度很高，形成合作性的竞争关系。对于这些公司来说，它们的竞争优势在于体现高信息含量的差异化优质产品，由最新技术和分包系统支持的灵活性，以及在设计和生产过程中的创新能力。

这些柔性生产区内的纺织和服装工业雇佣的劳动力是拥有很高社会地位和声望的专业人员。由于小企业的集群，这些高技能和有创造力的专业人员在区域内流动性大，他们无须出区就能更换工作。一些低附加值的业务，如染色和缝纫可在柔性生产区内进行，以确保严密的质量控制、生产中的高度灵活性和对市场条件的快速反应。

2. 地域的决定因素

上述柔性生产区一般集中在发达国家非常有限的区域内。鉴于上述生产过程的属性及其劳动力要求，这些业务具有一定的地理惰性。在近距离内分布强大的小企业网络有助于知识的积累和创新。尽管纺织和服装工业本身不是20世纪70年代以后的高技术工业，但这些行业的高端业务与20世纪70年代前的纺织和服装工业，在生产过程和劳动条件的传统概念日益不同。高技术工业部分的地理位置不能用新的国际劳动分工理论来解释，但用创新环境的概念和集群理论却能更好地理解。为了促进这些领域的发展，在创造创新环境和形成小企业同业网络方面，地方政府发挥着积极作用。

（三）发展中国家竞争在激化

真正的低附加值业务，在许多发展中国家的出口加工区和老工业区进行。这些地区的主要业务是简单的染色和按照大公司的合同指令大批量缝制标准化服装。这些低附加值业务与柔性生产区的信息和技术密集型的设计、零售、营销和物流业务形成鲜明对照。染色、裁剪衣服的缝纫或操作缝纫机都不需要太多的技术。

在柔性生产中，现代跨国公司可以通过国际分包和其他合作形式协调和控制海外生产厂，不必将资本投在厂房和机器上。这些跨国公司对劳动力不承担法律责任，避免了许多发展中国家普遍的政治不稳定风险。国际分包体系提供了灵活的生产方式，由于时装市场的非持久性，该体系特别适合于纺织和服装工业。

由于国际分包体系高度的地域非持久性，发展中国家对这些染色和缝纫合同的竞争非常激烈。这里的规则是工资成本竞争而不是基于设计、质量、灵活性或创新能力的竞争。因此这些地区的地方政府提供许多鼓励政策，特别是税收政策以维持较低的劳动成本和其他生产成本。当地企业竭力保持产品的低价位，以获得国际服装工业大买主的青睐。发展中国家和地区成为"低收入无技能的工人生产的简单低技术和劳动密集型产品"的出口平台。

三、国际纺织品服装贸易发展趋势

伴随着经济结构性复苏，全球纺织服装产业正面临一系列内外部新形势：新兴经济体逐渐成为消费品进口市场，中国制造劳动力成本不断上升以及多项重量级自由贸易区协定颁布实施，都在一定程度上影响着全球纺织服装产业的格局。

（一）纺织服装贸易与经济波动高度相关

自 2005 年 WTO 成员国全部取消纺织品服装配额以来，全球纺织品服装贸易走势呈现出较大波动。全球纺织品服装贸易与世界经济发展同步，并且对经济波动高度敏感。根据世界贸易组织（WTO）发布的年度统计数据，2005~2011 年全球纺织品服装出口增长率和世界经济增速发展走势基本吻合。当世界经济处于较快增长阶段（如 2005~2007 年），纺织品服装贸易也呈现稳步增长，而 2008~2010 年世界经济陷入金融危机，贸易规模则随之一落千丈，其中 2009 年全球纺织品和服装出口额分别锐减 15.5% 和 13.2%。

值得关注的是，全球纺织品服装贸易较宏观经济波动更为剧烈。例如，2011 年世界经济增幅从 2010 年的 5.2% 降低为 3.9%，全球纺织品服装出口额则大幅缩水 25.7% 和 30.4%。这一现象与当前纺织品服装"全球制造"的生产模式不无关系。由于生产在各国间"流水作业"，因而"中间品贸易"规模可以数倍于成品贸易，当终端产品需求出现变化时，整条供应链上的贸易活动均受到连锁影响，震荡效应被放大。这也反映出当下全球纺织服装产业越发具有"一荣俱荣，一损俱损"的特点。另外，据国际货币基金组织最新发布的《世界经济展望》预测，受欧洲债务危机影响，2012 年世界经济增速将进一步减缓至 3.5%，预示着 2012 年全球纺织品服装贸易仍可能处于低谷状态。

（二）地理因素决定产业优势

近几年来，在全球纺织品服装进出口格局变化过程中，欧洲、亚洲、美洲地区进一步控制纺织品服装出口，地理位置因素对贸易格局影响日益凸显。截至 2010 年，亚洲、欧洲和北美洲地区合计占全球纺织品出口额比重已经达到 94.2%；而亚洲、欧洲和南美、中美洲地区合计占全球服装出口额比重则达到 92.9%，出口向上述区域集中的趋势自 2008 年金融危机以来尤为明显。

地理位置在无配额时代成为影响全球纺织品服装贸易格局的重要因素绝非偶然。一方面，无论在欧洲、亚洲还是美洲地区，目前均已经形成一条较为成熟、稳定的区域性纺织服装生产贸易网络，即地区内国家依据各自的比较优势和纺织产业发展阶段，对产品设计、纺织原料生产及服装加工等工序形成纵向分工，而成品在区域内也具有相当规模的有效需求。相比之下，非洲、大洋洲等地区的国家或因远离终端消费市场或无法自给纺织原料，被排除在主要区域性纺织服装生产贸易网络之外，因而其产品出口处于竞争的劣势地位。另一方面，随着 WTO 多哈回合谈判陷入僵局，各国纷纷转向区域自由贸易协定，这进一步巩固和加强了相关区域性纺织服装生产贸易网络的运行。与之相对应的是，劳动力成本因素对全球纺织品服装贸易格局的影响今后将有所减弱。

（三）纺织品服装消费依靠核心及多元化市场

目前，全球服装进口市场仍集中于欧盟、美国和日本，而纺织品进口市场呈现多元化。2006~2010 年欧盟、美国和日本三大传统市场合计占全球服装进口的比重基本稳定在 74%~78%，表明收入水平对服装消费需求仍然具有决定性影响。尽管一些新兴经济体近年来开始扩大服装进口消费，但其进口总量与发达国家相比尚有较大差距。2010 年虽然"金砖四国"服装进口额平均增幅超过 11%（中国和巴西进口增幅更是分别达到 36% 和 40%），但四国进口总量合计仅占世界的 3.1%。这表明，虽然新兴经济体的消费市场前景目前普遍被寄予厚望，但就其对全球服装消费的拉动效应而言，不应做过高估计。另外，2006~2010 年全球纺织品进口市场主要包括欧盟、美国、中国和中国香港，但其占全球纺织品进口份额呈逐年下降之势，超过 52.74% 的进口需求来自其他地区，尤其是尚不具备纺织品自给能力的发展中国家。

（四）发展中国家面临产业结构新转变的考验

目前来看，虽然纺织品服装仍为众多发展中国家参与国际贸易的主要机会，但发展中国家产业升级之路步履维艰。相对于其他工业制成品，纺织品服装仍属于偏劳动密集型的产品。随着经济的发展，技术密集型和资本密集型产品的结构份额将不断提高。因此从世界范围来看，2010 年纺织品服装占全球货物贸易的比重分别仅为 1.7% 和 2.4%，较 2005 年时的 4% 和 5.4% 已有大幅下降。

纺织品服装目前仍然是众多发展中国家特别依赖的出口机会。2010 年纺织品服装占低收入国家（年人均国民收入低于 1005 美元）货物出口的比重平均高达 68.4%，占中等偏低收入国家（年人均国民收入为 1006~3975 美元）货物出口的比重也平均达到 27.2%。与此同时，发展中国家也正面临被长期锁定在全球纺织服装产业链低端的窘境，尤其是难以提升本国纺织业的发展水平。2005~2010 年，中低收入国家（即广大发展中国家）的纺织品与服装出口额比率不但未能按照传统纺织产业阶段发展理论所预测的那样缓慢增长，反而有所下降；而高收入国家（即欧美等发达国家）的这一比率则从 2005 年的 2.4% 上升为 2010 年的 2.7%，反映出其产业结构进一步转向资本和技术密集型。在产业链高度垂直分工的背景下，如何既基于比较优势扩大服装出口，又能逐步摆脱对进口纺织品的依赖，通过进口替代实现产业升级，成为发展中国家普遍面临的问题。

（五）"中国制造"任重道远

中国纺织品服装出口的第一地位难以撼动，但出口优势开始面临挤压。从总量上来看，2010 年中国对全球纺织品服装出口额分别达到 770 亿美元和 1298 亿美元，均名列世界第一，出口领跑地位中短期内尚无任何国家或地区可以取代。但从市场份额角度来看，中国纺织品服装出口优势面临空前挤压。2010 年中国纺织品出口所占全球份额已经从 2009 年的 28.3% 下滑至 26%。服装方面，虽然中国的全球市场份额 2010 年继续从 2009 年的 34% 上升至 36.9%，但在美国市场，其 2011 年的市场份额却下滑近 3 个百分点，与之相对应的是，越南、孟加拉等国的市场份额却节节攀升。随着人民币升值和国内生产成本上升，未来数年内中国纺织品服装出口的价格竞争优势将继续被削弱，市场份额可能进一步下降。

（六）纺织服装行业进入低碳经济时代需多方合作

我国东部沿海地区，一些印染企业的生产装备已达到国际先进水平，但是印染行业整体装备水平仍不高，还有不少企业的生产装备稳定性差、能耗水耗高、自动化程度低，其中自动化水平和能耗水耗高的问题尤为突出，所以通过科技提升行业节能减排水平尤其关键。世界经济历经工业化、信息化之后，正在走向低碳化。低碳经济时代已经来临，预示着从现在到 2050 年的未来几十年，低碳经济将是国家竞争力和企业竞争力的重要体现。在新一轮全球化进程中，新兴经济体国家传统的高碳、高能耗、高增长的发展模式面临着巨大的压力，且新兴经济体处在快速发展上升阶段，面临的减排压力远远超过发达国家。在此时，政府部门、零售商、制造商与消费者应该采取多方合作持续发展的手段，共同创造双赢局面。

本章小结

■ 我国有 13 多亿人口，是世界上最具潜力的纺织服装市场，而且我国又是世界最大的纺织服装生产加工大国，每年纺织服装出口量位居世界之首，该市场受国际环境影响很大，行业效益对国际市场依赖度很大。

■ 服装工业是目前世界上全球化程度最高的工业行业之一，目前有超过160个国家在从事服装的出口贸易，经常进口服装的国家则超过30个。世界主要服装市场国家和地区有美国、欧盟、日本、中国以及我国台湾、香港、澳门地区。

■ 21世纪纺织品服装产业格局中发达国家和地区仍处于主导地位，发展中国家竞争在激化。不同的国家和地区纺织服装产业发展各不相同，未来发展趋势和战略也是各有特色。

思考题

1. 简述我国纺织服装市场现状。
2. 简述我国纺织服装业未来发展趋势。
3. 我国服装行业是如何运行的?
4. 我国服装出口面临哪些困境?
5. 21世纪世界服装发展有何特点?

第四章　国际贸易术语

本章学习要点

　　1. 掌握国际贸易的统计指标。

　　2. 熟悉国际贸易术语与惯例。

　　3. 理解掌握主要国际贸易术语含义。

第一节　国际贸易统计指标

一、出口与进口

　　各国在编制对外贸易统计时，不是把所有运出国境或关境的货物都列为出口，也不是把所有运入国境或关境的货物都列入进口。列入进、出口的只包括外销及外购货物，即不以买卖为目的运出和运入的货物，都不包括在进出口统计之列。如外交机构所用物品、出国访问携带的礼品、旅客行李、自用物品、免费赠送的货样等。对停泊在港口内的外国船只补给自用食品、燃料等，有的国家也不列入进出口统计。

　　进出口货物的统计核算标准，世界各国不尽相同，但绝大多数国家是按国境或关境交货价格计算。出口货物按出口国离岸价（FOB）计算；进口国按进口国成本加保险和运费价格（CIF）计算。故，同一批货物，出口国在出口时计算价要低于进口国在进口时的计价，二者之差是保险费及运输费。

二、直接、转口与过境贸易

1. 直接贸易

　　出口国与生产国，进口国与消费国之间的贸易叫直接贸易。

2. 转口贸易

　　生产国与消费国之间通过第三国所进行的贸易叫转口贸易。生产国与消费国之间形成间接贸易。转口贸易可以直接运输，直接贸易也可转口运输。

3. 过境贸易

　　凡甲国通过乙国向丙国转运商品，对乙国来讲就是过境贸易；因无商品买卖行为，只是货物运输上的过境或转口，故又叫转口运输。

三、复出口、复进口与净出口、净进口

1. 复出口

外国商品进口后未经加工制造或未进入市场又出口,谓之复出口或再出口。复出口在很大程度上同经营转口贸易有关。

至于从外国进口商品再加工后又输往国外,或以国外进口原料制造成另一种商品后再出口到国外,各国均不列入复出口。在我国外贸中,进口外国原料加工成品后再出口,习惯叫作加工复出口。

2. 复进口

复进口是本国商品输往国外,未经加工又输入国内,也叫再进口。复进口多因偶然原因,如出口退货所造成。

3. 净出口、净进口

在一定时期内(1年),某类商品的出口数量与进口数量相比较,如出口数量大于进口,其差额叫净出口,反之叫净进口。

净出口反映一国生产的某种商品除本国消费外,尚有剩余用来出口,即处于出口国地位。净进口则相反。二者可反映一国某些商品在国内的生产能力和在国际市场的竞争能力。

四、贸易值、贸易量与贸易差额

1. 贸易值(Value of Foreign Trade)

贸易值是以货币表示的贸易金额。世界各国都用本国货币表示本国的贸易值,还可以用美元或其他货币计算贸易值。一国出口及进口值之和,是该国的贸易值。把世界各国的出口值相加,即可得出国际贸易值。

2. 贸易量(Quantum of Foreign Trade)

贸易量是以商品数值表示的贸易数量。由于货币价值经常波动,往往不能正确地反映贸易的实际规模,在国际贸易中,也可用贸易量表示。

但由于商品计量单位繁多,无法进行总和统计。为使贸易统计能剔除物价变动因素,理论上可用一定时期的不变价格为标准,来计算各个相比较时期的贸易值。许多国家及联合国都用进口价格指数除进口贸易值,得出按不变价格计算的贸易值,即贸易量。

$$贸易量 = (贸易额 / 价格指数) \times 100$$

以一定时期为基础的贸易量和各个时期的贸易量相比较,可得出表示贸易量变动的贸易量指数。

3. 贸易差额

一国在一定时期出口贸易值与进口贸易值之差,叫贸易差额。如出口值大于进口值,称为出超或贸易顺差。如进口值大于出口值,称为入超或贸易逆差。

贸易差额是衡量一个国家对外贸易状况的重要标志之一。一般贸易顺差反映一个国家在对外贸易收支上处于有利地位，表明它在世界市场的商品竞争上处于优势。以长期趋势来看，一国的进出口贸易值应保持基本平衡。

2010 年，我国货物贸易顺差占进出口总额的 6.1%，占国内生产总值的 3.1%。在全球贸易差额（顺差或逆差）最大的 9 个国家中，我国的这两个比值并不处在偏高水平。如表 4-1 所示。

表 4-1　2010 年全球货物贸易差额最大的 9 个国家比较　　　　　　单位：亿美元

国家	出口额	进口额	贸易差额	贸易差额 / 贸易总差	国内生产总值	贸易差额 /GDP
美国	12781	19681	−6900	−21.30%	145824	−4.70%
德国	12688	10671	2017	8.60%	33097	6.10%
中国	15778	13962	1816	6.10%	59266	3.10%
英国	4047	5575	−1528	−15.90%	22461	−6.80%
俄罗斯	4000	2484	1516	23.40%	14798	10.20%
印度	2162	3227	−1065	−19.80%	17290	−6.20%
法国	5205	6059	−854	−7.60%	25600	−3.30%
日本	7698	6926	772	5.30%	54978	1.40%
西班牙	2445	3122	−677	−12.20%	14074	−4.80%

资料来源：国务院新闻办公室.《中国的对外贸易》白皮书，北京：新华社，2011 年 12 月 7 日。

五、总贸易值、专门贸易值、外汇、外汇率

1. 总贸易值与专门贸易值

许多国家在对外贸易统计上有总贸易值及专门贸易值两种。原则上是以是否办理海关出口手续作为划分标志。

按总贸易计算的进口值，包括供国内消费使用的进口与进口后存放在海关仓库，由海关监督管理的商品。按专门贸易计算的进口值，则包括供国内消费使用的进口和由海关监管仓库提出，再进入国内消费的进口数量。

按总贸易计算的出口值包括三大类：一类是本国出产的商品；第二类是非本国生产，但办理了供国内消费的进口手续，而未经任何加工改制，又输出国外的进口商品；第三类是进口时由海关监管，既未办理供国内消费的手续进口，又未进行任何加工改制，而再行出口的外国商品。大多数国家把已办理海关出口手续的第一类和第二类出口列为专门出口，也有的国家只把第一类列为专门出口。

有的国家同时公布两种贸易额，有的只公布其中之一。法国、德国、意大利和瑞士等国按专门贸易计算，英国、日本、加拿大、澳大利亚及原苏联、东欧国家都按总贸易计算。联合国公布各国进出口值，一般均注明来源。

2. 外汇

外汇就是外国货币。在国家与国家之间债权债务的清算中，作为支付手段使用的由外国货币表示的汇票、支票等都是外汇。

3. 汇率

用一个国家的货币折算成另一个国家的货币的比价或比率，或以本国货币表示的外国货币的"价格"，叫作汇率或汇价。

各国有各自的货币，在国际贸易中常用来计价、结算和支付的货币，主要有美元、英镑、瑞士法郎、德国马克、法国法郎、日元等，据预测，人民币也将成为其中一员。不同货币汇价各不相同。

折算两个国家的货币，由于确定的标准不同，出现了外汇汇率的两种标价方法。用一个单位或 100 个单位的本国货币作为标准，折算为一定数量的外国货币，叫间接标价法。在间接标价法下，本国货币的数额不变，外国货币的数额随本国货币或外国货币的值的变化而变化。用一个单位或 100 个单位的外国货币为标准，折算为一定数额的本国货币，叫直接标价法。在直接标价法下，外国货币的数额固定不变，本国货币部分数额随外国货币或本国货币的币值变化而变化。

六、国际收支与贸易地理方向

1. 国际收支

国际收支是指一个国家的贸易收支、非贸易收支和资本移动而发生的收支状况的总和。国际收支分顺差与逆差。收入与支出相等，又叫国际收支平衡。

贸易收支与非贸易收支一起，构成"经常项目"。如一国贸易收支为逆差，而非贸易收支为顺差，即可用非贸易的顺差抵偿贸易逆差。抵偿有余，即是经常项目的顺差，反之则为逆差。如一国经常项目为逆差，可用资本项目的顺差来抵偿。

一国国际收支顺差时，收进黄金、外汇，黄金外汇储备增加；反之则减少。黄金外汇储备不足，就须向外国借贷。当一国的国际收支发生长期巨额逆差，而又无力偿还的，便会发生国际收支危机。

2. 国际贸易地理方向

国际贸易地理方向是指某国对外贸易总值、出口值、进口值的地区分布和国别分布情况。它表明该国同世界各个地区、各个国家的经济贸易联系的程度。我国纺织服装出口地区主要集中在中国香港、日本、美国、欧盟、东盟等国家和地区。但近年来，我国纺织品服装出口市场向多元化方向发展，出口地区集中度在降低，特别是我国加入 WTO 后表现得尤为突出。

2005~2010 年，中国与东盟货物贸易占中国货物贸易比重由 9.2% 提高到 9.8%，与其他金砖国家货物贸易所占比重由 4.9% 提高到 6.9%，与拉丁美洲和非洲货物贸易所占比重分别由 3.5% 和 2.8% 提高到 6.2% 和 4.3%，如表 4-2 所示。

表 4-2   2010 年我国货物贸易比重情况（%）

国家（地区）	欧盟	美国	日本	东盟	中国香港	韩国	中国台湾	澳大利亚	巴西	印度	其他
比重	16.1	13.0	10.0	9.8	7.8	7.0	4.9	3.0	2.1	2.1	24.3

资料来源：国务院新闻办公室.《中国的对外贸易》白皮书，北京：新华社，2011 年 12 月 7 日。

2010 年 10 个我国主要纺织品服装出口国（地区）依次为欧盟、美国、日本、东盟、中国香港、韩国、中国台湾、澳大利亚、巴西、印度。

七、商品结构与外贸依存度

（一）商品结构

商品结构是指各类商品的组成情况，说明在该国的进出口贸易中所占的地位，也说明整个世界出口贸易商品的组成。

不同的国家衣着消费支出各不相同，不同时期、不同地区、不同家庭、不同个人均有差异。通常我们可以用衣着消费支出系数来衡量服装在生活消费中的比重。表 4-3 表明 1980~2010 年中国出口商品结构情况。

$$衣着消费支出系数 = \frac{衣着类消费支出}{生活消费支出} \times 100\%$$

表 4-3   1980~2010 年中国出口商品结构   （金额：亿美元；比重：%）

内　容	1980 年		1990 年		2000 年		2010 年	
	金额	比重	金额	比重	金额	比重	金额	比重
出口商品总额	181.2	100	620.9	100	2492.1	100	15777.5	100
初级产品	91.1	50.3	158.9	25.6	254.6	10.2	817.2	5.2
工业制成品	90.1	49.7	461.8	74.4	2237.5	89.8	14962.2	94.8
化学品及有关产品	11.2	6.2	37.3	6.0	121.0	4.9	875.9	5.6
按原料分类制成品	40	22.1	125.8	20.3	425.5	17.1	2491.5	15.8
机械及运输设备	8.4	4.7	55.9	9.0	826	33.1	7083.3	49.5
杂项制品	28.4	15.7	126.9	20.4	862.8	34.6	3776.8	23.9
未分类的其他商品	2.1	1.2	116.3	18.7	2.2	0.1	14.7	0.1
机电产品	13.9	7.7	110.9	17.9	1053.1	42.3	9334.3	59.2
高新技术产品	—	—	—	—	370.4	14.9	4924.1	31.2

资料来源：国务院新闻办公室.《中国的对外贸易》白皮书，北京：新华社，2011 年 12 月 7 日。

在国际贸易中，常把商品分为初级产品和工业制品两大类。前者指没有经过加工或加工很少的农、林、牧、渔和矿产品；工业制品主要指经过机器完全加工的产品。《联合国国际贸易标准分类》（Standard International Trade Classification，SITC）在 1974 年修订后规定，国际贸易商品共分为 10 大类，63 章，233 组，786 个分组和 1924 个基本项同。这 10 类商品分别为：

（0）食品及主要供食用的活动物原料。

（1）饮料及香烟类。

（2）饮料以外的非食用粗原料，包括生皮及生毛皮、橡胶、纸浆、纺织纤维等。

（3）矿物燃料、润滑油及有关原料。

（4）动物、植物油脂及蜡。

（5）化学成品及有关产品。

（6）主要按原料分类的制成品，包括皮革、皮革制品、轻纺产品、纱线、织物及有关产品。

（7）机械及运输设备。

（8）杂项制品，包括卫生、家具、旅行用品、服装及衣着附件、鞋靴等。

（9）没有分类的其他商品。

其中 0 ～ 4 类为初级产品，5 ～ 8 类为制成品。

在标准分类中，目录编号采用五位数字表示，第一位数表示类，第二位数表示章，第三位数表示组，第四位数表示分组，第五位数表示项目。该标准已为绝大多数国家采用。我国 1981 年起实行的新商品分类标准就以该标准分类为基础，结合我国进、出口货物实际情况编制而成。我国商品统计目录编号采用六位数。其意义为：第一位数为类，第二位数为章，第三位数为组，第四位数为分组，第五位数为项目，第六位数为子目。

一般工业发达国家外贸中出口以工业制品为主，进口以初级产品为主。

（二）外贸依存度

外贸依存度是衡量对外贸易在一国经济中重要性程度的指标，它以一国进出口总值占该国国内生产总值（GDP）的比重表示。即：

$$外贸依存度 = \frac{进出口总值}{国内生产总值}$$

八、我国海关统计指标制度

我国海关统计采用总贸易记录制，以我国关境作为统计地域，同经济领土是一致的，不包括香港、澳门和台湾三个单独关税地区；海关统计制度规定，凡能引起中华人民共和国关境内物质资源存量增加或减少的进出口货物，除制度另有规定者外，均列入海关统计。

进出我国关境并列入海关统计的货物包括：我国境内法人和其他组织以一般贸易、易货贸易、加工贸易、补偿贸易、寄售代销贸易等方式进出口的货物，保税区和保税仓库进出境货物，租赁期一年及以上的租赁进出口货物，边境小额贸易货物，国际援助物资或捐赠品，溢卸货物，无进出口经营权的单位经批准临时进出口的货品等。

凡列入海关统计的进出口货物，其贸易方式以海关的监管方式为基础进行分组，分为以下几种：

1. 一般贸易（统计代码"10"）

即指我国境内有进出口经营权的企业单边进口或单边出口的货物，但以下"我国海关监管贸易方式"第2~20项列名贸易方式进出口的货物除外。

贷款援助的进出口货物，外商投资企业进口供加工内销产品的料件，外商投资企业用国产材料加工成品出口或自行收购产品出口，宾馆饭店进口的餐饮食品，供应外籍船舶或飞机的国产燃料、物料及零配件，境外劳务合作项目中对方以实物产品抵偿我劳务人员工资所进口的货物（如钢材、木材、化肥、海产品），我境内企业在境外投资以实物投资部分带出的设备、物资等，均按一般贸易统计。

一般贸易中外商免费提供直接用于生产出口商品所进口的辅料，凡海关监管部门按"一般贸易"管理的，按"一般贸易"统计。

2. 国家间、国际组织无偿援助和赠送的物资（统计代码"11"）

即指我国根据两国政府间的协议或临时决定，对外提供无偿援助物资、捐赠品或我国政府、组织基于友好关系向对方国家政府、组织赠送的物资，以及我国政府、组织接受国际组织、外国政府或组织无偿援助、捐赠或赠送的物资。这类物资的赠予和接受一般是通过我国政府、组织（包括地方政府、组织）或红十字会等机构实现的。

3. 其他境外捐赠物资（统计代码"12"）

即指境外捐赠人（外国政府和国际组织除外）以扶贫、慈善、救灾为目的向我国境内捐赠的直接用于扶贫、救灾、兴办公益福利事业的物资。境外捐赠人包括华侨、港澳台同胞、外籍人（含法人）。

4. 补偿贸易（统计代码"13"）

即指由境外厂商提供或者利用境外出口信贷进口生产技术或设备，由我方进行生产，以返销其产品方式分期偿还对方技术、设备价款或贷款本息的交易形式。如经批准，也可以使用该企业（包括企业联合体）生产的其他产品返销对方，进行间接补偿。

补偿贸易中外商有价或免费提供的机械设备、机械零件和工模具，以及外商免费提供直接用于生产出口商品所进口的辅料，均按"补偿贸易"统计。在补偿贸易中订有来料加工合同的，应按"补偿贸易"、"来料加工贸易"分别统计。

5. 来料加工装配贸易（统计代码"14"）

即指由外商提供全部或部分原材料、辅料、零部件、元器件、配套件和包装物料，必要时提供设备，由我方按对方的要求进行加工装配，成品交对方销售，我方收取工缴费，对方提供的作价设备价款，我方用工缴费偿还的交易形式。来料加工装配贸易也可采取各作各价对口合同的交易形式，即我方与外商同一客户同时签订进口和出口合同，由客户提供全部或部分原辅料（或由我方添配一部分国产原辅料），我方按对方要求加工，进口料件和出口成品各作各价。在成品返销原客户后，我方收取成品出口值与客户来料进口值之间的差价。

加工贸易保税工厂进口的料、件和出口的成品，凡使用来料加工登记手册管理的，按"来料加工装配贸易"统计。来料加工进口的料件或已加工的成品、半成品经批准转为内销时，按"来料加工转内销货物"作单项统计。特定企业加工的特定产品不返销出境而供应国内市场的，按"来料加工以产顶进货物"作单项统计。来料加工的半成品或成品在海关办理结转手续不直接出口，而是转让给境内其他承接进口料件加工复出口业务的单位进行再加工装配的，按"来料深加工结转货物"作单项统计。来料加工一个合同履行完毕或因故中止后剩余的料件在海关办理结转手续，转入同一企业另一个加工贸易合同手册继续加工的，按"来料加工结转余料"作单项统计。来料加工剩余的进口料件和加工过程中产生的边角、废料复运出境时，按"来料加工复出口料件"作单项统计。来料加工的退换料件或退换成品不统计。

6. 进料加工贸易（统计代码"15"）

即指我方用外汇购买进口的原料、材料、辅料、元器件、零部件、配套件和包装物料，加工成品或半成品后再外销出口的交易形式。进料加工装配贸易也可采取对口合同的交易形式，即买卖双方分别签订进口和出口对口合同。料件进口时我方先付料件款，加工成品出口时再向对方收取成品款。对开信用证的对口合同贸易，及进料加工贸易中外商免费提供直接用于生产出口商品所进口的辅料，按进料加工贸易统计。

加工贸易保税工厂进口的料、件和出口的成品，凡使用进料加工登记手册管理的，按"进料加工贸易"统计。对从境外存入加工贸易备料保税仓库的货物，如果入境时已知该货物将用作进料加工的料件，海关监管部门对其按进料加工贸易货物管理（即使用进料加工登记手册管理），应按"进料加工贸易"统计。如果该货物入境时用途未定，海关监管部门对其按保税仓库货物管理，而未使用加工贸易登记手册管理，则按"保税仓库进出境货物"统计。

进料加工进口的料件或已加工的成品、半成品经批准转为内销时，按"进料加工转内销货物"作单项统计。特定企业加工的特定产品（如进口原油加工为成品油）不返销出境而供应国内市场的，按"进料加工以产顶进货物"作单项统计。

进料加工的半成品或成品在海关办理结转手续不直接出口，而是转让给境内其他承接进口料件加工复出口业务的单位进行再加工装配的，按"进料深加工结转货物"作单项统计。进料加工一个合同履行完毕或因故中止后剩余的料件在海关办理结转手续，转入同一企业另一个加工贸易合同手册继续加工的，按"进料加工结转余料"作单项统计。进料加工剩余的进口料件和加工过程中产生的边角、废料复运出境时，按"进料加工复出口料件"作单项统计。进料加工的退换料件或退换成品不统计。

7. 寄售、代销贸易（统计代码"16"）

即指寄售人把货物运交事先约定的代销人，由代销人按照事先约定或根据寄售代销的协议规定的条件，在当地市场代为销售，所得货款扣除代销人的佣金和其他费用后，按照协议规定方式将余款付给寄售人的交易形式。寄售人与代销人之间不是买卖关系，而是委托关系，代销人对货物没有所有权。进口寄售货物的增发部分按"寄售、代销贸易"统计。

8. 边境小额贸易（统计代码"19"）

即指我国沿陆地边境线经国家批准对外开放的边境县（旗）、边境城市辖区内（以下简称"边境地区"）经批准有边境小额贸易经营权的企业，通过国家指定的陆地口岸，与毗邻国家边境地区的企业或其他贸易机构之间进行的贸易活动，包括易货贸易、现汇贸易等各类贸易形式。

同我国陆地边界接壤的毗邻国家是阿富汗、不丹、缅甸、朝鲜、印度、老挝、蒙古、尼泊尔、巴基斯坦、越南、哈萨克斯坦、吉尔吉斯斯坦、俄罗斯、塔吉克斯坦。

以易货贸易形式开展的边境小额贸易，其进出口货物按"边境小额贸易"统计。边民互市贸易不统计，边民超出自产、自销、自用原则进行商品交换而进出境的商品应按"其他贸易"列入出口统计。

9. 加工贸易进口设备（统计代码"20"）

即指来料加工和进料加工贸易项下对方作价或不作价提供进口的机械设备，包括以工缴费（或差价）偿还的设备和加工贸易项下外商投资企业进口不扣减投资额度的设备。

加工贸易项下外商投资企业进口的设备凡是扣减投资额的，按"外商投资企业进口设备"统计。是否扣减投资额度，以企业主管海关减免税审批部门审定的结果为准。自1999年起，来料加工和进料加工项下对方提供进口的设备，凡不扣减外商投资企业投资额度的，均按"加工贸易进口设备"统计。

10. 租赁贸易（统计代码"23"）

即指承办租赁业务的企业与外商签订国际租赁贸易合同，租赁期为一年及以上的租赁进出口货物。租赁期满复运出进口的货物按"退运货物"作单项统计，而不按租赁贸易统计。租赁期一年以下的进出口货物不统计。

11. 外商投资企业作为投资进口的设备物品（统计代码"25"）

即是指外商投资企业以投资总额内的资金（包括中方投资）所进口的机器设备、零部件和其他物料［其他物料指建厂（场）以及安装、加固机器所须材料］，以及根据国家规定进口本企业自用合理数量的交通工具、生产用车辆和办公用品（设备）。

外商投资企业按合同规定比例进口供加工内销部分的料件及经批准进口的全部用于内销产品的料件，按"一般贸易"统计。外商投资企业以"一般贸易"、"补偿贸易"、"来料加工装配贸易"、"进料加工贸易"、"加工贸易进口设备"或"租赁贸易"等已列名贸易方式进出口的货物，应按相应的贸易方式进行统计。外商投资企业从保税区或保税仓库提取的进口设备、物品并扣减其投资额度的，应分别按"保税区运往非保税区货物"

或"保税仓库转内销货物"作单项统计，其贸易方式代码为"25"，运输方式代码为"7"或"8"。外商投资企业作为投资进口的设备，进口后又复运出境时，按"退运货物"作单项统计。

12. **出料加工贸易**（统计代码 "27"）

即指将我境内原辅料、零部件、元器件或半成品交由境外厂商按我方要求进行加工或装配，成品复运进口，我方支付工缴费的交易形式，不包括"带料加工出口"。"带料加工出口"指我方在境外投资开办企业，将我境内的原辅料、零部件、元器件或半成品运至境外加工或装配，成品在境外销售。带料加工出口项下运出境的货物，应按实际贸易方式统计，如机械设备、原材料等出口按"一般贸易"统计；来、进料加工成品出口按"来、进料加工贸易"统计；租赁出口按"租赁贸易"统计。

13. **易货贸易**（统计代码"30"）

即指不通过货币媒介而直接用出口货物交换进口货物的贸易。以易货贸易形式开展的边境小额贸易，其进出口货物按"边境小额贸易"统计。

14. **免税外汇商品**（统计代码"31"）

即指由经批准的经营单位进口，销售专供入境的我国特定出国人员和驻华外交人员的免税外汇商品。属免税外汇商品供应对象的我国特定出国人员包括：我驻外外交机构人员、留学人员、访问学者、赴外劳务人员、援外人员和远洋船员。

属于免税外汇商品统计范围的有以下情况：专供出国人员用结存外汇在国内购买限定物品的特定公司进口的免税外汇商品；专供驻华外交人员免税商品的特定公司进口的免税外汇商品。免税外汇商品业务经营单位进口供维修使用的零部件、工具等应按"一般贸易"列入海关统计。免税外汇商品业务由经批准的单位专营。免税外汇商品进口后存放在海关监管的专用仓库内，按"免税外汇商品"作进口统计，而不按"保税仓库进出境货物"统计。

15. **保税仓库进出境货物**（统计代码"33"）

即指从境外直接存入保税仓库的货物和从出口监管仓库运出境的货物，不包括保税区的仓储、转口货物。

本项统计所称保税仓库仅指设置在非保税区内的保税仓库。列入本项统计的保税仓库货物包括设立在非保税区内的加工贸易备料保税仓库所存货物，保税生产资料市场货物，由经贸部门批准的寄售、维修零备件，外商寄存、暂存货物，转口货物，供应外籍船舶或飞机进口的燃料、物料及零配件等，但不包括进口"免税品"和"免税外汇商品"，也不包括从境外存入保税区的上述货物。进口免税品按"免税品"作单项统计。进口免税外汇商品按"免税外汇商品"作进口统计。从境外存入保税区的仓储、转口货物按"保税区仓储转口货物"作进出口统计。

16. **出口加工区仓储货物**（统计代码"33"）

即指出口加工区内仓储企业从境外进口供区内企业加工的仓储货物。

17. 保税区仓储转口货物（统计代码"34"）

即指从境外存入保税区的仓储、转口货物和从保税区运出境的仓储、转口货物，不包括从境外存入非保税区和从非保税区运出境的仓储、转口货物。

从境外运入保税区的其他货物（即除仓储转口以外的货物）和从保税区运出境的其他货物，应根据货物在境内的用途，分别按实际贸易方式列入进出口统计，但不得出现贸易方式代码33（即不得按"保税仓库进出境货物"统计）。从境外存入设在非保税区的保税仓库的货物，和从设在非保税区的保税仓库运出境的货物，按"保税仓库进出境货物"统计。从保税区运往非保税区的货物，按"保税区运往非保税区货物"作单项统计（分各种贸易方式）。从非保税区运入保税区的货物，按"非保税区运入保税区货物"作单项统计（分各种贸易方式）。

18. 出口加工区进口设备（统计代码"35"）

即指出口加工区企业从境外进口用于区内加工生产所须的机器设备和工模具、区内建设所须的基建物资以及区内企业和行政管理机构自用合理数量的办公用品等。

19. 其他贸易（统计代码"39"）

即指除有进出口经营权的我国各类企业以外的单位进出口的货物。包括个人自用进口汽车；溢卸货物；无进出口经营权的我国机关、团体、学校或企事业单位经批准临时进出口的货物和办公用品；外国驻华企事业机构进出口的办公用品；出境旅客在我境内购买以货运方式运出境的货物；外国驻华使领馆在我国境内购运出口的货物等；对台小额贸易货物（即指经省经贸委批准，台湾渔民和中小商人同我企业成交，数额不大，使用一百吨以下的台湾船只运进的直接来自台湾的产品和运到台湾的大陆产品）。

自1999年起，外国驻华外交机构转售给我境内非外交机构或个人的公务用品和机动车辆；我国驻国外和香港特别行政区等单独关税地区的各类机构在境外获取后运回境内的公务用品和机动车辆；边境地区开展的"边境游"中，出境旅客委托报关企业填具出口货物报关单、以货运方式报运出境的物品（3000元人民币至5万美元按"其他贸易"统计、5万美元以上的按一般贸易统计）；边境地区边民超出自产、自销、自用原则进行商品交换而进出境的商品；拍卖的走私货物等，凡填具进出口货物报关单的，均应按"其他贸易"作进出口统计（原不作统计）。

第二节 国际贸易术语与惯例

国际货物买卖中，交易双方既享受合同赋予的权利，又要承担规定的义务。卖方基本义务是提交合格的货物和单据，买方对等义务则是接受货物和支付货款。在货物交接过程中，有关风险、责任和费用的划分，通常都是交易双方在谈判和签约时须要明确的重要内容，特别是影响着商品价格的确定。具体业务中，则用贸易术语来确定。

一、贸易术语的含义及发展

（一）贸易术语的含义

国际贸易的交易双方远隔重洋，货物必须经长途运输甚至还须转运才能从出口国家或地区到达进口国家或地区，在此过程中，买卖双方要办理很多手续，比如海关文件、取得进出口许可证、租船订舱、办理保险和商检事宜等，还要支付相关的费用如运费、保险费、仓储费、税费以及杂项费用。以上所列的各项事务到底应该由买卖双方中的哪一方办理，相关费用应由谁承担呢？这些都是国际贸易磋商过程中应该解决的问题。因此，经过长期的贸易实践，在国际上逐步形成了相对完善的贸易术语，这些术语已经发展成为国际商业惯例并且在某种程度上得到了简化。

（二）贸易术语在国际贸易中的作用

1. 有利于买卖双方洽商交易和订立合同

每种贸易术语都有其特定的含义，买卖双方只要商定按何种贸易术语成交，即可明确彼此所应承担的责任、费用和风险。从而简化了交易手续，缩短了洽商交易的时间，有利于买卖双方迅速达成交易和订立合同。

2. 有利于买卖双方核算价格和成本

贸易术语表示了交易商的价格构成因素，买卖双方确定货物成交价格时，必然考虑采用的贸易术语中包含哪些从属费用，这就有利于买卖双方进行比价和加强成本核算，择优选择。

3. 有利于解决履约当中的争议

买卖双方商订合同时，如对合同条款考虑欠周，使某些事项规定不明确或不完备，致使履约当中产生的争议不能依据合同的规定解决，在此情况下，可以援引有关贸易术语的一般解释来处理。因为，贸易术语的一般解释已成为国际惯例，它是大家所遵循的一种类似行为规范的准则。

4. 有利于开展贸易活动

在国际贸易活动中，离不开轮船运公司、保险公司和银行等机构，而贸易术语及有关解释贸易术语的国际惯例，便为这些机构开展业务活动和处理业务实践中的问题提供了客观依据和有利条件。

（三）贸易术语产生与发展

国际贸易起源于奴隶社会，随商品交换跨越国界而产生，但贸易术语则是国际贸易发展到一定历史阶段的产物。早期的国际贸易是由货主或商人自己承担货物所有风险、责任和费用。18世纪末19世纪初，随着国际贸易的不断发展，渐渐形成了一系列贸易术语。但起初各国对不同的贸易术语有各自不同的解释，不同的行业也有各自不同的做法，出现了许多矛盾和分歧。后来，随着科技进步、运输及通信工具的发展，国际贸易的条件发生了巨大变化，轮船运公司、保险公司、银行纷纷参与了国际贸易服务及结算业务。

在长期贸易发展中，贸易术语种类、名称、内涵都发生了很大变化，新的在诞生，落后的在修订或淘汰。国际商会于1936年制订并于1953年修订的《国际贸易术语解释通则》中只包含了9种贸易术语。后来又多次修订。当《1980通则》问世时，术语增加到14种，到了《1990通则》又改为了13种。另外，对部分术语的国际代码作了适当改动，贸易术语的定义更系统、条理化。目前《2010通则》在《2000通则》的基础上进行了修订，并于2010年1月1日开始全面使用。迄今为止《2010通则》是定义贸易术语含义的国际惯例的最新版本。《2010通则》考虑了国际贸易变化的新趋势，比如免税贸易区的不断增加，电子信息沟通在商务实践中应用的不断增多，以及货物运输中的安全和变化等问题。《2010通则》更新并加强了交货规则，将规则总量从13条减少到了11条，对于各条规则的表述更加简洁明确。

《2010通则》实施后，在国际贸易实务中交易双方仍可继续使用《2000通则》的术语规则。在国际贸易实务当中，如果没有明确说明所使用的《国际贸易术语解释通则》版本，同时合同中又出现了2010新版本中没有的术语（如DAF、DES、DEQ等），那么交易选择的术语则由《2010通则》之前版本的《2000通则》进行解释。

二、国际贸易惯例

（一）国际贸易惯例性质

贸易术语在国际贸易中的运用仅一百余年历史，但早期并无统一解释。不同国家之间应用中，出现了各种做法及解释，也形成了一些不同的惯例，由于理解的偏差而出现了许多贸易分歧，为了解决误解和纠纷，有关组织制订了解释贸易术语的规则，并在国际上广泛采用，形成了国际贸易的一般惯例。

习惯做法与贸易惯例是有区别的，国际贸易业务中反复实践的习惯做法，只有经国际组织加以编纂与解释方形成为国际贸易惯例。国际贸易惯例的适用是以交易双方当事人的意愿自治为基础的，惯例本身不是法律。它对贸易双方不具有强制性，故买卖双方有权在合同中做出与某项惯例不符的规定。只要合同有效成立，双方均要遵照合同的规定履行。一旦发生争议，法院和仲裁机构也要维护合同的有效性。

国际贸易惯例对贸易实践仍具有重要的指导作用。首先，如果双方都同意采用某种惯例来约束该项交易，并在合同中做出明确规定时，此项约定的惯例就具有了强制性。其次，如双方在合同中既未排除，也未注明该合同适用某种惯例，在合同执行中发生争议时，受理该争议案的司法和仲裁机构也往往会引用某一国际贸易惯例进行判决或裁决。故国际贸易惯例虽不具有强制性，但它对国际贸易实践的指导作用不可忽视。

（二）国际贸易术语的国际惯例

1. 《*1932年华沙—牛津规则*》（Warsaw—Oxford Rules 1932）

它是国际法协会专门为解释 CIF 合同而制订修订的。这一规则供交易双方自愿采用，凡明示采用《华沙—牛津规则》者，合同当事人的权利和义务均应援引本规则的规定办理。双方可进行自行变更、修改或增添。如本规则与合同发生矛盾，应以合同为准。

2. 《*1941年美国对外贸易定义（修订本）*》（Revised American Foreign Trade Definitions 1941）

该"定义"在美洲国家采用较多，所解释的贸易术语共有6条，定义无法律约束力，除非有专门的立法规定或为法院裁决所认可。

（1）Ex Point of Origin：产地交货。

（2）FOB（Free on Board）：在运输工具上交货。

（3）FAS（Free Along Side）：在运输工具旁边交货。

（4）C&F（Cost and Freight）：成本加运费。

（5）CIF（Cost Insurance and Freight）：成本、保险费加运费。

（6）Ex Dock：目的港码头交货。

3. 《*国际贸易术语解释通则*》（International Rules for the Interpretation of Trade Terms，INCOTERMS）

它是国际商会为了统一对各种贸易术语解释而制订修订的，其宗旨是为国际贸易中最普遍使用的贸易术语提供一套解释的国际规则，以避免因各国不同解释而出现的不确定性。

INCOTERMS 只针对与合同货物交接有关的事项规定买卖双方的权利义务。关于 INCOTERMS，有两个误解：第一种错误的看法是 INCOTERMS 适用于运输合同而非销售合同；第二种错误的看法是 INCOTERMS 全面地规定了销售合同中的所有责任。

针对以上两个常见错误，在此强调：

首先，国际商会（ICC）向来强调 INCOTERMS 只涉及销售合同中买卖双方的关系，对进口商和出口商来讲，完成一笔国际贸易不仅须要销售合同，而且须要运输合同、保险合同和融资合同，而 INCOTERMS 只涉及其中的销售合同，但是当买卖双方同意使用某个具体的贸易术语时，一定会对其他合同产生影响。例如，卖方同意在合同中使用 CFR 和 CIF 术语时，他就只能以海运方式履行合同，因为在这两个术语下他必须向买方提供海运提单或其他海运单据，而如果使用其他运输方式，合同的履行就会出现问题。同时，跟单信用证要求的单据也取决于由术语所限定的运输方式。

其次，INCOTERMS 规定了买卖双方的若干特定义务以及当事双方之间的风险划分，因此，INCOTERMS 对于销售合同的执行有着极为重要的指导意义，但却不涉及销售合同中可能引起的许多问题，如违约行为的后果以及免责条款等。一份完整的销售合同以 INCOTERMS 术语为基础商定相应的条款，对于 INCOTERMS 中未提及的内容应当补充订入所须的标准条款或商定条款，例如，INCOTERMS 不涉及违约的后果或免责事项，这些问题必须通过销售合同中的其他条款和适用的法律来解决。

INCOTERMS 主要用于跨国境的货物销售交付，是国际商业术语，然而，INCOTERMS 2010 一样可以应用于国内贸易，如果 INCOTERMS 被用于国内市场的货物销售合同中，其中与进出口有关的规定就可以忽略。

《国际贸易术语解释通则》将每种贸易术语项下买卖各自应承担的义务均排列成互相对应的 10 项，含义如表 4-4 所示。

表 4-4　贸易双方义务

	卖方义务（1）		买方义务（2）
A1	一般义务	B1	一般义务
A2	许可证、批准文件、安全清关及其他手续	B2	许可证、批准文件、安全清关及其他手续
A3	运输合同及保险合同	B3	运输合同及保险合同
A4	交货	B4	收领货物
A5	风险转移	B5	风险转移
A6	费用划分	B6	费用划分
A7	通知买方	B7	通知卖方
A8	交货凭证、运输单证或相等的电子单证	B8	交货凭证、运输单证或相等的电子单证
A9	检查、包装及标记	B9	货物检验
A10	其他义务	B10	其他义务

随着时代的发展，INCOTERMS 也在不断修订，如果交易双方打算在销售合同中引入 INCOTERMS 时，应当指明所引用的 INCOTERMS 版本，以避免引起纠纷。下面对《2010 通则》做详细解释。

（1）《2010 通则》的结构。

《2010 通则》将 11 种术语分成了两类（表 4-5）。

第一类术语适用于包括多式联运在内的任何运输方式，共有 7 种：EXW、FCA、CPT、CIP、DAT、DAP 和 DDP 术语。第一类术语毫无疑问可以用于没有水路运输的情形。对于有水路运输的情况，只要运输中一个部分运用过船只便可以适用此类术语。

第二类术语只适用于海运或内河运输，共有 4 种：FAS、FOB、CFR 和 CIF。在这些术语条件下，卖方交货点和货物运至买方的地点均是港口，"唯水运不可"是第二类术语的特点。其中 FOB、CFR 和 CIF 术语与《2000 通则》中的同名术语不同的是，新通则中明确规定须将货物装运上船作为交货标准，取代了以越过船舷为交货标准的规定，这更准确地反映了现代商业现实，避免了以往风险围绕船舷这条虚拟垂线来回摇摆。

表 4-5 国际贸易术语含义

序 号	名 称	含 义	适用运输方式
1	EXW (Ex Works)	工厂交货	适用于任何运输方式
2	FCA (Free Carrier)	货交承运人	
3	CPT (Carriage Paid to)	运费付至	
4	CIP (Carriage and Insurance Paid to)	运费保险费付至	
5	DAT (Delivered at Terminal)	运输站点交货	
6	DAP (Delivered at Place)	目的地交货	
7	DDP (Delivered Duty Paid)	完税后交货	
8	FAS (Free Alongside Ship)	装运港船边交货	仅适用于水运类
9	FOB (Free on Board)	装运港船上交货	
10	CFR (Cost and Freight)	成本加运费	
11	CIF (Cost, Insurance and Freight)	成本加运费保险费	

（2）《2010 通则》的特征。

①贸易术语的数量从原来的 13 个减少到 11 个。《2010 通则》新增了两个可以适用任何运输模式的新术语：DAT（运输站点交货）和 DAP（目的地交货）。

DAT 和 DAP 术语都规定须在指定地点交货：

a. 在 DAT 情况下，从运输工具上卸下货物交由买方处置，这和先前的 DEQ 术语一样。

b. 在 DAP 情况下同样交由买方处置，但须做好卸货的准备，这和先前的 DAF、DES 和 DDU 术语一样。

新贸易术语 DAT 和 DAP 的使用，使《2000 通则》中的 DES 和 DEQ 成为多余。DAT 的目的地可以是港口，因此 DAT 可以用于在《2000 通则》下 DEQ 适用的情况。同样的，DAP 中运达货物的交通工具可以是轮船，而目的地也可以是港口，因此 DAP 可以用于《2000 通则》下 DES 适用的情况。DAT 术语代替了《2000 通则》中的 DEQ 术语，DAP 术语代替了《2000 通则》中的 DAF、DES 和 DDU 术语。这两个新的术语，和先前的几个术语一样，是由卖方承担除与进口清算相关的费用以外的所有费用和货物到达目的地前的风险。

②国内贸易和国际贸易的规定。

传统的 INCOTERMS 规则一般只适用于国际销售合同，国际贸易的货物运输都须跨越国界。在世界许多地区如欧盟，不同国家间的过关手续已经不再重要，所以，《2010 通则》正式认可所有的贸易规则既可以适用于国内交易也可以适用于国际交易。

《2010 通则》明确规定，只有在牵涉到进出口贸易或者有必要时，买卖双方才必须履行与进口或出口相关的义务。

③对于电子通信的规定。

《2000 通则》当中规定了相关的文件（运输单据部分）可以被电子数据交换信息所替代，

《2010 通则》规定，只要交易双方同意或存在惯例，所有的电子通信方式和纸质通信具有同等效力。这一规定适应了当前快速发展的电子通信形势，也可以促进国际贸易中新的电子程序的应用。

（3）《2010 通则》的应用注意事项。

①国际贸易术语解释通则的变体信。

《2010 通则》允许贸易双方因实际需要，修改某一国际贸易术语规则，但是这样做会带来一定的风险，这就要求买卖双方在合同中明确表明修改意见，以避免分歧。例如，假设合同改变了 INCOTERMS 规则中费用的分配，那么合同各方亦应当明确是否须要改变风险从卖方转移到买方的临界点。

②在卖方和买方义务中所指的相关文件可以是双方所认同或约定俗成的等效电子数据信息。

③《国际贸易术语解释通则 2010》重要名词解释。

a. 承运人：是指与托运人订立合同，并承担运输义务的一方。

b. 报关单：是指为了遵守海关条例而须要满足的一些要求，包括了单据、安全、信息、检验等义务。

c. 交货：在商法和商事活动中，这个概念有多种含义。在《国际贸易术语解释通则 2010》中，交货是指货物损毁或者灭失的风险在何处由卖方转移向买方。

d. 交货单：用于证明已完成交货的凭证。一般来说，《国际贸易术语解释通则 2010》规则下的交货单是指运输单据或相关电子记录，然而对于 EXW、FCA、FAS 和 FOB，交货单作为收据使用。交货单还有其他功能，如作为支付过程的必须条件。

e. 电子数据信息：由电子信息所组成的资料，效力等同于相应的纸质文档。

f. 包装：一般而言具有下列含义。第一种含义是符合销售合同要求的货物包装；第二种含义是符合运输要求的货物包装；第三种含义是集装箱或其他运输工具中已包装货物的理仓。

在《国际贸易术语解释通则 2010》中，"包装"是指上述第一种和第二种含义。《2010 通则》中的"包装"不包括集装箱内货物的理仓义务，当事人应在销售合同中予以明确。

第三节　适用于各种运输方式的贸易术语

《国际贸易术语解释通则 2010》（INCOTERMS 2010）共有 11 种国际贸易术语，其中 EXW、FCA、CPT、CIP、DAT、DAP 和 DDP 七种术语适用于各种运输方式或是多式联运。这些术语在风险、责任和费用划分方面，又各有不同的特点。

一、EXW术语

（一）EXW 术语的含义

EXW 全称为 Ex Works（Insert Named Place of Delivery），意指工厂交货（指定交货地点）。

EXW 工厂交货是指卖方在卖方的处所或者其他指定地点，如工厂仓库等，将货物交于买方的监管之下即完成交货。卖方无须将货物装载上买方用于接货的运输工具，如果牵涉到出口手续，卖方也无须办理货物的出口清关。交易双方在指定交货地点交货后，所有的风险和费用在该点从卖方转移到买方。

（二）EXW 术语关于买卖双方义务的规定

1. 一般义务

卖方必须提供符合买卖合同的货物、商业发票以及合同可能要求的、用于证明货物符合合同规定的其他凭证。

买方必须按合同要求支付价款。

2. 许可证、核准书、安全清关和其他手续

如须办理相关手续，应买方要求并由买方承担风险和费用的前提下，卖方应提供如下协助：办理出口货物必需的出口许可证或与货物出口相关的其他官方许可，提供其掌握的货物安全检查所要求的任何信息。

买方应自付费用和风险，办理进口货物必须的进口许可证或与货物进口相关的其他官方许可，办理货物进口的一切海关手续。

3. 运输和保险合同

（1）卖方没有为买方签订运输合同的义务，买方也没有为卖方签订运输合同的义务。

（2）卖方没有为买方签订保险合同的义务，买方也没有为卖方签订保险合同的义务，但要为买方自身利益进行投保。应买方要求，卖方须在买方承担费用和风险的前提下向买方提供投保所须要的信息。

4. 交货

卖方须在约定地点和约定时间内交货。如果指定了交货地点，卖方必须在指定交货点将货物置于买方的处置之下，并不须要将货物装上买方付费的运输工具。若在指定的地点内未约定具体交货点，或有若干个交货点可使用，卖方可选择便利的地点交货。卖方按规定交货并且给予买方充分的通知后，买方必须接收货物。

5. 风险转移

在货物按规定交货之前，卖方必须承担货物灭失或损毁的一切风险。卖方按规定交付合同货物后，买方承担货物灭失或损毁的一切风险。

如果买方没有按规定给予卖方通知，自约定的交货日期或约定的交货期届满时起，买

方须要承担货物灭失和损毁的风险。

6. 费用划分

在货物按规定交货之前，卖方必须支付与货物相关的所有费用。

卖方按规定交付合同货物后，买方必须支付与货物有关的一切费用。如果买方所指定的人未在约定时间接收货物，或买方未按规定给予卖方适当的通知，由此而产发的额外费用应由买方承担。如果须要办理海关手续，货物出口时所须支付的一切关税、税费和其他费用、办理海关手续的费用应由买方承担。此外，买方还应支付卖方因协助办理出口许可证、官方许可和提供货物安全信息时产生的一切费用。

7. 装运通知

卖方必须给予买方充分的交货通知，以方便买方接收货物。

买方一旦确定收取货物的具体时间段和/或地点时，应给予卖方充分的通知。

8. 交货凭证

卖方没有向买方提供交货文件的义务。买方必须给卖方开出收货凭证。

9. 检验、包装、标记

卖方必须支付按规定交付货物所须的检验费用，如检验品质、尺寸、重量、计数等费用。

卖方必须支付货物的包装费用，除非某些特殊货物不须要包装便可进行运输。卖方应采取适合运输的惯常包装方式，除非买方对包装的特殊要求在签订买卖合同时与卖方另有约定。包装应作适当标记。

买方必须支付装船前的检验费用，包括出口国当局强制检查的费用。

10. 提供信息和相关费用

应买方要求并由买方承当风险和费用时，卖方须帮助买方取得出口和/或进口货物以及将货物运至最后目的地所须的任何单据和信息，包括与安全有关的信息。

买方及时要求卖方提供相关安全信息以便卖方遵守相关规定。买方必须承担卖方协助获得文件和信息时所产生的费用。

（三）使用 EXW 术语的注意事项

EXW 术语下卖方承担最小的责任，该术语在使用时应注意以下几点。

（1）卖方没有为买方装货的义务，虽然实际情况中，卖方装货可能更方便，但如果是卖方帮忙装货，也应由买方来承担风险和费用。如果卖方装货更加便利，并且交易双方也希望卖方承担装货义务，最好选择 FCA 术语进行交易，因为 FCA 术语规定卖方必须自付风险和费用承担装货义务。

（2）以 EXW 条件交易时，买方若以出口为目的，应买方要求，卖方有义务对可能影响出口的事项提供协助，但卖方不须要办理出口清关手续。如果买方不能直接或者间接获取出口清关，那么买方尽量避免使用 EXW 方式交易。

（3）买方没有必要告知卖方货物是否用于出口，但如果卖方在纳税或者统计方面，须要考虑这批货物的出口情况的话，买方可以考虑告知相关情况。

EXW术语更加适用于国内贸易，在国际贸易中通常选用FCA术语。

二、FCA术语

（一）FCA术语的含义

FCA全称是Free Carrier（Insert Named Place of Delivery），意指货交承运人（指定交货地点）。

FCA货交承运人是指卖方在卖方处所或者其他指定地点将货物交给承运人或者买方指定的第三方即完成交货义务。因为风险在交货地点从卖方转移给买方，所以买卖双方须明确该交货地点。

（二）FCA术语关于买卖双方义务的规定

1. 一般义务

卖方必须提供符合买卖合同的货物，商业发票以及合同可能要求的、用于证明货物符合合同规定的其他凭证。

买方必须按合同要求支付价款。

2. 许可证、核准书、安全清关和其他手续

在须要办理海关手续时，卖方必须自担风险和费用取得任何出口许可证或其他官方许可，办理货物出口必须的一切海关手续。

买方应自付费用和风险，办理进口货物必须的进口许可证或与货物进口相关的其他官方许可，办理货物进口和经由他国过境运输的一切海关手续。

3. 运输和保险合同

（1）运输合同：卖方没有为买方签订运输合同的义务，买方必须自付费用，订立自指定地运输货物的合同。如果买方要求卖方订立运输合同，或依商业惯例由卖方办理且买方未及时表示反对，卖方可以在买方承担风险和费用的情况下，订立常规的运输合同。如果卖方不想订立运输合同，应立即通知买方。

（2）保险合同：卖方没有为买方签订保险合同的义务，买方也没有为卖方签订保险合同的义务。应买方要求，由买方承担可能存在的风险和费用，卖方必须向买方提供投保所须信息。

4. 交货

卖方必须在约定的交货期，于指定的交货地，将货物交给买方指定的承运人或买方指定的第三人即完成交货。如果指定地是卖方所在处所，当货物装载于由买方指定的承运人或买方指定的第三人提供的运输工具上时，即完成交货。如果指定地是在卖方处所以外的其他地方，当货物在卖方的运输工具上，未卸下，被置于由买方指定的承运人或买方指定

的第三人监管之下时，即完成交货。

卖方按规定交货并给予买方充分的通知后，买方必须接收货物。

5. **风险转移**

在货物按规定交货之前，卖方必须承担货物灭失或损毁的一切风险。

卖方按规定交付合同货物后，买方承担货物灭失或损毁的一切风险。如果买方未按规定将承运人或指定第三人的信息通知卖方，或者买方指定的承运人或第三人未接管货物，自约定的交货日期或约定的交货期届满时起或从卖方给买方发装运通知时起，买方须要承担货物灭失和损毁的风险。

6. **费用划分**

卖方必须承担按规定交货之前、与货物有关的一切费用，支付货物出口的海关手续费、应缴纳的一切关税、税费和其他费用以及从他国过境的费用。卖方按规定交付合同货物后，买方必须承担与货物有关的一切费用，支付货物进口的海关手续费、应缴纳的一切关税、税费和其他费用以及从他国过境的费用。由以下原因造成的额外费用，由买方承担：①买方未指定接收货物的承运人或第三人；②承运人或第三人未成功接收货物；③买方未就装运信息给予卖方充分的通知。

7. **装运通知**

买方及时通知卖方其指定的承运人或第三人，告知卖方其指定的承运人或第三人可以接收货物的时间、运输方式及在约定地点内的具体取货位置，以便卖方按规定交货。不论承运人或买方指定的第三人是否在约定的时间内接收货物，卖方都应将相应情况通知买方，因此产生的风险和费用由买方承担。

8. **交货凭证**

卖方须自付费用，向买方提供已按规定交货的证明文件。

如买方要求，且由买方承担风险和费用，卖方必须协助买方取得运输单据。

买方应当接受卖方按规定提供的交货凭证。

9. **检验、包装、标记**

卖方必须支付为按规定交货所须的检验费用（如检验品质、尺寸、重量、计数等费用）。

卖方必须支付货物的包装费用，除非某些特殊货物不须要包装便可进行运输。卖方应采取适合运输的惯常包装方式，除非买方对包装的特殊要求在签订买卖合同时与卖方另有约定。包装应作适当标记。

买方应当支付任何装运之前强制检验的费用，但出口国强制进行的检验除外。

10. **提供信息和相关费用**

应买方的要求并由其承担风险和费用，卖方应当在须要时及时向买方提供或给予协助，以帮助买方取得为买方进口货物可能要求的和 / 或在运往目的地的过程中可能须要的包括与安全清关有关的信息在内的任何单据或信息。

卖方应当承担买方按规定协助获取单据和信息时产生的成本和费用。

（三）使用 FCA 术语的注意事项

如果交易双方同意在卖方处所交货，指定交货地点须注明卖方处所的地址。此外，如果交易双方倾向于在其他地点交货，也须要给定明确的交货地点。

FCA 术语要求卖方办理货物的出口清关手续，卖方无须办理货物的进口清关、支付关税或者办理任何海关进口手续。

三、CPT术语

（一）CPT 术语的含义

CPT 全称为 Carriage Paid To（Insert Named Place of Destination），意指运费付至（指定目的地）。

CPT 运费付至是指卖方在由双方约定的指定地点将货物交给承运人或者由卖方指定的第三方，签订运至指定目的地的运输合同并支付相应运费。

（二）CPT 术语关于买卖双方义务的规定

1. 一般义务

卖方必须提供符合买卖合同的货物、商业发票以及合同可能要求的、用于证明货物符合合同规定的其他凭证。

买方必须按合同要求支付价款。

2. 许可证、核准书、安全清关和其他手续

如果须要办理海关手续，卖方自行承担风险和费用，取得出口许可证或其他官方许可，并办理货物出口和交货前途经他国过境运输的一切海关手续。

买方自行承担风险和费用，取得进口许可证或其他官方许可，并办理货物进口和途经他国过境运输的一切海关手续。

3. 运输和保险合同

（1）运输合同：卖方必须自付费用，按照通常条件订立运输合同，依通常路线及惯常方式，将货物运至指定的目的地的约定点。如未约定或未能依交易习惯约定目的地的具体地点的，卖方可以在指定的目的地自行选择最适宜的地点。买方没有义务为卖方订立运输合同。

（2）保险合同：卖方没有为买方订立保险合同的义务。应买方的要求，并由买方承担风险和可能存在的费用时，卖方必须向买方提供投保所需信息。

买方没有为卖方订立保险合同的义务。如果卖方要求，买方必须提供投保所需信息。

4. 交货

卖方必须在约定的交货日期于指定的交货地，向承运人交货。

卖方按规定交货时，买方必须在指定的目的地从承运人处接收货物。

5. **风险转移**

货物在按规定交货之前，卖方必须承担货物灭失或损毁的一切风险。卖方按规定交付合同货物后，买方承担货物灭失或损毁的一切风险。如买方未能按规定向卖方发出装运通知，则买方必须从约定的交货日期或交货期限届满之日起，承担货物灭失或损毁的一切风险。

6. **费用划分**

卖方必须承担按规定交货之前，与货物有关的一切费用，支付货物进口的海关手续费、应缴纳的一切关税、税费和其他费用以及从他国过境的费用，支付运费及由运输同规定的装货和在目的地卸货的费用。卖方按照规定交货后，买方必须承担与货物有关的一切费用，支付办理货物进口所须的海关手续费、进口关税、税款和其他费用以及从他国过境的费用。买方须承担货物在运输途中直至到达目的地为止的一切费用、卸货费，如果运输合同中包含了上述费用，买方不必重复支付。由以下原因造成的额外费用，由买方承担：①买方未指定接收货物的承运人或第三人；②承运人或第三人未成功接收货物；③买方未就装运信息给予卖方充分的通知。

7. **装运通知**

卖方必须给予买方关于货物已按规定交付的充分必要的通知，以便买方采取措施接收货物。

一旦买方有权决定发送货物的时间和 / 或者指定的目的地或者指定接收货物的地点，买方必须就此给予卖方充分通知。

8. **交货凭证**

依照惯例或者应买方的要求，卖方必须自付费用向买方提供之前订立的运输合同所签发的通常运输单据。运输单据必须载明合同货物、约定的装运日期。按照双方约定或依照惯例，买方持该运输单据能够在目的地向承运人提货，或是通过转让单据的形式出售在途货物。如果运输单据以可议付形式签发并且有多份正本时，卖方必须向买方提供一套完整正本单据。

买方必须接受卖方按规定提供的符合合同的运输单据。

9. **检验、包装、标记**

卖方必须支付按规定交货所须的检验费用（如检验品质、尺寸、重量、计数等费用），支付装运前出口国要求强制检验的费用。

卖方必须支付货物的包装费用，除非某些特殊货物不须要包装便可进行运输。卖方应采取适合运输的惯常包装方式，除非买方对包装的特殊要求在签订买卖合同时与卖方另有约定。包装应作适当标记。

买方必须支付强制性的装运前的检验费用，但出口国当局强制进行检验的除外。

10. **提供信息和相关费用**

在适用情况下，根据买方的请求，并由买方承担风险和费用，卖方必须给予买方一切协助，使取得买方为货物进出口货物和 / 或运输到目的地文件。

卖方必须支付买方协助获得相关文件和信息时产生的所有费用。

应卖方要求并由卖方承担风险和费用，买方必须及时向卖方提供相关的文件和信息，包括卖方须要办理货物出口、运输及途经他国运输所须的安全信息。

（三）使用 CPT 术语的注意事项

使用 CPT、CIP、CFR 或者 CIF 时，货物的所有权和相应的风险在货交承运人时进行转移，卖方承担货交承运人之前的相应的风险，而非运至目的地的风险。

该术语在使用时因为风险和费用在不同地点转移，所以要注意这两个关键点。买卖双方在合同中要明确交货地点和运输目的地，货物的所有权和风险在交货点转移给买方，卖方须要办理货物运输目的地的运输并支付相应费用。如果在运至目的地的过程中牵涉到多个承运人并且买卖双方未约定明确的交货地点，则默认风险在货交第一承运人时发生转移。须要指出的是，该默认转移点完全由卖方选择而买方根本无法控制。如果希望风险在中间点（Later Stage）转移如码头或机场，则双方须要在销售合同中明确这一点。

交易双方须明确指定运输目的地，卖方要承担货物运至该目的地的费用，须自费订立将货物运至该点的运输合同。如果在运输过程中出现未将货物卸至指定目的地的情况，由此引起的额外费用，卖方不得向买方索取补偿，除非双方另有协议。

CPT 术语要求卖方办理货物的出口清关手续，卖方无须办理货物的进口清关、支付进口关税或者办理任何海关进口手续。

四、CIP术语

（一）CIP 术语的含义

CIP 全称为 Carriage and Insurance Paid To（Insert Named Place of Destination），意指运费保险费付至（指定目的地）。

CIP 运费保险费付至是指卖方在双方约定的指定地点将货物交给承运人或者由卖方指定的第三方，签订运至指定目的地的运输合同并支付相应运费。卖方须自费签订运输途中的保险合同以保障买方利益，防范可能出现的货物损毁或灭失的风险。CIP 合同下卖方办理的保险为最基本限度的保险，如果买方须要扩大保险范围，须明确征得卖方同意或者由买方自行办理相关保险事宜。

（二）CIP 术语关于买卖双方义务的规定

1. 一般义务

卖方必须提供符合买卖合同的货物、商业发票以及合同可能要求的、用于证明货物符合合同规定的其他凭证。

买方必须按合同要求支付价款。

2. 许可证、核准书、安全清关和其他手续

如果须要办理海关手续，卖方自行承担风险和费用，取得出口许可证或其他官方许可，并办理货物出口和交货前途经他国过境运输的一切海关手续。

买方应自付费用和风险，办理进口货物必须的进口许可证或与货物进口相关的其他官方许可，办理货物进口的一切海关手续。

3. 运输和保险合同

（1）运输合同

卖方必须自付费用，按照通常条件订立运输合同，依通常路线及惯常方式，将货物运至指定的目的地的约定点。如未约定或未能依交易习惯约定目的地的具体地点的，卖方可以在指定的目的地自行选择最适宜的地点。买方没有为卖方订立运输合同的义务。

（2）保险合同

卖方必须自付费用为货物办理保险，至少投保《协会货物保险条款》最低险别 C 类险或参照其他类似条款中险别进行投保。保险合同应与信誉良好的保险公司订立，保证买方或其他方对合同货物享有可保利益，可以直接向保险公司进行索赔。

如买方要求，卖方应根据买方所提供的必要信息，由买方付费扩大保障范围，比如投保《协会货物保险条款》中的 A 类险、B 类险或类似险别，选择《协会战争条款》、《协会罢工条款》或者其他类似条款的险别进行投保。

保额以合同总价加成 10%，采用合同货币进行投保。

保险对货物的保障应从双方约定的交货点起到指定目的地止。

卖方应向买方提供保险单或者其他保险单据。

此外，根据买方的要求，由买方自负风险和费用（如果有的话），卖方必须向买方提供买方额外投保所须要的信息。

买方没有为卖方订立保险合同的义务。但是，应卖方要求，买方必须按照规定向卖方提供必要的信息，以便卖方应买方之要求做额外投保。

4. 交货

卖方必须在约定的交货日期于指定的交货地，向其指定的承运人交货。

当货物已按规定交货时，买方必须在指定目的地从承运人手里接收货物。

5. 风险转移

在卖方完成交货之前，卖方必须承担货物灭失或损毁的一切风险。卖方按规定交付合同货物后，买方承担货物灭失或损毁的一切风险。如果买方没及时办理货物进口手续，买方自行承担货物灭失或损毁的一切后果，或者如果买方未就发货时间地点给予卖方充分的通知，那么，自约定的交货日期或约定的交货期届满时起，买方须要承担货物灭失和损毁的风险。

6. 费用划分

卖方按规定交货之前，必须承担与货物有关的一切费用，支付货物进口的海关手续费、应缴纳的一切关税、税费和其他费用以及从他国过境的费用，支付运费及由运输同规定的装货和在目的地卸货的费用、保险费。

卖方按照规定交货后，买方必须承担与货物有关的一切费用，支付办理货物进口所须的海关手续费、进口关税、税款和其他费用以及从他国过境的费用。买方须承担货物在运输途中直至到达目的地为止的一切费用、卸货费，如果运输合同中包含了上述费用，买方不必重复支付。买方在卖方投保基本险别的基础上额外投保的费用也应由买方自行承担。如果买方未按规定给予卖方装运通知，则自约定的装运日期或装运期限届满之日起，合同货物所发生的一切额外费用应由买方自行承担。

7. 装运通知

卖方必须给予买方关于货物已按规定交付的充分必要的通知，以便买方采取措施接收货物。

买方必须就发货时间和目的地及目的地接收地点给予卖家充分的通知。

8. 交货凭证

依照惯例或者应买方的要求，卖方必须自付费用向买方提供之前订立的运输合同所签发的通常运输单据。运输单据必须载明合同货物、约定的装运日期。按照双方约定或依照惯例，买方持该运输单据能够在目的地向承运人提货，或是通过转让单据的形式出售在途货物。如果运输单据以可议付形式签发并且有多份正本时，卖方必须向买方提供一套完整正本单据。

买方必须接受卖方按规定提供的符合合同的运输单据。

9. 检验、包装、标记

卖方必须支付按规定交货所须的检验费用（如检验品质、尺寸、重量、计数等费用），以及装运前由出口国当局强制检验的费用。

卖方必须支付货物的包装费用，除非某些特殊货物不须要包装便可进行运输。卖方应采取适合运输的惯常包装方式，除非买方对包装的特殊要求在签订买卖合同时与卖方另有约定。包装应作适当标记。

买方必须支付装运前检验的费用，出口国当局强制检验的除外。

10. 提供信息和相关费用

在适用情况下，应买方要求并由买方承担风险和费用，卖方必须给予买方一切协助，使买方取得货物进出口和运输到目的地的文件，包括买方须要进口和运输到最终目的地的安全相关信息。

卖方必须承担买方协助获取文件和信息时产生的费用。

应卖方要求并由卖方承担风险和费用，买方必须及时向卖方提供相关的文件和信息，包括卖方须要办理货物出口、运输及途经他国运输所须的安全信息。

五、DAT术语

（一）DAT 术语的含义

DAT 全称为 Delivered at Terminal（Insert Named Terminal at Port or Place of Destination），意指运输站点交货。

DAT 运输站点交货（指定目的地运输站点）是卖方在指定目的地的指定站点将货物从运输工具上卸下并置于买方的监管之下即完成交货。终点站可以指无论室内室外的任意地点，比如码头、仓库、集装箱堆场或者公路、铁路、航空站点。

（二）DAT 术语关于买卖双方义务的规定

1. 一般义务

卖方必须提供符合买卖合同的货物，商业发票以及合同可能要求的、用于证明货物符合合同规定的其他凭证。

买方必须按合同要求支付价款。

2. 许可证、核准书、安全清关和其他手续

如果须要办理海关手续，卖方自行承担风险和费用，取得出口许可证或其他官方许可，并办理货物出口和交货前途经他国过境运输的一切海关手续。

如须办理相关手续，买方应自付风险和费用，办理进口货物必需的进口许可证或与货物进口相关的其他官方许可，办理货物进口所须的一切海关手续。

3. 运输和保险合同

（1）运输合同：卖方必须自付费用，按照通常条件订立运输合同，依通常路线及惯常方式，将货物运至指定的目的地的约定点。如未约定或未能依交易习惯约定目的地的具体地点的，卖方可以在指定的目的地自行选择最适宜的地点。买方没有为卖方订立运输合同的义务。

（2）保险合同：卖方没有为买方订立保险合同的义务。应买方的要求，并由买方承担风险和可能存在的费用时，卖方必须向买方提供投保所须信息。

买方没有为卖方签订保险合同的义务。但是如果卖方要求，买方必须向卖方提供投保所须的必要信息。

4. 交货

卖方必须在约定的交货期内，于运输合同中规定的指定终端的港口或地点将货物从运输工具卸下，并交给买方处置完成交货。

卖方按规定交货时，买方必须接收货物。

5. 风险转移

在卖方完成交货之前，卖方必须承担货物灭失或损毁的一切风险。卖方按规定交付合

同货物后，买方承担货物灭失或损坏的一切风险。如果买方没及时办理货物进口手续，买方自行承担货物灭失或损毁的一切后果；如果买方未就发货时间地点给予卖方充分的通知，自约定的交货日期或约定的交货期届满时起，买方须要承担货物灭失和损毁的风险。

6. 费用划分

卖方按规定交货之前，必须承担与货物有关的一切费用，支付货物出口的海关手续费、应缴纳的一切关税、税费和其他费用以及从他国过境的费用。

卖方按照规定交货后，买方必须承担与合同货物有关的一切费用，支付办理货物进口所须的海关手续费、进口关税、税款和其他费用，如果买方未及时办理货物进口所须的海关手续，或者买方未按规定给予卖方装运通知，则自约定的装运日期或装运期限届满之日起，合同货物所发生的一切额外费用应由买方自行承担。

7. 装运通知

卖方必须给予买方所须要的通知，以便买方采取必要措施接收货物。

买方一旦决定交货时间和交货地点，必须给予卖方充分的通知。

8. 交货凭证

卖方必须自付费用向买方提供运输单据，买方持该运输单据能够按相关规定接收货物。

买方必须接受卖方按规定提供的运输单据。

9. 检验、包装、标记

卖方必须支付按规定为交付货物目的所须的检查（如质检、度量、称重、计数）费用。同时，卖方也必须支付出口国当局强制进行的任何装船前检查所产生的费用。

卖方必须支付货物的包装费用，除非某些特殊货物不须要包装便可进行运输。卖方应采取适合运输的惯常包装方式，除非买方对包装的特殊要求在签订买卖合同时与卖方另有约定。包装应作适当标记。

买方必须支付装运前检验的费用，出口国当局强制检验的除外。

10. 提供信息和相关费用

在适用情况下，根据买方的请求，并由买方承担风险和费用，卖方必须给予买方一切协助，使买方取得为货物进出口和运输到目的地的文件，包括买方须要进口和运输到最终目的地的安全相关信息。

卖方必须承担买方协助获取文件和信息时产生的费用。

应卖方要求并由卖方承担风险和费用，买方必须及时向卖方提供相关的文件和信息，包括卖方须要办理货物出口、运输及途经他国运输所须的安全信息。

（三）使用 DAT 术语的注意事项

卖方承担指定目的地的指定站点交货前的义务和风险。因为交易风险在该点从卖方转移到买方，买卖双方须明确该运输站点并且尽可能商定该目的地运输站点如港口或货运站内的详细交货地点。卖方须依据该详细地点签订货运合同。

此外，如果卖方愿意承担更多的风险和费用，比如说可以将货物从该指定站点运到其他地点，那么就应该使用 DAP 或者 DDP 术语。

DAT 要求卖方办理出口清关。卖方无须办理进口清关，缴纳关税或者任何进口海关手续。

六、DAP术语

（一）DAP 术语的含义

DAP 全称为 Delivered at Place（Insert Named Place of Destination），意指地点交货。

DAP 地点交货（指定目的地）指卖方在指定地点将置于运输工具上已经做好卸货准备的货物交与买方监管即完成交货。卖方承担货物运至该交货地点前可能发生的风险。

（二）DAP 术语关于买卖双方义务的规定

1. 一般义务

卖方必须提供符合买卖合同的货物，商业发票以及合同可能要求的、用于证明货物符合合同规定的其他凭证。

买方必须按合同要求支付价款。

2. 许可证、核准书、安全清关和其他手续

如果须要办理海关手续，卖方自行承担风险和费用，取得出口许可证或其他官方许可，并办理货物出口和交货前途经他国过境运输的一切海关手续。

买方应自付风险和费用，办理进口货物必需的进口许可证或与货物进口相关的其他官方许可，办理货物进口所须的一切海关手续。

3. 运输和保险合同

（1）运输合同：卖方必须自付费用，按照通常条件订立运输合同，依通常路线及惯常方式，将货物运至指定的目的地的约定点。如未约定或未能依交易习惯约定目的地的具体地点的，卖方可以在指定的目的地自行选择最适宜的地点。买方没有为卖方订立运输合同的义务。

（2）保险合同：卖方没有为买方订立保险合同的义务。应买方的要求，并由买方承担风险和可能存在的费用时，卖方必须向买方提供投保所须信息。买方没有为卖方签订保险合同的义务。但是如果卖方要求，买方必须向卖方提供投保所须的必要信息。

4. 交货

卖方必须在约定的交货期内，在指定的交货地点，将仍处于运输工具上尚未卸下的货物交给买方处置即完成交货。

卖方按规定交货时，买方必须接收货物。

5. 风险转移

在卖方完成交货之前，卖方必须承担货物灭失或损毁的一切风险。卖方按规定交付合

同货物后，买方承担货物灭失或损坏的一切风险。如果买方没及时办理货物进口手续，买方自行承担货物灭失或损毁的一切后果；如果买方未就发货时间地点给予卖方充分的通知，自约定的交货日期或约定的交货期届满时起，买方须要承担货物灭失和损毁的风险。

6. 费用划分

卖方按规定交货之前，必须承担与货物有关的一切费用，支付货物出口的海关手续费、应缴纳的一切关税、税费和其他费用以及从他国过境的费用，支付运费及由运输同规定的在目的地卸货的费用。

卖方按照规定交货后，买方必须承担与合同货物有关的一切费用，支付办理货物进口所须的海关手续费、进口关税、税款和其他费用。买方须承担在指定地点从卖方运输工具上卸货的费用，如果运输合同规定由卖方承担的除外。如果买方未及时办理货物进口所须的海关手续，或者买方未按规定给予卖方装运通知，则自约定的装运日期或装运期限届满之日起，合同货物所发生的一切额外费用应由买方自行承担。

7. 装运通知

卖方必须给予买方所须要的通知，以便买方采取必要措施接收货物。

买方一旦决定交货时间和交货地点，必须给予卖方充分的通知。

8. 交货凭证

卖方必须自付费用向买方提供运输单据，买方持该运输单据能够按相关规定接收货物。

买方必须接受卖方按规定提供的运输单据。

9. 检验、包装、标记

卖方必须支付按规定交货所须的检验费用（如检验品质、尺寸、重量、计数等费用），装运前由出口国当局强制检验的费用。

卖方必须支付货物的包装费用，除非某些特殊货物不须要包装便可进行运输。卖方应采取适合运输的惯常包装方式，除非买方对包装的特殊要求在签订买卖合同时与卖方另有约定。包装应作适当标记。

买方必须支付装运前检验的费用，出口国当局强制检验的除外。

10. 提供信息和相关费用

在须要办理海关手续时，应买方要求并由其承担风险和费用，卖方必须及时为买方提供其在货物进口或货物运输过程中所须的各类文本及信息协助，包括相关安全信息。

卖方必须承担买方协助获取文件和信息时产生的费用。

应卖方要求并由卖方承担风险和费用，买方必须及时向卖方提供相关的文件和信息，包括卖方须要办理货物出口、运输及途经他国运输所须的安全信息。

（三）使用 DAP 术语的注意事项

因为交易风险在该点从卖方转移到买方，买卖双方须明确该交货地点。卖方依据该地点签订运输合同。如果卖方签订的运输合同包含了在指定地点的卸货费用，卖方无权向买方索偿该项费用，除非双方另有规定。

DAP 要求卖方办理出口清关。卖方无须办理进口清关、缴纳进口关税或者办理相关海关手续。如果交易双方希望卖方办理货物进口清关缴纳进口关税或者办理相关海关手续则要使用 DDP 术语。

七、DDP术语

(一) DDP 术语的含义

DDP 全称为 Delivered Duty Paid（Insert Named Place of Destination），意指完税后交货。DDP 完税后交货（指定目的地）是指卖方在指定目的地将已经办理好进口清关的货物置于运输工具上并做好卸货准备，置于买方的监管之下即完成交货义务。卖方承担货物运至该目的地途中的一切费用和风险，办理货物的出口和进口报关清关，支付出口关税和进口关税。

(二) DDP 术语关于买卖双方义务的规定

1. 一般义务

卖方必须提供符合买卖合同的货物、商业发票以及合同可能要求的、用于证明货物符合合同规定的其他凭证。

买方必须按合同要求支付价款。

2. 许可证、核准书、安全清关和其他手续

卖方须自担风险费用，取得所有进出口许可证或其他官方许可，并办理进出口货物途经他国运输时的一切必要海关手续。

如须办理相关手续，应卖方要求并由卖方承担风险和费用的前提下，买方应协助卖方办理进口货物必须的进口许可证或与货物进口相关的其他官方许可。

3. 运输和保险合同

（1）运输合同：卖方必须自付费用，按照通常条件订立运输合同，依通常路线及惯常方式，将货物运至指定的目的地的约定点。如未约定或未能依交易习惯约定目的地的具体地点的，卖方可以在指定的目的地自行选择最适宜的地点。买方没有为卖方订立运输合同的义务。

（2）保险合同：卖方没有为买方订立保险合同的义务。应买方的要求，并由买方承担风险和可能存在的费用时，卖方必须向买方提供投保所须信息。买方没有为卖方签订保险合同的义务。但是如果卖方要求，买方必须向卖方提供投保所须的必要信息。

4. 交货

卖方必须在约定的交货期内，在指定的交货地点，将仍处于运输工具上尚未卸下的货物交给买方处置即完成交货。

卖方按规定交货时，买方必须接收货物。

5. 风险转移

在卖方完成交货之前，卖方必须承担货物灭失或损毁的一切风险。卖方按规定交付合同货物后，买方承担货物灭失或损坏的一切风险。如果买方没及时协助卖方办理货物进口手续，买方自行承担货物灭失或损毁的一切后果；如果买方未就发货时间地点给予卖方充分的通知，自约定的交货日期或约定的交货期届满时起，买方须要承担货物灭失和损毁的风险。

6. 费用划分

卖方按规定交货之前，必须承担与货物有关的一切费用，支付货物进出口的海关手续费、应缴纳的一切进出口关税、税费和其他费用以及交货之前从他国过境的费用，支付运费及由运输合同规定的在目的地卸货的一切费用、保险费。

卖方按照规定交货后，买方必须承担与合同货物有关的一切费用。买方须承担在指定地点从卖方运输工具上卸货的费用，如果运输合同规定由卖方承担的除外。如果买方未及时协助卖方办理货物进口所须的海关手续，或者买方未按规定给予卖方装运通知，则自约定的装运日期或装运期限届满之日起，合同货物所发生的一切额外费用应由买方自行承担。

7. 装运通知

卖方必须给予买方所须要的通知，以便买方采取必要措施接收货物。

买方一旦决定交货时间和交货地点，必须给予卖方充分的通知。

8. 交货凭证

卖方必须自付费用向买方提供运输单据，买方持该运输单据能够按相关规定接收货物。

买方必须接受卖方按规定提供的运输单据。

9. 检验、包装、标记

卖方必须支付按规定交货所须的检验费用（如检验品质、尺寸、重量、计数等费用），装运前由进出口国当局强制检验的费用

卖方必须支付货物的包装费用，除非某些特殊货物不须要包装便可进行运输。卖方应采取适合运输的惯常包装方式，除非买方对包装的特殊要求在签订买卖合同时与卖方另有约定。包装应作适当标记。

买方没有义务为卖方支付装运前由进出口国当局强制检验的费用。

10. 提供信息和相关费用

由买方提出要求并同时承担风险和费用，卖方必须及时给予买方协助，以帮助其获取任何所须的单据及信息，包括买方在货物从目的地约定区域至最终目的地的运输中须要办理海关手续时的相关投保信息。

卖方必须承担买方协助获取文件和信息时产生的费用。

应卖方要求并由卖方承担风险和费用，买方必须及时向卖方提供相关的文件和信息，包括卖方须要办理货物出口、运输及途经他国运输所须的安全信息。

（三）使用 DDP 术语的注意事项

DDP 术语卖方承担最大责任。卖方承担货物运至指定目的地前的一切费用和风险，买卖双方须明确指定该交货地点。如果卖方签订的运输合同包含了在指定地点的卸货费用，卖方无权向买方索偿该项费用，除非双方另有规定。

如果卖方没有能力直接或者间接办理货物的进口清关，交易双方应避免使用 DDP 术语。

如果双方希望买方承担进口清关的风险和费用，应使用 DAP 术语。

卖方须支付一切进口关税和进口附加税，除非合同中另有明确规定。

第四节　适用于水上运输方式的贸易术语

一、FAS术语

（一）FAS 术语的含义

FAS 全称为 Free alongside Ship（Insert Named Port of Shipment），意指船边交货。

FAS 船边交货（指定装运港）是指卖方在指定的装运港将货物交到船边，即完成交货。买方必须承担自交货后货物灭失或损毁的一切风险。该术语仅适用于海运或内河运输。

（二）FAS 术语关于买卖双方义务的规定

1. 一般义务

卖方必须提供符合买卖合同的货物、商业发票以及合同可能要求的、用于证明货物符合合同规定的其他凭证。

买方必须按合同要求支付价款。

2. 许可证、核准书、安全清关和其他手续

在须要办理海关手续时，卖方自行承担风险和费用，取得出口许可证或其他官方许可，并办理货物出口所须的一切海关手续。

如须办理相关手续，买方应自付风险和费用，如办理进口货物必需的进口许可证或与货物进口相关的其他官方许可，办理货物进口和途经他国运输所须的一切海关手续。

3. 运输和保险合同

（1）运输合同：卖方没有为买方签订运输合同的义务，买方必须自负风险和费用及订立从交货地点起的运输合同，但双方约定或依惯例由卖方办理的情况除外。如果买方要求卖方订立运输合同，或依商业惯例由卖方办理且买方未及时表示反对，卖方可以在买方承担风险和费用的情况下，订立常规的运输合同。如果卖方不想订立运输合同，应立即通知买方。

（2）保险合同：卖方没有为买方订立保险合同的义务。应买方的要求，并由买方承担风险和可能存在的费用时，卖方必须向买方提供投保所须信息。买方没有为卖方签订保险合同的义务。

4. 交货

卖方必须在双方约定的交货期内，以惯常的方式，在装运港买方指明的装运地点，将货物置于买方指定的船边，或取得已按上述方式交货的货物，即完成交货。

如果买方没有指明装运地点，可以由卖方选择装运港内适宜的地点。如果双方同意交货期为一段时间，则买方可以在此段时间内选择具体日期。

卖方按规定交货时，买方必须接收货物。

5. 风险转移

在卖方完成交货之前，卖方必须承担货物灭失或损毁的一切风险。卖方按规定交付合同货物后，买方承担货物灭失或损坏的一切风险。如果买方未就船名、装货地点和在约定时间内规定的交货时间给予卖方通知，或者由买方被指定的船只没有按时到达，或者没有接收货物，或者早于按约定的时间停止接收货物，那么，自约定的交货日期或约定的交货期届满时起，买方须要承担货物灭失和损毁的风险。

6. 费用划分

卖方按规定交货之前，必须承担与货物有关的一切费用，支付货物出口的海关手续费、应缴纳的一切关税、税费和其他费用。

卖方按照规定交货后，买方必须承担与合同货物有关的一切费用，支付办理货物进口所须的海关手续费、进口关税、税款和其他费用以及从他国过境的费用。如果买方未就船名、装货地点和选定的交货时间，给予卖方充分的通知，或者买方指定的船只没有按时到达，或者没有接收货物，或者早于买方通知装运的时间停止接收货物，由于上述原因引起的额外费用，应由买方自行承担。

7. 装运通知

买方必须就船名、装货地点和选定的交货时间，给予卖方充分的通知。不论承运人或买方指定的第三人是否在约定的时间内接收货物，卖方都应将相应情况通知买方，因此产生的风险和费用由买方承担。

8. 交货凭证

卖方承担费用并向买方提供关于货物已按规定交付的通常凭证。

如果上述凭证是运输单据，应买方请求并由买方承担风险和费用，卖方必须协助买方取得运输单据。

买方必须接受卖方按规定提供的运输单据。

9. 检验、包装、标记

卖方必须支付按规定交货所须的检验费用（如检验品质、尺寸、重量、计数等费用）。卖方必须支付货物的包装费用，除非某些特殊货物不须要包装便可进行运输。卖方应采取适合运输的惯常包装方式，除非买方对包装的特殊要求在签订买卖合同时与卖方另有约定。包装应作适当标记。

买方必须支付装运前检验的费用，出口国当局强制检验的除外。

10. *提供信息和相关费用*

在适用情况下，根据买方的请求，并由买方承担风险和费用，卖方必须给予买方一切协助，使买方取得货物进出口和运输到目的地的文件。

卖方必须承担买方提供获取文件和信息等帮助所引起的费用。

应卖方要求并由卖方承担风险和费用，买方必须及时向卖方提供相关的文件和信息，包括卖方须要办理货物出口、运输及途经他国运输所须的安全信息。

（三）使用 FAS 术语的注意事项

买卖双方应尽量详细地明确装货地点，在到达装货地点前均由卖方承担费用和风险，其他有关装卸费用应根据港口管理决定。

卖方须要将货物交置船边或将货物交于买方处置之下。

如果货物使用集装箱进行运输，通常是在集装箱堆场就将货物交予承运人监管，而不是 FAS 规定的船边，在这种情况下，FAS 就不太适用，应用 FCA 贸易术语。

在适用情况下，FAS 须要卖方办理出口清关。卖方没有办理进口清关的义务，不须要支付任何进口关税和清关的手续的费用。

二、FOB术语

（一）FOB 术语的含义

FOB 全称为 Free on Board（Insert Named Port of Shipment），意指船上交货。

FOB 船上交货（指定装运港）是指当货物交置于买方船上，卖方即完成交货。这意味着买方必须从该点起承担货物灭失或损毁的一切风险。FOB 交货术语要求卖方办理货物出口清关手续。该术语仅适用于海运或内河运输。

（二）FOB 术语关于买卖双方义务的规定

1. *一般义务*

卖方必须提供符合买卖合同的货物、商业发票以及合同可能要求的、用于证明货物符合合同规定的其他凭证。

买方必须按合同要求支付价款。

2. *许可证、核准书、安全清关和其他手续*

如须办理海关手续，卖方自行承担风险和费用，取得出口许可证或其他官方许可，并办理货物出口所须的一切海关手续。

如须办理相关手续，买方应自付风险和费用，办理进口货物必须的进口许可证或与货物进口相关的其他官方许可，办理货物进口和途经他国运输所须的一切海关手续。

3. **运输和保险合同**

（1）运输合同：卖方没有为买方签订运输合同的义务，买方必须自负风险和费用及订立从交货地点起的运输合同，但双方约定或依惯例由卖方办理的情况除外。如果买方要求卖方订立运输合同，或依商业惯例由卖方办理且买方未及时表示反对，卖方可以在买方承担风险和费用的情况下，订立常规的运输合同。如果卖方不想订立运输合同，应立即通知买方。

（2）保险合同：卖方没有为买方订立保险合同的义务。应买方的要求，并由买方承担风险和可能存在的费用时，卖方必须向买方提供投保所须信息。买方没有为卖方签订保险合同的义务。

4. **交货**

卖方必须在双方约定的交货期内，以惯常的方式，在装运港买方指明的装运地点，将货物置于买方指定的船上，或取得已按上述方式交货的货物，即完成交货。

如果买方没有指明装运地点，可以由卖方选择装运港内适宜的地点。

卖方按规定交货时，买方必须接收货物。

5. **风险转移**

在卖方完成交货之前，卖方必须承担货物灭失或损毁的一切风险。卖方按规定交付合同货物后，买方承担货物灭失或损坏的一切风险。如果买方未就船名、装货地点和在约定时间内规定的交货时间给予卖方通知，或者由买方被指定的船只没有按时到达，或者没有接收货物，或者早于按约定的时间停止接收货物，那么，自约定的交货日期或约定的交货期届满时起，买方须要承担货物灭失和损毁的风险。

6. **费用划分**

卖方按规定交货之前，必须承担与货物有关的一切费用，支付货物出口的海关手续费、应缴纳的一切关税、税费和其他费用。

卖方按照规定交货后，买方必须承担与合同货物有关的一切费用，支付办理货物进口所须的海关手续费、进口关税、税款和其他费用以及从他国过境的费用。如果买方未就船名、装货地点和选定的交货时间，给予卖方充分的通知，或者买方指定的船只没有按时到达，或者没有接收货物，或者早于买方通知装运的时间停止接收货物，由于上述原因引起的额外费用，应由买方自行承担。

7. **装运通知**

买方必须就船名、装货地点和选定的交货时间，给予卖方充分的通知。不论承运人或买方指定的第三人是否在约定的时间内接收货物，卖方都应将相应情况通知买方，由此产生的风险和费用由买方承担。

8. **交货凭证**

卖方承担费用并向买方提供关于货物已按规定交付的通常凭证。如果上述凭证是运输单据，应买方请求并由买方承担风险和费用，卖方必须协助买方取得运输单据。买方必须接受卖方按规定提供的运输单据。

9. **检验、包装、标记**

卖方必须支付按规定交货所须的检验费用（如检验品质、尺寸、重量、计数等费用）和装船前出口国强制检验的费用。

卖方必须支付货物的包装费用，除非某些特殊货物不须要包装便可进行运输。卖方应采取适合运输的惯常包装方式，除非买方对包装的特殊要求在签订买卖合同时与卖方另有约定。包装应作适当标记。

买方必须支付装运前检验的费用，出口国当局强制检验的除外。

10. **提供信息和相关费用**

在适用情况下，根据买方的请求，并由买方承担风险和费用，卖方必须给予买方一切协助，使买方取得货物进出口和运输到目的地的文件。卖方必须承担买方协助获取文件和信息时产生的费用。应卖方要求并由卖方承担风险和费用，买方必须及时向卖方提供相关的文件和信息，包括卖方须要办理货物出口、运输及途经他国运输所须的安全信息。

（三）使用 FOB 术语的注意事项

卖方须要将货物装上船或获取已经装上船的货物的控制权。

当货物在装上船之前已经在集装箱堆场交于承运人，例如，使用集装箱运输时，那么 FOB 术语则不适用，应用 FCA 术语。

在适用情况下，FOB 须要卖方办理出口清关，卖方没有办理进口清关的义务，不须要支付任何进口关税和清关的手续的费用。

三、CFR术语

（一）CFR 术语的含义

CFR 全称为 Cost and Freight（Insert Named Port of Destination）。CFR 贸易术语是指成本加运费（指定目的港），CFR 国际贸易术语是指在将货物交于买方船上，卖方即完成交货，卖方必须支付将货物运至指定的目的港所须的运费和费用。但交货后货物灭失或损毁的风险，以及由于各种事件造成的任何额外费用，即由卖方转移到买方。该术语仅适用于海运或内河运输。

（二）CFR 术语关于买卖双方义务的规定

1. **一般义务**

卖方必须提供符合买卖合同的货物，商业发票以及合同可能要求的、用于证明货物符合合同规定的其他凭证。

买方必须按合同要求支付价款。

2. 许可证、核准书、安全清关和其他手续

卖方自行承担风险和费用，取得出口许可证或其他官方许可，并办理货物出口所须的一切海关手续。

如须办理相关手续，买方应自付风险和费用，办理进口货物必须的进口许可证或与货物进口相关的其他官方许可，办理货物进口和途经他国运输所须的一切海关手续。

3. 运输和保险合同

（1）运输合同：卖方应当自付费用，按照通常条件订立运输合同，经由惯常航线，选择惯常运输合同货物的船舶将货物从约定的交货地点运至目的港。买方没有为卖方订立运输合同的义务。

（2）保险合同：卖方没有为买方订立保险合同的义务。应买方的要求，并由买方承担风险和可能存在的费用时，卖方必须向买方提供投保所须信息。买方没有为卖方签订保险合同的义务。但是如果卖方要求，买方必须向卖方提供投保所须的必要信息。

4. 交货

卖方必须在双方约定的交货期内，以惯常的方式，在装运港将货物装船，或取得已按上述方式交货的货物，即完成交货。

卖方按规定交货时，买方必须在指定的目的港从承运人处接收货物。

5. 风险转移

在卖方完成交货之前，卖方必须承担货物灭失或损毁的一切风险。卖方按规定交付合同货物后，买方承担货物灭失或损坏的一切风险。如果买方未就发货时间地点给予卖方充分的通知，自约定的交货日期或约定的交货期届满时起，买方须要承担货物灭失和损毁的风险。

6. 费用划分

卖方按规定交货之前，必须承担与货物有关的一切费用，支付货物出口的海关手续费、应缴纳的一切关税、税费和其他费用以及从他国过境的费用，支付装船费用、运费及由运输同规定的装货和在目的港卸货的费用、保险费。

卖方按照规定交货后，买方必须承担与合同货物有关的一切费用，支付办理货物进口所须的海关手续费、进口关税、税款和其他费用以及从他国过境的费用。买方须承担货物运至目的港的运输途中与货物有关的费用，包括码头费和驳船费在内的卸货费用，除非上述费用在运输合同中已规定由卖方支付。如果买方未就交货时间和交货地点，给予卖方充分的通知，那么，自约定的交货日期或约定的交货期届满时起，所产生的额外费用，应由买方自行承担。买方在卖方投保基本险别的基础上额外投保的费用也应由买方自行承担。

7. 装运通知

卖方必须给予买方所需的通知，以便买方采取必要措施接收货物。买方一旦决定交货时间和交货地点，必须给予卖方充分的通知。

8. 交货凭证

依照惯例或者应买方的要求，卖方必须自付费用向买方提供之前订立的运输合同所签发的通常运输单据。运输单据必须载明合同货物、约定的装运日期。按照双方约定或依照惯例，买方持该运输单据能够在目的地向承运人提货，或是通过转让单据的形式出售在途货物。如果运输单据以可议付形式签发并且有多份正本时，卖方必须向买方提供一套完整正本单据。买方必须接受卖方按规定提供的符合合同的运输单据。

9. 检验、包装、标记

卖方必须支付按规定交货所须的检验费用（如检验品质、尺寸、重量、计数等费用）和装运前由出口国当局强制检验的费用。

卖方必须支付货物的包装费用，除非某些特殊货物不须要包装便可进行运输。卖方应采取适合运输的惯常包装方式，除非买方对包装的特殊要求在签订买卖合同时与卖方另有约定。包装应作适当标记。

买方必须支付装运前检验的费用，出口国当局强制检验的除外。

10. 提供信息和相关费用

在适用情况下，根据买方的请求，并由买方承担风险和费用，卖方必须给予买方一切协助，使买方取得货物进出口和运输到目的地的文件，包括买方须要进口和运输到最终目的地的安全相关信息。卖方必须承担买方协助获取文件和信息时产生的费用。应卖方要求并由卖方承担风险和费用，买方必须及时向卖方提供相关的文件和信息，包括卖方须要办理货物出口、运输及途经他国运输所须的安全信息。

（三）使用 CFR 术语的注意事项

使用 CPT、CIP、CFR 或者 CIF 时，货物的所有权和相应的风险在货交承运人时进行转移，卖方承担货交承运人之前的相应的风险，而非运至目的地的风险。

这条术语有两个关键点，因为风险转移点和费用转移点不在同一地方。合同中明确的是目的港，而不是风险转移给买方的装运港。装船港口对于买方的利益至关重要，双方应在合同中尽量明确。

买卖双方应尽量明确在目的地内的交货地点，由卖方支付运输到该点的费用。卖方须获取有详细规定的运输合同。卖方在目的地的指定地点，按照合同规定卸货引起的费用，无权向买方追偿，除非双方另有约定。

卖方须要将货物置于运往目的地的船上并订立运输合同，如果是在连环合同或易货贸易中，卖方须要获取已经置于运往目的地船上的货物的控制权并获得相应的运输合同及运输单据。

如果货物在未装船前交予承运人，例如使用集装箱进行运输时，在集装箱堆场就已经交给承运人，在此类情形下，CFR 术语不适用，应用 CPT 术语。

CFR 术语要求卖方办理货物的出口清关手续，卖方无须办理货物的进口清关、支付进口关税或者办理任何海关进口手续。

四、CIF术语

（一）CIF 术语的含义

CIF 全称为 Cost Insurance and Freight（Insert Named Port of Destination），意指成本保险加运费。

CIF 成本保险加运费（指定目的港）是指卖方必须支付将货物运至指定的目的港所须的运费和费用，但交货后货物灭失或损毁的风险及由于各种事件造成的任何额外费用即由卖方转移到买方。但是，在 CIF 条件下，卖方还必须办理买方货物在运输途中灭失或损毁风险的海运保险。该术语仅适用于海运或内河运输。

（二）CIF 术语关于买卖双方义务的规定

1. 一般义务

卖方必须提供符合买卖合同的货物，商业发票以及合同可能要求的、用于证明货物符合合同规定的其他凭证。买方必须按合同要求支付价款。

2. 许可证、核准书、安全清关和其他手续

在须要办理海关手续时，卖方自行承担风险和费用，取得出口许可证或其他官方许可，并办理货物出口所须的一切海关手续。

如须办理相关手续，买方应自付风险和费用，办理进口货物必须的进口许可证或与货物进口相关的其他官方许可，办理货物进口和途经他国运输所须的一切海关手续。

3. 运输和保险合同

（1）运输合同：买方没有为卖方订立运输合同的义务，卖方应当自付费用，按照通常条件订立运输合同，经由惯常航线，选择惯常运输合同货物的船舶将货物从约定的交货地点运至目的港。

（2）保险合同：卖方必须自付费用为货物办理保险，至少投保《协会货物保险条款》最低险别 C 类险或参照其他类似条款中险别进行投保。保险合同应与信誉良好的保险公司订立，保证买方或其他方对合同货物享有可保利益，可以直接向保险公司进行索赔。

如买方要求，卖方应根据买方所提供的必要信息，由买方付费扩大保障范围，比如投保《协会货物保险条款》中的 A 类险、B 类险或类似险别，选择《协会战争条款》《协会罢工条款》或者其他类似条款的险种进行投保。

保额以合同总价加成 10%，采用合同货币进行投保。

保险对货物的保障应从双方约定的交货点起到指定目的地止。

卖方应向买方提供保险单或者其他保险单据。

此外，根据买方的要求，由买方自负风险和费用（如果有的话），卖方必须向买方提供买方额外投保所须要的信息。

买方没有为卖方签订保险合同的义务。但是如果卖方要求，买方必须向卖方提供投保所须的必要信息。

4. 交货

卖方必须在双方约定的交货期内，以惯常的方式，在装运港将货物装船，或取得已按上述方式交货的货物，即完成交货。卖方按规定交货时，买方必须在指定的目的港从承运人处接收货物。

5. 风险转移

在卖方完成交货之前，卖方必须承担货物灭失或损毁的一切风险。卖方按规定交付合同货物后，买方承担货物灭失或损坏的一切风险。如果买方未就发货时间地点给予卖方充分的通知，自约定的交货日期或约定的交货期届满时起，买方须要承担货物灭失和损毁的风险。

6. 费用划分

卖方按规定交货之前，必须承担与货物有关的一切费用，支付货物出口的海关手续费、应缴纳的一切关税、税费和其他费用以及从他国过境的费用，支付装船费用、运费及由运输同规定的装货和在目的港卸货的费用、保险费。

卖方按照规定交货后，买方必须承担与合同货物有关的一切费用，支付办理货物进口所须的海关手续费、进口关税、税款和其他费用以及从他国过境的费用。买方须承担货物运至目的港的运输途中与货物有关的费用，包括码头费和驳船费在内的卸货费用，除非上述费用在运输合同中已规定由卖方支付。买方在卖方投保基本险别的基础上额外投保的费用也应由买方自行承担。如果买方未就交货时间和交货地点，给予卖方充分的通知，那么，自约定的交货日期或约定的交货期届满时起，所产生的额外费用，应由买方自行承担。

7. 装运通知

卖方必须给予买方所需的通知，以便买方采取必要措施接收货物。

买方一旦决定交货时间和交货地点，必须给予卖方充分的通知。

8. 交货凭证

依照惯例或者应买方的要求，卖方必须自付费用向买方提供之前订立的运输合同所签发的通常运输单据。运输单据必须载明合同货物、约定的装运日期。按照双方约定或依照惯例，买方持该运输单据能够在目的地向承运人提货，或是通过转让单据的形式出售在途货物。如果运输单据以可议付形式签发并且有多份正本时，卖方必须向买方提供一套完整正本单据。买方必须接受卖方按规定提供的符合合同的运输单据。

9. 检验、包装、标记

卖方必须支付按规定交货所须的检验费用（如检验品质、尺寸、重量、计数等费用）

和装运前由出口国当局强制检验的费用。

卖方必须支付货物的包装费用，除非某些特殊货物不须要包装便可进行运输。卖方应采取适合运输的惯常包装方式，除非买方对包装的特殊要求在签订买卖合同时与卖方另有约定。包装应作适当标记。

买方必须支付装运前检验的费用，出口国当局强制检验的除外。

10. *提供信息和相关费用*

在适用情况下，根据买方的请求，并由买方承担风险和费用，卖方必须给予买方一切协助，使买方取得货物进出口和运输到目的地的文件，包括买方须要进口和运输到最终目的地的安全相关信息。卖方必须承担买方协助获取文件和信息时产生的费用。应卖方要求并由卖方承担风险和费用，买方必须及时向卖方提供相关的文件和信息，包括卖方须要办理货物出口、运输及途经他国运输所须的安全信息。

（三）使用 CIF 术语的注意事项

使用 CPT、CIP、CFR 或者 CIF 时，货物的所有权和相应的风险在货交承运人时进行转移，卖方承担货交承运人之前的相应的风险，而非运至目的地的风险。

这条术语有两个关键点，因为风险转移点和费用转移点不在同一地方。合同中明确的是目的港，而不是风险转移给买方的装运港。装船港口对于买方的利益至关重要，双方应在合同中尽量明确。

买卖双方应尽量明确在目的地内的交货地点，由卖方支付运输到该点的费用。卖方须获取有详细规定的运输合同。卖方在目的地的指定地点，按照合同规定卸货引起的费用，无权向买方追偿，除非双方另有约定。

卖方须要将货物置于运往目的地的船上并订立运输合同，如果是在连环合同或易货贸易中，卖方须要获取已经置于运往目的地船上的货物的控制权并获得相应的运输合同和运输单据。

如果货物在未装船前交予承运人，例如，使用集装箱进行运输时，在集装箱堆场就已经交给承运人，在此类情形下，CFR 术语不适用，应用 CPT 术语。

CIF 术语要求卖方办理货物的出口清关手续，卖方无须办理货物的进口清关、支付进口关税或者办理任何海关进口手续。

五、FOB、CFR和CIF术语变形

（一）FOB 术语变形

因为《2010 通则》在 FOB、CFR 和 CIF 术语中取消了船舷这条虚拟线来划分风险和费用，以"装上船"取而代之，所以装船费用实际由卖方负责，所以以往针对 FOB 装船费用的术语变形就不必特别加以注意。但是，如果双方对于装船费用的负担问题有不同的约定，应该在合同中加以明确，并确定风险和费用的划分是否也随之变化。

（二）CFR 术语变形

按 CFR 成交的大宗商品贸易，多采用租船运输，因船方多不负责卸货，故该术语的买卖合同应明确。该贸易方式就有了下列变形：

（1）CFR Liner Terms（班轮条件）：卸货费按班轮办法处理，买方不负责。

（2）CFR Landed（卸至岸上）：由卖方承担将货物卸到码头上的各项有关费用，还包括驳船费及码头费。

（3）CFR Ex Tackle（船舶吊钩下交货）：由卖方负责将货物从船舱吊起卸到船舶钓钩所及之处（码头或驳船上）的费用，其他都由买方负担。

（4）CFR Ex Ship's Hold（船底交货）：指货物到达目的港后，自船舱底起吊直到卸到码头的卸货费，由买方负担。

以上四种变形，不改变 CFR 的交货地点和风险划分的界限。

（三）CIF 术语变形

CIF 术语的变形与 CFR 类似。

本章小结

■ 国际贸易统计指标，包括：出口与进口；直接贸易、转口贸易与过境贸易；复出口、复进口与净出口、净进口；贸易值、贸易量及贸易差额；总贸易值、专门贸易值与外汇、外汇率；商品结构等。

■ 贸易术语又称为价格术语或贸易条件，表示交货条件、说明交货地点、确定风险、责任、费用划分等问题的专门用语。它是在长期的国际贸易实践中产生的，国际贸易业务中反复实践的习惯做法，只有经国际组织加以编纂与解释方形成为国际贸易惯例；国际贸易惯例的适用是以交易双方当事人的意愿自治为基础的，惯例本身不是法律，它对贸易双方不具有强制性。

■ 11种国际贸易术语，EXW、FCA、CPT、CIP、DAT、DAP和DDP术语适用于多式联运，FAS、FOB、CFR和CIF适用于海运或内河运输。

思考题

1. 国际贸易统计指标包括哪些主要指标？其含义是什么？

2. 贸易术语的含义是什么？国际贸易术语在国际贸易中有何作用？

3. 什么是国际贸易惯例？国际贸易惯例对贸易实践有哪些指导作用？

4. "11种国际贸易术语"买卖双方责任及义务各是什么？采用时应注意哪些问题？

5. FOB、CIF、CFR三种贸易术语有何异同点？

6．分析DAT术语的应用注意事项。

7．请具体说明DAP与CIP术语的异同点。

8．分析总结国际贸易11种术语的特点。

第五章　服装贸易方式

本章学习要点

1. 熟悉各种服装贸易方式的含义及特点。
2. 掌握常用贸易方式的适用情况和注意事项。

第一节　服装包销与代理

一、服装包销

（一）服装包销含义

服装包销（Exclusive Sales）指服装出口商通过协议把服装或服务，在一定时期及区域内的经营权，单独给予某客户的贸易做法。服装包销是国际贸易中习惯采用的方式之一。服装包销方式是当事人双方通过协议建立一种较稳固的购销关系。

（二）服装包销特点

由于服装包销有专营权，可调动服装包销商积极性，能充分利用服装包销商销售网络，巩固及扩大市场，减少多头经营产生的盲目竞争。但若服装包销商经营不利，对出口商影响太大，服装包销商的垄断，可操纵价格及控制市场，将对出口商影响很大。

在选择服装包销商时，要充分注意该国及商人的政治态度、经营习惯、资信能力。服装包销量应合适，可逐渐据实绩调整，并须防止出现包而不销情况，应订有中止条款。

（三）服装包销协议

服装出口商与服装包销商之间权利与义务完全由协议确定。其协议主要内容如下：

1. *服装包销协议名称、签约时间及地点*
服装包销协议中，应明确协议名称以及具体签约时间和地点。

2. *服装包销与出口商双方买卖关系*
包销商应自筹资金买断服装，并自负盈亏。

3. *服装包销的范围*
服装包销协议中，双方当事人须对服装包销范围做出规定，通常出口企业产品较多，对服装包销商经营部分不宜太大，应有一定范围，由小到大，从少到多逐次扩大。新、旧产品也要明确界定范围。

4.服装包销地区

服装包销商经营权限的地理区域范围，区域大小主要考虑服装包销商规模、能力、销售网络等。此外，还要考虑服装性质、特点、市场同质性、地区地理环境等。服装包销权限是否能扩大，也要明文规定。

5.服装包销期限

服装包销期限通常是一年，但有些国家在协议中并不规定，只规定中止条款或接续条款等。

6.服装专营权

服装包销商的专买、专卖权利，这是服装包销协议中的要件。但专买及专卖并不是对等条件。实际操作中，只要双方满意即可。服装专卖权是服装包销协议中必不可少的内容，是其区别于一般经销协议的主要条件。

7.服装包销量

一般可分为包销服装数量或金额，此项内容对双方都有约束力。

8.服装定价方法

有时可在一定期限内一次定价，以协议为准，但也可在服装包销期内分批作价，该法使用较多。

9.服装促销条款

服装出口商通常会给服装包销商一定的促销支持，因此时二者利益关系较密切，互相提携是常情。

二、服装代理

（一）服装代理含义

服装代理（Agency）是指服装代理人作为委托人的国外代表，构成委托服装代理关系。服装代理者负责向第三方推销、招揽生意、签约、提供产品、销售服务等事宜。

（二）服装代理特点

服装代理与服装包销方式是不同的，他与出口商人（委托人）之间无买卖关系，无须垫付资金，对服装无所有权，不担风险，不负责盈亏，只取佣金，一般无签约权。

服装代理根据服装委托人不同的授权范围，一般可分为服装总代理、服装独家代理和服装普通代理三种。

（三）服装代理协议

服装代理商与委托人之间权利与义务完全由协议确定，其协议主要内容如下：

1. 服装代理双方当事人

服装代理协议双方是委托人及服装代理人，双方各自独立、自立的法人或自然人。协议开头应明确二者之间的法律关系，授权范围内职权等。

2. 明确服装相关事宜

包括明确服装代理的服装品牌、品名、规格、数量等。

3. 指定服装代理地区

可与服装包销经营地区相似方法确定。

4. 服装代理权利

如是一般服装代理，协议中应规定；保留委托人在服装代理人代理区域内，在服装代理人不参与情况下，可直接同买主洽谈交易。如是独家服装代理，可有两种做法：一是委托人向服装代理人提供绝对服装代理权，使其成为服装代理区内唯一的独家服装代理人，货主不保留在该区内与买主单独交易的权利。另一是委托人可直接对买主供货，但佣金照付给独家服装代理人。

5. 服装代理有效期及中止条款

协议有效期可固定亦可不定，多在1~5年内选择。有时规定，其中一方不履约，另一方有权中止。

6. 服装代理人佣金

这是服装代理协议中的重要内容。

（1）一般服装代理人只要在服装代理期内履行其职责，即有权收取佣金。

（2）服装代理佣金率。应在服装代理协议中明确规定，一般取5%~20%。

（3）服装代理佣金基础。销售服装代理中，多以实际出口数量为准；有的以发票总金额为基础；有的以FOB总值为基础；不论以何方法计算，在协议中均应确定。

（4）服装代理支付佣金方法。可按约定时间，据累计销售数量或金额汇总支付，也可在委托人收汇后逐笔结算或以货价中直接扣除。

7. 非竞争条款

非竞争条款指服装代理人在协议有效期内无权提供、购买与委托人的服装相竞争的服装，也无权为服装代理的服装组织广告，无权代表协议地区内的其他相竞争的公司。

8. 服装代理最低成交额条款

服装代理最低成交额条款指服装代理人要承担签订不低于规定数额的买卖合同。如服装代理人未能达到或少于最低成交额时，委托人可对服装代理人报酬作相应调整。

9. 服装代理向委托人提供市场信息的条款

在有效期内，服装代理人有义务向委托人提供市场信息及国家法律、政策及趋势信息。委托人通常明确货主保留服装商标注册权。

我国进出口业务中，服装代理制是常用方式。但不同国家、地区、时间内，法规、习惯做法差异不同，签订服装代理协议时应分别对待。

第二节　服装寄售与服装展卖

一、服装寄售

（一）服装寄售含义

服装寄售（Consignment）属委托代售贸易方式。委托人（货主）先将服装送往国外选定的代销商（又叫受托人），按委托服装寄售协议的规定，由代销商替委托商销售，待服装卖出后，由服装代销商向委托人结算货款。

服装寄售协议属信托合同性质。服装寄售商是介于委托人（服装出口商）与实际买主之间，他有权以自己的名义与当地购买者签订销售合同，购买者若违约，服装寄售商有权以自己的名义起诉。服装寄售商与委托人之间的关系，可由服装寄售协议明确。

（二）服装寄售特点

（1）服装寄售是凭实物买卖的现货交易。

（2）服装寄售委托人与代销人之间是委托关系，而非买卖关系，服装在服装寄售地售出之前仍属服装寄售商。

（3）服装（售出之前）的运输及风险在到达服装寄售点之前，均属服装寄售商。除非事先有出售协议。

（4）服装寄售优点：服装被出售前，委托人拥有服装所有权，对服装处理、定价均有主控权，有利于随行就市；因是实物买卖、服装与货主直接见面，利于交易；服装代销商不负担风险及费用，可调动其积极性。

（5）服装寄售缺点：服装委托商风险较大，用资较多，不利资金周转；服装寄售货款回收较缓慢，若服装代销人不守信誉，服装委托商将面临货、款两空的风险。

（三）服装寄售协议条款

服装寄售商与委托人之间的权利与义务完全由协议确定，其协议主要内容如下：

1. 服装寄售协议双方当事人的关系

明确服装委托人与服装代销人之间的关系，服装代销人是以服装代理人的身份处理服装寄售业务；服装寄售在未售出前，应属服装委托人；服装代销人售出服装后，可以自己名义向买主收取货款、办理手续，处理有关争议及起诉等，所须费用应由服装委托人偿付。服装委托人有权监督代销人执行协议中各项条款。

2. 寄售服装价格条款

（1）最低售价。服装委托人授权服装代销人只能按此最低限价之上出售服装，并明确是否会有佣金。

（2）随行就市。服装代销人可自由代替服装委托人出售服装，服装售价以不低于当地市价为条件。

（3）双方协商明确。该做法富于弹性，且使用普遍。

3. 服装寄售佣金条款

与服装代理协议规定相似。

4. 服装寄售当事人义务

（1）服装寄售代销人义务。提供储存寄销服装的场所，招聘员工，开立进口服装的许可证；力保服装完好无损，售出前发生服装损失则代销人应负责赔偿；代垫服装寄售服装在售出之前的有关费用；代垫投保费用；组织宣传、招展、广告、促销，提供售后服务；及时通报市场信息，与委托人共同讨论。

（2）服装寄售委托人义务。按质、如量、准时提供寄售服装；支付代销人在服装寄售过程中的代支费用。

5. 服装寄售违约协议

服装寄售违约协议应酌情订立。

（四）服装寄售时注意事项

开展服装寄售业务时，服装寄售人（委托人）应注意：

1. 选好服装寄售地点

在深入调查研究的基础上，据国外服装市场情况，选择服装进出与外汇管制较活、税收费用较低的地区作为服装寄售点，尤其注意自由港、自由贸易区、特区等。

2. 慎选服装寄售代销人

服装寄售是先运出服装，成交售出后才回收款项，服装寄售代销人是否恰当，对服装寄售人很关键，服装代理人应是资信好、经营能力强的客户。

3. 选恰当的适销对路服装来寄售

一般宜选择当地市场上销路好，难凭样品成交的服装、名优产品和新款服装。对品质、规格、包装不适应当地市场的或滞销售品，不适于服装寄售。

4. 服装寄售数量控制合适

通常服装寄售数量不宜过多，可据销售实绩及容量大小来定，以免销售不畅，被迫削价，否则转移市场增加费用。

5. 服装寄售货款回收

最好选择外汇管制较松、硬通货币的国家或地区服装寄售，以便结汇，并须代销人提供银行保函。

6. 服装寄售协议应合理

主要做好寄售服装价格、货款、佣金支付和费用负担等有关重要条款，必须明确周到，以免事后纠纷。

二、服装展卖

（一）服装展销含义及特征

服装展卖（Fairs and Sales）又叫服装展销。指利用博览会、交易会、展览会、服装展销会及各种临时场所进行大规模、集中销售的交易方式。服装展卖是最古老的交易方式之一，早期的集市可以说是较典型的展卖方式。

服装展卖是把出口服装通过一种活动，将展览与销售结合起来，边展边卖，展卖结合的交易方式。其特点如下：

（1）便于宣传服装、介绍出口服装，扩大服装企业影响，扩大服装交易范围，促成服装贸易。

（2）便于建立、巩固、发展服装客户，广交国际服装贸易伙伴，扩大服装企业产品销售渠道，走市场多元化道路，降低服装企业风险。

（3）便于服装市场调研、了解国际相关服装行业发展态势，通过服装同行之间同类产品对比，寻找差距，努力提高服装产品质量，树立良好服务意识，加强服装竞争力。

（二）服装展卖方式

1. 服装国际博览会

服装国际博览会又称国际服装集市，多指在一定地点定期举办的由一国或多国联办，邀请各国有关服装商家企业参加交易的贸易方式，与会者可任意进行洽谈或交易，这也是最古老的服装交易方式之一。现如今，国际服装博览会是扩大国际间服装贸易往来，建立服装客户关系的重要手段。

国际服装博览会按产品类别通常可分两类。

（1）综合性国际服装博览会，又叫"水平型服装博览会"，世界著名服装博览会多属此类。对服装类别、商人籍别无所限制，完全是以自愿方式参与。该博览会规模大，服装产品多、齐、全，会期也较长。

（2）专业性服装国际博览会，又叫"垂直型服装博览会"。一般限于某类服装产品及其相关产品的展卖会，规模相对较小，服装产品专一，会期较短。如每年一次的德国科隆纺织品服装展销会，每年两届的慕尼黑服装博览会，法国巴黎、意大利米兰、英国伦敦、日本东京、美国纽约、中国香港、北京等每年一届或数届的时装发布会、服装博览会、服装交易会等，都是在该行业中较著名的国际性服装专业博览会。

2. 中国出口商品交易会

中国出口商品交易会前身是"广州交易会"，简称"广交会"，始于1958年，被誉为中国外贸出口"风向标"。每年春（4月）秋（10月）两届为期15天的"广交会"，是我国最重要的出口贸易洽谈会。1993年之后，春交会以轻纺产品为主，秋交会以综合性产品为主；展卖以地方经贸负责、外贸局组团；与会条件放宽；交易会以商业化经营为主。广交会多以采购商为主，采购的意愿较为强烈，相比之下，国内的专业展会则更多的是同业者之间的相互比较。广交会多数商品以低价、技术含量低的特色而著称，同时反映出我国是一个贸易大国，却不是一个贸易强国。

2011年广交会交易额为747亿美元，占全国出口总额18 986亿美元的4%左右。而在1991年广交会全年交易额约为128亿美元，中国外贸出口为719亿美元，所占比例达到近18%。从中可以看出，广交会交易额20年中增长了近6倍，但所占比例却下降了14%左右，这说明我国对外贸易的方式及途径越来越多元化。

2012年4月第111届广交会累计到会采购商达201831人，来自213个国家和地区，比上届同期增长0.179%，这是历届采购商到会人数首次突破21万人。但成交中，中短单占到绝大部分，累计出口成交360.3亿美元，环比和同比分别下降4.8%和2.3%。第111届广交会三期的纺织服装馆共有4000余家企业参展，展位达9014个，较上届增加了354个，其中特装和品牌展位共4518个，比上届增加了138个。由此可以看出，广交会在国家及行业人士的共同努力下，其外贸功能及其国际影响力还是保持了增长势头，但是由于受到2008年以来全球金融风暴影响，全球经济的复苏前景仍然不容乐观，经济发展的动荡局面还没有走出徘徊状态。

3. 其他交易会

多利用广交会闭会期间，在服装产地、口岸或适当地点，举办一些较小规模的各类交易会，如地毯、工艺品、专业服装交易会等，最典型的当属北京、大连、上海服装交易会。现在又兴起了宁波、虎门、海宁、青岛等国际服装博览会。小型专业性博览会专业性强，成交集中、方式机动灵活、节省费用、风险少，但客户有限，老客户多、新客户少，范围有限。

4. 在国外举办服装展卖会

（1）自办服装展卖会。在国外自行举办服装展卖会，由于承担的责任、费用、风险较大，所以较少采用。

（2）联办服装展卖会。支持外商或与外商联合举办服装展卖会，是我国较常用的展卖方式。支持外商服装展卖会，是我方将服装签约卖断给外商，由外商在国外展卖。与外商联办服装展卖会，是我方与外商合作，我方提供服装展品，展卖时服装展品仍属我方，但服装展品的运输、保险、劳务及其他费用则由外商负担，服装展会有关事宜均由外商承担，服装展品出售后，提供合作的外商从中获得一定手续费作为报酬；若有服装展品余留，一是将剩余服装展品折价卖给合作外商，在付款时再给予一定的方便；二是将余品改为服装寄售，交外商代销；三是由双方另找合适地点、继续展卖服装；四是我方确认剩余展品无法销售时，运回国内处理。

支持外商展卖会方式适于该卖品过去已有一定销售基础，今后又有一定发展潜力，并拥有较密切的客户关系或服装代理关系。这样既增强其服装市场地位，又不打乱原有服装销售渠道及贸易关系，有利于充分调动外商积极性；我方不必投入大量人力、物力，对服装新产品开拓市场有利；但我方不能与用户深层了解。

与外商联办方式，适于开辟服装新市场，尤其是距我方距离较远、无直达航线等地区。此法可与客户充分接触，加强互相认识与了解，扩大服装销路，也可向当地人进行广泛宣传，收集服装市场信息，但我方承担风险及费用较多。

（三）服装展卖注意事项

1. 展卖服装合适

展卖服装适于品种规格复杂、用户对产品造型、设计、花色、图案要求严格及性能多变的产品，尤其是手工艺品、纺织品、服装、儿童玩具等日常生活用品类，须看货成交品。参展产品应质量好、市场竞争实力强、产品多样、花色繁多，适应大多消费者。

2. 服装展地适当

应选服装交易集中，市场潜力大，发展前景看好的交易中心和场地，展地交通、通信、旅馆、服务等基础设施全面、方便，收费较低。

3. 展卖时机适当

通常展卖期应是该类服装销售旺季，且展期不宜过长，避免同类服装在同期异地举办，以免影响客源。

4. 宣传组织周到

服装展卖应有很强的新闻效果，既促进了产品的销售，又扩大了宣传，另对展台、展品、文字说明等方面应做细致规划。

5. 合作客户良好

选择经营能力强、销售网络全、资信良好的合作客户，有利于服装展卖取得良好效果。

第三节　服装招标与拍卖

一、服装招标及投标

服装招标（Invitation to Tender）及服装投标（Submission of Tender）是国际贸易中常见交易方式之一，多用于政府、国企、公用事业采购活动。

（一）服装招标及服装投标含义

服装招标，是招标人（买方）在一定时间、地点发出招标公告（招标单），发布将买进服装的品种、规格、数量及买卖条件，邀请卖方服装投标的活动。

服装投标，是服装投标人（卖方），据招标公告条件，在一定时间内向招标人递盘的活动。

服装招标与服装投标是贸易的两个方面，招标方式有下几种：

1. 国际竞争性招标

服装招标人邀请若干个服装投标人参加竞争，选择一最有利于服装招标人的达成交易，此属竞卖或服装招标，一般分两种做法。

（1）公开服装招标。指整个服装招标活动都在公共监督下进行，遵循"国际竞争性服装招标"程序与条件。服装投标公司须经资格审查才能参加服装招标。这是一种无限竞争性服装招标。

（2）选择性服装招标。又叫邀请服装招标、有限竞争服装招标，服装招标人据已有业务关系和情报资料的客户专门邀请，通过资格审查后进行服装投标。

2. 谈判服装招标

又叫议标，属非公开、非竞争性服装招标。由服装招标与服装投标商直接谈判，选择成交。严格来讲不属于服装招标。

3. 两段服装招标

将无限、有限竞争服装招标相结合，先公开后选择服装招标。

（二）服装招标与投标基本程序

包括服装准备、投标、开标、评标、决标、中标及签约几个环节。

1. 服装招标准备

这是关键性工作，包括发布服装招标公告、资格预审、编制服装招标文件等。

（1）发布服装招标公告。采取"公开"或"两段"式服装招标时，应在刊物上刊登服装招标广告，介绍服装招标项目主要内容、要求条件及服装投标须知等。

（2）资格预审。由服装招标人对服装投标人基本情况、财务状况、经营能力及作风进行全面审查，据有关调查表进行打分审核。

（3）编制服装招标文件。列明各种服装招标条件、服装投标人须知、时间安排、服装招标程式等。有时还要规定服装投标保证金及履约保证金的条款。

2. 服装投标

（1）服装投标前准备。编制服装投标资格审查表，分析服装招标文件，寻找服装投标担保。重点是分析服装招标文件。

（2）编制服装投标文件和提供保证函。服装投标人经仔细研究标书后，一旦决定参加服装投标，就应据标书条款编制服装投标文件。为防止服装投标人中标后不签约，服装招标人常要求服装投标人提供保证金或保函，其数额一般为服装投标金额的 10% 左右。开标后，服装投标人未中标，保证金可退回。若开标后，中标人中标了，但又不与服装招标人签约，则保证金没收。

（3）递送服装投标文件。服装投标文件须在截止日期前送达服装招标人，逾期失效。

3. 开标、评标、决标

（1）开标。指服装招标人在指定日期、地点将收到的服装投标书所开标价及有关条件进行比较，择优选定投标人。开标分公开与非公开开标两种方式，前者使用较多。

（2）评标和决标。评标指服装招标人组织人员对服装投标进行评审，评审内容主要有：对比服装投标报价、服装投标是否合法、服装投标计算是否有严重错误。评标应遵循准确、公开、保密的原则。评标后要决算，选定中标人的活动。若标价不符合服装招标报价底线，评标可认为报价不合理，而另寻合理服装投标人。

4. 议标和签约

服装招标人与中标人在正式签约之前，双方仍有评、议机会，对涉及合同内容可进一步澄清，并可互相讨价还价，双方经议标达成一致后，即可签订合同。若评标时，认为所有服装投标均不理想，可宣布服装招标失败，拒绝全部服装投标，此为拒绝服装投标。出现拒绝服装投标多出现下列情况：最低标价与国际市场价格水平相差甚远；所有服装投标书内容均与服装招标要求不符；国际竞争性服装招标时，服装投标人太少，一般指少于3家合格服装投标人。

二、服装拍卖

（一）服装拍卖含义及特点

服装拍卖（Auction）是由拍卖行受服装货主委托，在一定时间及场所，按一定规则，以公开叫价的方法，把服装卖给出价最高的买主，这也是一种服装贸易方式。

服装拍卖必须在一定机构内有组织地进行；服装拍卖有自己独特的法规，且各个拍卖行各有其特点；服装拍卖属公开竞买的现货交易，服装拍卖是事先审货、现场叫价、落槌成交的一般做法。

（二）服装拍卖出价方法

1. 增价服装拍卖

也叫买方叫价服装拍卖，使用较多。由服装拍卖人列出被卖服装，宣布预定底价，由竞买者相继叫价、竞相加价（有时可规定加价幅度），直到服装拍卖人认为无人再出更高价格，则出槌确认，将这批货卖给最后出价最高者。在出槌之前，竞买者可撤销出价，若低于服装拍卖人最低价格，卖方有权撤回服装，拒绝出售。

2. 减价服装拍卖

又叫荷兰式服装拍卖，由服装拍卖人喊出最高价，然后逐渐减低叫价，直到某一竞买者表示买进为止。

3. 密封递价服装拍卖

又叫招标式服装拍卖，先由服装拍卖人公布每批服装具体情况及服装拍卖条件，买方在规定时间将自己出价密封递交服装拍卖人，服装拍卖人审查比较后，决定卖给哪个竞买者。这种方法多用于政府或海关处理库存或出卖没收服装时。

（三）服装拍卖程序

1. 服装拍卖准备

服装拍卖人将服装运至服装拍卖地，存入仓库，委托服装拍卖行挑选、分类、分级，服装拍卖行要收取分批费。服装拍卖行编印服装拍卖目录，所有被拍卖的服装均应列明有关信息，提前做好宣传、并展示服装，供买者查看，以便按质论价。

2. 服装正式拍卖

服装拍卖会应在指定时间、场所进行。会场中，买主通常有登记座位号，服装拍卖主持人主持程序，工作人员负责记录出价买主座位号，或提示主持人台下出价者。

服装拍卖一般由低到高增价拍卖，买方喊价发盘，主持人首槌则属接受。货主还可保留，即货主无法接受时，可在落槌前将服装撤下，也可采用无保留方式。

3. 成交与交货

服装拍卖成交后，服装拍卖行工作人员交给买方一份成交确认书，由买方填写并签字，以示正式成交。

服装拍卖款一般以现汇支付，成交时买方须支付一定货款，余额须尽快付清，此时服装拍卖行出具栈单或提货单到指定仓库提货。

服装拍卖行要收取一定的报酬，即佣金或经纪费。佣金多少无统一规定，按当地习惯具体确定。服装拍卖结束后，应公布有关情况，供市场资料收集。

（四）服装拍卖注意事项

1. 服装拍卖价格确定

服装拍卖旨在形成自由竞争的交易场所，买方据事先了解的服装情况及购买意图决定出价标准，在落槌之前还可反悔撤回。卖方可借服装拍卖主持人控制是否接受买方价格，并可采取保留式做法。

2. 公平交易

规定竞买者私下不得串通，压低或抬高价格。

3. 服装品质责任

由于竞买者事先查验过服装，且许多拍卖行公称"卖方对品质概不负责"，但有的拍卖行则规定一定时间内可提出品质异议书面申请。

4. 服装拍卖主持人职责

主持人可据自己理解，对服装进行描述，以吸引顾客，但买主仍须依自己判断行事。

5. 解决争议方式

竞买者谁出价最高，最终应由主持人确定，若当事人不同意可到场外协商，协商不成，可提交仲裁终决。

第四节 服装期货与对销贸易

一、服装期货交易概况

(一)服装期货交易含义

服装期货交易(Futures Trading)指在期货交易所内,按一定规章制度进行服装期货合同的买卖。服装期货交易多用于供求量较大、价格波动频繁的初级产品,如棉花、化纤、羊毛等原材料及其初级产品。

(二)服装期货交易特点

与现货交易相比,服装期货交易存在下列特点:

1. 标的物不同

服装期货交易买卖的是服装期货交易所制订的标准服装期货合同。

2. 成交时间、地点不同

服装期货交易必须在期货交易所内,按规定开市时间内交易。

3. 成交形式不同

服装期货交易是在公开、多边市场中,通过喊价或竞价方式达成。交易信息及合同条款均是公开的。

4. 履约方式不同

服装期货交易成交的服装期货合同,卖方可按合同规定履行实际交货义务,买方也可按合同接受实际服装。但不一定通过实际交割服装来履行,只要在服装期货合同到期前,做一笔反方向交易、交割时间和数量相等的服装期货合同,交易者可解除他实际履行合同的义务,即所谓对冲或平仓(Offset)。

绝大多数服装期货交易并不涉及服装实际交割。如美国服装期货交易实物交割不到5%。服装期货合同的履行,多数被买卖服装期货合同的差价的货币转移代替。

5. 当事人关系不同

服装期货交易双方互不相见、合同履行也无须双方直接接触。清算所替买或代卖服装期货合同,实际服装交割、交易的清算与结算由清算所对交易双方负责。交易虽达成,但服装期货交易双方并不建立直接法律关系。

6. 交易目的不同

参加服装期货交易的人可是任何企业或个人,通过服装期货交易可实现配合现货交易、转移价格变动风险、谋求利润,从事投机获利等目的。

二、服装期货市场的构成与做法

服装期货市场（Futures Market）是指按一定规章制度买卖服装期货合同的有组织的市场，由交易所、经纪人、服装期货佣金商及清算所等构成。

（一）期货交易所（Futures Exchanges）

1. 期货交易所含义

期货交易所指交易服装期货合同的场所。

2. 期货交易所结构

期货交易所多为非营利性的会员组织，只有取得会员资格的人才能进入期货交易所从事服装期货交易，非会员人只能通过会员服装代理进行交易。会员是申请购买获得资格，数量一般要限制，满员后，可通过公开竞价服装拍卖方式转让。

3. 期货交易所职能

提供交易场所、制订规则、监督和执行规则、制订服装期货合同、仲裁解决争议、宣传交易信息等。

（二）场内经纪人

凡拥有会员资格，进入交易池进行交易的人员，都叫场内交易人。交易人可为自己利益交易，也可接受外部交易指令，按客户要求完成服装期货交易，前者叫专业投机商，后者又叫场内经纪人，多受雇于服装期货佣金商。

（三）服装期货佣金商（Futures Commission Merchant，FCM）

服装期货佣金商又叫经纪人或佣金行，是进行服装期货交易的公司或个人组织，目的是从服装代理交易中收取佣金。其职责主要是：向客户提供交易服务；服装期货服装代理，处理保证金；记录客户盈亏及资讯业务。

（四）清算所（Clearing House）

1. 清算所含义

清算所是负责对期货交易所内买卖的服装期货合同进行统一交割、对冲及结算的独立组织机构。它是服装期货市场运行机制的核心。

2. 清算所组织及职能

清算所实行会员制。清算所的会员通常是交易所会员且资产雄厚、信誉极佳并购买了清算所一定股份。清算所会员须向清算所缴纳一笔存款用于累积保证金。期货交易所的会员未必是清算所的会员，清算所的非会员必须通过会员进行清算结算，且要支付一笔清算手续费。

清算所进行完成服装期货交易的买卖、转让、服装实际交割等可任意进行，无须通知交易双方，由清算所统一结算及办理交割手续，此为取代功能。

3.保证金制度

又叫押金制度，指清算所规定的达成服装期货交易的双方。应缴纳履约保证金的制度。清算所要求每位会员须开立一个保证金账户，对每笔交易，会员都按规定交一定数的保证金，非会员也要向清算所交一定的保证金。

（五）参与人

服装期货交易参与人无严格限制，只要照章办事，平等对待，无歧视的任何个人或公司均可参加。按参与的目的不同可分为两类，即套期保值和投机者。

1.套期保值

交易者用服装期货贸易代替临时的商业活动中，转让某些服装所有权的现货交易做法。目的是转移现货交易价格风险，以获得两类交易的最大配合利润，期望以服装期货市场盈利来弥补实际货物交易中可能的损失。

2.套期保值一般做法

（1）卖期保值。据现货交易，在服装期货市场上卖出服装期货合同（建立空头交易），再以多头进行平仓的做法。这是生产商在预售产品或采购原料时，为避免价格波动风险，常采用的做法。

（2）买期保值。据现货交易情况，先在服装期货市场上买入服装期货合同（建立多头交易），再卖出服装期货合同进行平仓的做法。这是中间商在采购货源、避免价格波动、固定价格成本时常用的做法。

3.注意事项

套期保值虽可减低现货交易价格的不利风险，但也否定了其有利的额外赢利机会。卖期保值是为了防止现货价格下跌，买期保值是为了防止现货价格上升，若套期结果相反，还不如不做套期保值。一般商人惯于在每笔实物交易之后，即做一笔套期保值。套期保值效果，取决于套期保值与取消时实际服装和期货之间差价变化，即基差变化。

$$基差 = 现货市场价格 - 服装期货市场价格$$

服装期货合同都规定了固定数量，每份合同代表一定量的服装期货服装。但实际操作中，服装数量是据买卖双方的意愿达成的，无法与服装期货合同要求完全一致，操作时应注意。

三、服装对销贸易

（一）服装对销贸易含义

服装对销贸易（Counter Trade）是包括服装易货、互购、产品回购、转手贸易等交易范畴，以进出结合，用出口来抵补或部分服装补偿进口的一系列贸易方式的总称。

（二）服装对销贸易分类及特征

服装对销贸易方式较多，主要分四种。

1. 服装易货贸易

服装易货贸易主要分为两种：

（1）服装直接易货。又叫一般服装易货。以货换货，按双方所须交换价值相等或相近的服装。此方式，一般要求进口和出口同时成交，而不与第三方相关。这是目前应用最广泛的服装易货形式，特别是在边境贸易中应用普遍。在实际操作中还可变通，如对开信用证方式等。

对开信用证服装易货时，双方先订换货合同，承诺在一定时间购买对方一定数量对等的服装，各自出口产品，按约定货币计价，总金额保持一致或基本一致即成，货款通过开立对开信用证方式结算，通常信用证都以对方开立为生效的约束条件。

（2）综合服装易货。多用于两国之间据记账或支付协定而进行的交易。由两国政府签订在双方银行互设账户，设置一定时期提供对方服装种类、进口金额相等或基本相等，双方自愿的服装易货协定书，再由各自对外贸易专业公司签订具体进出口合同，分别交货，货款由双方银行限期清算。协议期终时，双方账户如有余额，只要不超过摆动额，原则上顺差方不得要求对方用自己外汇支付，而只能以服装抵冲，由逆差方增交服装来平衡。

服装易货贸易特点：优点在于能调剂余缺，外汇支付手段匮乏国家、企业之间易达成交易，有利于以进（出）带出（进），避免或减少货币转移，发展中国家较常用。缺点是贸易服装的数量、品质、规格等必须是对方所须并可接受的，要找到合适的伙伴有时很困难，品质的衡量又很难协调，服装易货等值同期进行也较困难，运输及信用证的办理均较困难，增加了风险，服装易货贸易受双方国家经济互补性制约，两国经济发展水平，产业结构差异越大，其互补性越强。单纯的物物易货贸易方式在服装对销货贸易中比例较小。

2. 服装互购

服装互购又叫平行贸易或反向贸易。

（1）服装互购贸易含义。交易双方服装互购对方产品，它涉及两个既独立又相联的合同。双方先签一个合同，约定先进口国（多是发展中国家）用现汇购买对方服装（如机器、设备、技术等），并由先出口国（多为发达国家）在此合同中承诺在一定时期内（如一年）买回头货；双方须再签一合同，约定由先出口国用所货款的一部分或全部从先进口国购买商定的回头货。

服装互购贸易与服装易货不同，区别主要在：服装互购不是单纯服装易货，而是现汇交易，且不要求等值交换；先出口方可在第一份合同中承诺反购服装原则性金额，而细节可另定；一笔服装互购交易有时涉及两个以上当事人。

（2）服装互购贸易特点。对先出口方，从资金周转及随后谈判地位较有利。服装互购贸易是两笔现汇支付贸易。发达国家因挟其技术优势较多采用。此方式已成为当前服装对销货贸易中主流方式。

3. 服装产品回购贸易

服装产品回购贸易多用于设备交易，按回购协议，先进口国以赊购方式或利用信贷购进技术或设备，同时由先出口国向先进口国承诺购买一定数量或金额的，由该技术、设备直接制造或派生出来的产品，先进口方用出售这些产品所得的货款分期偿还进口设备的价款和利息，或偿还贷款和利息。这是常见基本做法。但也可由双方协议，由设备进口方提供双方所能接受的其他产品偿付进口，这种做法较复杂也较困难。

4. 服装转手贸易

服装转手贸易又叫服装三角贸易，是专为从事这种贸易的交易方取得可自由兑换的硬通货而产生的。服装转手贸易分两种形式：

（1）服装简单转手贸易。持有顺差的一方据记账贸易将回购的服装运往国际市场，常以低于市场的价格转售出去，取得硬通货币。实质上是一种简单的转口贸易。

（2）服装复杂的转手贸易。在记账贸易下顺差方用顺差以高于市场的价格从第三者购进其所须的设备或其经营产品，由该第三者用该顺差从记账贸易下的逆差国购买约定服装，在其他市场转售，最后取得硬通货。该交易较复杂，一般由专业机构从事。

第五节　服装对外加工贸易

服装加工贸易是我国实施对外开放政策的产物，近年来保持了持续、高速增长，规模不断扩大，结构不断优化，在我国对外贸易中的地位日益突出，成为一种重要的贸易方式。

我国加工贸易企业采取的是分类管理制度，将加工贸易企业分为 A、B、C、D 四类，企业分类名单实行动态管理，适时调整。对大型加工贸易企业定为 A 类企业，这类企业不实行银行保证金台账管理；对一般企业或是新开展加工贸易的定位 B 类企业，这类企业经营限制类商品，实行银行保证金台账"实转"，经营其他商品实行"空转"；对有轻微违规行为或技术违规的定为 C 类企业，这类企业经营所有商品均实行银行保证金台账"实转"管理；对有严重走私、违规行为的 D 类企业，不允许其开展加工贸易业务。

对外加工贸易又叫对外加工装配业务。其加工装配方式的特点：贸易双方是委托加工关系，协议（合同）中明确委托方要返销加工后的产品，中方无产品销售义务，而只按约定的标准收取工缴费，与日后产品销售的盈亏无关，所以没有什么风险；贸易形式上虽有进口和出口，但不是单纯的买卖行为，它的"进"与"出"是同时达成协议的，执行起来也很严格；属代客加工性质，承接方无须生产流动资金，只须严格按订单的标准、时间要求进行加工装配或生产，不得擅自改变。

因此，加工装配的核心问题是工缴费。而工缴费应考虑加工装配人员的工资、企业的生产费用、折旧费、税金及其他管理费、手续费、企业登记费或商标登记费等。在具体确定工缴费时，有三种方式可供选择：

（1）直接将加工装配过程中的合理支出费用连同一定的企业利润，折成委托方所在国家、地区的货币或双方同意的其他货币，作为工缴费。

（2）参照承接方所在国（或相类似水平的国家、地区）的同类产品的工缴费略低一些。

（3）先加工试产一批成品，在试产期实际费用支出的基础上，双方再通过商议确定工缴费标准。

一、服装来料加工贸易

服装来料加工贸易为由外商提供原材料等，在我方的服装工厂按对方要求进行加工装配，成品再交对方处理，我方按约定收取工缴费作为报酬。

（一）服装来料加工含义及作用

服装来料加工是一种委托加工方式。原材料及成品所有权均由外商控制，它属于劳务贸易的一种形式，是以服装为载体的劳务出口形成，是"两头在外"的加工贸易方式。服装来料加工贸易创汇率一般较低，服装来料加工对承接方及委托方均有积极的作用。

对承接方而言，弥补本国生产力过剩而原料不足的矛盾，为国家创汇；充分利用劳动力资源丰富，且成本相对较低的优势，增加就业机会，繁荣地方经济；有利于引进国外先进技术和管理经验，促进外向型经济发展。

（二）服装来料加工成交方式及协议事项

1. 成交方式

我国各地开展服装来料加工，按成交方式不同可分五种：

（1）由外贸公司和从事加工业务的服装工厂联合对外签约。服装工厂负责办理原料进口、安排加工、办理成品交货。外贸公司负责结收工缴费。

（2）外贸公司与外商签订加工装配合同，将外商提供的原材料、零附件交其所联系的服装工厂加工，成品交外贸公司，外贸公司负责交货，收取工缴费。外贸公司与服装工厂另有协议转付费用。

（3）外贸公司替服装工厂洽谈、签订加工合同，服装工厂负责加工产品，收以工缴费。外贸公司向服装工厂收取服务费（佣金）。

（4）有外贸经营权的服装工厂直接与外商签订合同，并办理加工业务全过程，自行负责全部手续及费用。

（5）外贸业务发达地区专门成立服装来料加工服务公司，作为加工企业的服装代理，统一对外签约，办理报关、出运、结收工缴费。

2. 服装来料加工合同

（1）合同首部。包括订约人名称、地址、联系方法，合同序言说明订约宗旨，合同编号及时间。

（2）合同正文部分。主要规定双方权利及义务，是合同核心内容。主要条款为：合同标的，服装来料规定，提交成品的规定，耗料率及残次率，工缴费规定，运输规定，保险规定及付款规定等。

（3）合同尾部。双方签字，选用文字及效力说明，有效期限，变更说明，合同附件及其说明。

（三）注意问题

我国服装来料加工业务起步晚，但发展很快，从事该业务时应注意如下问题：

1. 防止影响正常出口

服装来料加工虽比不上出口贸易，但须纵观全局，处理好与正常出口贸易的关系。不可因与之竞争而少做服装来料加工。

2. 工缴费的合理确定

在考虑本单位是否合算基础上，参照国际市场工缴费水平，讲求效益，不得竞相残杀。

3. 多采用国产料

以扩大自产、国产料比重，逐步过渡到自营出口。

4. 提高企业及员工素质

通过外联学习外国先进技术及经验，提高自身素质。

5. 提高技术层次

逐步从劳动密集型加工转向资本密集型、技术密集型加工。

6. 加强监督管理

严格执行资格审批制度，加强海关监督，严禁以服装来料加工为名，进行走私、偷漏税和套汇违法行为。

二、服装来样加工贸易

（一）服装来样加工含义

由外商提供成品清样，要求承接方按样品加工，对于原材料来源、加工方法等不限，只要在适当的时间及地点，提交要求后的产品即可。

（二）服装来样加工特点

该贸易方式与服装来料加工略有不同。服装来料加工也叫进料加工，又叫以进养出，利用我国的技术设备和劳动力，先进口原材料（进口时一般附有成品返销协议），制成成品后再出口。服装来样加工属两笔外贸合同，均发生所有权转移，原料供应者与成品购买者可以没有必然联系。其次，来样加工业务中，由于是购料后在我国加工，使其价值增值，再销售国外市场，赚取的是原料到成品的附加价值，我方应承担销售市场风险，一般其利润比服装来料加工应高。其他情况与服装来料加工相似。

三、服装来样订货贸易

（一）服装来样订货含义

我方企业在国内组织的原材料能符合产品、样品要求，加工技术已有保证情况下，可接受外方服装来样订货加工业务，加工企业可不必进行产品款式设计，自己组织原材料，并加工产品，按外商要求的式样，在规定时间及地点进行交货。

（二）服装来样订货特点

服装来样订货与服装来料加工，服装来样加工均不同，但都有相似之处，特别是与服装来样加工相似程度更大。

服装来样订货对加工企业来讲，风险、责任、自由度更大。我国纺织、服装原料丰富，品质优良，对一些大路产品，可采用服装来样订货方式贸易。企业自己在国内采购原材料，组织生产加工，负责运输、报关出运，与一般进出口贸易方式接近，只是无须进行产品设计。

服装来样订货方式属一笔外贸合同，这与服装来料加工业务相似。服装来样订货方式我方自主权较大，经济效益亦应是最好的。其他事项与服装来料加工近似。

四、服装补偿贸易

（一）服装补偿贸易含义

服装补偿贸易（Compensation Trade）为在信贷基础上进口生产技术和设备，由我方企业进行生产，以回销产品或劳务所得价款，分期偿还进口设备和技术的价款及利息。

（二）服装补偿贸易分类及特点

1. 服装补偿贸易分类

我国服装补偿贸易中，按偿付标的不同可分三类：

（1）直接服装产品补偿。双方约定，由设备供应方向设备进口方承诺，购买一定数量或金额的由该设备直接生产出来的产品。这是服装补偿贸易最基本做法，我国纺织、服装企业使用广泛。但此做法有一定局限性，一般适用于设备和技术贸易，在国际上有人称之为"工业补偿"，在我国一般称之为直接补偿。

（2）其他产品补偿。当交易产品（设备）不能生产时，或生产出的直接产品非对方所须，或在国际市场上不畅销时，可经双方协商，用回购其他产品来代替。一般是指首次进口的一方用于支付进口货款的商品，不是由进口物质直接生产出来的产品，而是双方商定的其他商品，即间接产品。由于这种贸易有时候并不直接与其他生产相联系，故在发达资本主义国家有人称之为"商业性"补偿贸易。由于这种补偿贸易用间接产品偿还，在我国一般称之为间接补偿贸易。

（3）劳务补偿。常用于服装来料、进料加工贸易相结合的中小型服装补偿贸易中。双方协商，对方代我方购进所须技术、设备，货款由对方垫付，我方加工产品后，从应收取的工缴费中分期扣还所欠款项。

实践中，上述三法还可综合运用，即综合服装补偿。据情况，可部分用直接产品，或其他产品或劳务服装补偿，部分还可用现汇支付。此外，还有多边补偿或叫转手补偿，由第三国替代首次进口的一方承担或提供补偿产品的义务，这种形式的补偿贸易形式比较复杂。

2. 服装补偿贸易特点

（1）服装补偿贸易必经信贷，多为服装信贷，即设备赊销。

（2）设备供方须承诺回购进方的产品或劳务，构成服装补偿贸易必备条件。

以上两个条件是构成服装补偿贸易的必备条件。

3. 服装补偿贸易作用

（1）对设备进口方而言（如我国一方）：这是一种较好的利用外资形式，弥补建设资金不足；可引进先进技术和设备，发展和提高本国的生产能力，加快企业的技术改造，产品可更新换样，增强竞争能力；通过对方回购、扩大出口的同时，得到一个较稳定的销售市场及渠道。

（2）对设备出口方而言（国外一方）：有利于突破进口方支付能力不足，扩大出口，通过回购加强自己的竞争地位，争取贸易伙伴，在回购中取得较稳定的原料或初级产品，可从转售产品中获利等。

4. 补偿贸易与一般贸易区别

（1）一般贸易通常是以货币为支付手段。补偿贸易实质上是用商品为支付的。

（2）一般商品通常不用以信贷为条件，补偿贸易往往离不开信贷，信贷往往是这种贸易的组成部分。

（3）一般贸易，一方为买方，另一方为卖方，交易手续简便。补偿贸易双方，既是买方，又是卖方，具有两重身份，有时供货或销售的义务还可转让给第三方，交易手续比较复杂。

5. 补偿贸易与易货贸易区别

两者都是买卖双方直接进行交换，一般不发生货币的流通，货币在这些贸易中仅仅是计价的手段。两者的不同之处是：易货贸易往往是一次性行为，买卖过程同时发生，大致同时结束。补偿贸易往往持续时间过长，有的 3~5 年，有的长达 10 年以上，每一笔交易往往包括多次的买卖活动。

（三）服装补偿贸易合同条款

对于服装补偿贸易合同条款，我国目前尚无统一固定格式，具体内容可据交易协商确定。可先订立一个基本协议确定各自在提供设备、信贷和回购方面的义务，分别签订供应设备和回购产品及劳务的具体合同，但实际运用中，往往都是一个合同包含全部内容。具体内容包括以下几方面：

1. 有关技术及技术协助条款

应据设备种类及性质而定，一般应包括设备名称、型号、规格、性能、参数等，还应明确设备的安装责任，对方应负责的技术协助（含人员培训）、质量保证及其期限等。若涉及专利或专有技术，还应明确设备供方有关保证，减少日后可能发生的纠纷。

2. 信贷条款

信贷条款包括货款金额、计价和结算货币利率、偿还期限、偿还办法及银行担保等内容。

3. 回购义务条款

构成服装补偿贸易条件之一是设备、技术出口方应承诺回购产品或劳务，故该部分内容应在合同中一一明定。主要有以下几种形式：

（1）回购产品名称、品种、规格、数量等，作为日后履约依据：签约时无法确定时，可就回购产品先订一些规则，列上清单以供双方选择，可使双方余地较大。

服装补偿贸易一般期限较长，易出现更换服装类型情况，在订合同时可建一套更改程序，对双方均有利。

（2）回购额度：一般设备提供方希望回购额度越小越好，而设备进口方想法相反。此额度常取决于进口方对技术设备的需求程度，返销产品的供应能力、设备供方推销设备迫切程度，还有其他因素等。

我国多为余额服装补偿，特别是成套引进时，用额较大的，均为全额服装补偿。近年来，由于企业规模加大，经济实力不断加强，据该设备在生产中的作用及可能产生的经济效益，可统筹考虑回购事宜。若专为出口的产品，有时也可要求对方回购额度超过金额服装补偿的比例。

实际应用中回购额度可用两种方法来定：一是明确数量；二是回购产品的总额，反算出回购产品的数量，此时应注意产品价格的变动，应充分考虑货价变动情况，并做好有关规定。

据还款期限，合同中还可规定每期回购的具体时间、数量、无法履约时的补救办法等事宜。

（3）回购产品作价：期限较短（1~2年），金额较小且产品价格较稳定时，可在合同中明确回购产品价格。但服装补偿贸易通常额度大，时间长（10~15年），故在合同中最好不固定价格，但应确定作价原则、时间、标准、方法、程序等相关事宜，以利于合同的执行。

（4）回购产品销售地区范围：回购产品，有时可自用，但大多须转售，承诺回购方，希望无回购服装转售限制，谈判中往往要求对方降低产品价格。而产品输出方则希望对产品销售地区加以限制，目的是避免冲击其正常贸易下已有的市场和渠道，或在其已有服装代理销售关系的地区转售，不希望在售后服务不健全的市场进行销售，以保证其产品销售通畅。

习惯做法是，若产品供方未在合同中加入限制条款则认为可任意转售。服装补偿贸易中，双方在合同中对回购产品转售地区有明确限制。若设备涉及工业产权，也应对其产品销售地区加以限制，以免侵权。

（四）注意问题

服装补偿贸易是一种较复杂的贸易形式，涉及贸易、信贷、生产、销售等，持续时间较长，履约时又易出现难以预料的变化进行服装补偿贸易时应特别注意：

（1）做好项目可行性分析，并慎重立项。

（2）合理核算贷款成本和安排偿还期限，既要考虑利率大小，还要注意币种软硬、设备价格高低，应三方面综合分析。

（3）处理好服装补偿产品与正常出口的关系。原则上互不影响，须在出口数量、销售市场及定价方面充分考虑。

五、中外合资服装经营

（一）中外合资经营服装的概念

中外合资服装经营企业是指外国的公司、企业和其他经济组织或个人，按照平等互利的原则，经中国政府的批准，在中华人民共和国境内，同中国的公司、企业或其他经济组织共同投资、共同经营、共担风险，按照投资比例共同分取收益的股权式企业。

中外合资服装经营企业在我国境内具有独立资产的法人实体，受我国法律的管辖和保护。华侨、港、澳同胞和台湾同胞的投资也可以参照中外合资经营企业法的有关规定实行。

（二）中外合资服装经营企业特点

1. 在投资方面

中外合资服装经营企业的自有资本须由国内外投资者分别投入，合营各方可以现金、实物、工业产权等进行投资，但必须折算为货币形式，其价格由合营各方按平等互利原则协商确定，或聘请合营各方同意的第三者评定。并经法定的验资程序确验各方的实际投资比例和出具验资证明，其中外方投入的资本比例一般不低于该合营企业的注册资本的 25%。

2. 在分成方面

合资企业在分成方面是以合营各方占注册资本比例分享利润和分担风险及亏损。合营企业获得的毛利润，首先按税法规定缴纳企业所得税，再扣除合营企业章程规定的储备基金、职工奖励金及福利基金、企业发展基金之后,净利润根据合营各方注册资本的比例进行分配。

3. 在投资本金回收方面

合资经营服装企业的注册资本在经营期内不得减少,投资者投资本金的回收只能是通过合营中分得红利或在期满并双方不再续约时,按投资比例分享残值的办法获得。

4. 期满后财产处理

合资经营服装企业的财产自始至终均为合营各方共有,合营期满后,必须进行清算,按合营各方注册资本的比例分享残值。

5. 在管理方面

合资经营服装企业是在中国境内建立具有法人地位的由中外合营各方共同经营有独立财产权的经济实体,其管理形式为董事会领导下的总经理负责制。

6. 在税收方面

合资服装企业作为法人,要按照《中华人民共和国中外合资经营企业所得税法》规定,由合营企业缴纳。

六、中外合作服装经营

(一)中外合作服装经营的概念

中外合作经营服装企业是外国的公司、企业和其他经济组织或个人,按照平等互利的原则,经中国政府批准,在中华人民共和国境内,同中国的公司、企业或其他经济组织共同商定,按合同规定的方式和比例分取收益的契约式经济组织。合作双方的权利、义务和责任,由合作各方通过签订协议、合同加以规定。这些权利和义务,一般不与投资各方的出资比例直接相联系,主要有:收益分配比例、风险和债务分担比例,结业清算时在清偿债务后剩余资产分配的比例等。

中方合作者一般提供场地使用权、厂房、配套设施、劳动力及劳动服务等条件,外商提供资金、技术、设备等作为直接投资。华侨、港、澳同胞和台湾同胞的投资也可以参照中外合作经营企业法的有关规定实行。

(二)中外合作服装经营的特点

中外合作经营服装企业与中外合资经营服装企业相比,有以下几点不同:

1. 投资方式不同

合作经营的投资大部分或全部由外方提供,中方仅以场地使用权、厂房、配套设施等作为合作条件,而且可以不作价投入,也可以不收租金或摊入成本,也可以不折算为注册的币值和计算各方的出资比例。

2. 收益分配不同

合作经营获利后,其收益不是按各方出资比例进行分配,而是根据合同中事先商定的利润分成比例进行分配。允许在合作经营初期，外商的分成比例大些，中方小些，以后中方逐年增大，外方逐年减小。

3. 投资回收方式不同

合作经营期间，外商可以通过下列方式收回其全部投资：

（1）在合作期内可以通过提取固定资产折旧方法收回投资本金，也可以用加速折旧，每年从提取的折旧费中偿还外商当年应收回的投资。

（2）采取前期增大外商分成比例。

4. 剩余财产的处理不同

若外商的投资本金在合作期内先行回收的，合作期满，企业全部固定资产无偿归中方所有。

5. 组织管理方式不同

合作经营是否组成法人，是否成立董事会，可根据项目的具体情况而定，不作硬性规定。

6. 税收方面不同

合作企业的中外合作者各自缴税，外商按《中华人民共和国外国企业所得税法》的规定缴纳所得税。

七、租赁经营

租赁是国际经济合作的一种新形式，是服装信贷和金融信贷同时进行的筹措资金的特殊形式，即由租赁公司垫付资金，购下设备，租给用户使用，用户定期支付租金，租期满后，承租人有权退租或续租、留购，三种可任意选择。租赁业务有利于租金周转，并可以很快形成生产能力，可以保证经常使用先进技术设备，减少自购所带来的过时风险。

目前国际上通用的几种主要租赁方式是：金融租赁、经营租赁、杠杆租赁、回租租赁和综合租赁等。

目前国内主要采取的租赁方式为金融租赁，金融租赁也叫融资性租赁，其主要特点是设备由承租人选定，租期满后承租人以象征性价格取得设备所有权。

各国间的租赁关系是以合同形式固定下来的，合同一经签订，租赁双方受合同的约束，合同受法律保护。因此，签订租赁合同要非常严肃认真。

第六节 服装电子商务简介

一、电子商务概况

（一）电子商务概念

电子商务（Electronic Commerce）是指对整个贸易活动实现电子化，又可称之为电子商业、网络贸易、Internet 商务、Web 商务、Web 购物等。以涵盖的内容来看，交易各方凭借电子技术进行交易，而不是通过当面磋商等其他商业交易方式。从技术上来讲，电子商务是一种多技术的集合体，包括交换数据（如电子交换数据、电子邮件）、获得数据（如共享数据、电子公告牌）、自动捕获数据（如条形码）等，是利用信息技术处理商务活动的系统。

（二）电子商务活动形式

1. B2C（Business to Customer，*企业对个人*）

B2C 指企业对个人的电子商务活动，利用计算机网络使消费者直接参加经济活动。

2. B2B（Business to Business，*企业对企业*）

B2B 指企业对企业的电子商务活动，利用计算机网络使企业间在订货、销售、发货等全部交易均以电子商务方式进行。

3. CRM（Customer Relation Management，*客户关系管理*）

CRM 指通过采用信息技术，使企业市场营销、销售管理、客户服务和支持等经营流程信息化，实现客户资源有效利用的管理软件系统。其核心思想是"以客户为中心"，提高客户满意度，改善客户关系，从而提高企业竞争力。

4. ERP（Enterprise Resources Planning，*企业资源计划*）

ERP 是建立在信息技术基础上，以系统化的管理思想为企业决策层及员工提供决策运行手段的管理平台。ERP 系统集信息技术与先进的管理思想于一身，成为现代企业运行模式，反映时代对企业合理调配资源，最大化地创造社会财富的要求，成为企业在信息时代生存、发展的基石。

5. MRP（Material Requirement Planning，*物资需求计划*）

MRP 是一种将企业库存管理和生产进度计划集合为一体的计算机辅助生产计划管理系统。它是以减少库存量为目标，统筹地为制造业管理者提供满足生产计划需要的物资供应手段。

6. SCM（Supply Chain Management，*供应链管理*）

供应链由供应商、制造商、分销网络、客户等环节组成。供应链管理是对供应链上"物流"、"资金流"、"信息流"、"增值流"和"工作流"的管理。

7. PDM（Products Design Management，*产品设计管理*）

PDM 以软件为基础，是一门管理所有与产品相关的信息（包括电子文档、数字化文件、数据库记录等）和所有与产品相关的过程（包括工作流程、修正流程）的技术。它提供产品生命周期的信息管理，并可在企业范围内为产品设计和制造建立一个并行化的协作环境。

二、电子口岸的含义

电子口岸运用现代信息技术，借助国家电信公网资源，将国家各行政管理机关分别管理的进出口业务信息流、资金流、服装流电子底账数据集中存放到公共数据中心，在统一、安全、高效的计算机物理平台上实现数据共享和数据交换。各国家行政管理部门可进行跨部门、跨行业的联网数据核查，企业可以在网上办理各种进出口业务。

为企业带来诸多便利的电子口岸，面对众多的国内外企业，凡经工商、税务部门批准持有有效的《企业法人营业执照》或《企业营业执照》以及《税务登记证》或《外商投资企业税务登记证》的企业都能够成为电子口岸的用户。

便捷通关企业可应用中国电子口岸平台自理报关，在企业办公地点直接向进出口地或主管地海关自行办理正式报关手续，企业一次输入所有通关数据，各进出境管理部门之间数据联网传输，海关审核报关单电子数据后发送电子回执，由企业自行派人或委托代理人在货物通关现场向海关办理交单审核及货物验放手续。有条件的海关还可实行与指定银行联网电子划款缴纳税费，海关向企业发出电子缴款通知后，验凭银行转账电子回执验放货物。如此，对相关企业办理海关事务带来极大方便。

三、电子口岸的目标

电子口岸所要实现的目标是：

1. 建立现代化的管理部门联网综合管理模式，增加管理综合效能

在公共数据中心支持下，进出口环节的所有管理操作，都有电子底账可查，都可以按照职能分工进行联网核查、核注、核销。

2. 利用高科技手段增强管理部门执法透明度

中国电子口岸借助于高科技手段，使管理部门各项进出口管理作业更规范、统一、透明，各部门、各操作环节相互制约，相互监督，从机制上加强了管理部门廉政建设。

3. 便利企业，提高贸易效率，降低贸易成本

很多进出口手续在办公室通过网络就可以完成，使通关效率提高，出口退税迅速，结售汇核销等手续更为便捷。

四、企业加入电子口岸网络的益处

企业加入电子口岸网络的益处是：

1. 一个公共数据中心，集中存放电子底账，信息资源共享

以前，企业想要和政府部门联网，必须分别联网，政府部门之间数据不共享，联网的效果不明显。通过中国电子口岸，企业只要与电信公网连接，就可以透过公共数据中心在网上直接向海关、国检、外贸、外汇、工商、税务等政府管理机关申办各种进出口手续，各政府部门也可以在网上办理各种审批手续，从而真正实现了政府对企业的"一站式"服务。透过数据中心，企业还可以获得运输、仓储、银行、保险等行业的中介服务，企业间也可以进行联网，实现真正意义上的电子商务。

2. 完全基于公网，系统开放性好，提供全天候、全方位服务

企业利用电信公网实现对公共数据中心的接入访问，企业在任何时候、任何地方只要

拨打本地电话就可以与 Internet 联网,并通过数据中心办理业务。

3. 入网成本低

登录中国电子口岸网站,企业只须配备一些简单设备,数据中心提供免费的系统安装软件,比 EDI 式成本低。而且,相关管理部门提供免费技术、业务支持,企业将得到更多的实惠。

4. 系统直观、易学,操作简单

中国电子口岸以 Windows 操作系统为平台,普遍应用 IE 等浏览器为工具,建立起和用户交互式的友好界面,系统提供一系列丰富的在线帮助和业务规范、操作指南查询,使用户轻松实现网上办公。

5. 多重严密的安全防护措施使系统安全可靠

中国电子口岸采用了国际标准和国内自主开发的高强度密码设计,在网传加密、网络隔离防护、机房设施安全以及身份认证、权限设置以及数字签名等安全方面采取了多重严密的安全防护措施,防黑客、防病毒、防偷窥、防抵赖。并且,该系统由政府部门直接管理,处在政府部门严密管理下,安全有保证。

五、海关网上支付系统

网上支付系统采取银行、进出口企业自愿加入的原则,凡与海关总署签订网上支付合作协议的银行及其分支机构、经向海关申请并被批准的企业均适用网上支付系统。

(一)网上支付系统的功能和作用

该系统利用现代信息技术,由海关业务系统、中国电子口岸网上支付系统、银行业务系统三部分组成,通过中国电子口岸数据中心平台将海关业务系统与银行业务系统相连接,改变传统的税费支付方式,为用户提供准确、方便、快捷的网上缴纳税费服务。

采用网上支付的用户,通过中国电子口岸查询到税费通知后,可在网上发布支付指令,银行接到支付指令后,直接从用户在银行开设的预储账号中划转税费,划转成功后,用户可直接办理相关通关手续。网上支付业务的推出改变了传统的柜台支付方式,缩短了通关时间,提高了通关效率,降低了贸易成本。

(二)网上支付工作中海关的职责

1. 网上支付监管要到位

有条件的海关可与已经和海关总署签有网上支付协议的银行所属分行共同为企业提供网上支付业务。开展网上支付业务前,各直属海关应分别与当地银行分支机构以及中国电子口岸数据中心签订《网上支付合作协议》。

2. 网上支付程序要严密

各直属海关应严格按照《网上支付作业操作规范》的有关要求开展网上支付业务操作。

3. 网上支付税率要明确

各直属海关应与当地银行分支机构协商制订修订关区内纸质税费单据的交接管理办法。海关应在约定的时间内将已向银行发送过"税费确认及缴库"指令的纸质税费凭证备妥，按约定手续交与银行取单行指派人员。

4. 网上支付异常情况处理要及时准确

（1）对海关审结后有税费的进出口报关单，海关业务系统自动向"中国电子口岸"网上支付系统发送"税费通知"，因故"税费通知"无法发至"中国电子口岸"系统时，海关应根据企业的要求再次发送。

（2）报关单放行后，海关业务系统自动向"中国电子口岸"发送"税费确认及缴库"指令，该指令因故未能传至银行时，海关应根据银行的要求通过系统提供的"补发税费实扣通知报文"功能重新发送"税费确认及缴库"指令。

5. 网上支付单证要齐备

海关应确保纸质税费凭证与税费电子底账数据的准确性和一致性。如遇到税费凭证与电子底账数据出现差异等情况，签发税费凭证的海关应及时受理银行的查询，并在2个工作日内解决问题，重新开具税费凭证交与银行取单行处理。

（三）网上支付工作中银行职责

1. 数据共享须一致

开展网上支付的银行（总行）须与海关总署签订《网上支付合作协议》，根据海关总署制订修订的业务求求方案及报文标准进行程序的开发，银行业务系统能与中国电子口岸数据中心平台连接并进行数据交换。

2. 业务操作须规范

开展网上支付业务的银行应制订修订相应的业务规范来规范银行内部业务操作。

3. 票据办理须专业

各地银行分支机构应根据与当地直属海关签订的协议商定的纸质税费单据的交接管理办法，指定取单行按约定的时间，由专门的取单人员到海关办理相关的取单手续。

4. 信息交换须及时

开展网上支付业务的银行应保证对"中国电子口岸"各项电子指令的及时处理。在正常情况下，银行对每个工作日下午5点以前接收到的电子指令，应于当日下午6点前处理完毕并反馈；于每个工作日下午5点以后接收到的电子指令，视为下一个工作日的业务，并于下一个工作日内处理完毕并反馈。

5. 账务处理须准时

开展网上支付业务的银行应保证税款的及时入库。银行从海关取回纸质税费凭证后，应于当日或最迟于下一个工作日进行核对。核对无误的，银行应于2个工作日内完成入库处理。

6. 异常情况须谨慎

（1）当"中国电子口岸"系统与银行业务系统网络连接出现故障时，银行应通知其下属机构柜员直接登录"中国电子口岸"系统，查询企业、海关向银行发出的各项电子指令，根据指令完成相应处理后，登录"中国电子口岸"系统分别反馈相应处理结果。

（2）银行按企业提交的"税费支付"指令进行预扣款项处理后，若接到海关发出的"取消税费"指令，应于当日或最迟于下一个工作日将预扣款项加计银行活期存款利息退还企业客户账户。

（3）银行对电子底账数据与纸质税费凭证核对有误的，以电子数据为准，纸质税费凭证视为有误，银行取单行应于取单之日起两个工作日内退还海关，由海关查明原因后重新开具税费凭证。

（四）开展网上支付业务对企业的要求

1. 企业资格

企业应是"中国电子口岸"入网用户，取得企业法人卡及操作员卡，具备联网办理业务条件的；通过"中国电子口岸"向海关、银行提出企业备案、操作员备案及授权的申请，并经海关、银行审批通过的；已在银行开立用于支付税费的预储账户，开户行及账号对海关不保密的。

2. 自愿原则

网上支付作为现行支付方式的一种补充，实行自愿原则。对同一份报关单所发生的网上支付的税费，企业可选择网上支付，也可选择柜台支付，但只能选择一种支付方式，不能选择交叉支付方式。

3. 申报时效

企业必须在申报当日向海关确定税款的支付方式，若确定网上支付方式，也必须在当日完成税款的预扣。

（五）专业监管要求

开通网上支付后，海关、银行和中国电子口岸数据中心应分别设立专人专岗负责向企业和有关各方提供各自职责范围内的服务和技术支持。如遇异常情况，可直接通过网络或热线电话向海关、银行、中国电子口岸数据中心提出协查要求，接到协查要求的部门应在保证企业正常通关的原则下及时处理，如属系统技术问题，应及时告知对方，并尽快解决。

本章小结

■ 服装包销指服装出口商通过协议把服装或服务，在一定时期及区域内的经营权，单独给予某客户的贸易做法。服装代理指服装代理人作为委托人的国外代表，构成委托服装代理关系。

■ 服装寄售属委托代售贸易方式，委托人（货主）先将服装中送往国外选定的代销商（又叫受托人），按委托服装寄售协议的规定，由代销商替委托商销售，待服装卖出后，由服装代销商向委托人结算货款；服装展卖又叫服装展销，指利用博览会、交易会、展览会、服装展销会及各种临时会展，集中销售的一种交易方式。

■ 服装招标是招标人（买方）在一定时间、地点、发出招标公告（招标单），发布将买进服装的品种、规格、数量及买卖条件、邀请卖方服装投标的活动；服装投标是服装投标人（卖方），据招标公告条件，在一定时间内向招标人递盘的活动。服装拍卖是由拍卖行受服装货主委托，在一定时间及场所，按一定规则，以公开叫价的方法，把服装卖给出价最高的买主。

■ 服装期货交易指在期货交易所内，按一定规章制度进行服装期货合同的买卖；服装对销贸易是包括服装易货、互购、产品回购、转手贸易等交易范畴，以进出结合，用出口来抵补或部分服装补偿进口的一系列贸易方式总称。

■ 服装来样订货是企业在国内组织的原材料能符合产品、样品要求，加工技术已有保证的情况下，按外商要求的式样，在规定时间及地点进行交货；服装补偿贸易是为在信贷基础上进口设备，以回销产品或劳务所得价款，分期偿还进口设备的价款及利息。

■ 中外合资服装经营企业是指外国的公司、企业和其他经济组织或个人，按照平等互利的原则，经中国政府的批准，在中华人民共和国境内，同中国的公司、企业或其他经济组织共同投资、共同经营、共担风险，按照投资比例共同分取收益的股权式企业。中外合作经营服装企业是外国的公司、企业和其他经济组织或个人，按照平等互利的原则，经中国政府批准，在中华人民共和国境内，同中国的公司、企业或其他经济组织共同商定，按合同规定的方式和比例分取收益的契约式经济组织。

■ 电子口岸运用现代信息技术，借助电信公网资源，将进出口业务信息流、资金流、服装流电子底账数据集中存放到公共数据中心，在统一、安全、高效的计算机物理平台上实现数据共享和数据交换。

思考题

1. 国际贸易中服装包销、代理包括哪些内容？各有何特点？
2. 服装寄售、展卖包括哪些内容？各有何特点？
3. 招标服装投标有哪些程序？服装拍卖方式有哪些？如何做好服装拍卖工作？
4. 服装期货交易有何特点？怎样做好服装期货交易？
5. 服装对外加工贸易分为哪几种形式？各有何特点？
6. 什么是电子口岸？企业加入电子口岸网络有何好处？

第六章　服装外贸合同条款

第一节　服装品名、品质、数量与包装

一、服装品名

服装国际贸易中，在合同中列明服装品名（Name of Commodity）是必不可少的。国际服装买卖合同中服装商品品名条款，并无统一格式，可由交易双方酌情商定。服装品名必须明确、具体、实事求是，尽量采用国际通用名称，并注意有关贸易中的限制条件。

二、服装品质

服装品质（Quality of Apparel）是服装的内在品质、外观形态的综合体现。前者包括服装商品的物理性能、机械性能、化学成分和生物特性等自然属性；后者包括服装的外形、色泽、款式、品牌、做工和材料等。服装品质是国际贸易合同中重要组成部分，是买卖双方交接服装的依据。应据不同市场和不同消费者的需求来确定服装商品质量。服装产品要不断更新换代，精益求精；服装商品品质应适应进口国的有关法令规定和要求；适应国外自然条件、季节变化和销售方式。

（一）服装品质表示方法

1. 以装船的服装品质为准

即通常所谓的离岸服装品质。按此规定，服装在装运前由装运港的检验机构检验，并出具服装品质检验证书，该证书将作为决定该批交货服装品质的最后依据，买方一般无权对交货的服装品质提出异议。

2. 以到岸服装品质为准

即在服装到达目的港卸货后，由目的地检验机构进行服装检验，以该检验机构出具的服装品质检验证书，作为交货的服装品质的最后依据。

在这样规定的情况下，如证明服装品质不符合同规定确属卖方责任，则卖方应负赔偿之责。

3. 以装运港的服装检验证书作为收付货款的依据，货到目的港后买方有复验权

按照这样的规定，服装必须在装运前由装运港的检验机构进行检验，其检验证书作为卖方向银行收取货款时提交的单据之一。而在服装运抵目的港卸货后，买方有复验权，如经复验发现服装不符合同规定，并证明这种不符是在卖方交货时（即服装风险由卖方转移到买方时）就已存在，买方可以凭复验证书向卖方提出异议和索赔。

4. 以服装实物表示服装品质

（1）以成交服装商品实际品质来表示，又叫看货买卖。多用于寄售、拍卖和展卖业务。

（2）以服装样品品质表示，又叫凭样品买卖。国际贸易中，可分以下几种：卖方服装样品、买方服装样品、对等服装样品。

有时也互寄服装样品，并注明"仅供参考"，以免与标准服装样品混淆。凭服装样品买卖时要注意：卖方交货的服装品质必须与服装样品完全一致；只能酌情使用；对服装品质无绝对把握时，在合同中应灵活运用。

5. 以说明表示服装品质

凡以文字、图表、相片等方式来说明服装商品品质，均为此类。具体有以下几种：

（1）凭服装规格买卖。服装产品规格多指反映服装品质的主要指标，如组成成分、成分含量、规格表示方法、规格尺寸大小等。此法较简易可行、明确、使用广泛。

（2）凭服装等级买卖。服装商品等级是指同一类服装，按其规格上的差异，分成优劣不同的若干等级，以便于双方买卖时签约采用。

（3）凭服装标准买卖。

（4）凭服装说明书和图样买卖。

（5）凭服装商标或品牌买卖。适用于品质稳定的服装产品及服装原材料、辅料等。

上述表示服装品质的方法，一般是单独使用，但有时也可酌情混用。

6. 其他规定方法

（1）以服装出厂品质为准。即以服装经过厂商自行检验通过的品质为基准。这种规定方法对制造厂最为有利，所以除少数特殊服装外，买方一般不愿采用这一规定。

（2）以服装到达目的地后的检验为准。当买方的营业所所在地点和服装的发售地点在进口国家的内陆时，按照习惯的做法，在事先通知卖方的情况下，买方可以要求将检验的时间和地点延伸到服装的最后目的地。

（3）以买方认可品质为准。买方指派代表到服装生产厂和发货地监督服装生产和装货，以买方代表认可的质量和数量为准。

（二）服装品质条款的规定

在服装品质条款中，一般要写明服装商品的名称和具体品质，品种不同，方法不一，简繁各异。但仍有以下几点应注意：

1. **对某些服装商品可规定一定的品质机动幅度**

（1）服装交货品质与服装样品大体相等或类似条文。

（2）服装品质公差。

（3）服装品质机动幅度。允许卖方所交服装的品质在一定幅度内有灵活性。

（4）低于约定服装品质者赔偿损失。卖方可向买方要求因品质不得拒绝或撤销合同，但可索赔。

2. **正确运用各种表示服装品质的方法**

一般凡能用科学的指标说明服装质量的适用于凭规格、等级或标准交易；难以规格化或标准化的，适于凭服装样品买卖；某些质量好并具有一定特色的名优服装产品，可凭服装商标或牌号；凡具地方风格和特色的服装产品可凭产地名称交易。

凡能用一种方法表示服装品质的，不宜用多种方法表示。

3. **服装品质条款要科学合理**

（1）从产销实际出发，防止服装品质偏高或偏低。

（2）合理规定影响服装品质的各项重要指标。

（3）注意各服装品质指标的内在联系和相互关系。

（4）服装品质应明确、具体。

三、服装数量

（一）约定服装数量的意义

约定服装数量是国际贸易中不可缺少的主要条件之一，数量必须符合合同规定。否则，买方有权提出索赔或拒收。

（二）服装计量单位和计量方法

1. **计量单位**

（1）重量单位：公吨、公斤、克、盎司等。

（2）数量单位：件、双、套、打、卷、袋、包等。

（3）长度单位：米、码等。

（4）面积单位：平方米、平方码等。

（5）体积单位：立方米、立方码等。

国际贸易中一般有公制（The Metric System）、英制（The British System）、美制（The U.

S. System）、国际单位制（The International System of Units，ISU）。我国规定采用国际单位制为法定单位制。

2. 计算重量的方法

（1）毛重：连服装包装的重量。

（2）净重：除去服装包装重量，是常见计重方法。

（3）公量：公式如下。

$$公量 = 服装商品干净重 \times (1 + 公定回潮率) = 服装商品净重 \times \frac{1 + 公定回潮率}{1 + 实际回潮率}$$

（三）服装数量条款的规定

服装数量包括成交服装商品的数量和计量单位。按重量成交服装商品，还须订明计算重量的方法，并注意下列事项：

1. 正确掌握服装成交数量

（1）对出口服装商品数量的掌握。应考虑国内服装市场供求状况；国内服装货源供应情况；国际服装市场价格；国外服装客户的资信状况和经营能力。

（2）对进口服装商品数量的掌握。可考虑国内服装的实际须要；国内支付能力；市场行情变化。

2. 服装数量条款应明确具体

在服装进出口合同中，一般不宜采用大约、近似、左右等带伸缩词，服装成交数量只能是一个约量。各国各行业伸缩不一致。据《跟单信用证统一惯例》规定，约数为交货数量不超过10%的增减幅度。

3. 合理规定服装数量机动幅度

服装数量机动幅度条款，即服装数量增减条款或溢短装条款，并注意下列事项：

（1）服装数量机动幅度大小要适当。

（2）服装数量机动幅度选择权的规定要合理。

（3）服装溢短装数量计价方法要公平合理。

四、服装包装

（一）服装包装的意义

国际贸易中服装的包装是必不可少的，它不但能起到保护服装商品、方便储存、便于运输的作用；而且还能介绍产品、指导消费、宣传促销，同时起到区分服装商品、树立形象、创造价值的作用。

许多国家对进口服装产品的包装要求很高，商检及海关都十分重视，经常会出现某单服装商品因其服装包装不符合有关规定，被勒令更换服装包装或禁止进（出）口的情况，给企业或公司带来损失。

服装包装是服装生产的继续，凡须要包装的服装商品，只有通过服装包装，才算完成生产过程，服装才能进入流通领域和消费领域，才能实现它的使用价值。这是因为，服装包装是保护服装在流通过程中质量完好和数量完整的重要措施，有些服装甚至根本离不开服装包装，它与服装包装成为不可分割的统一体。

在当前国际市场竞争十分激烈的情况下，许多国家都把改进服装包装作为加强对外竞销的重要手段之一。因为良好的服装包装，不仅可以保护服装商品，还能宣传美化服装，提高服装身价，吸引顾客，扩大销路，增加售价，并在一定程度上显示出口国家的科技、文化艺术水平。服装的包装应符合科学、经济、牢固、美观、适销和多创外汇的要求。

根据服装包装在流通过程中所起作用的不同，可分为服装运输包装（即服装外包装）和销售服装包装（即服装内包装）两种类型。前者的主要作用在于保护服装和防止出现货损货差，后者除起保护服装的作用外，还具有促销的功能。

（二）约定服装包装条件的意义

在国际服装买卖中，服装包装是说明服装的重要组成部分，服装包装条件是买卖合同中的一项主要条件。按照某些国家的法律规定，如卖方交付的服装未按约定的条件包装，或者服装的包装与行业习惯不符，买方有权拒收服装。即使服装按约定的方式包装，但却与其他服装混杂在一起，买方也可以拒收违反规定包装的那部分服装，甚至可以拒收整批服装。由此可见，搞好服装包装工作和按约定的条件服装包装，具有重要的意义。

（三）服装运输包装

1. 对服装运输包装的要求

国际贸易服装商品的运输包装，比国内贸易服装商品的运输包装要求更高，它应当体现下列要求：

（1）必须适应服装商品的特性。

（2）必须适应各种不同运输方式的要求。

（3）必须考虑有关国家的法律规定和客户的要求。

（4）要便于各环节有关人员进行操作。

（5）要在保证服装包装牢固的前提下节省费用。

服装运输包装的方式和造型多种多样，服装包装用料和质地各不相同，服装包装程度也有差异，这就导致服装运输包装的多样性。

2. 服装运输包装的标志

服装运输包装上的标志，按其用途可分为三种：

（1）服装运输标签。服装运输标签又称唛头，它通常是由一个简单的几何图形和一些字母、数字及简单的文字组成。其主要内容包括：目的地的名称或代号；收发货人的代号；件号与批号。

此外，有的服装运输标签还包括原产地、合同号、许可证号和体积与重量等内容。服装运输标签的内容繁简不一，由买卖双方根据服装商品特点和具体要求商定。

（2）服装指示性标志。服装指示性标志是提示人们在服装装卸、运输和保管过程中须要注意的事项，一般都是以简单、醒目的图形和文字在服装包装上标出，故有人称其为注意标志。

（3）服装警告性标志。服装警告性标志又称危险服装包装标志。凡在服装运输包装内装有防燃、防水、防湿、防潮、防污等要求时，都必须在运输包装上标明各种防护标志，以示警告，便于装卸、运输和保管人员按服装特性采取相应的防护措施，保护服装完好。

3. 服装销售包装

服装销售包装又称服装内包装，它是直接接触服装并随服装进入零售网点和消费者直接见面的服装包装。这类服装包装除必须具有保护服装的功能外，更应具有促销的功能，因此，在服装销售包装的造型结构、装潢画面和文字说明等方面，都有较高的要求。为了使服装销售包装适应国际市场的需要，在设计和制作服装销售包装时，应体现下列要求：

（1）便于陈列展售。

（2）便于识别服装。在服装销售包装上，一般都附有装潢画面和文字说明，有的还印有条形码的标志。

（3）便于携带及使用。

（4）要有艺术吸引力。

不同的服装包装材料和不同的造型结构与式样，形成了服装销售包装的多样性。究竟采用何种服装销售包装，主要根据服装商品特性和形状而定。

（四）服装中性包装和定牌生产

采用服装中性包装和定牌生产，是国际贸易中常有的习惯做法。

1. 服装中性包装的含义

服装中性包装是指既不标明生产国别、地名和厂商名称，也不标明商标或品牌的服装包装。服装中性包装包括无牌服装中性包装和定牌服装中性包装两种，前者是指服装包装上既无生产国别和厂商名称，又无商标、品牌；后者指服装包装上仅有买方指定的商标或品牌，但无生产国别和厂商名称。

采用服装中性包装，是为了打破某些进口国家与地区的关税和非关税壁垒以及适应交易的特殊须要（如转口销售等），它是出口国家厂商加强对外竞销和扩大出口的一种手段。

2. 服装定牌生产加工

服装定牌是指卖方按买方要求在其出售的服装商品或服装包装上标明买方指定的商标或牌号，这种做法叫服装定牌生产。

（五）服装包装条款的规定

服装包装条款一般包括服装包装材料、服装包装方式、服装包装规格、服装包装标志和服装包装费用的负担等内容。在商订服装包装条款时，须要注意下列事项：

1. 要考虑服装商品特点和不同运输方式的要求

2. 对服装包装的规定要明确具体

一般不宜采用"海运包装"和"习惯包装"之类的术语。

3. 明确服装包装由谁供应和服装包装费由谁负担

服装包装由谁供应，通常有下列三种做法：

（1）由卖方供应服装包装，服装包装连同服装一块交付买方。

（2）由卖方供应服装包装，但交货后，卖方将原服装包装收回。关于原服装包装返回给卖方的运费由何方负担，应作具体规定。

（3）由买方供应服装包装或服装包装物料。采用此种做法时，应明确规定买方提供服装包装或服装包装物料的时间，以及由于服装包装或服装包装物料未能及时提供而影响发运时，买卖双方所负的责任。

关于服装包装费用，一般包括在货价之中，不另计收。但也有不计在货价之内，而规定由买方另行支付的。

（六）服装条形码

1. 条形码概述

条形码是一种产品代码，由一组宽窄且间隔不等的平行线条及相应的数字组成。它可以表示服装许多信息，通过光电扫描输入电脑，从而判断出某件服装的生产国、制造厂、品名规格、价格等一系列产品信息，大大提高服装管理效率。

2. 服装包装的条形码

目前得到国际公认用于服装包装中的条形码有两种，即 UPC 和 EAN。每个字符均由数条黑白相间的条纹组成，中间有两条窄条纹向下伸出少许，将条形码分成左、右两部分。这两种条形码虽然只能表示 0~9 十个数字，但具有高度的查核能力，扫描操作简单可靠。

（1）UPC 条形码。UPC 码是由美国、加拿大统一的标识符号。

（2）EAN 条形码。迄今为止，使用 EAN 条形码的该协会成员国已有数十个，除欧洲外，亚洲许多国家也使用此码，我国于 1991 年 7 月参加该协会。

由于国际上存在这两种编码系统，因此，我国产品销往美国、加拿大应使用 UPC 码，而出口到其他国家和地区则须使用 EAN 码。

3. 两种条形码的构成

UPC 和 EAN 两种条形码虽同属一个类型，但由于 EAN 码是在 UPC 码基础上形成的，而且有所发展和创新，所以在技术上，EAN 系统的光电阅读器可以阅读 UPC 系统的条码，而 UPC 系统的光电阅读器却不能阅读 EAN 码。此两种条形码的构成如下：

（1）UPC 码的构成。由 11 位数字的通用产品代码和 1 位校验码组成。产品代码的第 1 位数字为编码系统字符，中间 5 位数字表示制造商号，后 5 位数字为产品代码。

（2）EAN 码的构成。由代表 12 位数字的产品代码和 1 位校验码组成。产品代码的前 3 位为国别码，中间 4 位数字为制造商号，后 5 位数字为产品代码。

EAN 的国别码由 EAN 总部分配管理，我国的国别代码为 690。制造商号代码由 EAN 在各国的分支机构分配管理，我国由"中国物品编码中心"统一分配企业代码，产品代码由制造商根据规定自己编制。

4. 服装条形码的应用

目前，国际市场上已经普遍在服装商品包装上使用条形码标签。当计算机扫描完顾客选定服装商品的所有条形码后，就能立即报出总价并把购物清单打印出来。这样，商店只须配备少量的售货员便能迅速、准确地完成结账、收款等工作，既方便了消费者，也为商店本身改善管理、提高销售效率、降低销售成本创造了条件。就批发、仓储运输部门而言，通过使用条形码技术，可使服装商品分类、输送、查找、核对、情况汇总迅速、准确，缩短服装商品流通和库内停留时间，减少服装损耗。不少国家和地区为了适应服装商品流通的需求，限定在服装商品包装上必须印刷条形码标志，否则不准进口。因此，条形码在国际服装包装上的应用已成为服装包装现代化的一个重要内容。

5. 我国条形码应用的申请与管理

1988 年年底成立的"中国物品编码中心"（以下简称"中心"），是我国条形码技术的归口管理单位，凡须要申请使用服装商品条形码的企业，一律要通过设在各地的"分中心"（未设"分中心"的，要通过"中心"指定和委托的标准化机构）向中国物品编码中心提出申请，由"中心"统一分配企业代码。生产和经营出口服装商品的企业须要使用条形码，可到上述条形码机构申请，由"中心"统一向国际条形码组织申请注册手续，如果企业有部分产品出口到美国、加拿大，另有部分产品出口到其他国家和地区，则应该同时申请 UPC 和 EAN 条形码，并按照规定支付有关费用。

目前条形码技术已升级为二维码识别系统，二维码具有更广泛的信息表达能力，同时更加便于使用，且不易出错。

（七）包装单据（Packing Documents）

包装单据是指记载或描述商品包装情况的单据，属于发票的附属单据。包装单据的主要功能是通过单据内的包装件数、商品规格等级、型号、唛头等项目的记载，明确商品的包装情况，便于买方了解和掌握进口商品包装件号内的具体内容，也便于海关在货物到达目的港时查核货物。根据不同商品的要求，常见包装单据有装箱单、重量单、规格单、尺码单、品种搭配单等。

第二节　国际服装贸易运输

在国际贸易中买卖双方达成交易的同时，交易双方须要根据所选用的贸易术语商定服装产品的交货运输方式，以利于双方进行成本核算和提前安排运输。

在选择运输方式时，要考虑控制成本、在交货期所允许的条件下，结合产品特点、运费及运输时间等安排合理的运输方式，要注意运输途中的风险控制以及运输安排的可实现性。在选择好合适的运输方式之后，买方或者卖方的相关业务人员要选择可靠的运输公司，签订货物运输合同并将运输的具体方式和时间等细节告知交易另一方。

一、运输方式及费用

国际贸易货物运输方式很多，包括海洋、铁路、航空、河流、邮政、公路、管道、大陆桥运输，以及各运输方式组合的国际多式联运等。

（一）水路运输

水路运输是以船舶为主要运输工具、以港口或港站为运输基地、以水域（海洋、河、湖等）为运输活动范围的一种客货运输。在蒸汽机发明及其用于交通动力前水路运输即已出现，为目前各主要运输方式中兴起最早、历史最长的运输方式。根据航行水域的性质，国际贸易中的水运主要有海运和河运。海运按其航行范围和运距，又分为沿海海运、近洋海运和远洋海运；河运按其航道性质与特点，又分为利用天然河流的一般内河水运，使用人工开挖的运河水运以及利用水面宽阔的湖泊与水库区水运。

水运的技术经济特征是载重量大、成本低、投资省、节省燃料，但灵活性小，航行速度慢，运输时间长，连续性也差，较适于担负大宗、低值、笨重和各种散装货物的中长距离运输，特别是海运，更适于承担各种外贸货物的进出口运输。

1. *海运航线的概念及分类*

（1）按船舶营运方式分：

①定期航线。是指使用固定的船舶，按固定的船期和港口航行，并以相对固定的运价经营客货运输业务的航线。定期航线又称班轮航线，主要装运零货。

②不定期航线。是临时根据货运的需要而选择的航线。船舶，船期，挂靠港口均不固定，是以经营大宗、低价服装运输业务为主的航线。

（2）按航程的远近分：

①远洋航线。指航程距离较远，船舶航行跨越大洋的运输航线，如远东至欧洲和美洲的航线。我国习惯上以亚丁港为界，把去往亚丁港以西，包括红海两岸和欧洲以及南北美洲广大地区的航线划为远洋航线。

②近洋航线。指本国各港口至邻近国家港口间的海上运输航线的统称。我国习惯上把航线在亚丁港以东地区的亚洲和大洋洲的航线称为近洋航线。

③沿海航线。指本国沿海各港之间的海上运输航线。如上海—广州，青岛—大连等。

（3）按航行的范围分：大西洋航线、太平洋航线、印度洋航线及环球航线等。

2. 海洋运输特点

国际货运中，运用最广泛的是海洋运输，目前占总运量的80%以上。相比特点为，通过能力大，不受轨道或道路限制；运量大，有万吨级货轮；运费低；受自然气候及自然条件影响大，航期不易准确；风险较大；速度相对较低。

3. 海洋运输船舶的经营方式

其经营方式可分为班轮及租船运输。

（1）班轮运输是当今主要运输方式之一。

①班轮运输特点：船期表固定，沿固定航线及港口运输，有相对固定的运费率收取运费；由船方负责配载装卸，装卸费包括在运费中，船货双方不计滞期和速遣费；船方货方的权利、义务和责任豁免，以船方签发的提单条款为依据；承运服装的品种、数量较灵活，货运质量较易保证，且一般采取在码头仓库交接服装，为货主提供便利条件。即班轮运输定时、定线、定港、定价、不定量、管装管卸。适于运量不大、批次较多，特别是零星小批货件、杂货的运输，可以及时迅速地将货物运送至目的地。承运人和货主之间不签订租船合同，仅按船运公司签发的订有详细的有关承运人、托运人或收货人的权利和义务条款的提单处理运输中的有关问题，为货主提供极大的方便。

②班轮运费包括基本及附加运费两部分。基本运费是指服装从装运港到卸货港所应收取的基本运费，它是构成全程运费的主要部分；附加费是对一些须特殊处理的服装，或由于突发事件或客观情况突变等原因而须另外加收的费用。

班轮运价有关概念：

a. 基本费率。是指每一计费单位（如运费吨）服装收取的基本运费。基本费率有等级费率，货种费率，从价费率，特殊费率和均一费率之分。班轮运费是由基本运费和附加费两部分组成。

b. 附加费。由于班轮运输挂靠港多，情况复杂，货物特性又各不相同，所以除基本运费外，还规定了各种名目繁多的附加费，来补充基本运费的不足。为了保持在一定时期内基本费率的稳定，又能正确反映出各港的各种服装的航运成本，班轮公司在基本费率之外，又规定了各种费用。附加费主要有超重、超长、选卸、直航、转船、港口、港口拥挤、绕航等附加费。除上述费用外，船运运公司还可根据不同情况临时决定增收一些附加费，如燃料、货币贬值时附加费等。

班轮运费通常按班轮运费表的规定计收，它规定了不同航线上运输不同服装的单位费率及计费规则。

③运费计算标准：通常有按服装重量；按服装尺码或体积；按服装重量或尺码，选择其中收取运费较高者计算运费；按服装 FOB 价收取一定百分比作为运费，称为从价运费；按每件为一单位计收；由船货双方临时议定价格收取运费，称为议价。

④运费计算步骤：

a. 选择相关的运价本。

b. 根据服装名称，在服装分级表中查到运费计算标准和等级。

c. 在等级费率表的基本费率部分，找到相应的航线、启运港、目的港，按等级查到基本运价。

d. 从附加费部分查出所有应收（付）的附加费项目和数额（或百分比）及货币种类。

e. 根据基本运价和附加费算出实际运价。

f. 运费 = 运价 × 运费 / 吨。

⑤运费计价方式：

按服装实际重量计收运费，称为重量吨。运价表内用"W"表示。

按服装的体积（容积）计收运费，称为尺码吨。运价表中用"M"表示。

按重量或体积计收运费中高者。用"W / M"表示。

按服装商品价格计费，称为从价运费。用"A. V"或"Ad. Val"表示。一般按 FOB 价格百分之几收费。

按服装件数计收。一般只对服装包装固定及服装包装内的数量、重量、体积固定的服装。

由货主与船运公司协商确定。多用于散装、货运量大、货价低、卸装易、装卸快的农副及矿产品，运价用"Open"表示。

（2）租船运输。租船运输是相对于班轮运输而言的另一种海洋船舶营运方式。租船是租船人为运输货物而向船东租赁船舶的业务。一般包括租赁整船和租赁部分舱位，它没有固定的船期表、航线和装卸港口，这些须按船租双方签订的租船合同来确定。运价也在双方协定的基础上随租船市场供求情况变化而变化。这种方式主要适合于运输大宗货物。

①租船运输特点。作为国际贸易运输中另一种重要的船舶经营方式，租船运输中船东（或二船东）向租船人之间提供的不是运输劳务，而是船舶的使用权。船东和租船人之间所进行的租船业务是对外贸易的一种商业行为，也叫无形贸易。租船通常在租船市场上进行，大宗交易常常是通过经纪人进行。租船运输具有如下特点：

a. 属不定期船，没有固定的航线、装卸港及航期。

b. 没有固定的运价。

c. 租船运输中的提单不是一个独立的文件。

d. 租船运输中的船舶港口使用费、装卸费及船期延误按租船合同规定划分及计算，而班轮运输中船舶中的一切正常营运支出均由船方负担。

②租船方式。主要有程租（Voyage Charter）和期租（Time Charter）两种。

a. 定程租船。又叫航次租船，是由船舶所有人提供船舶，在指定港口之间进行航行，承运指定服装的租船运输。它是船舶所有人按双方事先议定的运价与条件向租船人提供船舶全部或部分仓位，在指定的港口之间进行一个或多个航次运输指定服装的租船业务。定程租船租赁方式可分为单程（单航次）、来回航次、连续航次及包运合同四种。

b. 定期租船是船舶所有人把船舶出租给承租人使用一定时期的租船方式，在这期限内，承运人可以利用船舶的运载能力来安排货运。租期内的船舶燃料费、港口费用以及拖轮费用等营运费用，都由租船人负担，船东只负责船舶的维修、保险、配备船员和供给船员的给养和支付其他固定费用。期租船的租金在租期内不变，支付方法一般按船舶夏季载重线时的载重吨每吨每月若干货币单位计算。

c. 光船租船是一种比较特殊的租船方式，也是按一定的期限租船，但与期租不同的是船东不提供船员，光一条船交租船人使用，由租船人自行配备船员，负责船舶的经营管理和航行各项事宜。在租赁期间，租船人实际上对船舶有着支配权和占有权。由于该租船方式较复杂，所以较少使用。

③租船合同又称租约合同，是载有租船订约双方权利和义务条款的一种运输合同。程租使用较广的有"标准杂货租船合同"，简称"金康合同"。期租则有"标准定期租船合同"，又称巴尔的摩租船合同。

程租合同的主要条款有：合同当事人；船名和船旗；服装名称；装卸港；受载日和解约日；运费；装卸费用的划分；许可装卸时间；滞期费和速遣费等。

期租合同的主要条款有：船舶说明，租期，交船，租金，停租与复租，还船，转租等。

4. 海运运价货主询价注意事项

每当集装箱出口量大，舱位紧张时，船运公司会采用各种手段不断提高运价，外贸企业的运输成本将大大增加。如何在签订贸易合同前，对运输成本能够做出合理判断，成为广大外贸货主最关注的事。货主可以利用自己的货运量来降低运价，并注意部分航线运输的实际运价因服装种类而有所不同。

一般情况下，国际货运业务的大部分操作都由货运公司代企业完成。广大企业货主，尤其是开展进出口业务时间不长的生产企业，对运价环节的把握并不完全确定，造成了在核算运输成本时缺乏决策依据。据介绍，海运运价包括几部分，以上海港为例，出口集装箱整箱运价中就包括海运基本运价（指船运公司对外公布的运价）、BAF（燃油附加费）、SPS（上海港口附加费）、PSS（旺季附加费）、GRI（一般性涨价）。其中，海运基本运价船运公司各不相同，但对于货主来说，如果提供货运服务的运货代理，与某一船运公司签订有协议运价，甚至货量大时能够享有折扣等优惠政策，则运货代理可以提供的某一船运公司的运价，可能远远低于船运公司自身公布的运价。BAF、SPS 一般差别不大，而 PSS、GRI 则跟整个货运量及市场环境有关，不确定因素很多，但有些货代企业与某一船运公司签有关于这一方面的特殊条款，往往也能享受到非常优惠的政策。

根据海运运价的组成，咨询运价时应注意：

（1）某一航线可能有几家船运公司经营。在选择合适船期的船运公司后，要注意为你提供货运服务的货代企业是否与这家船运公司签有协议运价，如有你便可以享受到比较低的运价。

（2）如果有较稳定的长期货量，可以直接与船运公司签订一个协议运价，由船运公司指定它的代理为你提供货运服务。

（3）PSS、GRI 这两部分费用，如果你的运输计划正确性比较高，可以通过与船运公司或货运代理的协商，达成一定程度的减免。

（4）美国线的服装海运基本运价部分，一部分船东以采取 FAK 运价（所有货种同费率）方式，一部分船东则采取根据服装品名分级的费率方式。如果忽视这一点，货主询价的结果可能与实际运输的运价相差很大。

（二）铁路运输

铁路运输（Rail Transport）是仅次于海洋运输的主要运输方式，并是海洋运输中服装集散的运输方式。铁路运输优点是：一般不受气候条件影响，可保障全年正常运输；运量较大，速度快，高度连续性、运输中风险小；货运手续简单，收发货人可就近办理托运及提货手续。铁路运输可以保证所运载客货稳定舒适，具有一定的安全性，而且节省能量，如果配置得当，铁路运输可以比路面运输运载同一重量客货物时节省五至七成能量。现行铁路货物运输种类分为整车、零担和集装箱。整车适用于大宗货物；零担适用于零星货物；集装箱适用于精密、贵重、易损货物。托运人可以依据货物数量、性质、状态、形体等特点加以选择，达到安全、迅速、经济、便利地运送货物的目的。

铁路运输可分为国际铁路服装联运及国内铁路服装运输两种。

1. 国际铁路服装联运

凡属于使用一份统一的国际联运票据，由铁路负责经两国及以上铁路的全程运送，并由一国铁路向另一国铁路移交服装时，不须发货人和收货人参加，这种运输叫国际铁路服装联运。采用国际铁路服装联运，有关当事国家必须先要有书面约定。目前我国负责国际铁路联运进出口集装箱服装总承运人和总代理的是中国对外贸易运输总公司。

2. 国内铁路运输

仅在本国范围内按《国内铁路服装运输规程》的规定办理的服装运输。供应港、澳地区物资，也属于国内运输范围，但仍有一定区别。铁路须到深圳北站后原车转运至香港，或经广州南站再转船至澳门。

3. 国际铁路联运出口服装的托运和承运

（1）托运前的工作。在托运前必须将服装的包装和标记严格按照合同中有关条款、《国际货协和议定书》中款项办理。

①服装包装应能充分防止服装在运输中灭失和腐坏，保证服装多次装卸不致毁坏。

②服装标记、表示牌及运输标记、货签的内容主要包括商品的记号和号码，件数，站名，收货人名称等。字迹均应清晰，不易擦掉，保证多次换装中不致脱落。

（2）服装托运和承运的一般程序。

①发货人在托运服装时，应向车站提交服装运单和运单副本，以此作为服装托运的书面申请。

②车站接到运单后，应进行认真审核，对整车服装应检查是否有批准的月度、旬度服装运输计划和日程要车计划，检查服装运单各项内容是否正确，如确认可以承运，车站即在运单上签证时写明服装应进入车站的日期和装车日期，即表示接受托运。

③发货人按签证指定的日期将服装搬入车站或指定的货位，并根据铁路服装运单的记载查对实货，认为符合国际货协和有关规章制度的规定，车站方可予以承认，整车服装一般在装车完毕，发站在服装运单上加盖承运日期戳，即为承运。发运零担服装，发货人在托运时，不须要编制月度、旬度要车计划，即可凭运单向车站申请托运，车站受理托运后，发货人应按签证指定的日期将服装搬进货场，送到指定的货位上，经查验过磅后，即交由铁路保管。从车站将发货人托运的服装，连同服装运单一同接受完毕，在服装运单上加盖承运日期戳时，即表示服装业已承运。铁路对承运后的服装负保管、装车发运责任。

总之，承运是铁路负责运送服装的开始，表示铁路开始对发货人托运的服装承担运送义务，并担负运送上的一切责任。

（3）货运单据如下。

①国际铁路联运运单。它是发货人与铁路之间缔结的运输契约，它规定了铁路与发、收货人在服装运送中的权利、义务和责任，对铁路和发、收货人都具有法律效力。

②添附文件。我国出口服装必须添附"出口服装明细单"和"出口服装报关单"以及"出口外汇核销单"。另外，根据规定和合同的要求还要添附"出口许可证"、服装品质证明书、商检证、卫生检疫证、动植物检查以及装箱单、码单、化验单、产地证及发运清单等有关单证。

（4）出口服装交接的一般程序如下。

①联运出口服装实际交接是在接收路国境站进行。口岸外运公司接铁路交接所传递的运送票据后，依据联运运单审核其附带的各种单证份数是否齐全，内容是否正确，遇有矛盾不符等缺陷，则根据有关单证或函电通知订正、补充。

②报关报验。运送单证经审核无误后，将出口服装明细单截留三份（易损服装截留两份），然后将有关运送单证送各联检单位审核放行。

③服装的交接。单证手续齐备的列车出境后，交付路在邻国国境站的工作人员会同接收路工作人员共同进行票据和服装交接，依据交接单进行对照检查。交接分为一般服装铁路方交接和易损服装贸易双方交接。

（三）航空运输

航空运输（Air Transport）有速度快、货运质量高，不受地面条件的限制等优点。最适宜运送急需物资、鲜活水产、精密仪器和贵重物品。采用航空货运要办理一定货运手续，但航空公司一般只负责空中运输，此外，交接货、揽货、报关、订舱、送货等，则由航空货运公司办理。

中国对外贸易运输总公司既是中国民航的代理，也是各进出口公司的货运代理，负责各项事宜。

1.航空运输主要方式

（1）班机运输（Schedule Airline）。指固定时间、航线、始止站运输的飞机。班机通用形式是客货混合型飞机。

（2）包机运输（Chartered Carrier）。又称包租整机。由几个发货人或公司联合包租一架飞机运送服装。包机又分为整机或部分包机两种形式，适用于运送量较大或多人承包时，服装起止点相同的服装。

（3）集中托运。航空公司把若干单独发运的服装组成一整批服装，用一份总运单（附分运单）整批发运到预定目的地，由航空货运公司在那里的代理人收货、报关、分拨后交给实际收货人。这样比班机运输便宜7%～10%，发货人较倾向这种运输方式。

2.航空运输服装的运价

航空运输服装的运价是指从启运机场运至目的机场的运价，不包括其他额外费用。运价一般是按重量（kg）或体积重量（6000cm³折合一公斤）计算的，并以以上两种较高者为准。空运服装按一般服装、特种服装及其等级规定运价标准。

3.出口服装航空运输托运工作

（1）接受发货人的委托，预定舱位。从发货人取得必要的出口单据；安排运输工具取货或由发货人送货到指定地点，与单证认真核对。

（2）申报海关。

（3）口岸外运公司与内地公司出口运输工作的衔接。

①内地公司提前将要发运服装的品名、件数、毛重及时间要求通知口岸公司，并制作分运单，与其他单据一起寄出或与货同行交给口岸公司。

②内地公司将服装按照规定的时间地点运至口岸。

③口岸公司设专人承接内地公司运交的服装。

④口岸公司负责向航空公司订舱；通知内地公司航班号、运单号或总运单号；内地公司将航班号、运单号打在分运单上，然后将分运单交于发货人办理结汇。

（四）公路、内河和邮包运输

1.公路运输（Highway Transportation）

公路运输机动灵活、速度快、方便，可实现"门到门"运输服务。但载货量有限、运输成本高，易造成货损事故。公路运输一般指汽车运输。在地势崎岖、人烟稀少、铁路和水运不发达的边远和经济落后地区，公路为主要运输方式，起着运输干线作用。

2. 内河运输（Inland Water Transportation）

是连接内地与沿海的纽带，在运输和集散进出口服装中起重要作用。

3. 邮包运输（Parcel Post Transportation）

是较简便的运输方式。可实现"门对门"运输，手续简单、费用不高，国际间联运，现已成为国际贸易中普遍采用的运输方式之一。邮包运输包括普通和航空邮包。邮包每件重量不高于 20 公斤，长度不超过 1 米。适用于重量小、体积小的服装。

（五）集装箱运输和国际多式联运

1. 集装箱（Container）分类与条件

集装箱是货物运输的一种辅助设备。

集装箱可根据如下标准分类：

①集装箱可依空间标准尺寸大小分成不同规格。

②可依制箱材料分铝合金、钢板、纤维板、玻璃钢、木及不锈钢集装箱等。

③按结构分折叠式、固定式集装箱，固定式集装箱还可分密闭（Airtight Container）、板架（Flat Rack Container）、开顶（Open Top Container）、罐式集装箱（Tank Container）。

④按标准总重分 30、20、10、5、2.5 吨集装箱等。

⑤按用途分干货、冷冻冷藏、挂衣（Dress Hanger Container）、杂货、散货、液体货集装箱。其中挂衣集装箱是专门运输服装产品集装箱，又叫服装集装箱（Garment Container），其特点是，在箱内上侧梁上装有许多根横杆，每根横杆上垂下若干条皮带扣、尼龙带扣或绳索，成衣利用衣架上的钩，直接挂在带扣或绳索上。这种服装装载法只须挂衣架和服装隔离袋，不须纸箱等传统包装材料，可以称为服装的无包装运输，它节约包装材料和包装费用，减少人工劳动强度，同时提高了服装的运输质量。

按照国际标准化组织第 104 技术委员会规定，集装箱应具备下列条件：

①能长期反复使用，具有足够的强度。

②途中转运时可不动容器内的货物，直接换装。

③能快速装卸，并能从一种运输工具直接、方便地换装到另一种运输工具。

④便于货物的装满和卸空。

⑤具有一立方米或一立方米以上的容积。

2. 集装箱运输（Container Transport）特点

集装箱运输将一定数量的单件货物装入特制的标准规格的集装箱内，以集装箱作为运送单位再结合不同的运输方式所进行的运输，适用于海洋、铁路、公路集装箱运输及国际多式联运等，它是国际贸易中最重要的一种现代化运输形式。其优点为：

（1）提高了装卸效率，加速了船舶的周转。

（2）有利于提高运输质量、减少货损货差。

（3）节省各项费用，降低货运成本。

（4）简化货运手续，便利服装运输。

（5）把传统单一运输串连成连贯的成组运输，促进了国际多式联运的发展。

3. 集装箱海运费

由船舶运费和一些有关的杂费组成。根据下列两种计费方式：按杂货基本费率加附加费和按包箱费率计。

4. 国际多式联运（International Multimode Transport 或 International Combined Transport，美国称为International Intermeddle Transport）

（1）国际多式联运定义又叫多式联合运输。

国际多式联运是在集装箱运输基础上产生和发展起来的一种综合性连贯运输方式，它以集装箱为媒介，把海、陆、空各种传统的单一运输方式有机地结合起来，组成一种国际间的连贯运输。

《联合国国际多式联运公约》定义为"国际多式联运是指按照国际多式联运合同，以至少两种不同的运输方式，由多式联运经营人将服装从一国境内接管服装的地点运至另一国境内指定交货地点。为履行单一方式服装合同所规定的服装接送业务，则不应视为国际多式联运"。

（2）国际多式联运特征。

①这种运输必须使用全程提单。

②联运经营人对货主承担全程的运输责任。

③联运经营人以单一费率向货主收取全程运费。

④必须是国际间的服装运输。而后这种运输也必须是采用两种以上不同运输方式衔接组成一个连贯的运输以完成国际间的服装运输。

（3）多式联运经营人的性质和责任范围。《公约》对多式联运经营人所下的定义是："本人或通过其代表订立多式联运合同的任何人是货主，而不是发货人的代理、代表或参加多式联运的承运人的代理人或代表，并且负有履行合同的责任。"其责任期间是从接受服装之时起到交付服装之时止，在此期间对货主负全程运输责任，根据多式联运责任制的范围和索赔限额，目前国际上一般有三种类型和做法：

①统一责任制。

②分段责任制，又称网状责任制。

③修正统一责任制。

二、装运条款

装运条款是国际贸易合同中的重要条款。通常包括交货时间、装运地和目的地、装卸时间及费用、是否分批装运和转运等内容。明确、合理地规定转运条款是买卖双方履行合同的重要条件。

（一）国际服装运输各方当事人

1. 服装运输代理的种类

（1）租船代理。又称租船经纪人，按其代表的委托人身份的不同又分为租船代理人和船东代理人。

（2）船务代理。指接受承运人的委托，代办与船舶有关的一切业务的人，主要业务有船舶进出港、货运、供应及其他服务性工作等。船方的委托和代理人的接受以每船一次为限，称为航次代理；船方和代理人之间签订有长期代理协议，称为长期代理。

（3）货运代理。指接受货主的委托，代表货主办理有关服装报关、交接、仓储、调拨、检验、包装、转运、订舱等业务的人，主要有订舱揽货代理、服装装卸代理、服装报关代理、转运代理、理货代理、储存代理、集装箱代理等。

（4）咨询代理。指专门从事咨询工作，按委托人的需要，以提供有关国际贸易运输情况、情报、资料、数据和信息服务而收取一定报酬的人。

以上各类代理之间的业务往往相互交错，如不少船务代理也兼营货运代理，有些货运代理也兼营船务代理等。

2. 承运人

承运人指专门经营水上、铁路、公路、航空等客货运输业务的交通运输部门、如轮船运公司，铁路或公路运输公司、航空公司等。它们一般都拥有大量的运输工具，为社会提供运输服务。

3. 货主

货主指专门经营进出口商品业务的外贸部门或进出口商。它们为履行贸易合同，必须组织办理进出口商品的运输，是国际服装运输工作中的托运人或收货人。

4. 订舱

是托运人（Shipper）或其代理人根据其具体须要，选定适当的船舶向承运人（即班轮公司或它的营业机构）以口头或订舱函电进行预约申请货物运输，并填写货物（进）出口委托书。订仓单上通常会有货名、重量及尺码、起运港、目的港、收发货人、船名等内容。承运人对这种申请（预约）给予承诺后，就会在舱位登记簿上登记，即表明承托双方已建立了有关货物运输的关系，并着手开始货物装船承运的一系列准备工作。

在洽商交易时，买卖双方须就交货时间、装运地及目的地，能否分批装运及转船、转运等问题商妥，并在合同中具体说明。

（二）装运时间

装运时间又称装运期，是指卖方将合同规定的货物装上运输工具或交给承运人的期限。履行 FOB、CIF、CFR 的合同时，卖方只须在装运港将货物装上船，取得代表货物所有权的单据，就算完成交货任务。因此，装运时间（Time of Shipment）和交货时间（Time of Delivery）是同一个概念，在采用其他价格术语成交时，"装运"与"交货"是两个完全不同的概念。在合同签订后，卖方能否按规定的装运时间交货，直接关系到买方能否及时取得货物，以满足其生产、消费或转售的需要。有些西方国家法律规定，如果卖方未按合同规定的时间交货，即构成卖方的违约行为，买方有权撤销合同，并要求卖方赔偿其损失。

1. 装运时间的规定方法

（1）明确规定具体装运时间，一般是一段时间内装运，使用较普遍。这种规定方法，期限具体，含义明确，便于卖方备货，双方不至于在交货时间的理解和解释上产生分歧，因此，在大宗货物交易合同中应用较广。

（2）规定收到信用证后若干天或若干月装运。此法适用于下列情况：

①按买方要求的花色、品种和规格或专为某一地区或某商号生产的服装商品，或一旦买方拒绝履约难以转售的服装商品，为防止经济损失，可采用此法。

②在外汇管制较严的国家和地区，或实行进口许可证或进出口配额制的国家，为促成交易而采用。

③对某些信用较差的客户，为促其按时开证，也可酌情采用这一方法。

如合同订明，"收到信用证后45天内装运"。同时还应规定有关信用证的开到、开出日期等。如"买方须最迟××（日期）将有关信用证开抵卖方"。有时还加入约束条款，如"买方如不按合同规定开证，则卖方有权按买方违约提出索赔"。

（3）收到信汇、电汇或票汇后若干天装运。

（4）笼统规定近期装运，但应慎重。

2. 注意事项

（1）应考虑货源和船源的实际情况，防止交货不及时或租船订舱无位的有货无船现象。

（2）对装运期的规定要明确，不能含糊。

（3）装运期应适当。

（4）开证日期应明确合理，互相衔接。

（三）装运港和目的港

装运港（Port of Shipment）是指服装起始装运的港口，对于FOB合同，装运港为合同要件；目的港（Port of Destination）指最终卸货的港口，对于CIF合同，目的港为合同要件。装运港和目的港的确定，不仅关系到卖方履行交货义务和货物风险何时转移，而且关系到运费、保险费乃至成本和售价计算等问题，因此必须在合同中具体规定。

1. 装运港和目的港的规定方法

（1）一般是分别各定一个。

（2）酌情可定多个港。

（3）磋商交易时，明确装运及目的港有困难，可采用选择港（Optional Port）。如在两个港口中选一个，或笼统规定某一航区为装运港目的港。

确定港口时，应从本身利益和须要出发，据产、销和运输等因素综合考虑。目前我国的装运港主要有大连港、秦皇岛港、香港、烟台港、青岛港、连云港、南通港、上海港、宁波港、温州港、福州港、厦门港、汕头港、广州港、黄埔港、湛江港、北海港及台湾省的基隆港和高雄港等。

2. 注意事项

（1）注意问题（规定国外港口）：

①对国外装运港和目的港的规定力求具体明确。对于笼统港口，因数量较多、运费差异大，应避免将目的港规定在同一航区，且不宜过多，并注意各项费用的负担。

②不能接受内陆城市为装运港或目的港的条件。

③必须注意装卸港的具体条件，以防无法履约。

④应注意国外港口有无重名问题，防止差错。

（2）规定国内港口注意问题。在服装出口业务中，选择国内装运港，一般以接近货源地的对外贸易港口为宜，考虑港口和国内运输的条件和费用水平。在进口业务中，对国内目的港选择，原则上以接近用货单位或消费地区的对外贸易港口最合理，为避免过分集中，可定为"中国口岸"。

3. 港口条款

装运港应明确无误地规定，它是制订修订合同的重要环节；目的港通常由买方提出，经买卖双方同意而确定。港口条款应注意：

（1）不能接受我国政府不允许进行贸易的国家或地区的港口为目的港。

（2）对目的港的规定必须明确具体，一般不要使用"欧洲主要港口"、"非洲主要港口"等笼统的字句。因为国际上对此并无统一的解释，而不同港口的装卸条件、运费和附加费，也可能有很大差别。在出口交易中，选择目的港应当注意的问题如下：

①力求具体明确。如"西欧主要港口"，因对主要港口的概念无统一解释，易引起纠纷，应避免使用。但在实际业务中，也可允许在同一区域规定两个或两个以上的邻近港口作为可供选择的目的港，以照顾那些在订约时不能确定目的港的中间商客户。但要明确规定：选港增加的运费、附加费由买方承担；买方必须在开证同时告知最后目的港。

②注意目的港的条件。如有无直达班轮航线，装卸条件及运费、附加费水平等。这些关系到货运成本及租船订舱等问题。

③一般不接受指定某个码头卸货。如须要可视船方能否接受，再作规定。

④注意国外港口有无重名问题。为了避免错发错运，应明确目的港所在国和地区。

⑤不能接受内陆城市为目的港的条件（多式联运除外）。对内陆国家出口，应选择距离该国目的地最近的港口为目的港。

（3）服装运往没有直达船或虽有直达船而航次很少的港口，合同中应规定"允许转船"的条款，以利装运。

（4）目的港必须是船舶可以安全停泊的港口。

（5）对内陆国家的贸易，一般应选择距离该国最近的、能够安排船舶的港口为目的港。除作联运承运人能够接受全程运输，一般不可接受以内陆城市为目的地的安排。

（6）世界各国港口重名的很多。凡有重名的港口，应加注国名，在同一个国家有同名港的，则还须加注港口所在国的部位。

（7）目的港为"选择港"的情况。有的进口商在磋商交易时，还未找到他们准备接货的目的港。因此，有时可考虑采用规定"选择港"的做法。但核算售价须按运费最高的港口为基础，选择港必须以同一航线的班轮寄航港为限，并应明确选择港附加费由买方负担或计入货价；"选择港"的数目一般不超过 3 个。采用选择港时，买方必须在轮船驶抵第一个"选择港"前，按船运公司规定的时间，将最后确定的卸货目的港通知该港的船运公司或其代理人，否则，船方有权在任何一个选择港卸货。

（四）分批装运和转船

1. 分批装运与转船概念

一笔成交的服装，分若干批次在不同航次、车次、班次装运。据《跟单信用证统一惯例》规定，同一船只、同一航次中多次装运服装，即使跟单表示不同的装船日期或不同装货港口，也不作为分批装运论处。分批装运适用于大宗服装交易。

服装装运后，须要通过中途港转运的称为转船（Transshipment），买卖双方可以在合同中商定"允许转船"（Transshipment to be Allowed）条款。

2. 分批装运的原因

（1）数量大，卖方不能做到货物一次交付或备货资金不足。

（2）有的进口商，本人无仓库，货到后直接送工厂加工。提前到货无处存放，迟交货可能造成停产，故分批装运。

（3）运输条件的限制。

3. 转船的原因

（1）无直达船舶。

（2）规定用集装箱装运，但装运港无装卸设备，须集中到其他口岸装箱。

4. 分批装运的规定方法

（1）只注明允许分批装运，但不作具体规定。例如：Partial Shipment is Allowed。

（2）规定时间和数量的分批。例如，7、8、9 月每月装 1000 吨（Shipment during July/August/September 1000 m/ts monthly）。规定等量分批装运时，最好在等量前加"约"字，以便灵活掌握。类似限批、限时、限量的条件，卖方应严格履行约定，只要其中任何一批未按时、按量装运，就可作为违反合同论处。如采用 L/C（信用证）支付，一批未按时交付，则本批及以后各批均告失效。

（3）规定不准分批装运。例如：Partial Shipment is not Allowed。

为避免不必要的争议，争取早出口、早收汇，防止交货时发生困难，除非买方坚持不允许分批装运和转船，原则上应明确在出口合同中订入"允许分批装运和转船"为好。并按规定执行，其中任一批次未按规定装运，则本批及以后各批均告失效。同样，在信用证业务中，除非信用证明示不准分批装运和转船，否则卖方有权分批装运和转船。

（五）装运通知

在采用租船运输大宗进出口服装的情况下，在合同中附加约定条款，目的是明确买卖双方的责任，促使买卖双方互相配合，共同做好船货衔接工作。

国际贸易中一般做法，按 FOB 条件成交时，卖方应在约定的装运期前，一般是 30~45 天，向买方发出服装备妥通知，以便买方及时派船接货。买方接到卖方开出的备货通知后，应按约定的时间将船名、船舶到港受载日期等通知卖方，以便卖方及时安排服装出运和准备装船。

在服装装船后，卖方应在约定时间，将合同号、服装品名、件数、重量、发票金额、船名及装船日期等项内容电告买方，以便买方办理保险并做好接卸服装的准备，及时办理进口报关手续。

（六）装卸时间、装卸率和滞期、速遣条款

在国际贸易中，大宗服装商品多使用程租船运输。船方已将程租船运输中各项常规费用计入运费中，并将有关规定订入合同中。具体如下：

1. 装卸时间

指允许完成装卸任务所约定的时间，一般以天数或小时数来表示。装卸时间规定方法如下：

（1）日或连续日。日多指午夜至午夜连续 24 小时，即是日历日数，不考虑其他情况。这对租船人很不利。

（2）累计 24 小时好天气工作日。不论港口习惯作业时间，以累计 24 小时作为一个工作日。对租船人有利，而对船方不利。

（3）连续 24 小时好天气工作日。如中间有坏天气而不能作业的时间应扣除，这种规定方法适用于昼夜作业的港口。当前，国际上较普遍采用此法，我国一般都采用此方法。

由于习惯和规定不同，应注意各国港口星期日及节假日的有关规定。合同中应明确起止时间算法，一般在船长向承租人或他的代理人递交了"装卸准备就绪通知书"后，经一定的规定时间后，开始起算，服装装卸完后为止算时间。

2. 装卸率

指每日装卸服装的数量。一般应按港口习惯的正常装卸速度，掌握实事求是的原则，这关系到完成装卸时间和运费水平，装卸率规定过高或过低都不合适。

3. 滞期费和速遣费

如在约定的允许装卸时间内未能将服装装卸完，致使船舶在港内停泊时间延长，给船方造成经济损失，则延迟期间的损失，应按约定每天若干金额补偿给船方，其补偿金叫滞期费。反之，提前完成装卸，节省了船舶在港的费用开支，船方将其获利的一部分给租船人作为奖励，叫速遣费。按惯例，速遣费一般为滞期费的一半。

三、运输单据

运输单据是承运人收到承运服装后签发给出口商的证明文件，它是交换服装、处理索赔与理赔及向银行结算货款或进行议付的重要单据。国际货运单据较多，主要有以下几种：

（一）海运提单

1. 性质及作用

海洋运输海运提单（Bill of Lading，B/L）是船方或其代理人在收到其承运的服装时，发给托运人的服装收据，也是承运人与托运人之间的运输契约证明，在法律上它具有物权证书的效用。收货人在目的港提取服装时，必须提交正本提单。

海运提单作用：

①货物收据。提单是承运人签发给托运人的收据，确认承运人已收到提单所列货物并已装船，或者承运人已接管了货物，已代装船。

②运输契约证明。提单是托运人与承运人的运输契约证明。承运人之所以为托运人承运有关货物，是因为承运人和托运人之间存在一定的权利义务关系，双方权利义务关系以提单作为运输契约的凭证。

③货权凭证。提单是货物所有权的凭证。谁持有提单，谁就有权要求承运人交付货物，并且享有占有和处理货物的权利，提单代表了其所载明的货物。

2. 海运提单的格式及内容

海运提单格式很多，每个船运公司都有自己的提单格式，但基本内容大致相同，一般包括提单正面的记载事项和提单背面运输条款。

（1）提单正面的内容。正面记载事项，分别由托运人和承运人或其代理人填写，内容包括托运人、收货人、被通知人、收货地或装货港、目的地或卸货港、船名及航次、唛头及件号、货名及件数、重量和体积、运费预付或运费到付、正本提单的张数、船运公司或其代理人签章、签发提单的地点及日期。

（2）提单背面的条款。在班轮提单背面通常都印有运输条款，作为确定承运人与托运人之间、承运人与收货人及提单持有人之间的权利和义务的主要依据。规定了承运人与货方之间的权利、义务和责任豁免，是双方当事人处理争议时的主要法律依据。在全式（Long Term）正本提单的背面，列有许多条款。但各国船运公司签发的提单背面条款互有差异。

3. 海运提单的种类

（1）据服装是否已装船分为：

①已装船提单（Shipped B/L, or On Board B/L）。是指船运公司已将服装装上指定船舶后所签发的提单，并有装船期及船长或其代理人签字。如果承运人签发了已装船提单，就是确认他已将货物装在船上，由于已装船提单对于收货人及时收到货物有保障，所以在国际货物买卖合同中一般都要求卖方提供已装船提单。

②备运提单。又叫收讫待运提单。是指船运公司已收到托运服装等待装运期间签发的提单。它是承运人在收到托运人交来的货物但还没有装船时，应托运人的要求而签发的提单。签发这种提单时，说明承运人确认货物已交由承运人保管并存在其所控制的仓库或场地，但还未装船。

（2）据提单上有无对服装外表状况的不良批注分为：

①清洁提单（Clean B/L）。指服装在装船时服装包装表面状况良好，船运公司未注服装受损及服装包装不良等批注的提单。使用清洁提单在国际贸易实践中非常重要，买方要想收到完好无损的货物，首先必须要求卖方在装船时保持货物外观良好，并要求卖方提供清洁提单。清洁提单是收货人转让提单时必须具备的条件，同时也是履行货物买卖合同规定的交货义务的必要条件。

②不清洁提单（Unclean B/L or Foul B/L）。船运公司在提单上对服装表面状况或服装包装有不良或存在缺陷等批注的提单。实践中承运人接受货物时，如果货物外表状况不良，一般先在大副收据上作出记载，在正式签发提单时，再把这种记载转移到提单上。在国际贸易的实践中，银行是拒绝出口商以不清洁提单办理结汇的。为此，托运人应把损坏或外表状况有缺陷的货物进行修补或更换。习惯上的变通办法是由托运人出具保函，要求承运人不要将大副收据上所作的有关货物外表状况不良的批注转批到提单上，而根据保函签发清洁提单，以使出口商能顺利完成结汇。所以，承运人不能凭保函拒赔，保函对收货人是无效的，如果承、托双方的做法损害了第三者收货人的利益，有违民事活动的诚实信用的基本原则，容易构成与托运人的串通，对收货人进行欺诈行为。

（3）据提单收货人抬头分为：

①记名提单（Straight B/L）。收货人栏内填明特定收货人名称，因不能通过背书方式转让给第三方，故不能流通。记名提单一般只适用于运输展览品或贵重物品，特别是在短途运输中使用较有优势，国际贸易中较少使用。

②不记名提单（Bearer B/L, or Open B/L, or Blank B/L）。收货人栏内不指明任何收货人。只凭单提货。因风险大，也少使用。

③指示提单（Order B/L）。提单上收货人栏填写"凭指定"（To order）或"凭某人指定"，经背书转让，习惯上称为"空白抬头，空白背书提单"。指示提单是一种可转让提单。提单的持有人可以通过背书的方式把它转让给第三者，而不须经过承运人认可，所以这种提单为买方所欢迎。

（4）按运输方式分：

①直达提单（Direct B/L）。指轮船中途不经换船而直接驶往目的港卸货的提单。凡合同和信用证规定不准转船者，必须使用这种直达提单。使用直达提单，服装由同一船舶直运目的港，对买方来说比中途转船有利得多，它既可以节省费用、减少风险，又可以节省时间，及早到货。因此，通常买方只有在无直达船时才同意转船。在贸易实务中，如信用证规定不准转船，则买方必须取得直达提单才能结汇。

②转船提单（Transshipment B/L）。服装在中途港换装另外船舶的提单。转船提单是指货物从起运港装载的船舶不直接驶往目的港，须要在中途港口换装其他船舶转运至目的港卸货，承运人签发这种提单称为转船提单。在提单上注明"转运"或在"某某港转船"字样，转船提单往往由第一程船的承运人签发。由于货物中途转船，增加了转船费用和风险，并影响到货时间，故一般信用证内均规定不允许转船，但直达船少或没有直达船的港口，买方也只好同意可以转船。

③联运提单（Through B/L）。指经海运和其他运输方式联合运输时由第一程承运人所签发的包括全程运输的提单。

④多式联运提单（Multimodal Transport B/L or Intermodal Transport B/L）。主要用于集装箱运输，是指一批货物须要经过两种以上不同运输方式，其中一种是海上运输方式，由一个承运人负责全程运输，负责将货物从接收地运至目的地交付收货人，并收取全程运费所签发的提单。提单内的项目不仅包括起运港和目的港，而且列明一程二程等运输路线，以及收货地和交货地。多式联运是以两种或两种以上不同运输方式组成的，多式联运提单是参与运输的两种或两种以上运输工具协同完成所签发的提单；组成多式联运的运输方式中其中一种必须是国际海上运输；多式联运提单如果贸易双方同意，并在信用证中明确规定，可由承担海上区段运输的船运公司、其他运输区段的承运人、多式联运经营人（Combined Transport Operator）或无船承运人（Non-vessel Operating Common Carrier）签发。

（5）以船舶营运方式不同分：

①班轮提单。指由班轮公司承运服装后所签发给托运人的提单。

②租船提单。指承运人据租船合同而签发的提单。

（6）集装箱提单。分两种，一种是在普通的海运提单上加注"用集装箱装运"；另一种是使用"多式联运提单"；该提单内容上增加了集装箱号码，即"封号"。

（7）据提单内容简繁可分为：

①全式提单（Long Form B/L）。全式提单是指提单除正面印就的提单格式所记载的事项，背面列有关于承运人与托运人及收货人之间权利、义务等详细条款的提单。由于条款繁多，所以又称繁式提单。在海运的实际业务中大量使用的大都是这种全式提单。

②略式或简式提单（Short Form B/L, or Simple B/L）。是指提单背面无条款，而列出提单正面的必须记载事项的提单，又称短式提单、略式提单。是相对于全式提单而言的，这种提单一般在正面印"简式"（Short Form）字样，以示区别。

简式提单通常包括租船合同项下的提单和非租船合同项下的提单。租船合同项下的提单。在以航次租船的方式运输大宗货物时，船货双方为了明确双方的权利、义务首先要订立航次租船合同，在货物装船后承租人要求船方或其代理人签发提单，作为已经收到有关货物的收据，这种提单就是"船合同项下的提单"。国际商会《跟单信用证统一惯例》规定，除非信用证另有规定，银行将拒收租船合同项下的提单。根据租船合同签发的提单所规定的承运人责任，一般应和租船合同中所规定的船东责任相一致。如果提单所规定的责任大于租船合同所规定的责任，在承租人与船东之间仍以租船合同为准。

非租船合同项下的简式提单。为了简化提单备制工作，有些船运公司实际上只签发给托运人一种简式提单，而将全式提单留存，以备托运人查阅。这种简式提单上一般印有"各项条款及例外条款以本公司正规的全式提单所印的条款为准"等内容。按照国际贸易惯例，银行可以接受这种简式提单。这种简式提单与全式提单在法律上具有同等效力。

（8）按提单使用有效性分：

①正本提单。提单上有承运人、船长或其代理人签字盖章并注明签发日期的提单。该提单在法律上和商业上都是公认有效的单证。

②副本提单。提单上无承运人、船长或其代理人签字盖章，而仅工作上参考之用提单。

（9）按签发提单的时间划分：

①倒签提单（Anti-dated B/L）。指承运人或其代理人应托运人的要求，在服装装船完毕后，以早于服装实际装船日期为签发日期的提单。当服装实际装船日期晚于信用证规定的装船日期，若仍按实际装船日期签发提单，托运人就无法结汇。为了使签发提单的日期与信用证规定的装运日期相符，以利结汇，承运人应托运人的要求，在提单上仍以信用证的装运日期填写签发日期，以免违约。

②顺签提单（Post-date B/L）。在服装装船完毕后，应托运人的要求，由承运人或其代理人签发的提单。但是该提单上记载的签发日期晚于服装实际装船完毕的日期，即托运人从承运人处得到的以晚于服装实际装船完毕的日期作为提单签发日期的提单。

③预借提单（Advanced B/L）。指服装尚未装船或尚未装船完毕的情况下，信用证规定的结汇期（即信用证的有效期）即将届满，托运人为了能及时结汇，而要求承运人或其代理人提前签发的已装船清洁提单，即托运人为了能及时结汇而从承运人那里借用的已装船清洁提单。这种提单往往是当托运人未能及时备妥服装或船期延误，船舶不能按时到港接受货载，估计服装装船完毕的时间可能超过信用证规定的结汇期时，托运人采用从承运人那里借出提单用以结汇，当然必须出具保函。签发这种提单承运人要承担更大的风险，可能构成承、托双方合谋对善意的第三者收货人进行欺诈。

签发倒签或预借提单，对承运人的风险很大，由此引起的责任承运人必须承担，尽管托运人往往向承运人出具保函，但这种保函同样不能约束收货人。比较而言，签发预借提单比签发倒签提单对承运人的风险更大，因为预借提单是承运人在货物尚未装船，或者装船还未完毕时签发的。我国法院对承运人签发预借提单的判例，不但由承运人承担了由此而引起的一切后果，赔偿货款损失和利息损失，还赔偿了包括收货人向第三人赔付的其他各项损失。

④过期提单（Stale B/L）。过期提单有两种含义，一是指出口商在装船后延滞过久才交到银行议付的提单。按国际商会《跟单信用证统一惯例》规定："如信用证无特殊规定，银行将拒受在运输单据签发日期后超过 21 天才提交的单据。在任何情况下，交单不得晚于信用证到期日。"二是指提单晚于货物到达目的港，这种提单也称为过期提单。因此，近洋国家的贸易合同一般都规定有"过期提单也可接受"的条款（Stale B/L is acceptance）。

（10）按收费方式划分：

①运费预付提单（Freight Prepaid B/L）。成交 CIF、CFR 价格条件为运费预付，按规定货物托运时，必须预付运费。在运费预付情况下出具的提单称为运费预付提单。这种提单正面载明"运费预付"字样，运费付后才能取得提单；付费后，若货物灭失，运费不退。

②运费到付提单（Freight to Collect B/L）。以 FOB 条件成交的货物，不论是买方订舱还是买方委托卖方订舱，运费均为到付（Freight Payable at Destination），并在提单上载明"运费到付"字样，这种提单称为运费到付提单。货物运到目的港后，只有付清运费，收货人才能提货。

③最低运费提单（Minimum B/L）。最低运费提单是指对每一提单上的货物按起码收费标准收取运费所签发的提单。如果托运人托运的货物批量过少，按其数量计算的运费额低于运价表规定的起码收费标准时，承运人均按起码收费标准收取运费，为这批货物所签发的提单就是最低运费提单，也可称为起码收费提单。

（11）按提单签发的不同划分：

①船运公司签发的提单。通常为整箱货签发提单。

②无船承运人所签发的提单（NVOCC B/L）。指由无船承运人或其代理人所签发的提单。在集装箱运输中，无船承运人通常为拼箱货签发提单，因为拼箱货是在集装箱货运站内装箱和拆箱，而货运站又大又多仓库，所以有人称其为仓/仓提单（House B/L）。当然，无船承运人也可以为整箱货签发提单。

③运输代理行提单（House B/L）。指由运输代理人签发的提单。在航运实践中，为了节省费用、简化手续，有时运输代理行将不同托运人发运的零星货物集中在一套提单上托运，而由承运人签发给运输代理行成组提单，由于提单只有一套，各个托运人不能分别取得提单，只好由运输代理人向各托运人签发运输代理人（行）的提单。由于集装箱运输的发展，运输代理人组织的拼箱货使用这种提单有利于提高效率，所以这种提单的使用正在扩展。

一般情况下，运输代理行提单不具有提单的法律地位，它只是运输代理人收到托运货物的收据，而不是一种可以转让的物权凭证，故不能凭此向承运人提货。根据国际商会《跟单信用证统一惯例》的规定，除非提单表明运输行作为承运人（包括无船承运人）或承运人的代理人出具的提单，或国际商会批准的"国际货运代理协会联合会"的运输提单可以被银行接受外，银行将拒收这种提单。

（12）其他各种特殊提单：

①合并提单（Omnibus B/L）。指根据托运人的要求，将同一船舶装运的同一装货港、同一卸货港、同一收货人的两批或两批以上相同或不同的货物合并签发一份提单。托运人或收货人为了节省运费，常要求承运人将本应属于最低运费提单的货物与其他另行签发提单的货物合并在一起只签发一份提单。

②并装提单（Combined B/L）。将两批或两批以上品种、质量、装货港和卸货港相同，但分属于不同收货人的液体散装货物并装于同一液体货舱内，而分别为每批货物的收货人签发一份提单时，其上加盖有"并装条款"印章的提单，称为并装提单。在签发并装提单的情况下，应在几个收货人中确定一个主要收货人（通常是其中批量最大的收货人），并由这个主要收货人负责分摊各个收货人应分担的货物自然损耗和底脚损耗。

③分提单（Seperate B/L）。指承运人依照托运人的要求，将本来属于同一装货单上其标志、货种、等级均相同的同一批货物，托运人为了在目的港收货人提货方便，分开签多份提单，分属于几个收货人，这种提单称为分提单。只有标志、货种、等级均相同的同一批货物才能签发分提单，否则，会因在卸货港理货，增加承运人理货、分标志费用的负担。分提单一般除了散装货类最多不超过 5 套外，其他货物并无限制。

④交换提单（Switch B/L）。是指在直达运输的条件下，应托运人的要求，承运人承诺，在某一约定的中途港凭在启运港签发的提单另换发一套以该中途港为启运港，但仍以原来的托运人为托运人的提单，并注明"在中途港收回本提单，另换发以该中途港为启运港的提单"或"Switch B/L"字样的提单。当贸易合同规定以某一特定港口为装货港，而作为托运人的卖方因备货原因，不得不在这一特定港口以外的其他港口装货时，为了符合贸易合同和信用证关于装货港的要求，常采用这种变通的办法，要求承运人签发这种交换提单。

⑤舱面货提单（On Deck B/L）。舱面货提单又称甲板货提单。这是指货物装于露天甲板上承运时，并于提单注明"装于舱面"（On Deck）字样的提单。

⑥包裹提单（Parcel Receipt B/L）。

⑦集装箱提单（Container B/L）。集装箱提单是集装箱货物运输下主要的货运单据，负责集装箱运输的经营人或其代理人，在收到集装箱货物后而签发给托运人的提单。

⑧过期提单。指错过规定的交单日期或晚于服装到达目的港的提单。前者，指卖方超过提单签发日期后 21 天，才交到银行议付的提单，按惯例，如信用证无特殊规定，银行应拒收。后者，是在远洋运输时易出现的情况，故在合同中可订有"过期提单可接收"。

⑨运输代理人提单。

4. 提单正面填写主要注意事项

（1）托运人。一般为信用证中的受益人。如果开证人为了贸易上的需要，要求做第三者提单，也可照办。

（2）收货人。如要求记名提单，则可填上具体的收货公司或收货人名称；如属指示提单，则填为"指示"或"凭指示"；如须在提单上列明指示人，则可根据不同要求，做成"凭托运人指示"、"凭收货人指示"或"凭银行指示"。

（3）被通知人。这是船运公司在服装到达目的港时发送到货通知的收件人，有时即为进口人。在信用证项下的提单，如信用证上对提单被通知人有权具体规定时，则必须严格按信用证要求填写。如果是记名提单或收货人指示提单，且收货人又有详细地址的，则此栏可以不填。如果是空白指示提单或托运人指示提单则此栏必须填列被通知人名称及详细地址，否则船方就无法与收货人联系，收货人也不能及时报关提货，甚至货物会因超过海关规定申报时间被没收。

（4）提单号码。一般列在提单右上角，以便于工作联系和查核。发货人向收货人发送装船通知时，也要列明船名和提单号码。

（5）船名。应填列服装所装的船名及航次。

（6）装货港。应填列实际装船港口的具体名称。

（7）卸货港。填列服装实际卸下的港口名称。如属转船，第一程提单上的卸货港填转船港，收货人填第二程船运公司；第二程提单装货港填上述转船港，卸货港填最后目的港。如由第一程船运公司出联运提单，则卸货港即可填最后目的港，提单上列明第一和第二程船名。如经某港转运，要显示"VIA—"字样。在运用集装箱运输方式时，目前使用"联合运输提单"，提单上除列明装货港、卸货港外，还要列明"收货地"、"交货地"以及"第一程运输工具"、"海运船名和航次"。填写卸货港，还要注意同名港口问题，如属选择港提单，也要在这栏中注明。

（8）货名。在信用证项下货名必须与信用证上规定的一致。

（9）件数和包装种类。要按箱子实际包装情况填列。

（10）唛头。信用证有规定的，必须按规定填列，否则可按发票上的唛头填列。

（11）毛重，尺码。除信用证另有规定者外，一般以公斤为单位列出服装的毛重，以立方米列出服装体积。

（12）运费和费用。一般为预付或到付。如系 CIF 或 CFR 出口，一般均填上"运费预付"字样，千万不可漏列，否则收货人会因运费问题提不到货，虽可查清情况，但拖延提货时间，也将造成损失。如系 FOB 出口，则运费可制作"运费到付"字样，除非收货人委托发货人垫付运费。

（13）提单的签发、日期和份数。提单必须由承运人或船长或他们的代理签发，并应明确表明签发人身份。一般表示方法有：Carrier，Captain 或 "As Agent For The Carrier：" 等。提单份数一般按信用证要求出具，如 "Full Set Of" 一般理解成三份正本和若干份副本。等其中一份正本完成提货任务后，其余各份失效。提单还是结汇的必须单据，特别是在跟单信用证结汇时，银行要求所提供的单证必须一致，因此提单上所签的日期必须与信用证或合同上所要求的最后装船期一致或先于装船期。如果卖方估计服装无法在信用证装期前装上船，应尽早通知买方，要求修改信用证，而不应利用"倒签提单"、"预借提单"等欺诈行为取得货款。

5. 提单的背面条款及其依据

在全式正本提单的背面，列有许多条款，其中主要有：

（1）定义条款。主要对"承运人"、"托运人"等关系人加以限定。

（2）管辖权条款。指出当提单发生争执时，按照法律，某法院有审理和解决案件的权利。

（3）责任期限条款。一般海运提单规定承运人的责任期限从服装装上船舶起至卸离船舶为止。集装箱提单则从承运人接受服装至交付指定收货人为止。

（4）包装和标志。要求托运人对服装提供妥善包装和正确清晰的标志。如因标志不清或包装不良所产生的一切费用由货方负责。

（5）运费和其他费用。运费规定为预付的，应在装船时一并支付，到付的应在交货时一并支付。当船舶和服装遭受任何灭失或损失时，运费仍应照付，否则，承运人可对服装及单证行使留置权。

（6）自由转船条款。承运人虽签发了直达提单，但由于客观须要仍可自由转船，并不须经托运人的同意。转船费由承运人负担，但风险由托运人承担，而承运人的责任也仅限于其本身经营的船舶所完成的那段运输。

（7）错误申报。承运人有权在装运港和目的港查核托运人申报的服装数量、重量、尺码与内容，如发现与实际不符，承运人可收取运费罚款。

（8）承运人责任限额。规定承运人对服装灭失或损坏所造成的损失所负的赔偿限额，即每一件或每计算单位服装赔偿金额最多不超过若干金额。

（9）共同海损。规定若发生共同海损，按照什么规则理算。国际上一般采用1974年越克—安特卫普规则理算。在我国，一些提单常规定按照1975年北京理算规则理算。

（10）美国条款。规定来往美国港口的服装运输只能适用美国1936年海上货运法，运费按联邦海事委员会（FMC）登记的费率执行，如提单条款与上述法则有抵触时，则以美国法为准。此条款也称"地区条款"。

（11）舱面货。对这种服装的接受、搬运、运输、保管和卸货，规定由托运人承担风险，承运人对其灭失或损坏不负责任。

（二）铁路运输单据

1. 国际铁路服装联运运单

国际铁路服装联运运单是铁路与货主间缔结的运输契约。该单从始发站随同服装附送至终点站并交给收货人，不仅是铁路承运服装出具的凭证，也是铁路同货主交接服装、核收运杂费和处理索赔与理赔的依据。国际铁路货运分快运及慢运两种。在运单上有标记、运单副本，在铁路加盖承运日期戳孔后发还给发货人，它是卖方凭以向银行结算货款的主要证件之一。

2. 承运服装收据

在特定运输方式下所使用的一种运输单据，既是承运人出具的服装收据，也是承运人与托运人签订的运输契约。该收据格式及内容与海运提单基本相同，主要区别为它只是第一联为正本，其反面印有"承运简章"。

（三）航空运单

航空运单（Air Waybill）是承运人与托运人之间签订的运输契约，也是承运人或其代理人签发的服装收据，并作为承运人核收运费的依据和海关查验放行的基本单据，但它不代表服装所有权的凭证，也不能通过背书转让，还须另有提货通知单。

航空运单共有一式三份，第一份印有"Original for the Shipper"应交托运人；第二份注明"Original for the Issuing Carrier"，由航空公司留存；第三份正本注明"Original for the Consignee"，由航空公司随机带交收货人；其余副本则分别注有"For Airport of Destination"，"Delivery Receipt"，"For Second Carrier"，"Extra Copy"等。

（四）邮包收据

邮包收据（Pared post Receipt）是邮包运输的主要单据，它既是邮局收到寄件人的邮包后所签发的凭证，也是收件人凭以提取邮件的凭证，若出差错，可作为索赔及理赔的依据，但不是物权凭证。

（五）多式联运单据

多式联运单据（Combined Transport Documents, CTD）虽与海运中的联运提单相似，但其性质却与联运提单有别。多式联运单据是由承运人或其代理人签发，作用与海运提单相似，既是货物收据也是运输契约。此单据做成指示抬头或不记名抬头时，可作为物权凭证，经背书可转让。多式联运单据属全程运输单据。

四、出口货物海上运输工作程序

海运出口运输工作，在以 CIF 或 CFR 条件成交，由卖方安排运输时，其工作程序如下：

（一）审核信用证中的装运条款

为使出运工作顺利进行，在收到信用证后，必须审核证中有关的装运条款，如装运期、结汇期、装运港、目的港、是否能转运或分批装运以及是否指定船运公司、船名、船籍和船级等，有的来证要求提供各种证明，如航线证明书、船籍证等，对这些条款和规定，应根据我国政策、国际惯例、要求是否合理和是否能办到等方面来考虑应该接受还是提出修改要求。

（二）备货报验

根据出口成交合同及信用证中有关货物的品种、规格、数量、包装等的规定，按时、按质、按量地准备好应交的出口货物，并做好申请报验和领证工作。冷藏货要做好降温工作，以保证装船时符合规定温度要求。在我国，凡列入商检机构规定的"种类表"中的商品以及根据信用证、贸易合同规定由商检机构出具证书的商品，均须在出口报关前，填写"出口检验申请书"申请商检。有的出口商品须鉴定重量，有的须进行动植物检疫或卫生、安全检验的，都要事先办妥，取得合格的检验证书。做好出运前的准备工作，货证都已齐全，即可办理托运工作。

（三）托运订舱

编制出口托运单，即可向货运代理办理委托订舱手续。货运代理根据货主的具体要求按航线分类整理后，及时向船运公司或其代理订舱。货主也可直接向船运公司或其代理订舱。当船运公司或其代理签出装货单，定舱工作即告完成，同时意味着托运人和承运人之间的运输合同已经缔结。

（四）保险

货物订妥舱位后，属卖方保险的，即可办理货物运输险的投保手续。保险金额通常是以发票的 CIF 价加成投保（加成数根据买卖双方约定,如未约定,则一般加 10% 投保）。

（五）货物集中港区

当船舶到港装货计划确定后，按照港区进货通知并在规定的期限内，由托运人办妥集运手续，将出口货物及时运至港区集中，等待装船，做到批次清、件数清、标志清。要特别注意与港区、船运公司以及有关的运输公司或铁路等单位保持密切联系，按时完成进货，防止工作脱节而影响装船进度。

（六）报关

货物集中港区后，把编制好的出口货物报关单连同装货单、发票、装箱单、商检证、外销合同、外汇核销单等有关单证向海关申报出口，经海关关员查验合格放行后方可装船。

（七）装船

在装船前，理货员代表船方，收集经海关放行货物的装货单和收货单，经过整理后，按照积载图和舱单，分批接货装船。装船过程中，托运人委托的货运代理应有人在现场监装，随时掌握装船进度并处理临时发生的问题。装货完毕，理货组长要与船方大副共同签署收货单，交与托运人。理货员如发现某批有缺陷或包装不良，即在收货单上批注，并由大副签署，以确定船货双方的责任。但作为托运人，应尽量争取不在收货单上批注以取得清洁提单。

装船完毕，托运人除向收货人发出装船通知外，即可凭收货单向船运公司或其代理换取已装船提单，这时运输工作即告一段落。

（八）制单结汇

将合同或信用证规定的结汇单证备齐后，在合同或信用证规定的议付有效期限内，向银行交单，办理结汇手续。

五、集装箱运输出口程序

（一）订舱

发货人根据贸易合同或信用证条款的规定，在货物托运前一定时间内填好集装箱货物托运单（Container Booking Note）委托其代理或直接向船运公司申请订舱。

（二）接受托运申请

船运公司或其代理公司根据自己的运力、航线等具体情况考虑发货人的要求，决定接受与否，若接受申请就着手编制订舱清单，然后分送集装箱堆场（CY），集装箱货运站（CFS），据以安排空箱及办理货运交接。

（三）发放空箱

通常整箱货货运的空箱由发货人到集装箱码头堆场领取，有的货主有自备箱；拼箱货货运的空箱由集装箱货运站负责领取。

（四）拼箱货装箱

发货人将不足一整箱的货物交至货运站，由货运站根据订舱清单和场站收据负责装箱，然后由装箱人编制集装箱装箱单（Containet Load Plan）。

（五）整箱货交接

由发货人自行负责装箱，并将已加海关封志的整箱货运到 CY。CY 根据订舱清单，核对场站收据（Dock Receipt D/R）及装箱单验收货物。

（六）集装箱的交接签证

CY 或 CFS 在验收货物和 / 或箱子，即在场站收据上签字，并将签署后的 D/R 交还给发货人。

（七）换取提单

发货人凭 D/R 向集装箱运输经营人或其代理换取提单（Combined Transport Bill of Lading），然后去银行办理结汇。

（八）装船

集装箱装卸区根据装货情况，制订装船计划，并将出运的箱子调整到集装箱码头前方堆场，待船靠岸后，即可装船出运。

六、主要货运单证及其制作

（一）托运单（Shipping Note–B/N）

托运单也称为"下货纸"，是托运人根据贸易合同和信用证条款内容填制的、向承运人或其代理办理货物托运的单据。承运人根据托运单内容，并结合船舶的航线、挂靠港、船期和舱位等条件考虑，认为合适后，即接受托运。托运单制作应注意：

（1）目的港。名称须明确具体，并与信用证描述一致，如有同名港时，须在港口名称后注明国家、地区或州、城市。如信用证规定目的港为选择港（Optional Ports），则应是同一航线上、同一航次挂靠的基本港。

（2）运输编号。即委托书的编号。每个具有进出口权的托运人都有一个托运代号（通常也是商业发票号），以便查核和财务结算。

（3）货物名称。应根据货物的实际名称，用中、英文两种文字填写，更重要的是要与信用证所列货名相符。

（4）标记及号码。又称唛头（Shipping Mark），通常由型号、图形或收货单位简称、目的港、件数或批号等组成。便于识别货物，防止错发货。

（5）重量尺码。重量的单位为公斤，尺码为立方米。

（6）托盘货要分别注明盘的重量，尺码和货物本身的重量、尺码，对超长、超重、超高货物，应提供每一件货物的详细的体积（长、宽、高）以及每一件的重量，以便货运公司计算货物积载因素，安排特殊的装货设备。

（7）运费付款方式。一般有运费预付（Freight Prepaid）和运费到付（Freight Collect）。有的转运货物，一程运费预付，二程运费到付，要分别注明。

（8）可否转船、分批，以及装期、效期等均应按信用证或合同要求一一注明。

（9）通知人和收货人，按须要决定是否填写。

（10）有关的运输条款、订舱、配载信用证或客户有特殊要求的也要一一列明。

（二）装货单（Shipping Order–S/O）

装货单是指接受了托运人提出装运申请的船运公司，签发给托运人，凭以命令船长将承运的货物装船的单据。装货单既可作为装船依据，又是货主凭以向海关办理出口申报手续的主要单据之一。

（三）收货单（Mates Receipt–M/R）

收货单是指又称大副收据，是船舶收到货物的收据及货物已经装船的凭证。由于上述三份单据的主要项目基本一致，故在我国一些主要港口的做法是，将它们制成联单，一次制单，既可减少工作量，又可减少差错。

（四）装货清单（Loading List）

装货清单是指承运人根据装货单留底，将全船待装货物按目的港和货物性质归类，依航次、靠港顺序排列编制的装货单汇总清单，是船上大副编制配载计划的主要依据，又是供现场理货人员进行理货、港方安排驳运、进出库场以及承运人掌握情况的业务单据。

（五）提货单（Delivery Order–D/O）

提货单又称小提单。收货人凭正本提单或副本提单随同有效的担保向承运人或其代理人换取的，可向港口装卸部门提取货物的凭证。发放小提单时应做到：
①正本提单为合法持有人所持有。
②提单上的非清洁批注应转上小提单。
③当发生溢短残情况时，收货人有权向承运人或其代理获得相应的签证。
④运费未付的，应在收货人付清运费及有关费用后，发放小提单。

（六）海运提单（Bill Of Lading–B/L）

承运人或其代理人应托运人的要求所签发的货物收据（Receipt of Goods），在将货物收归其照管后签发，证明已收到提单上所列明的货物；海运提单是承运人与托运人之间运输合同的证明，是一种货物所有权凭证（Document of Title）。提单持有人可据以提取货物，也可凭此向银行押汇，还可在载货船舶到达目的港交货之前进行转让。

第三节　服装的价格

国际贸易磋商中，价格条款是买卖合同中的核心问题。

一、服装价格的掌握

（一）服装作价原则

1. 按国际市场服装价格水平作价

服装的价格以国际服装价格为基础并在国际市场竞争中形成，它是交易双方都能接受的价格，是服装作价的客观依据。

2. 结合国别、地区政策作价

为使外贸配合外交，在参照国际市场价格水平同时，也可适当考虑国别、地区政策。

3. 结合服装的购销意图

在国际市场价格水平基础上，据购销意图来确定。

（二）注重国际市场服装价格动态

国际市场受供求影响，使服装价格变动频繁，因此须切实了解国际市场的供求状况，避免盲目性。

（三）考虑影响服装价格的各种具体因素

1. 要考虑服装商品的质量和档次

优质优价，高档高价，名牌大价。

2. 考虑服装运输距离

必须核算运输成本，做好比价工作，体现地区差价。

3. 考虑服装交货地点及交货条件

由于交货地点及条件不同，买卖双方责任及义务不同，费用、风险有别。应分别对待。

4. 考虑季节性需求变化

季节不同，价格各异，特别是时令较强的服装商品。

5. 考虑成交数量

量大价优。

6. 考虑支付条件和汇率变动的风险

货款越早到，价格越优惠。

此外，服装交货期长短、市场销售习惯及消费习俗，对服装商品价格均有影响。

（四）加强服装成本核算

出口总成本是指出口服装的进货成本加出口前的一切费用和税金。出口销售外汇净收入是指出口服装商品按 FOB 价出售所得的外汇净收入。

$$出口服装盈亏率 = \frac{出口销售净收入 - 出口总成本}{出口总成本} \times 100\%$$

$$出口服装换汇成本 = \frac{出口总成本(人民币元)}{出口销售外汇净收入(美元)}$$

出口服装换汇成本大于外汇牌价，则亏损；小于外汇牌价，则盈利。

$$出口创汇率 = \frac{成品出口外汇净收入 - 原料外汇成本}{原料外汇成本} \times 100\%$$

如原料为国产，外汇成本可按原料的 FOB 出口价计算；如原料为进口，则按原料的 CIF 价计算。外汇成本指标用于确定出口成品是否有利。特别是对进料加工时，此指标很有意义。此外，在出口服装价格上，要防止盲目坚持高价或随意削价竞销及倾销现象。

（五）掌握价格换算方法

1. FOB换算为其他价
（1）CFR 价 = FOB 价 + 运费
（2）CIF 价 =（FOB+ 运费）/（1- 保险费率 × 投保加成）

2. CFR价换算成其他价
（1）FOB 价 = CFR- 运费
（2）CIF 价 = CFR 价 /（1- 投保加成 × 保险费率）

3. CIF价换算为其他价
（1）FOB 价 = CIF 价 ×（1- 投保加成 × 保险费率）- 运费
（2）CFR 价 = CIF 价 ×（1- 投保加成 × 保险费率）

二、服装作价方法

（一）固定服装价格

我国进出口合同，绝大多数是在双方协商一致的基础上明确规定具体价格，这是国际常用方法。按惯例合同价格一旦确定，必须严格执行。除非合同另有规定。

合同价格固定是常规做法，它具有明确、具体、肯定和便于核算的特点，故应慎重考虑。

（二）非固定服装价格

1. 具体服装价格待定
（1）在服装价格条款中明确规定定价时的时间及方法。
（2）只规定服装作价时间。

2. 暂定服装价格

合同中先订一初步价格，作为开立信用证和初步付款的依据，待双方确定最后价格后再进行最后清算，多退少补。

3. 部分固定服装价格，部分非固定服装价格

这是定价的一种变通做法，在行情变动剧烈或双方未能就价格取得一致意见时，采用这种方法有一定好处。

（1）有助于暂时解决双方在价格上的分歧，先就其他条款达成协议，早日签约。

（2）解除客户对价格风险的顾虑，使之敢于签订交货期长的合同。数量、交货期早日确定，不但有利于巩固和扩大出口市场，也有利于生产、收购和出口计划的安排。

（3）对进出口双方，虽不能完全排除价格风险，但对出口人来说，可不失时机地做成生意；对进口人来说，可保证一定转售利润。

（三）服装价格调整条款

服装价格调整条款要求在订约时只规定初步价格，同时规定如原料价格、工资发生变化，卖方保留调价权利。

三、计价货币的选择

计价货币，是指合同中规定用来计算价格的货币。支付货币在合同中也可商定，一般不再规定。据国际贸易特点，用来计价的货币，可是出口国货币，也可是进口国货币或双方商定的第三国货币，还可是某种记账单位，由买卖双方协商。

除双方国家订有贸易协定和支付协定，而交易本身又属上述协定的交易，必须按规定的货币进行清算外，一般进出口合同都采用可竞争兑换的、国际上通用的或双方同意的支付手段进行计价和支付。

理论上，对于出口交易，采用硬通货币计价较有利，进口交易用软币较合算。但实际业务中，任何货币作为计价，还应以双方交易习惯、经营意图及价格而定。若定价货币对己不利，则可据该货币今后可能变化幅度，相应调价或争取订立保值条款，降低风险。

按国际一般用法，如两种货币的汇率是按付款时汇率计算，则不论计价和支付用何种货币，都可按计价货币的量收回货款。一般计价用硬币，支付货币用软币，基本上不会受损失，可保值。

四、佣金和折扣

服装价格条款中有时涉及佣金和折扣。价格条款中，可分为包含佣金（Commission）或折扣（Quantity Discount）和不包括的净价，前者称为"含佣价"。

（一）佣金

1. 佣金的含义

佣金指卖方或买方支付给中间商代理买卖或介绍交易的服务酬金。凡在合同价格中明确规定佣金的百分比，叫"明佣"。如不标明甚至不出现"佣金"字样，由双方约定即可，则称为"暗佣"。在我国对外贸易中，主要出现在我国出口企业向国外中间商的报价中。正确运用佣金，有利于调动中间商的积极性和扩大交易。

2. 佣金规定方法

在服装价格中包含佣金时，常以文字或以英文缩写字母 C 表示。如"每公吨 200 美元 CIF 旧金山包括 2%佣金"。也可在贸易术语上加注缩写，如：每公吨 200 美元 CIFC2%旧金山。也可用佣金量表示，如"每公吨付佣金 25 美元"。如中间商为了从双方获取"双头佣金"或为了逃税，有时要求在合同中不规定佣金，而另按双方之间达成的协议支付。佣金的规定应合理，比率一般在 1% ~5%。

3. 佣金计算及支付办法

国际贸易中，佣金计算方法不一。有按成交金额约定百分比计，也有按成交服装商品数量计算。按成交额计算时，有的以发票总额作基数，有的则以 FOB 总值为基数计算。包含佣金的合同价格，称为含佣价，通常以含佣价乘以佣金率，得出佣金额。

佣金计算方法：

$$单位服装佣金额＝含佣价 \times 佣金率$$
$$净价＝含佣价 - 单位服装佣金额$$

佣金支付方法分两种：一种是由中间代理商直接从货价中扣除佣金。另一种是在委托人收清货款之后，再按事先约定的期限和佣金比率，另付给中间商。支付时应防止错、漏、重付佣金。

按一般惯例，在独家代理情况下，如委托人同约定地区的其他客户达成交易，即使未经独家代理过手，也得按规定的比率付给其佣金。

（二）折扣

1. 折扣的含义

折扣是卖方按原价给予买方一定百分比的减让。国际贸易中折扣名目很多，除一般折扣外，还有数量折扣、清仓折扣、特别折扣、平均回扣、新产品的促销折扣等。在价格中明确折扣率者，称为明扣，否则叫暗扣。在国际贸易中，正确运用折扣，有利于调动采购商的积极性和扩大销路，加强对外竞销。

2. 折扣规定方法

在国际贸易中，折扣常在规定价格条款时，用文字明确表示，如"CIF 伦敦每公吨 200 美元，折扣 3%"也可用绝对数表示。

在实际业务中，也可用"CIFD"或"CIFR"来表示 CIF 服装价格中含折扣（Rebate 或 Discount），但最好不用，易被误解。

折扣属不正常竞争，公职人员或资方雇佣人员拿"暗扣"属贪污受贿行为。

3. 折扣计算方法及支付

折扣通常以成交额或发票金额为基础计算。

$$单位服装折扣额＝原价（或含折扣价）× 折扣率$$
$$卖方实际净收入＝原价 – 单位服装折扣额$$

折扣一般是在买方支付货款时预先扣除，暗扣中达成的协议另行支付给买方。

五、合同中的服装价格条款

（一）服装价格条款内容

合同中服装价格条款，一般包括服装商品的单价和总值两项基本内容，佣金及折扣也属价格条款内容。服装商品的单价常由四个部分组成，即计量单位、单位价格金额、计价货币、贸易术语。

（二）规定价格条款注意事项

（1）合理确定服装商品的单价，防止偏高或偏低。

（2）据经济意图和实际情况，在权衡利弊基础上选用适当贸易术语。

（3）争取选择有利的计价货币，以免遭受币值变动带来的风险。计价货币不利时，应加订保值条款。

（4）灵活运用作价方法，以免价格变动风险。

（5）参照国际贸易的习惯做法，注意佣金和折扣的合理运用。

（6）如交货质量和数量约定有一定的幅度，则对机动部分的作价也应一并规定。

（7）服装包装费另计时，应在合同中说明。

（8）单价中涉及的计量单位、计价货币、装卸地名称必须书写正确、清楚，以利合同的履行。

六、常用贸易术语价格构成

在价格构成中，通常包括三方面：进货成本、费用和净利润。费用的核算较为复杂，常因时空变化及贸易条件不同而异，主要包括国内费用和国外费用。

（一）国内主要费用

加工整理、包装、保管（包括仓租、火险等）、国内运输（仓至码头）、证件（包括商检、公证、领事签证、产地证、许可证、报关单费等）、装船（装船、起吊费和驳船费等）、银行（贴现利息、手续费等）、预计损耗（耗损、短损、漏损、破损、变质等）、邮电（电报、电传、邮件等费用）等。

（二）国外主要费用

国外运费（自装运港至目的港的海上运输费用）、国外保险费（海上货物运输保险）、佣金（如有中间商）。

（三）价格计算

FOB 价 = 进货成本价 + 国内费用 + 净利润

CFR 价 = 进货成本价 + 国内费用 + 国外运费 + 净利润

CIF 价 = 进货成本价 + 国内费用 + 国外运费 + 国外保险费 + 净利润

FCA 价 = 进货成本价 + 国内费用 + 净利润

CPT 价 = 进货成本价 + 国内费用 + 国外运费 + 净利润

CIP 价 = 进货成本价 + 国内费用 + 国外运费 + 国外保险费 + 净利润

第四节　国际贸易货款的支付

我国对外贸易货款的收付，一般是通过外汇来结算的。货款结算主要涉及支付工具、付款时间、地点及支付方式等，在合同中须明确规定。

一、支付工具

票据是国际通行的结算和信贷工具，是可流通转让的债权凭证。国际贸易中使用的票据有汇票、本票及支票，其中以使用汇票为主。

（一）汇票

1. 汇票含义及基本内容

汇票（Bill of Exchange）是一个人向另一个人签发的，要求见票时或在将来的固定时间或可以确定的时间，对某个人或其指定的人或持票人支付一定金额的无条件书面支付命令。

汇票虽各种各样，其基本内容包括：应载明"汇票"字样；无条件支付命令；一定金额；付款期限；付款地点；出票人，又叫付款人；受票人，又叫受款人；出票日期；出票地点；出票人签字。

2. 汇票的种类

（1）按汇票出票人的不同可分为：

①银行汇票。出、受票人均为银行。

②商业汇票。出票人是商号或个人，付款人可是商号、个人或银行。

（2）按有无随附商业单据可分为：

①光票。不附商业单据，多用于银行汇票。

②跟单汇票。虽有商业单据，多为商业汇票。

（3）按付款时间的不同可分为：

①即期汇票。提示或见票时立即付款的汇票。

②远期汇票。在一定期限或特定日期付款的汇票。远期汇票付款时间，有以下几种规定法：见票后若干天付款；出票后若干天付款；提单签发日后若干天付款；指定日期付款。

3. 汇票的使用

汇票使用有出票、提示、承兑、付款等。如须转让，常通过背书行为转让。汇票遭拒付时，还要涉及做成拒绝证书和行使追索等法律权利。

（1）出票。指出票人在汇票上填写付款人、付款金额、付款日期和地点以及受款人等项目，经签字交给受票人的行为。出票时，对受款人（抬头）常有三种写法：

①限制性抬头。如"仅付某公司"或"付某公司，不准流通"。

②指示性抬头。如"付××公司或其指定人"，此汇票除××公司可收票款外，也可经背书转让给第三者。实际应用较多。

③持票人或来人抬头。如"付给来人"。这种抬头的汇票，无须由持票人背书，仅凭交付汇票即可转让。

（2）提示。是持票人将汇票提交付款人要求承兑或付款的行为。付款人见到汇票叫见票。提示双方可分为两种：

①付款提示。持票人向付款人提交汇票，要求付款。

②承兑提示。如系远期汇票，持票人向付款人提交汇票，付款人见票后办理承兑手续，到期时付款。

（3）承兑。指付款人对远期汇票表示承担到期付款责任的行为。承兑人对远期付款负有责任。

（4）付款。即期汇票应立即付款，远期汇票到期后付款。付款后，汇票上一切债务即告终止。

（5）背书。国际市场上，汇票是一种流通工具，可在票据市场上流通转让。背书是转让汇票权利的一种法定手续。国际市场上，一张远期汇票持有人想在付款前取得票款，可背书转让，即为贴现。贴现是指远期汇票承兑后，尚未到期，由银行或贴现公司以票面金额中扣减按一定贴现率计算的贴息后，将余款付给持票人的行为。

（6）拒付。持票人提示汇票要求承兑时，遭到拒绝承兑，或持票人提示汇票要求付款时遭到拒绝付款，均称拒付，也称退票。

此外，付款人拒不见票、死亡或宣布破产，以致付款事实上不可能时，也叫拒付。如汇票在合理时间内提示，遭拒付，对持票人立即产生追索权，他有权向背书人和出票人追索票款。

4. 追索权

是指汇票遭拒付，持票人对其前手，有请求其偿还汇票金额及费用的权利，拒付证书是由付款地的法定公证人或其他依法有权做出证书的机构，如法院、银行、公会、邮局等，做出证明拒付事实文件，是持票人凭以向其"前手"进行追索的法律依据。

此外，汇票的出票人或背书人为避免承担被追索的责任，可在出票时或背书时加注"不受追索"字样，此时汇票在市场上难以贴现。

（二）本票和支票

1. 本票

本票（Promissory Note）是出票人对受款人承诺无条件支付一定金额的票据，由工商企业或个人签发的叫商业或一般本票，有即期和远期之别；由银行签发的叫银行本票，都是即期的，国际贸易结算时使用，其作用与纸币相似。

2. 支票

支票（Chiquita 或 Check）是以银行为付款人的即期汇票，属无条件命令。如存款不足，银行会拒付，此为空头支票，出票人应负法律责任。

二、汇付和托收

汇付与托收都属商业信用，分顺汇与逆汇两种。汇付资金流动方向与支付工具传递方向相同，即为顺汇；采用汇付方式时，应在合同中明确规定汇付的办法、时间、金额和汇付的途径等。托收则相反，即为逆汇。

（一）汇付

1. 当事人

汇付（Remittance）又叫汇款。业务中有四个关系人：汇款人、收款人、汇出行、汇入行。汇出行、汇入行一般事先订有代理合同，承担解付义务。

2. 汇付种类

一般可分信汇、电汇及票汇三种：

（1）信汇（M/T）：汇出行受汇款人申请，寄给汇入行，授权解付一定金额给收款人。信汇费用低，但耗时长。

（2）电汇（T/T）：汇出行受汇款人委托，拍发加押电报或电传给另一代理行（汇入行），指示解付一定金额给收款人。电汇费用较高，但用时短，使用较多。

（3）票汇（D/D）：汇出行应汇款人要求，开立以其分行或代理行为解付行的银行即期汇票，支付一定金额给收款人。由收款人持票登门取款，并可有限转让和流通，而电、信汇的收款人则不能将收款权转让。

3. 汇付方式在国际贸易中的使用

通常用于预付货款、订货付现和赊销等业务。此外，还用于支付订金、分期付款、待付货款尾数以及佣金等费用的支付。

（二）托收

托收（Collection）指债权人（出口人）出具汇票委托银行向债务人（进口人）收取货款的一种支付方式。通常经银行办理，故为银行托收。基本做法是：由出口人据发票金额开出以进口人为付款的汇票，向出口地银行提出托收申请，委托出口地银行（托收银行）通过它在进口地向代理行代向进口人收取货款。采用托收方式时，应在合同中明确规定托收种类、进口人的承兑和付款责任以及付款期限等。

1. 托收当事人

包括委托人、托收银行、银行、提示行、受票人。

在托收业务中，如发生拒付，委托人可指定付款地的代理人代为料理服装存仓、转售、运回等事宜，此代理人叫"须要时的代理"。但事先必须在托收委托书上写明其权限。

2. 托收分类

据所用汇票不同，分为光票及跟单托收。国际贸易中大多是跟单托收，它又可分为付款交单和承兑交单两种。

（1）付款交单（D/P）。指出口人的交单是以进口人的付款为条件。按时间又可分为即期付款交单（D/P Sights）和远期付款交单（D/P After Sight），多指款到领货。

（2）承兑交单（D/A）。指出口人的交单以进口人在汇票上承兑为条件。只适用于远期汇票的托收。出口人对此方式应谨慎。

3. 托收性质及其利弊

托收属商业信用，银行仅为按委托人指示办事，不承担必付款及保管服装的义务。故承兑付款交单风险更大。跟单托收对进口人很有利，可免开信用证，不预付银行押金，节省费用，利于资金融通及周转，可作为出口商推销库存及加强对外竞争的手段。

4. 托收国际惯例

国际上对托收处理各异。1978年国际商会修订了《托收统一规则》并使用较多。只有在有关当事人事先约定条件下，才受惯例的约束。我国银行在进出口业务中，也参照该规则。

5. 托收注意事项

（1）了解清楚进口人资信及经营作风，不宜超越其信用程度。

（2）了解清楚进口国家贸易管制和外汇管制条例。

（3）了解进口国商业惯例，快速交易。

（4）出口合同应争取 CIF 条件成交，由出口人办货运保险，在不采用 CIF 成交时，应投保卖方的利益险。

（5）管理制度应健全，定期检查，及时催清。

6. 合同中托收条款

（1）即期付款交单。买方凭卖方开具的即期跟单汇票，于第一次见票时立即付款，付款后交单。

（2）远期付款交单。买方凭卖方开具的见票后××天付款的跟单汇票，于第一次提示时即予兑付，应于汇票到期日即预付款，付款后交单。

（3）承兑交单。买方凭卖方开具的见票后××天付款的跟单汇票，于第一次提示时即予以承兑，并应于汇票到期日即付款，承兑后交单。

三、信用证付款

（一）信用证

《跟单信用证统一惯例》对信用证的定义：跟单信用证和备用信用证统称信用证，意指一项约定，不论其如何命名或描述，指一家开证银行应其客户的要求和指示以自己的名义，在与信用证条款相符的条件下，凭规定的单据向第三者或其指定人付款，或承兑并支付受益人出具的汇票，或授权另一家银行付款，或承兑并支付该汇票或授权另一家银行议付的书面文件。

（二）信用证方式的当事人

1. 开证申请人

指向银行申请开立信用证的人，即进口人或实际买主，又叫开证人，银行亦可是申请人。

2. 开证银行

指接受开证申请人的委托，开立信用证的银行，多是进口人所在地银行。

3. 通知银行

受开证行委托，将信用证转交出口人的银行，多是出口人所在地银行。

4. 受益人

指信用证上指定的有权使用该证的人，即出口人或实际供货人。

5. 议付银行

指愿意买入受益人交来的跟单汇票的银行。可以是指定银行，也可不是，由信用证条款规定。

6. 付款银行

指信用证上指定的付款银行，一般是开证行，也可是指定另一家银行，可据信用证条款规定确定。

（三）信用证支付一般程序

在国际贸易结算中使用的跟单信用证有不同的类型，其业务程序各有特点，但都要经过申请开证、开证、通知、交单、付款、牍单这几个环节。以最常见的议付信用证为例，说明其业务程序。

（1）进出口人在买卖合同中，规定使用信用证方式支付。

（2）进口人向当地银行提出申请，填写开证申请书，依照合同填写各项规定和要求，并缴纳押金或提供其他保证，请银行（开证行）开证。

（3）开证行据申请书内容，向出口人开出信用证，并寄交出口人所在地分行或代理行（也叫通知行）。

（4）通知行核对印鉴无误后，将信用证交出口人。

（5）出口人审核信用证与合同相符后，按信用证规定装运货物，并备齐各项货运单据，开出汇票，在信用证有效期内，送请当地银行（议付行）议付。议付行按信用证条款审核单据无误后，按照汇票金额扣除利息，把货款垫付给出口人。

（6）议付行将汇票和货运单据寄开证行（或付款行）索赔。

（7）开证行（或付款行）核对单据无误后，付款给议付行。

（8）开证行通知进口人付款买单。

（四）信用证的主要内容

信用证无统一格式，基本内容主要包括以下几方面：

1. 对信用证说明

说明信用证种类、性质、有效期、到期地点等。

2. 对服装要求

服装名称、品种规格、数量、包装、金额及价格等。

3. 运输要求

装运期、起运地、运输方式、可否分批装运及中途转运。

4. 单据要求

（1）服装单据，以发票为中心，还有装箱单、质量单、产地证、商检证等。

（2）运输单据，如提单等。

（3）保险单据。

5. 特殊要求

据进口国政府经济贸易情况来定。

6. 责任文句

开证行对受益人及汇票持有人保证付款的责任文句。

（五）信用证的特点

1. 信用证是一种银行信用

是开证行的付款承诺，对受益人的责任是一种独立责任。银行是第一付款人。

2. 信用证是一种自足的文件

是以买卖合同为依据，独立于合同之外的另一种契约。银行只按信用证规定办事。

3. 信用证是一种单据的买卖

实行凭单付款原则，属于一种纯粹的单据业务。只要受益人提交的单据在表面上与信用证的条款一致，单单一致即可。

（六）信用证的性质

信用证的信用属于银行信用。信用证是作为银行的一种付款保证，独立于买卖双方当事人的合同而存在的。在受益人履行了信用证项下的相关义务之后，开证行承担的是绝对的付款义务。信用证当事人之间的法律关系，即权利与义务关系比较复杂。

（七）信用证的种类

1. 跟单信用证和光票信用证

（1）跟单信用证（Documentary L/C）。开证行凭跟单汇票或仅凭单据付款的信用证。国际贸易中使用较多。

（2）光票信用证（Clean L/C）。指开证行仅凭不附单据的汇票付款的信用证，可附有非货运单据，如发票、垫款清单等，也属光票信用证。用信用证预付款时，常用光票信用证。

2. 不可撤销及可撤销信用证

（1）不可撤销信用证。信用证开出后，在有效期内，未经受益人及有关当事人同意，开证行单方面不得修改或撤销，必须履行付款义务。此证对受益人较有保证，在国际贸易中较常用，该证须注有"不可撤销"字样。据《跟单信用证统一惯例》规定，如信用证上无任何注明，可视为不可撤销信用证。

（2）可撤销信用证。开证行可在未被受益人利用之前，有权随时撤销信用证，否则无效。此证对出口人极为不利，一般不接受。

3. 保兑及不保兑信用证

（1）保兑信用证（Confirmed L/C）。开证行的信用证，可由另一银行在条款内履行付款义务，该行又叫保兑行。信用证的"不可撤销"是指开证行对信用证的付款责任，"保兑"则是指开证行以外的银行对信用证的付款责任。不可撤销的保兑信用证，具有双重信用，对出口商最有利。

（2）不保兑信用证（Unconfirmed L/C）。开证行的信用证未经另一银行保兑。当开证行资信好和成交额不大时，一般都使用不保兑信用证。

4. 即期及远期信用证

（1）即期信用证。开证行或付款行收到符合条款的跟单汇票或装运单据后，立即履行付款义务的信用证。

在即期信用证中，有时还加列电汇及索偿条款。议付行用电报或电传通知开证行或指定付款行，开证行有义务立即拨交议付行。

（2）远期信用证。指开证行或付款行收到信用证的单据时，在规定期限内履行付款义务的信用证。

远期信用证可分为银行承兑远期信用证、延期付款信用证、假远期信用证、买方远期信用证等。

5. 可转让和不可转让信用证

（1）可转让信用证（Transferable L/C）。指信用证的受益人（第一受益人）可要求授权付款，承担延期付款责任，承兑或议付银行，可要求信用证中特别授权的转让银行，将信用证全部或部分转让给一个或数个受益人（第二受益人）使用的信用证。

可转让信用证只能转让一次，即可能由第一受益人转让给第二受益人，但不得转让其后的第三受益人，但再转让给第一受益人，不属禁止。

（2）不可转让信用证（Non transferable L/C）。指受益人不能将信用证的权利转给他人的信用证：凡信用证中未注明"可转让"者，就是不可转让信用证。

6. 循环信用证

是指信用证被全部或部分使用后，其金额又恢复到原金额，可再次使用，直至达到规定的次数或规定的总金额为止。

循环信用证又分为按时间及按金额循环的信用证。按金额循环的信用证条件下，如何恢复到原金额的具体做法又可分为自动循环、非自动循环、半自动循环。

一般信用证使用后，即告失败，而循环信用证可多次使用，通常在分批均匀交货情况下采用。

7. 对开信用证

指两张信用证的开证申请人互以对方受益人而开立的信用证。多用于易货交易、来料加工及补偿贸易业务。采用这种互相联系、互为条件的开证办法，彼此得以约束。

8. 对背信用证

又叫转开信用证。指受益人要求原证的通知行或其他银行以原证为基础，另开一张内容相似的信用证。

此外，还有预支、付款、承兑信、议付、备用信用证等。

（八）信用证支付条款的主要内容

在国际服装买卖合同中，如采用信用证支付方式，买卖双方应对信用证支付条款主要内容做出明确规定。

（1）开证时间。分签订合同后 ×× 天内开证；在装运日前 ×× 天开立信用证；在 ×× 年 ×× 月 ×× 日开证；接到卖方备货通知书后 ×× 天内开证等。

（2）信用证种类。在我国出口业务中，通常只接受不可撤销的信用证，其他可酌情选定。

（3）时间。汇票的付款日期。

（4）金额。一般为发票价值的 100 %。

（5）有效期和到期地点。我国出口业务中，一般要求买方来证规定："议付有效期至装运期后第 15 天。"信用证到期地点有三种情况：议付到期、承兑到期和付款到期。我国通常规定到期地点在我国。

（九）信用证支付条款制订的注意事项

信用证支付条款分即期、远期和循环信用证支付条款来具体制订，注意事项如下：

1. 买方给开证行的指示要清晰

买方应该把协议的细节完整、明确地列在信用证里，使用清楚的专业术语，并且只应涉及单据而不应涉及货物本身，力求在信用证中能够清晰地再现已达成的买卖协议。

2. 信用证的条款应简单明了

信用证越是详细，卖方就越有可能因为无法满足信用证内条款而拒绝该证；银行也就有可能在细节上找到不符点，而视信用证无效。

3. 不要规定不可能的单据

信用证中所规定的单据应限定在那些能顺利、圆满地达成国际货物销售所须的单据方面。

4. 常见信用证软条款

（1）由申请人的授权签字人签发的收货单据上要证明货物符合品质要求，显示货物数量和价值、交货日期及信用证号码，收货单据上的签字样式须与我方记录一致。

（2）由申请人签发的装船通知书，显示船名，证明装运日期，其签字样式须与开证行留底记录一致。

（3）申请人证明信，证明一套不可议付的货运单据已收妥，申请人的授权签字样式须与有关记录一致。

（4）开证行发出的正本信用证修改，确认申请人在装运前已收样品，并接受其品质。

（5）只有在收到以信用证修改方式通过开证行发来的申请人装船指示和指定装运船名后方能出运。

（十）信用证下的风险

根据《跟单信用证统一惯例》的规定，信用证运作应遵循"独立封闭、严格相符"的原则。尽管跟单信用证给交易各方提供了良好的保护，在大部分国际交易中被当作首选的支付方式，但这种方式依然有局限性。信用证既不能确保实际所运货物就是所订购的货物，也不能使买卖双方消除分歧或由买卖关系不良而产生的抱怨。这些分歧还得靠买卖双方自己解决。

跟单信用证的一个基本准则是，银行处理的是单据而不是货物。银行只对与单据方面相关的问题和跟单信用证的特定词语负责而不对有关货物本身的问题负责。因此，银行并不关心货物是否和单据一致，他关心的是单据是否和信用证中的文字规定相符。

1. **对进口商的风险**

（1）受伪造单据的诈骗。出口商提供的货运提单、质量和数量证明、装船明细单、商业发票、保险单等单据纯系伪造，而保险公司不承担服装的追偿损失。

（2）卖方以次、坏货或假货行骗。这是常见行骗手法，卖方往往以低于市场售价为诱饵，骗取买方上当。

2. **对出口商的风险及防范**

信用证结算过程中，当市场服装商品价格降低时，出口商可能承担买方延迟开证或拒绝开证的风险。如开证行倒闭或无力偿付，议付行有权追索已付的货款，出口商就会受到损失。对出口商，信用证的风险为：

（1）外汇管制风险。有些贸易虽事先知道有外汇管制，但如进口商没有事先申请办妥进口外汇，议付行的收款可能收不到。尤其应注意突发性外汇管制。

（2）贸易管制风险。管制措施多变，出口商很难适应，也给银行增加收汇风险。

（3）战争或内乱。这是出口商的更大风险。

（4）开证行资信不佳或倒闭。

（5）贸易合同中信用证条款存在陷阱。如信用证规定，商检合格证是议付的主要单据之一。进口商抓住出口商急于出货心理，百般挑剔或诱使出口商出货，但故意找理由验货不符，拖延付款；还有信用证规定，运输单据出具7个工作日内在国外到期等。

3. **对银行的风险及防范**

（1）进口商与出口商合谋诈骗开证行。进口商开证以高价买一些不值钱的货，银行审单无误后付款，但进口商无力偿付或早已逃走，进口商保证金不足抵银行支付款。

（2）开证申请人无理拒收单据或倒闭。

四、银行保证书

（一）银行保证书

银行保证书（Letter of Guarantee, 简称L/G，又叫保函）是保证人对申请人的债务或应履行的义务，承担赔偿责任的书面材料。保函依索偿条件可分为：

1. **见索即付保函**

见索即付保函又叫无条件保函（Unconditional L/G）。其保证人承担的是第一性的、直接的付款责任。银行保证书据其规定承担绝对付款责任，大多是见索即付保证书。

2. **有条件保函**

保证人承担的是第二性的、附属的付款责任。

（二）保证书种类

银行保证书在实际业务中使用范围很广，不仅适用于服装买卖，且广泛用于其他国际经济合作领域。银行保证书分以下三种。

1. 投标保证书

投标保证书指银行、保险公司其他当事人（保证人）向招标人（受益人）承诺：当申请人（投标人）不履行其投标所产生的义务时，保证人应在规定的金额限度内向受益人付款。以此保证人在开标前不撤标和片面修改投标条件，中标后保证签约和交付履约金。

2. 履约保证书

履约保证书指保证人承诺：如担保申请人（承包人）不履行他与受益人（业主）之间订立的合同时，应由保证人在约定后金额限度内向受益人付款；或可有选择权，采取措施履行合同。

履约保证书适用范围很广泛，一般服装进出口交易中也可使用。履约保证书可分为进口和出口履约保证书两种。

3. 还款保证书

还款保证书指银行、保险公司或其他当事人，应合同一方当事人的申请，向另一方开立的保证书。规定申请人违约时，银行则替付款项。

还款保证书主要用在国际工程承包、服装进出口、劳务合作和技术贸易等业务。

（三）银行保证书的当事人

1. 委托人

委托人又叫申请人。如投标人、服装或劳务提供者、价款支付人或受款人等。

2. 受益人

受益人指向银行索偿的一方。

3. 保证人

保证人也叫担保人，即保证书的开立人。此外还有：

（1）转递行。将保证书转递给受益人的银行，不负任何经济责任，但可收一定手续费。

（2）保兑行。在保证书上加以保兑的银行。受益人可得双重担保。

（3）转开行。向受益人开出保函的银行。

保证书开立方式有直开、转开、转递、保兑等不同做法。

（四）银行保证书的主要内容

虽无统一格式，但主要内容有：

1. 有关当事人

有关当事人应详列主要当事人。即委托人、受益人、保证人的名称和地址。特别是地址。

2. 责任条款

责任条款是银行保证书的主体。保证人向受益人承担的责任以保证书内所列的条款为限。

3.保证书的有效期限

即指受益人索偿要求送达保证人的最后期限。

4.保证书的终止到期日

即指保证书的终止失效日期。保证书终止后，受益人应立即将保证书退还保证人注销。

5.保证书的修改

在得到受益人同意后，保证书条款内容才可修改。

五、各种支付方式的选用

在国际贸易业务中，一笔交易的货款结算，可以只使用一种结算方式（通常如此），也可根据需要，例如不同的交易商品，不同的交易对象，不同的交易做法，将两种以上的结算方式结合使用，这样做不仅有利于促成交易，还有利于安全及时收汇和妥善处理付汇。常见的不同结算形式有如下五种。

（一）信用证与汇付相结合

信用证与汇付相结合指一笔交易的货款，部分用信用证方式支付，余额用汇付方式结算。这种结算方式的结合形式常用于允许其交货数量有一定机动幅度的某些初级产品的交易。对此，经双方同意，信用证规定凭装运单据先付发票金额或在服装发运前预付金额若干成，余额待货到目的地（港）后或经再检验的实际数量用汇付方式支付。使用这种结合形式，必须首先订明采用的是何种信用证和何种汇付方式以及按信用证支付金额的比例。

（二）信用证与托收相结合

信用证与托收相结合指一笔交易的货款，部分用信用证方式支付，余额用托收方式结算。这种结合形式的具体做法通常是：信用证规定受益人（出口人）开立两张汇票，进口人开立交易总额若干成的不可撤销信用证，属于信用证支取的货款凭光票付款；交易总额的其余若干成用付款交单方式由出口人另开汇票连同全套货运单据委托银行向进口人收取，但在信用证和托收委托书中应注明"只有进口人付清全部货款后，银行才能交单"，即余额则将货运单据附在托收的汇票项下，按即期或远期付款交单方式托收。这种做法，对出口人收汇较为安全，对进口人可减少垫金，易为双方接受。但信用证必须订明信用证的种类和支付金额以及托收方式的种类，也必须订明"在全部付清发票金额后方可交单"的条款。

将托收和信用证方式结合起来使用的方式减少了进口人的开证金额和开证押金，同时又提高了出口人收汇的安全系数，所以，深受进出口双方的欢迎。

（三）汇付与托收相结合

部分汇付、部分托收是将汇付和托收方式结合起来，在须要买方支付订金或预付货款时使用。一般做法是：买方将合同金额的大部分（或订金）汇给卖方，卖方收汇后装运货物，剩余货款以即期托收方式委托银行收取，付款后交单。

（四）汇付、托收、信用证三者相结合

产品生产周期较长，金额较大时，一般可按工程进度和交货进度分若干期付清货款，即分期和延期付款的方法，一般采用汇付、托收和信用证相结合的方式。

1. 分期付款

分期付款（Progression Payment）是指买方将合同金额分成若干期支付给卖方。具体操作中，往往是买方预交部分定金，其余货款视交货进度分期支付。卖方在买方支付订金之前，一般应向买方提供保证函或备用信用证等，以保证一旦卖方不履约，买方能够收回订金及利息等。分期付款一般适应于成套设备、大型交通工具、加工贸易等交易。

2. 延期付款

延期付款（Defered Payment）是指买方在支付一定的货款后便获得卖方的货物，大部分货款则在卖方交货后相当长的时间内分期摊付。延期付款主要用于成套设备、大宗商品的交易。延期付款的性质是赊销，是商品信贷，是卖方给予买方的一种资金融通。延期付款不同于分期付款。在分期付款条件下，卖方完成交货义务时，买方已付清货款，而买方也只有在付清货款后才能取得货物的所有权。在延期付款条件下，卖方完成交货义务时，买方尚未付清货款，但已取得货物的所有权。

（五）汇付与银行保函或信用证相结合

汇付与银行保函或信用证相结合使用的形式常用于成套设备、大型机械和大型交通运输工具（飞机、船舶等）等货款的结算。这类产品交易金额大，生产周期长，往往要求买方以汇付方式预付部分货款或定金，其余大部分货款则由买方按信用证规定或开加保函分期付款或迟期付款。

此外，还有托收与备用信用证或银行保函结合等形式。在开展对外经济贸易业务时，究竟选择哪一种结合形式，可酌情而定。

六、票据风险与防范

票据作为国际结算中一种重要的支付凭证，在国际上使用十分广泛。由于票据种类繁多，性质各异，再加上大多数国内居民极少接触到国外票据，缺乏鉴别能力，因而在票据的使用过程中也存在着许多风险。

（一）票据的风险防范

（1）贸易成交以前，一定要了解客户的资信，做到心中有数，防患于未然。特别是那些资信不明的新客户以及那些外汇紧张、地区落后、国家局势动荡的客户。

（2）对客商提交的票据一定要事先委托银行对外查实，以确保能安全收汇。

（3）贸易成交前，买卖双方一定要签署稳妥、平等互利的销售合同。

（4）在银行未收妥票款之前，不能过早发货以免货款两空。

（5）即使收到世界上资信最好的银行为付款行的支票也不能保证将来一定会收到货款。近年来，国外不法商人利用伪造票据及汇款凭证在国内行骗的案件屡屡发生，且发案数呈上升趋势，对此不能掉以轻心。

（二）使用汇票的原则

在汇票的使用过程中，除了要注意以上所说的之外，还要注意遵循签发、承兑、使用汇票所必须遵守的原则：

（1）使用汇票的单位必须是在银行开立账户的法人。

（2）签发汇票必须以合法的商品交易为基础，禁止签发无商品交易的汇票。

（3）汇票经承兑后，承兑人即付款人负有无条件支付票款的责任。

（4）汇票除向银行贴现外，不准流通转让（注：此规定被后来的银行结算办法所打破）。

（三）如何识别真假本票

（1）真本票系采用专用纸张印刷，纸质好，有一定防伪措施；而假本票只能采用市面上的普通纸张印刷，纸质差，一般比真本票所用纸张薄且软。

（2）印刷真本票的油墨配方是保密的，诈骗分子很难得到，因此，只能以相似颜色的油墨印制，这样假本票票面颜色较真本票有一定差异。

（3）真本票号码、字体规范整齐，而有的假本票号码、字体排列不齐，间隔不匀。

（4）由于是非法印刷，假本票上签字也必然会假冒签字，与银行掌握的预留签字不符。

第五节　服装检验、索赔、不可抗力与仲裁

一、服装检验

（一）服装检验概述

进出口服装检验是指海关在接受申报并审核报关单证的基础上，对进出口服装进行实际核对检查。检验的目的是核对实际进出口服装与报关单证所报内容是否相符，有无错报、漏报、瞒报、伪报等情况，审查服装的进出口是否合法，确定服装的物理性质和化学性质。进出口服装，除海关总署特准免验的之外，都应接受海关检验。海关检验服装，一般应在海关规定的时间和监管场所进行，如有理由要求海关在监管场之外检验，应事先报经海关同意。

《中华人民共和国进出口服装商品检验法》规定：商检机构和国家商检部门、商检机构指定的检验机构，依法对进出口服装实施检验。凡未经检验的进口服装，不准销售使用；凡未经检验合格的出口服装，不准出口。

无论是国家法规还是国际公约，都承认和规定，买方有权对自己所买的服装进行检验，双方另有协议除外。但买方对服装的检验权并不是强制性的，不是接收服装的前提条件。放弃检验权，即丧失拒收服装的权利。一般买卖双方都愿意在合同中就买方是否行使及如何行使检验权，做出明确规定。商检机构据买卖合同中检验条款的规定检验后所开具的证书，成为买卖双方交接服装、结算货款、处理索赔和理赔的重要单据之一。

出口服装检验基本项目及要求如下：

1. 包装

按相关标准或合同、信用证的规定执行。检查服装的内外包装箱盒质量、包装物料、挂牌、商标及装箱搭配，核查包装箱唛头标记。

2. 数量

核对总箱数、装箱件数、搭配是否与报检所附资料要求相符。

3. 尺寸规格

测量服装各部位的规格尺寸是否符合合同和有关标准。

4. 外观质量

核查服装的款式、折叠、包装、外观缺陷、缝制工艺质量、面辅料、整烫质量等。

5. 内在质量

根据被检产品的具体情况，按照相关标准和合同、信用证要求，对产品的色牢度、强力、尺寸变化率、成分、含绒量等物理化学性能进行检测。

6. 安全卫生、环保和反欺诈项目

出口产品应符合我国国家技术规范的强制性要求，包括《消费品使用说明纺织品和服装使用说明（GB5296.4–1998）》《纺织品甲醛含量的限定（GB18401–2010）》以及国家质量监督检验检疫总局针对进口国的有关法律法规要求而制订修订的有关规定。

施检部门可根据强制性要求和国家局的有关规定对产品的安全、卫生、环保和涉及反欺诈项目进行测试。

7. 标识查验

根据《关于禁止纺织品非法转口的规定》，对服装的标签、挂牌和包装的产地标识进行查验。

（二）我国进出口服装的检验近况

2011年1月1日起我国对《法检目录》进行了调整，将301个涉及纺织服装产品的HS编码调入目录中，进口服装首次成为法定检验的对象，主要包括安全、卫生、环保及反欺诈等方面。

2011年度全国检验检疫机构共受理进口服装报检 36951 批，货物总计 5232 万件，货值 69536 万美元，一半以上由上海口岸进口，其他主要进口口岸有北京、深圳等。

从贸易国别和地区来看，进口服装来自世界各地。排名前三位的中国香港、意大利和西班牙进口量约占总进口量的 52%。印度、越南则为运动品牌和大众品牌服装的主要来源地。

进口服装的检验包括外观标识标签检验和内在质量检测，2011年度全国检验检疫系统共对 14959 批进口服装实施抽样检测，送检率为 40.48%，检出内在质量不合格 1521 批，不合格样品 1668 个，涉及不合格货物总计 73 万件，货值 1220 万美元，批次不合格率为 10.17%。

不合格情况主要为中文标识、色牢度、纤维成分含量及部分 pH 值、甲醛含量、可分解芳香胺染料不合格。对于中文标识、标签不合格和纤维成分含量不合格的产品，允许其进行整改；对于内在质量不合格的产品，均作退运或销毁处理。

在内在质量项目检测样品中，色牢度不合格 776 例，所占比重最大，占到所有 1668 个不合格样品的 46.5%。其次为纤维成分含量，共 454 例，占 27.2%。pH 值含量不合格 371 例，占 22.2%。其他不合格项目分别为甲醛含量 60 例及偶氮染料 7 例。

（三）我国进出口服装商品实施检验的范围

主要对进出口服装商品的服装品质、规格、数量、重量及服装包装等实施检验，确定其是否符合安全、卫生的要求等。

我国进出口服装检验范围：

1. 现行《商检验机构实施检验的进口服装商品种类表》

这是由国家服装商品检验局据对外经济贸易发展的需要和进出口服装商品的实际情况制订修订，会不定期地加以调查和公布，也可制成计算机软件便于查询。

2. 船舱和集装箱检验

从事服装运输的承运人和装箱部门于装箱前须向商检机构申请检验，经检验符合条件，发给合格证书后方准装运。

3. 对外贸易合同规定由商检局实施检验的进出口服装商品

除上述外，我国《商检法》规定：凡其他法律、行政法规规定须经商检机构或其他检验机构实施检验的进出口服装商品或检验项目，亦属进出口服装商品实施检验的范围。

（四）检验条款主要内容

主要包括检验时间、地点、检验机构、检验证书、检验依据与方法及服装商品的复检等。

1. 检验时间

国际上一般承认买方在接受服装之前，有权检验服装，但在何时验货，则无统一法规，往往与使用的贸易术语、服装、服装包装性质、行业惯例、国家法令等有密切关系。

（1）时间与贸易术语的关系。一般应在卖方交货、买方接货时进行检验，如工厂交货

（EXW）、目的港码头交货（DEQ）。但目前较通用的 CIF（风险转移是以服装在装运港装上船为界），则应在合同的检验条款中明确。

（2）时间与服装及其服装包装的关系。因服装繁多，性质各异，服装包装不同，方法不一，也难统一。

（3）时间与各国法规的关系。近年来，亚、非、拉各洲的发展中国家为保护本国利益，由政府指定一家或几家跨国公证检验机构，为该国的进口服装实行强制性检验，并签发"清洁报告书"（CRF），作为出口国银行议付和进口国通关入境的有效凭证，由进口国中央银行严格实施外汇管理和管制进口货。该做法为"全国进口监督计划"（CISS）。

我国出口业务中，凡出口服装输往全面进口监督计划的国家，或在合同中规定由瑞士通用鉴定公司（SGS）或其他外国检验公司检验出证的出口服装，对外贸易经营者须向商品检验机构或其指定的商检公司办理委托检验出证手续；否则，银行将不予结汇，进口国将不予通关入境。

2. 检验地点

据当前国际上的习惯做法和我国对外贸易实践，基本上有以下几种做法：

（1）在出口国检验：又可分为产地检验或工厂检验、装船前或装船时检验。

①工厂检验。卖方协同买方在工厂发运前进行检验，卖方承担此前责任，之后风险由买方负责，这是国际贸易中普遍采用的做法。

②装船前或装船时在装运港检验。以双方约定的商检机构验货后出具的服装品质、重量、数量和服装包装检验证明，作为决定服装品质和重量的最后依据。这叫离岸服装品质和离岸重量。一般买方不再提出复验权。

（2）在进口国检验，在进口国目的港检验。这叫到岸服装品质、到岸重量。

（3）出口国装运港检验，进口国目的港复验、前验证明作为卖方向银行议付货款的单据之一，不作为最后依据；复验证明可作为索赔依据。该法对买卖双方均有好处，较公平合理，在国际贸易中较广泛应用。

（4）装运港验重量、目的港验服装品质。这叫离岸重量、到岸服装品质。此法多用于大宗服装商品交易的检验中，以调和买卖双方在检验问题上的矛盾。

3. 检验机构

国际贸易中从事服装商品检验的机构大致有如下几类：官方机构；非官方机构，公证人或公证行；工厂企业，用货单位设立的化验室、检测室等。

在我国从事进出口服装商品检验的机构，据《商检法》规定是国家设立的商检部门和设在全国各地的商检局，其任务是：对重点进出口服装商品实施法定检验，对指定或认可的检验机构的进出口服装商品检验工作实施监督管理；办理进出口服装商品的鉴定业务。

在国际贸易中，对商检机构的选定，关系到买卖双方由谁来实施检验和出具有关证书，与自身利益有关，是检验条款的一项重要内容。

4. 检验证书

进口、出口服装商品经商检、鉴定之后出具的证明文件，叫检验证书。常见证书有服装品质、重量、兽医（如皮张、毛类、绒类、猪鬃等服装，经验后应出具的证书）、卫生、消毒、数量、产地、价值、验残检验证书等。

在国际服装买卖业务中，卖方究竟提供何种证书，应据服装商品种类、性质、贸易习惯及政策、法规来做。

5. 检验依据与检验方法

（1）依据。凡我国法律、法规规定的强制性检验标准或其他必须执行的检验标准，或对外贸易合同所规定、约定的检验标准，均构成进出口服装的检验依据。

进出口具体依据有成交样品、标样、合同、信用证、标准等。出口业务依据亦相同。

（2）方法。凡按样品达成的交易，合同中应对抽样比例及方法做出规定。检验方法亦在合同中明确。

6. 复验

复验是指买到服装买方有复验权，它既不是强制性的，也不是接货的前提条件，它由买方自定，并在合同中确定。复验期限实际上是索赔期限。我国为出口人，国外选择的商检机构，应事先经我方认可为宜。通常来说，进口服装应在口岸或集中储存地检验；须安装调试，可在收货、用货地检验；集装箱运输的进口服装，可在拆箱地检验；同批货分拨各地使用的，应尽可能在口岸检验。

（五）买卖合同中的检验条款

1. 出口合同中的检验条款

一般用出口国检验，进口国复验的方法。如："双方同意以装运港中国进出口服装商品检验局签发的服装品质和数（重）量检验证书作为信用证下议付单据的一部分。买方有权对服装的服装品质、数量进行复验。复验费由买方负担。如发现产品品和数量与合同不符，买方有权向卖方索赔。索赔期限为货到目的港 ×× 天内。"

2. 进口合同中检验条款

合同应慎重，力求专业化、经济、平等、互利。

3. 订立进出口商检注意事项

（1）服装品质条款订得确切、详细。

（2）以品牌、商标表示服装品质时，卖方服装应符合传统优质的要求，且须确切指标说明，为检验提供根据；按样品成交服装，应与货品一致。

（3）出口服装商品抽、检方法，一般按有关标准或在合同中说明。

（4）对特殊服装条款中应特别说明。凡按样品进口，合同中应加订买方复检权条款。

（5）进出口服装的包装应与服装性质、特点、运输、存放方式相一致，以保护服装。

（六）报验须知

对外经济贸易关系人在向商检机构报验时，应按照商检机构的要求，真实、准确地填写申请单并签名盖章。它是关系人报请商检机构检验的正式文件，也是商检机构进行检验的一种原始凭证。一般对于不同合同、不同发票、不同提单或装运单的商品应分别填写申请单。

1.报验时间和地点

（1）进口报验时间和地点。

①属于法定检验范围内的进口商品。在到货后，收货人必须向卸货口岸或者报关地的商检机构办理登记,由商检机构在报关单上加盖"已接受登记的印章",海关凭此验放。同时，收货人还必须在规定的检验地点和期限内，向商检机构报验。

②法定检验范围以外的进口商品。如果对外经济贸易合同或者运输合同约定由商检机构检验，在进口到货后应依合同所约定的检验地点向商检机构报验，如果合同没有约定检验的地点，则在卸货口岸、到达地或者商检机构指定的地点向商检机构报验。

③须要结合安装调试进行检验的成套设备以及在口岸打开包装检验后难以恢复的商品，可在收、用货人所在地向商检机构报验。

④法定检验范围以外的进口商品。如果对外经济贸易合同也未约定由商检机构检验，收货人应当按照合同的约定进行验收，商检机构应督促收货人验收并进行抽查检验。验收不合格须要凭商检机构检验证书索赔的，收货人应当及时向所在地的商检机构申请检验出证。

（2）出口报验时间和地点。

①属于法定检验范围的出口商品，发货人应当于接到合同或信用证后备货出口前，在商检机构规定的地点和期限内向商检机构报验。属于法定检验范围以外的出口商品，如果对外经济贸易合同约定由商检机构检验的，也应按上述要求办理。

②属于在产地检验后须要在口岸换证出口的商品，发货人应在商检机构所规定的期限内向口岸商检机构报请查验换证。

③经商检机构检验合格的出口商品或其运载工具,逾期报运出口的,发货人或承运人必须向商检机构报验。

2.检验所须的单证

（1）进口单证。

①进口商品在报验时，一般应提供外贸合同、国外发票、提单、装箱单、进口服装到货通知单（也称服装流向单）等有关单证。

申请服装品质、规格、安全检验的，还应提供国外的检验证书、使用说明书以及有关标准和技术资料。凭样成交的，应提交成交样品。

②申请重量鉴定的，应提交国外的重量、水分检验证书和重量明细单。

③申请残损鉴定、载损鉴定、积载鉴定、海损鉴定的，要提供各程提单、海运散件服装港船交接时的理货残损溢短单、铁路商务记录、空运事故记录等。此外，船方还应提供航海日志、海事报告、舱单、配载图、验舱证书、验舱报告等各种有关资料。

④申请外商投资财产价值、品种、质量、数量和损失鉴定的，还应提供财产的明细单、发票及各种价值的证明、财产的已使用年限、财产的维修保养情况等各种有关的资料。

⑤在办理国内委托检验时，申请人除按要求填写"委托检验申请单"外，还应提供检验的样品、检验标准和方法。国外委托人在办理委托检验时，还应提供有关函电、资料。

（2）出口单证。

出口商品在报验时，一般应提供外贸合同（或售货确认书及函电）、信用证原本的复印件或副本，必要时提供原本。合同如果有补充协议的要提供补充的协议书；合同、信用证有更改，要提供合同、信用证的修改书或更改的函电。对订有长期贸易合同而采取记账方式结算的，各外贸进出口公司每年一次将合同副本送交商检机构。申请检验时，只在申请单上填明合同号即可，不必每批附交合同副本。凡属危险或法定检验范围内的商品，在申请服装品质、规格、数量、重量、安全、卫生检验时，必须提交商检机构签发的出口商品包装性能检验合格单证，商检机构凭此受理上述各种报验手续。

①凭此成交的商品，还须提供经国外买方确认的签封或合同，信用证已明确须经商检机构签封的样品、临时看样成交的商品，申请人还必须将样品的编号号码送交商检机构一份。对于服装、纺织品、皮鞋、工艺品等商品，在报验时还应提交文字表达不了的样卡、色卡或实物样品。

②属于必须向商检机构办理卫生注册和出口服装质量许可证的商品，报验时必须提供商检机构签发的卫生注册证书或出口质量许可证编号和厂检合格单。

③经发运地商检机构检验合格的商品，须在口岸申请换证的，必须交附发运地商检机构签发的"出口商品检验换证凭单"（简称"换证凭单"）正本。

④经生产经营部门检验的，应提交其检验结果单。

⑤第一次检验不合格，经返工整理后申请重新检验的，应交附原来的商检机构签发的不合格通知单和返工整理记录。

⑥申请重量、数量鉴定的，应交附重量明细单、装箱单等资料。

⑦申请积载鉴定、监视装载的，应提供配载图、配载计划等资料。

⑧申请出口商品包装使用鉴定的，应交附商检机构签发的包装性能检验合格单。

⑨申请委托检验时，报验人应填写"委托检验申请单"，并提交检验样品、检验标准和方法。国外委托人在办理委托检验手续时还应提供有关函电、资料。

（七）国外纺织品服装质量主管机构及相关法规和标准

纺织品服装的国际标准多为基础标准和测试方法标准，而产品标准很少。纺织品服装的产品标准大多为国际买家在贸易过程中为了买到优质产品而制订修订的买家标准，我国纺织品服装出口的主要买家集中在欧盟、美国和日本。

1. 欧盟纺织品服装的测试标准

欧盟没有专门的标准制订修订机构，CEN（欧盟标准化委员会）主要是贯彻国际标准，协调各成员国标准并制订修订必要的欧洲标准，CEN 标准大多数与 ISO 标准相同。

欧盟各成员国有自己的法规和标准，与欧盟统一的法令法规无论在技术要求还是在条件上都稍有差异。英国作为现代纺织业发源地之一，其纺织标准体系除了相当完善的英国标准（CBS）外，还有一套（BSBN）标准体系。德国标准（DIN）也相当严峻和完备，目前有关有害物质控制标准就来源于 DIN 标准。

2. 美国产品品质主管机构与测试标准

美国纺织品的品质主管机构及标准主要有：AATCC 标准（美国纺织染色与化学家协会），ASTM 标准（美国材料试验协办），CPSC（美国联邦消费品安全委员会）和 FTC 强制性标准（美国联邦贸易委员会）。另外，美国对纺织品服装制订修订了许多技术法规：纺织纤维产品鉴定法令、毛产品标签法令、毛皮产品标签法令、公平包装和标签法，织物可燃性法规、儿童睡衣燃烧性法规、羽绒产品加工法规等。

美国纺织品服装市场相对成熟，产品质量认证是进入美国市场面临的一个非常重要的问题。也就是说，某一产品在美国能否流通的关键就在于该产品能否通过美国权威检测部门的检测后获得许可证。常见的美国纺织服装产品认证标准有以下两种：

（1）FTC 规则。FTC（Federal Trade Committee）是美国联邦贸易委员会的缩语。FTC 要求出口到美国的纺织品要标有成分和保护标签，并且限制那些含有未经 FTC 认可成分的纺织品进入美国市场。FTC 还将对纺织品的成分进行分析，以判断提供的成分报告与实际结果是否一致。

（2）INTER 检测中心（纺织品 / 服装）

INTER 检测中心执行纺织品和成衣的物理检测，如纤维、化学成分、弹性、保养、可燃性、着色、褪色、其他化学伤害和进口配额等的检测工作。

在 2000 年 1 月，美国标准咨询中心与中国贸易促进会经过磋商并达成协议，由美国所属的 3 家权威实验室授权贸易促进会所属的环球商务信息公司，在北京代理申办美国标准检测认证业务，涉及的产品有保健品、化妆品、纺织品等。

3. 日本纺织品服装测试标准及技术法规

日本对纺织品服装的品质非常"挑剔"，日本的消费者以"极端挑剔"闻名，他们对于服装品质已经到了专注完美的苛求程度，因此日本贸易商对于服饰品的品质要求亦非常苛刻。现在的日本纺织品市场中，大约有七成以上的产品是由中国生产的，进口的商品价格大都处于中低价位，而这些货品在进入日本时，贸易商会有一套严格的产品质量标准作为审核的依据，一般可分为日本工业标准（JISL）、产品责任法（P/L 法）与产品品质标准判定三种规范，我国相关企业对此应有所了解。

（1）日本工业标准（JISl. 法规）。此法规规定了纺织品品质检测的各种标准及方法，有详细的安全性和机能性标准。例如，JISL0217 条例中关于纤维制品的处理说明表示记号以及其他表示方法，当中对关于洗标图标、警告用语、规格尺码、组成表示和原产地等规定的内容要求都有明确说明。

（2）产品责任法（P/L 法）。当产品因制造不良而对消费者造成生命或财产损失时，该制造商应对此负责；当产品自身损坏，对他人或物品未造成损害时，则不予追究；当产品因制造或生产不良而引发事故对消费者产生损害时，在得到证实后，制造业者应予以赔偿；产品质量不良方面还包括设计上的问题（如素材、规格、加工等）、制造过程中的问题（如因残留物造成伤害或甲醛（福尔马林）药剂的残留对皮肤造成的损伤等）、标示不清问题（如因尚未注明注意事项及警告用语提醒消费者而造成消费者对此产品不了解所造成的伤害等）。

（3）产品品质标准判定。日本销售商，一般可分为大型百货公司、大卖场、连锁专卖店、邮购商和直接提供销售商货源的商社。一般销售商会根据以上前两种法规和日本消费者对于商品的质量情况所投诉的各种问题，反映至上游制造业，再整合制造业内部需求后，不断进行产品更新或将优良率提升至一定的水准。

在质量标准方面，一般会针对各类纺织品或服饰品，分别从物理性质、染色坚牢度、产品规格、安全性（药剂残留是否会经过误服造成伤害等）、产品外观、缝制等几个方面对其进行检测。物理性质包括尺寸变化、缩水率、拉伸强力、破裂强度、杨氏系数（弹性、膨胀系数）、抗起毛球、绒毛保持、防水、亲水性、防皱等；染色坚牢度包括耐日光坚牢度、耐水洗、耐摩擦、干洗、升华等；特殊机能性质包括吸湿快干、抗菌防臭、抗紫外线、远红外保暖性、形态安定等；产品规格包括成分、密度、支数等；产品安全性包括甲醛含量、药剂残留量、pH、燃烧性等；缝制及外观包括吊牌、洗涤标识等内容。当这些商社或公司从中国进口纺织服饰品时，都会订立一整套的质量检测标准，而要求生产商于指定的质量检测机构（如检品公司）取得合格认证或授权，才允许在日本境内上市销售。另外，日本对断针的检验要求更严，因为日本政府以立法形式颁布的消费者权益保护法规定，对纺织品服装上检出有残断针的生产者、销售者实行重罚。

基于这些要求，我国除了应该在生产上顺应世界的潮流、加强产品优质化之外，在市场认证、推出新的布种或新的加工技术等方面，也应该尽快提出相应的市场认可的检验标准和检验规范，以提高产品的等级。

（八）出口服装常规安全卫生检验项目

1. 禁用偶氮染料检测

执行标准：GB/T 17592–2011《纺织品 禁用偶氮染料检测方法》。

2. 甲醛含量的检测

执行标准：GB/T 2912. 1–2009《纺织品 甲醛的测定 第一部分：游离水解的甲醛（水萃取法）》。

3. 水萃取液pH值的检测

执行标准：GB/T 7573-2009《纺织品水萃取液 pH 值的检测》。

4. 耐水色牢度的检测

执行标准：GB/T 5713-1997《纺织品 色牢度试验 耐水色牢度》。

5. 耐摩擦色牢度的检测

执行标准：GB/T 3920-2008《纺织品 色牢度试验 耐摩擦色牢度》。

6. 耐汗渍色牢度的检测

执行标准：GB/T 3922-1995《纺织品 耐汗渍色牢度试验方法》。

7. 耐唾液色牢度的检测

执行标准：SN/T 1058-2002《纺织品 色牢度试验耐唾液色牢度》。

8. 异味的检测

执行标准：GB 18401-2010 检测要求的说明。

9. 阻燃织物燃烧性能的检测

执行标准：GB/T 5455-1997《纺织品 燃烧性 垂直法》和 GB/T 17596《纺织品 织物燃烧试验前的商业洗涤程序》。

二、索赔

国际贸易中，索赔分买卖、运输及保险索赔三种。服装主要是买卖索赔。

（一）争议及索（理）赔含义

争议（Disputes）指交易一方认为对方未能履行合同规定的部分或全部责任与义务而造成的纠纷。

索赔（Claim）指受害一方在争议之后，向对方提出赔偿的要求与主张。

理赔指违约方对受害方所提赔偿要求的受理与处理。

交易中引起争议的情况主要有：

1. 卖方违约

不按合同期限交货，服装品质、规格、数量、包装等与合同或信用证不符，单据不足等。

2. 买方违约

不按期开信用证，不按合同规定付款，无理拒收服装，FOB 成交时，不如期派船接货等。

3. 双方均违约 合同条款内容不清，双方理解及解释不统一

违约引起争议的原因从性质上可分为两种情况：当事人一方故意行为；当事人一方疏忽、过失、大意、业务不熟造成。

违约（Breach of Contract）是买卖双方任一方违反合同义务的行为，违约就应承担其法律责任，受害方有权据合同或法律规定提出损害补偿要求，这是国际贸易中普遍规则。对违约行为及后果，取决于有关法律的解释及责任。

世界各国的法律对违约解释及后果处理办法均不同，解决办法存在不确定及任意性。

（二）索赔条款

合同中索赔条款分两种，即索赔与罚金。前者多用于一般服装买卖，后者多用于大宗服装商品及机械设备类合同，实际上两者均应订明。

1. 索赔条款

（1）索赔依据。包括法律及事实依据两方面。

（2）索赔期限。据具体情况来定，常用方法有：服装到达目的港后 ×× 天起算，服装到达目的港卸离海轮后 ×× 天起算，服装到达买方营业处或用户处后 ×× 天起算，服装经检验后 ×× 天起算。

2. 罚金条款

一般适用于卖方延期交货，或买方迟开信用证或延期接货情况下，数额多少以违约时间长短来确定，并定出高限。违约金起算日多以合同规定的交货期或开延期终了起算，也可推后一定时期起算。

合同中罚金条款，各国在法规上解释各异。在订进出口合同时如有违约金条款，卖方延期时，可按规定，在货款中扣除该项违约金，亦可在信用证中做相应规定，便于银行结算。

三、不可抗力

（一）不可抗力含义

不可抗力（Force Majeure）也叫人力不可抗拒。是指买卖合同签订后，不是由于当事人一方的过失或故意，发生了当事人在订立合同时不能预见、对其发生和后果不能避免并且不能克服的事件，以致不能履行合同或不能如期履行合同。遭受不可抗力事件的一方，可以据此免除履行合同的责任或推迟履行合同，对方无权要求赔偿。

不可抗力通常包括两种情况：一种是自然原因引起的，如水灾、旱灾、暴风雪、地震等；另一种是社会原因引起的，如战争、罢工、政府禁令等。但不可抗力事件目前国际上并无统一的明确的解释。哪些意外事故应视作不可抗力，可由买卖双方在合同的不可抗力条款中约定。

在英美法中订有"合同落空"条款，在大陆法系国家则有"情势变迁"或"契约失效"条款。总之，不可抗力核心有三点：意外事故必须发生在合同签订之后；不属于当事人的过失或疏忽而导致；当事人双方无法控制，无能为力。

（二）不可抗力条款

不可抗力条款是一种免责条款，即免除由于不可抗力事件而违约的一方的违约责任。

一般应规定的内容包括：不可抗力事件的范围，事件发生后通知对方的期限，出具证明文件的机构以及不可抗力事件的后果。

1. 条款方式

按对不可抗力事件范围规定的不同，我国进出口合同中的不可抗力条款主要有以下三种方式：

（1）概括式。即对不可抗力事件作笼统的提示，如"由于不可抗力的原因，而不能履行合同或延迟履行合同的一方可不负有违约责任。但应立即以电传或传真通知对方，并在××天内以航空挂号信向对方提供中国国际贸易促进委员会出具的证明书"。

（2）列举式。即逐一订明不可抗力事件的种类。如"由于战争、地震、水灾、火灾、暴风雪的原因而不能履行合同或延迟履行合同的一方不负有违约责任……"。

（3）综合式。即将概括式和列举式合并在一起，如"由于战争、地震、水灾、火灾、暴风雪或其他不可抗力原因，而不能履行合同的一方不负有违约责任……"。综合式是最为常用的一种方式。

2. 注意事项

（1）范围。应明确具体、合理适用，防止含糊笼统。

（2）后果。解除或延期履行合同应明确。

（3）通知期限及方式。国际惯例，一方遭受不可抗力事故后，应以电报通知对方，并应在15天内以航空挂号信提供事故详情及影响合同履行程度的证明文件。

（4）文件出具机构。国外一般由当地的商会或合法的公证机构出具。我国由"中国国际贸易促进委员会"出具。

（5）条款规定方法。概括规定，只讲由于不可抗力的原因，并不具体；列举规定，但也难以概全；综合式，在概括及列举基础上，加上"其他不可抗力原因"字句，我国普遍适用。

四、仲裁

（一）仲裁含义

仲裁（Arbitration），又叫公断。指买卖双方在争议发生前或后，签订书面协议，自愿将争议提交双方所同意的第三者来裁决，以解决争议的一种方式，它具有法律的约束力，当事人双方都必须遵照执行。

1. 仲裁的特点

国际贸易中的争议，如买卖双方协商、调解均不成功而又不愿诉诸法院，可采用仲裁解决，其好处如下：

（1）采用仲裁是以双方自愿为基础，且仲裁机构及仲裁人是由买卖双方选定的。

（2）仲裁程序简单，仲裁员一般是熟悉业务的专家，处理问题快。

（3）仲裁费用低。

（4）仲裁对争议双方继续发展贸易关系的影响小。

（5）仲裁是终局裁决，败诉方不得上诉，必须执行裁决。

2. 仲裁协议的形式和作用

（1）仲裁协议的形式。一种是在争议发生之前订立；另一种是在争议发生之后订立。

（2）仲裁协议的作用：

①约束双方当事人只能以仲裁方式解决争议，不得向法院起诉。

②如果有一方违背仲裁协议，自行向法院起诉，另一方可根据仲裁协议要求法院不予受理。

③仲裁机构取得对争议案的受理权。

3. 仲裁条款的规定

（1）选定仲裁地点。应力争在本国仲裁。一般可按如下三种办法规定：

①规定在本国仲裁。

②规定在被告所在国仲裁。

③规定在双方同意的第三国仲裁。

（2）仲裁机构。一种是由双方当事人指定一个常设仲裁机构；另一种是由双方指定仲裁员组成临时仲裁庭。

（3）仲裁程序。各国仲裁机构都有自己的仲裁程序规则，我国自1996年6月1日起施行《中国国际经济贸易仲裁委员会仲裁规则》，并于2005年修订后执行。

（4）仲裁裁决及其效力。中国仲裁规则规定，仲裁裁决是终局的，对双方当事人均有约束力。任何一方当事人不得向法院起诉，也不得向其他任何机构提出变更裁决的请示。

（5）仲裁费用的负担应在仲裁条款中明确订明。

（二）仲裁形式

仲裁协议是申请仲裁的必备材料，协议应以自愿协商、公平、互利、平等为原则。其形式有两种：

1. 仲裁条款

由双方当事人在争议发生前，在合同中订立。

2. 仲裁协议

由双方当事人在争议之后，表示同意将争议交付仲裁的协议。

两种形式虽不同，但具有同等法律效用。

（三）合同中仲裁条款主要内容

1. 仲裁地点

仲裁地点不同，适用法规不同，双方权利、义务解释会有差别，结果亦不同。双方一般都力争在本国仲裁，其次在被告所在国，再者是在第三国。

2. 仲裁机构选择

目前许多国家都有相应机构，我国常设机构为中国经济贸易仲裁委员会和海事仲裁委员会。

3. 仲裁程序法适用

合同中订明，在何国（地区）、何机构的何仲裁规则进行。

4. 仲裁效力

在我国，凡由国际经济贸易仲裁委员会做出的裁决都是终局性的，对双方都有约束力，必须依照执行，任何一方不许向法院起诉要求变更。

国外也如此，即使向法院提起诉讼，法院一般只审程序，不审实体，故签订仲裁条款时要规定终局性。

5. 仲裁费用

一般规定由败诉方承担，也有由仲裁庭酌情而定。

（四）仲裁程序

仲裁程序指双方当事人将发生的争议据仲裁协议的规定交仲裁的各项手续。例如，如何申请、选裁员、审理、裁决、执行等程序。

（五）承认与执行

仲裁裁决的承认与执行涉及决议由另一国当事人去执行，若其拒不执行，仲裁机构无能为力。为此，1958年6月10日联合国签订了《承认与执行外国仲裁裁决公约》。"公约"强调承认双方当事人所签订的仲裁协议有效，缔约国应承认其效力并有义务执行。1986年12月我国加入此公约。

（六）服装仲裁检测流程

服装仲裁检验包括我们日常生活中消费者关于服装质量的投诉检验和大宗服装贸易中因服装质量纠纷引起的服装质量检验。

本章小结

■ 服装国际贸易中，在合同中必须列明服装品名。服装品名必须明确、具体、实事求是，尽量采用国际通用名称，并注意有关贸易中的限制条件。服装品质是服装的内在品质，外观形态的综合体现，由不同指标及外观形象来表征。约定服装数量是国际贸易中不可缺少的主要条件之一，数量必须符合合同规定。国际贸易中服装的包装是必不可少的，它不但能够保护服装商品、方便储存及便于运输，而且还能起到区分服装商品、树立形象、创造价值等作用。

■ 国际贸易货物运输方式很多，包括海洋、铁路、航空、河流、邮政、公路、管道、大陆桥运输以及各运输方式组合的国际多式联运等。国际贸易装运条款包括：运输各方当事人、装运时间、装运港与目的港、分批装运和转船、装运通知、装卸时间、装卸率和滞期、速遣等条款。运输单据是承运人收到承运服装后签发给出口商的证明文件，它是交换服装、处理索赔与理赔及向银行结算货款或进行议付的重要单据。

■ 国际贸易磋商中，价格条款是买卖合同中的核心问题。服装作价应采取按国际市场服装价格水平、结合国别和地区政策、结合服装的购销意图作价的原则；服装作价方法有固定和非固定服装价格法，实际应用时要灵活掌握；计价货币要选择对己较有利的币种，服装价格条款中有时涉及佣金和折扣，应合理掌握。合同中价格条款，一般包括服装商品的单价和总值两项基本内容，佣金及折扣也属价格条款内容；服装商品的单价常由四个部分组成，即计量单位、单位价格金额、计价货币和贸易术语。

■ 我国对外贸易货款的收付，一般是通过外汇来结算的。货款结算主要涉及支付工具、付款时间、地点及支付方式等，在合同中须明确规定。票据是国际通行的结算和信贷工具，是可流通转让的债权凭证，国际贸易中使用的票据有汇票、本票及支票，其中以使用汇票为主。汇付与托收都属商业信用，分顺汇与逆汇两种，汇付资金流动方向与支付工具传递方向相同，即为顺汇；托收则相反，即为逆汇。信用证指由银行（开证行）依客户的要求和指示或自己主动，在符合信用证条款的条件下，凭规定单据，即银行开立有条件的承诺付款的书面文件。

■ 国家规定商检机构和国家商检部门、商检机构是指定的检验机构，依法对进出口服装实施检验。国际贸易中，索赔分买卖、运输及保险索赔三种，而服装主要是买卖索赔。不可抗力是指买卖合同签订后，不是由于当事人一方的过失或故意，发生了当事人在订立合同时不能预见，对其发生和后果不能避免并且不能克服的事件，以致不能履行合同或不能如期履行合同。仲裁指买卖双方在争议发生前后，签订书面协议，自愿将争议提交双方所同意的第三者来裁决，以解决争议的一种方式，它具有法律的约束力，当事人双方都必须遵照执行。

思考题

1. 国际贸易中服装品质有哪些表示方法？合同中品质条款应如何签订？

2. 国际贸易中服装数量有哪些表示方法？合同中成交数量条款应如何确定？

3. 国际服装运输有哪些方式？各有何特点？海上运输如何计费？

4. 国际贸易合同中装运条款如何确定？应注意哪些问题？运输单据包括哪些？

5. 国际贸易中服装价格如何掌握？作价方法有哪些？价格条款规定时应注意哪些问题？

6. 国际贸易中佣金及折扣应如何正确使用？

7. 汇票包含哪些内容？如何分类？怎样使用？

8. 托收有何特点？怎样分类？使用时应注意哪些问题？

9. 信用证包括哪些内容？有何特点？如何分类？支付程序如何？

10. 分析对比汇付、托收、信用证三种支付方式。

11. 商检有何作用？如何进行商检？

12. 索赔怎样应用？不可抗力怎样确认？仲裁条款包括哪些内容？

第七章　服装外贸销售合同商订与履行

本章学习要点

　　1. 熟悉服装外贸销售合同商订的程序与规则。

　　2. 熟悉服装外贸销售合同履行的程序与规则。

　　3. 掌握服装进口合同基本内容及要求。

　　4. 掌握服装出口合同基本内容及要求。

第一节　服装外贸销售合同概述

一、服装外贸销售合同概念

　　经营地在不同国家（地区）的当事人之间订立的服装买卖合同，统称为服装外贸销售合同或服装外贸买卖合同。服装外贸买卖正是以这种合同为中心进行的。依法成立的合同，对双方当事人都具有法律约束力。当事人都应履行合同约定的义务。若发生不属于不可抗力或其他免责范围内的，不符合同规定的行为，就构成违约，违约方就应赔偿对方因此而造成的损失。所以，对外达成和履行销售合同不仅是一种商业行为，而且是一种与国外客户双方的法律行为，据此，对于国际服装销售合同，必须从法律角度予以严肃对待。

　　我国在对外经济活动中，服装外贸销售合同是一种重要的、基本的涉外经济合同，服装外贸销售合同是以逐笔成交、货币结算、单边进口或出口的方式与不同国家和地区的商人达成的服装买卖合同。

　　此外，服装外贸买卖的当事人在进行一笔服装交易时，通常还需要与运输机构、保险公司、银行等签订销售合同的辅助性合同。一般情况下，这些合同作为某一笔服装交易的组成部分，是履行销售合同所必需的，同时为履行销售合同服务。

二、服装外贸销售合同的法律规范及适用范围

　　服装外贸销售合同和其他的经济合同一样，体现了当事人之间的经济关系。凡符合法律规范的合同，可得到法律的承认、保护和监督。合同当事人的权利受到法律的保护，同时，其义务受到法律的监督和约束。

　　达成和履行服装外贸销售合同，必须符合法律规范，才能受法律保护并受法律约束。

但服装外贸销售合同的当事人分别居于不同国家，而不同国家的有关法律规定又往往不相一致，一旦发生纠纷或争议，究竟按照哪方国家的法律作为判断是非或处理的依据就成为难题，这就是通常所称的"法律冲突"。为了解决这个问题，各国法律大多对适用何国法律均作出了具体规定，各国的规定也不尽相同，有适用缔约地法律的，也有适用履约地法律的，而较多国家法律规定适用与合同有最密切联系的国家的法律或允许当事人选择合同适用的法律。

首先，根据《中华人民共和国涉外经济合同法》规定，服装外贸销售合同当事人可以选择处理合同争议所适用的法律。如果当事人没有选择的，适用与合同有最密切联系的国家的法律，并须视服装交易的具体情况由法院或仲裁机构确定。一般情况下，国际服装销售合同应当符合合同选择的，或根据国际司法规则适用的其一国家的国内法。

其次，作为国家外贸法律的主要渊源之一的国际惯例，也是国际服装销售合同应当遵循的规范。国际惯例只有在当事人承认或在实践中采用时才对当事人有法律约束力，否则不发生法律效力。国际惯例的具体内容可由当事人在采用时加以补充或更改，外贸方面惯例的具体内容在各国各地区往往有不同的解释。

特别需要指出的是，国际服装销售合同的订立和履行还应符合当事人所在国缔结或参加的有关双边或多边的国际条约。这些条约包括公约、宪章、协定、议定书等。目前与我国外贸有关的国家条约主要是我国与某些国家缔结的双边外贸协定或外贸支付协定，一年一度的外贸议定书以及与某些国家签订的"交货共同条件"等。我国已经加入了"联合国国际货物销售合同公约"，这是与我国进行对外服装买卖业务关系最大的一项国际条约。"公约"的主要内容有：公约的适用、国际货物销售合同订立的原则、合同当事人的权利、义务、违约责任、损害赔偿、风险转移、免责事项等。

我国政府在交存核准书时，对"公约"的规定提出了两项保留：

（1）我国不同意扩大公约的适用范围，对中国企业来说，公约仅适用于公约缔约国的当事人之间订立的合同。

（2）我国企业对外订立、修改、协议终止合同时应采用书面形式，包括信件、电报、电传。《中华人民共和国涉外经济合同法》规定：中华人民共和国缔结或者参加的与合同有关的国际条约同中华人民共和国法律有不同规定的，适用该国际条约的规定，但中华人民共和国声明保留的条款除外。

三、服装外贸销售合同的必备条件

为减少和消除各国间法律的冲突，联合国或其所属机构国际外贸法委员会已制订了规约，即《承认与执行外国仲裁裁决公约》，以及关于国际汇票与本票公约草案等。此外，国际上还就国际海运、陆运、空运、工业产权等方面订有国际公约。国际服装销售合同的有效达成条件，必须符合法律规范，方为有效，各国民法一般都有规定。《中华人民共和国涉外经济合同法》对此也有所规定，构成一项有效的国际服装销售合同的必备条件，包括以下几方面：

1. 签约人资格

买卖双方当事人应具有法律行为的资格和能力。例如，若是"自然人"，则必须是公民。未成年人对达成的合同可不负合同的法律责任；精神病患者和醉汉，在发病期间和神志不清时达成的合同，也可免去合同的法律责任。若属"法人"，则行为人应是企业的全权代表。如非企业负责人代表企业达成合同时，一般应有授权证明书、委托书或类似的文件。在中国只有经政府允许和批准有外贸经营权的企业，才能从事对外经贸活动，才能就其有权经营的服装公司对外达成销售合同。

2. 自愿签约

国际服装销售合同是买卖双方的法律行为，不是单方面的行为，所以，必须双方当事人表示意思一致，这种合同才能成立，而这种一致必须建立在双方自愿的基础上。所以，通常要通过一方发盘和另一方接受发盘的程序，才能证明这是在双方自愿基础上达成的意见一致。这种自愿，又应以合法为前提，如发现一方用诈骗、威胁或暴力等行为使另一方接受而签约，那么这份合同在法律上是无效的。

3. 合同性质

国际服装销售合同是商务合同，是有偿的交换。有偿的交换是国际服装销售合同的性质所决定的，有的国家对此称作"对价"，有的国家称作"约因"。所谓"对价"或"约因"，一般就是说双方行为有偿，双方都拥有权利又都承担义务，不履行合同规定的义务时有向对方赔偿损失的责任。卖方交货，买方付款，是互为有偿。不按合同条款交货或付款，都负有赔偿对方损失的责任。

4. 合同的标的和内容必须合法

所谓"标的合法"，即服装和货款等必须合法。根据《中华人民共和国涉外经济合同法》规定，订立合同必须遵守中华人民共和国法律，并不得损害中华人民共和国的社会公共利益。违反中华人民共和国法律或者社会公共利益的合同无效。同时有些国家的法律和法规，除规定合同的标的物必须合法外，还规定合同的目的、合同的内容也必须合法。

5. 合同手续完备

合同的形式和审批手续必须符合法律规定。有的国家法律规定合同必须采用书面形式，或超过一定金额的合同必须采用书面形式，而不承认口头合同的有效性。有的国家的法律则允许使用口头形式，例如"公约"规定销售合同无须以书面订立或书面证明，在形式方面也不受任何其他条件的限制。中国政府在核准"公约"时，如前所述，对该条及其他有关规定作了保留。中国的对外销售合同，根据《中华人民共和国涉外经济合同法》规定，必须采用书面形式，否则无效。

凡符合以上条件或原则的合同，才具有法律效力，才能为法律所承认，受法律保护，又为法律所约束。法律保护双方的权利，又要求双方各自承担义务。履行合同过程中发生争议时，合同是解决争议的法律依据。司法机关或仲裁机构审理争议时，根据合同规定条款按照法律判定责任方履行义务，赔偿对方的损失，并在必要时强制执行。需要指出的是，凡违反法律、行政法规的合同不仅无效，当事人还可能受到法律制裁。

四、服装外贸销售合同的基本内容

服装外贸销售合同，是地处不同国家的当事人双方买卖一定服装达成的协议，是当事人各自履行约定义务的依据；也是一旦发生违约行为时，进行补救、处理争议的依据。一般情况下，服装外贸销售合同应包括以下三方面的基本内容：

1. 服装外贸销售合同的标的内容

（1）服装的品名和服装的品质规格。这是构成合同标的的主体，在合同中必须对此做出明确具体的规定。

（2）服装的数量。销售合同对买卖服装的数量，一般均应做出明确的规定。

（3）服装的包装。包括运输包装和销售包装的用料、方式及单位包装的容量、装潢、装饰用料等，如由买方提供包装或装潢材料、物料，还须确定保证买方按合同规定时间交齐所须材料和物料，到达卖方指定地点的时间，以及包装物料未能如期到达的责任。

（4）服装的检验。包括对服装的品质、数量、包装的检验。按习惯做法，外贸销售合同的服装检验是由第三者，即专业检验机构或公证机构进行的。检验机构、方法、时间、地点不同，其结果可能不同，所以，必须事先在销售合同中对检验机构做出规定。

（5）服装的所有权和工业产权。买卖的服装必须是任何第三方不能提出任何权利或请求的服装。这在法律上称为卖方对所售服装的权利担保，即卖方应保证对所售服装享有合法的、完全的所有权。卖方有权出售该服装，并保证买方能安稳地占有和支配服装而不受任何第三方的侵扰。在销售合同中，对于服装的所有权和工业产权等权利的担保未作规定的，如发生纠葛，应按"公约"或合同所适用的国内法处理。

2. 服装买卖的价格

价格是销售合同中必不可少的构成部分，也是对买卖双方利益影响极大的重要内容。

3. 卖方的义务

主要包括交付服装、移交与服装有关的单据和转移服装所有权。其中最基本、最主要的是交付服装，其中涉及交付的时间、地点、方式等问题。

第二节　服装外贸销售合同的商订

买卖双方就服装交易有关条件进行协商的过程，叫服装交易磋商，又叫外贸谈判。磋商人员要有认真的工作态度、广泛的业务知识，懂法律、会应用，还应做好服装市场调研及客商调研，选择恰当的目标服装市场，了解客户资信，做好合同的商订工作。

一、磋商准备

（一）选配洽谈人员

洽谈人员应精明能干，熟悉商务、技术、法律和财务知识，了解洽谈技巧，应变能力强。高素质的洽谈人员是确保谈判成功的关键。

（二）选择目标服装市场

商讨之前，要详细调研国外服装市场，从中选择适当的目标服装市场，且布局要合理。调研内容包括以下几方面：

1. 对国外服装市场进出口商的调研

对目标服装市场中产品因素，包括产品生产技术、工艺、使用效能等各方面进行调查，货比三家，择优选择。

2. 服装市场供求状态调研

据服装市场供求变动规律，结合我国服装情况，选择适当的销售或采购服装市场。

3. 服装市场价格调研

分析影响价格的因素和价格变动趋势，选择有利销售及采购的目标服装市场。报价前要进行充分的准备，在报价中选择适当的价格术语，利用合同里的付款方式、交货期、装运条款、保险条款等要件与买家讨价还价，也可以凭借自己的综合优势，在报价中掌握主动。

（三）选择服装交易对象

主要选择调查客户的资信情况：

1. 支付能力

客户财力、注册资本、营业额、资本负债及借贷能力等。

2. 客户背景

重点是政治经济背景及对我方的友好态度。

3. 经营范围

指经营品种、性质、业务范围及是否有合作经历等。

4. 经营能力

指客户活动能力、购销渠道、联系网络、外贸关系及经营做法等。

5. 经营作风

指客户的商业信誉、商业道德、服务宗旨及公共关系能力等。

选择时要巩固老客户，发展多个新客户，建立广泛的客户网络关系，选择最佳外贸伙伴从事进出口服装交易。

（四）制定服装经营方案

1. 出口服装经营方案

（1）服装货源情况。生产能力，可供出口的服装品种及数量。

（2）国外服装市场。国外服装市场供求及价格变动趋势。

（3）出口经营情况。出口成本，创汇及盈亏率，可提出具体意见。

（4）推销计划和措施。对客户的利用、外贸方式、收汇方式、佣金和折扣的运用及结构，最重要的是价格方案。

2. 进口服装经营方案

（1）服装数量。据轻重缓急具体确定，防止前松后紧、过分集中，切不可盲目冲动。

（2）服装市场选择。选择对我有利的服装市场，不可过分集中，布局要合理。

（3）客户选择。选资信好、经营能力强、对我方友好的客户，宜向服装厂家订购。

（4）服装价格了解。避免价格偏高或偏低，以免浪费资金或未遇到合适的卖主。

（5）服装交易方式。据采购数量、品种、服装交易习惯等酌情处理，一般可提出原则性意见，以利安排进口。

（6）服装交易条件。在平等互利基础上灵活掌握。

二、磋商形式、内容及程序

服装交易磋商在形式上分口头及书面两种。口头多用于面对面谈判，长话交谈，可直接了解对方诚意和态度，便于机动灵活处理；书面是通过信件、电报、电传、Email、网络等形式洽谈，操作简便易行，费用较省，日常业务较常用。

磋商内容涉及服装交易各项条款，如品名、品质、规格、数量、包装、价格、装运、保险、支付、商检、索赔、仲裁及不可抗力等。理论上讲，上述条款只有逐步协商后，才体现"契约自由"的原则，然而不一定每次每项业务都这样逐一确定。普通服装交易，可使用固定格式的合同，在合同中已印制了一般通用条件，只要对方无异议，便可直接使用，当然也可提出个别协议。对老客户通常存有默许的一般条件，并已形成习惯做法。

磋商程序包括四个环节：邀请发盘、发盘、还盘和接受，但只有发盘与接受是每笔服装交易中必不可少的两个基本及法律环节。

（一）邀请发盘

1. 邀请发盘概念

邀请发盘（Invitation to Offer）指服装交易一方计划购买或出售某服装，向对方询问有关服装交易条件或保留条件的建议，又可称为询盘。当一个建议内容不十分确定，或没有表明承受约束的意旨，或不是向一个（或几个）特定的人发出的，则此建议可看作发盘的邀请。

2. 邀请发盘方式

最常见的发盘方式是询盘。询盘是为了试探对方服装交易的诚意和了解其对服装交易条件的意见，主要对服装情况，尤其是价格的询问。

3. 询盘的内容

涉及价格、规格、品质、数量、包装、装运以及索取样品等，而多数询盘只是询问价格。所以，业务上常把询盘称作询价。在国际贸易业务中，有时一方发出的询盘表达了与对方进行交易的愿望，希望对方接到询盘后及时发出有效的发盘，以便考虑接受与否。也有的询盘只是想探询一下市价，询问的对象也不限于一人，发出询盘的一方希望对方开出估价单。这种估价单不具备发盘的条件，所报出的价格也仅供参考。买卖双方均可发盘，可用口头或书面方式、电子邮件等。电报、电传、电子邮件，网络资讯传递速度快，在实际业务中采用较多。发盘前须充分了解服装的货源、生产成本及有关仓储、运输、保险等情况，同时还应了解国外服装市场的有关信息，最后以易于接受的语句（或发盘程序）进行发盘。

邀请发盘另一常用做法是所提内容不肯定或附有保留条件的建议，内容多不明确，特别是价格上使用参考价或价格倾向，也有"以我方最后确认为准"的说法等。这种发盘形式对发盘人没有约束力。

（二）发盘

1. 发盘概念

发盘（Offer）指服装交易一方（发盘人）向另一方（受盘人）提出买卖某种服装的各项服装交易条件，并表示愿意按这些条件达成服装交易订立合同的行为。发盘是带有法律性质的商业行为，属合同法中要约。在国际贸易实务中，发盘多由卖方发出，又叫售货发盘，也可由买方发出，叫购货发盘或递盘。发盘可以是应对方询盘的要求发出，也可以是在没有询盘的情况下，直接向对方发出。

根据《联合国国际货物销售合同公约》第 14 条规定："向一个或一个以上特定的人提出的订立合同的建议，如果十分确定并且表明发盘人在得到接受时随约束的意旨，即构成发盘。一个建议如果写明货物并且明示或暗示地规定数量和价格或规定如何确定数量和价格，即为十分确定"。

2. 发盘条件

发盘须具备四个条件：

（1）发盘实效。一项法律上有效的发盘，是向一个（或几个）特定受盘人提出的订立合同的建议。

（2）内容明确。发盘的内容必须十分确定，一旦受盘人接受，合同即告成立。如果内容不确定，即使对方接受，也不能构成合同成立。

（3）约束意旨。发盘人须表明承受按发盘条件与对方成立合同的约束意旨。例如：

①使用表示发盘的术语。如"发盘"、"不可撤销发盘"、"递盘"、"不可撤销递盘"、"订

购"、"订货"等。

②明确规定有效期。"限××日复到有效"、"以我方最后确认有效"、"以未售出为准"等。

（4）送达受盘人。发盘于送达受盘人时生效。

3. 发盘内容

一项发盘，通常包含服装的品质、数量、包装、价格、交货、付款六个主要方面的服装交易条件。"公约"规定，一个建议如果表明服装并且明示或暗示地规定数量和价格或规定如何确定数量和价格，即为十分确定。如此，一项发盘只要包含服装的名称、数量、价格这三个条件，就算完整。具体内容如下：

（1）要有特定的受盘人。此人可是一个，也可是多个；可是自然人，也可是法人，但必须特定化，不能泛指。

（2）内容须确定。明确服装名称，规定数量和价格。

（3）发盘人应受约束。应规定发盘人与受盘人必须遵照执行的有效期，该有效期构成发盘的必要条件。

4. 发盘有效期

发盘在传达到受盘人时生效，也可以规定最迟接受期限或规定一段接受期间。

5. 发盘的生效和撤回

发盘于送达受盘人时生效。一项发盘，即使不可撤销也可撤回，但必须是到达受盘人之前或同时到达。否则不属撤销。

6. 发盘的撤销

发盘生效后，发盘人再取消该发盘、解除其效力的做法。但是否能撤销，各国合同法有较大分歧。"公约"规定如下：

（1）撤销发盘。在未订合同之前，发盘可撤销，但必在受盘人发出接受通知之前送到发盘人处。

（2）不可撤销的发盘。若发盘中写明了发盘的有效期或以其他方式表明发盘是不可撤销的，或是受盘人有理由信赖该发盘是不可撤销的，则此发盘不可撤销。

7. 造成发盘失效的情况

受盘人作出还盘；发盘人依法撤销发盘；发盘中规定的有效期届满；不可抗力的意外事故造成发盘失效；在发盘被接受前，当事人丧失行为能力，死亡或法人破产等六种情况。

（三）还盘

1. 还盘概念

还盘（Counter Offer）指受盘人不同意或不完全同意发盘人在发盘中提出的条件，为进一步协商，对发盘提出修改意见。

2. 还盘方式

可用口头或书面方式。还盘可针对服装任一部分要件提出修正意见。作为发盘的拒绝，还盘构成了一项新的发盘，此时原发、还盘位置发生了转移。

（四）接受

1. 接受概念

接受（Acceptance）指受盘人接到对方发、还盘后，同意对方提出的条件，愿意达成服装交易并及时以声明或行为表示出来，法律上称之为承诺，接受亦是一种法律性的商业行为。

2. 接受成立条件

（1）接受人。接受是由受盘人做出，其他人无效。

（2）接受内容。接受的内容必须与发盘相符，若内容有变，则构成有条件的接受(Conditional Acceptance)，不是有效接受，此为还盘。

（3）接受有效期。若发盘无规定有效期限，则应在合理的时间内接受才算有效。若接受迟到，无论受盘人有无责任，由发盘人决定该接受是否有效。

3. 接受方式

"公约"规定，受盘人声明或做出其他行为表示同意一项发盘即为接受，沉默或无行动本身不等于接受。我国《合同法》中要求以书面形式订立合同才为有效。接受可分为有条件接受、逾期接受、撤回接受、有效接受等几种形式。

4. 接受的条件

接受必须由发盘所指定的接受人做出，必须表示出来，必须与发盘条件相符，必须在发盘有效期限内送达发盘人。

5. 接受的生效与撤回

对接受生效的确认，各国有很大差异。英、美、法系执行的是"投递生效原则"，只要发出的时间是在有效期内，邮件途中延迟甚至丢失，也不影响合同的成立。大陆法系采用"到达生效原则"，否则无效。"公约"采纳的也是"到达生效原则"。在国际贸易中，由于各种原因，导致受盘的接受通知有时晚于发盘人规定的有效期送达，这在法律上称为"迟到的接受"。对于这种迟到的接受，发盘人不受其约束，不具法律效力。

6. 例外接受

例外的情况，"公约"第 21 条规定：过期的接受在下列两种情况下仍具有效力：

（1）如果发盘人毫不迟延地用口头或书面的形式将此种意思通知受盘人。

（2）如果载有逾期接受的信件或其他书面文件表明，它在传递正常的情况下是能够及时送达发盘人的，那么这项逾期接受仍具有接受的效力，除非发盘人毫不迟延地用口头或书面方式通知受盘人，他认为发盘已经失效。

三、合同的成立及签订

（一）合同成立条件

1. 当事人必须在自愿和真实的基础上达成协议

我国《涉外经济合同法》规定：采取欺诈或胁迫手段订立的合同无效。

2. 当事人必须具有订立合同的行为能力

未成年人、精神病者等不具有行为能力的人，其所签订的合同无效。

3. 合同必须有对价和合法的约因

对价指合同当事人间的相互给付，即"一手给钱一手交货"。约因指合同当事人签约的直接目的。买卖合同中必须有"对价"或"约因"的条件下，才有效，并受法律保护。

4. 合同中标的和内容应合法

凡违反法律、善良风俗、公共程序的合同，一律无效。

5. 合同形式须合法

我国规定国际服装交易合同须以书面形式签订，更改或解除合同，也须用书面方式。我国否认国外某些习惯的口头签约方式。

（二）书面合同的签订

在实际操作中，服装交易双方达成协议后，应用书面方式明确双方权利及义务，即所谓签订合同。

1. 签约的意义

（1）合同成立的证据。国际外贸中，服装交易签约，以"立字为据"。

（2）履行合同的规则。实际操作中将权利及义务确定下来，作为履约准则。

（3）合同生效条件。一般合同生效是以接受的生效为条件，但在指定环境下（如我国规定），签约合同是其生效的条件。

2. 书面合同的形式

外贸上，对书面合同并无严格限制，双方可采取正式合同、确认书、协议，也可采用备忘录等多种方式。

我国进出口业务中，有正式合同，如进口、购买、出口、销售合同；也有简式合同，如销售、购买确认书等。

正式合同内容全面细致，包括各个合约要件，多用于大宗服装交易。确认书属简式合同，常用于金额不大，重复多次的轻纺、服装产品交易，或已订有代理、包销等长期协议的服装交易。

3. 合同内容

可分为三部分：

（1）约首。指合同序言，如服装名称、订约双方当事人名称及地址等。

（2）正文。指服装交易条件、双方权利及义务。

（3）约尾。我国出口合同订约地一般在约尾，有时也可放在约首。

4. 订单背面条款

订单背面条款并无固定模式，主要应有业务条款及法律条款。

（1）业务条款。主要有服装包装条款、运输单据、发票、交付服装等。

（2）法律条款。主要有商检、服装品质及权利担保、卖方违反品质担保时买方的救济、买方的撤销订单权、索赔限制及程序、合同的转让、卖方破产或重组时买方的权利、商标、保密条款、合同解释、条款的互相独立性、合同适用的法律、订单背面条款应并入正面条款。

四、知识产权海关保护

（一）知识产权海关保护概念

所谓知识产权海关保护，是指海关依照国家有关法律规定，在边境执法中保护与进出境货物有关并受中华人民共和国法律行政法规保护的知识产权，包括商标专用权、著作权和专利权。

（二）知识产权海关备案程序

知识产权办理海关备案的程序，包括申请、审查、发证三部分。

1. 申请

权利人或其代理人应事先向海关领取备案申请书向海关总署提出海关保护，然后按照要求填写申请书，并随附有关文件，送交或寄送海关总署。权利人应按照一项权利一份申请的原则提出备案申请，即每份申请书只能就一份权利证书上的知识产权提出申请。申请书应用中文填写，并保证交验的申请文件真实、有效。备案申请书中应按要求填写下列内容：

（1）权利人信息。登记注册文件上的中英文名称、所在国家地区、营业执照号、法定地址、法定代表人、联系人的姓名、联系电话、传真，代理人的名称、地址、执照号、法定代表人、联系人的姓名、联系电话、传真等。

（2）知识产权主要内容。注册商标的名称、注册号码、有效期限、核定使用的商品、专利的名称、授权的号码、简要内容、有效期限，著作权的有关内容。

（3）与知识产权有关的货物的名称、商品编码。

（4）被授权或者许可使用知识产权的人的名称、所在地、使用方式和许可有效期限。

（5）与知识产权有关的货物的主要特征、商标图样及商品外观及包装的照片。

（6）已知的侵权货物的制造商、进出口商品的名称、地址、侵权嫌疑货物名称、主要进出境海关等。

（7）有关商业秘密的说明。

（8）海关总署认为应当说明的其他情况。

（9）权利人在提交申请时应当同时附送下列文件。

①知识产权权利人的身份证件的复印件，或者登记注册证书的副本，或者经登记注册机关认证的复制件，有代理人的提交权利人出具的授权委托书及代理人的登记注册证书复印件。

②注册商标的注册证书复印件，商标局核准转让注册商标的公告或者备案的商标使用许可合同复制件，或者专利证书的复印件，经专利局登记和公告的专利转让合同副本，专利实施许可合同副本，或者著作权权利的证明文件或者证据。

③海关总署认为需要附送的其他文件。交验的文件为外文的，同时提交中文译本。

2. 审查

海关总署收到全部申请文件后，对申请备案的知识产权进行审查，审查的内容，包括知识产权是否有效，是否受中国法律、法规保护，是否海关保护的范围，申请书填写是否符合要求，提交的随附文件是否齐备等。

3. 发证

海关总署认为应在收到全部申请文件之日起，30日内通知权利人。凡是准予备案的，向权利人颁发《知识产权海关保护备案证书》。

第三节 服装出口合同的履行

一、准备

履行合同是当事人双方共同的责任，"重合同、守信用"是服装外贸的基本原则。我国绝大多数出口合同是 CIF 及 CFR 合同，常采用信用证付款方式。履行合同时，须做好备货、催证、审证、议证、租船订舱、检验、报关、投保、装船、制单结汇等环节。重点是备货、证件、船运、结汇四大工作。

卖方据服装出口合同要求，按质、如数、及时准备好服装，做好申请报验和领证工作。准备的服装包装及唛头应符合信用证规定。

（一）备货

服装出口公司据合同及信用证规定，向服装生产加工及仓储单位下单联系、清点、整理、刷唛、申报商检、领证等工作。

（二）报验

凡属国家规定或合同规定须经中国进出口商品检验局验货的，必须取得证书，海关才能放行。报验手续为填写"出口报验申请单",并附有关合同及信用证副本,经验货合格后,进出口公司在规定有效期内将服装出运。

二、催证、审证及改证

(一) 催证

出口合同约定信用证付款,买方应按规定按时开立信用证。有时需催促买方开证。

(二) 审证

1. 单证审核的主要内容

检查规定的单证是否齐全;检查所提供的文件名称和类型是否符合要求;单证是否按规定进行了认证;单证之间的货物描述、数量、金额、重量、体积、运输标志等是否一致;单证出具或提交的日期是否符合要求。

2. 不同单证审核的主要内容

(1) 汇票。汇票的付款人名称、地址是否正确;汇票上金额的大、小写必须一致;付款期限要符合信用证或合同(非信用证付款条件下)规定;检查汇票金额是否超出信用证金额,如有信用证金额前有"大约"一词可按 10% 的增减幅度掌握;出票人、受款人、付款人都必须符合信用证或合同(非信用证付款条件下)的规定;信用证和发票上的币制名称应相一致;出票条款是否正确,如出票所根据的信用证或合同号码是否正确;是否按需要进行了背书;汇票是否由出票人进行了签字;汇票份数是否正确,如"只此一张"或"汇票一式二份,有第一汇票和第二汇票"等。

(2) 商业发票。抬头人必须符合信用证规定;签发人必须是受益人;商品的描述必须完全符合信用证的要求;商品的数量、单价和价格条件必须符合信用证的规定;提交的正副本份数必须符合信用证的要求;信用证要求表明和证明的内容不得遗漏;票的金额不得超出信用证的金额,如数量、金额均有"大约",可按 10% 的增减幅度掌握。

(3) 保险单据。保险单据必须由保险公司或其代理出具;投保加成必须符合信用证的规定;保险险别必须符合信用证的规定并且无遗漏;保险单据的类型应与信用证的要求相一致,除非信用证另有规定,保险经纪人出具的暂保单银行可不予接受;保险单据的正副本份数应齐全,如保险单据注明出具一式多份正本,除非信用证另有规定,所有正本都必须提交;保险单据上的币制应与信用证上的币制相一致;包装件数、唛头等必须与发票和其他单据相一致;运输工具、起运地及目的地,都必须与信用证及其他单据相一致;如转运,保险期限必须包括全程运输;除非信用证另有规定,保险单的签发日期不得迟于运输单据的签发日期;除信用证另有规定,保险单据一般应作成可转让的形式,以受益人为投保人,由投保人背书。

（4）运输单据。运输单据的类型须符合信用证的规定；起运地、转运地、目的地须符合信用证的规定；装运日期/出单日期须符合信用证的规定收货人和被通知人须符合信用证的规定；商品名称可使用货物的统称，但不得与发票上货物说明的写法相抵触；运费预付或运费到付须正确表明；正副本份数应符合信用证的要求；运输单据上不应有不良批注；包装件数须与其他单据相一致；唛头须与其他单据相一致；全套正本都须盖妥承运人的印章及签发日期章；应加背书的运输单据，须加背书。

（5）其他单据。如装箱单、重量单、产地证书、商检证书等，均须先与信用证的条款进行核对，再与其他有关单据核对，求得单、证一致，单、单一致。

3. 单证审核常见差错

汇票大、小写金额打错；汇票的付款人名称、地址打错；发票的抬头人打错；有关单据如汇票/发票/保险单等的币制名称不一致或不符合信用证的规定；发票上的货物描述不符合信用证的规定；多装或短装；有关单据的类型不符合信用证要求；单单之间商品名称/数量/件数/唛头/毛净重等不一致；应提交的单据提交不全或份数不足；未按信用证要求对有关单据如发票/产地证等进行认证；漏签字或盖章；汇票/运输提单/保险单据上未按要求进行背书；逾期装运；逾期交单。

（三）改证

审证中发现问题，应区别对等，分别同银行、运输、保险、商检等有关部门探讨，做出妥善处理。改证工作应集中，不可往返多次，以节省费用，提高效率、树立良好信誉。

三、租船订舱、装运、报关及投保

（一）租船订舱

在 CIF 和 CFR 条件下，租船订舱是卖方责任之一。服装多要整船装运的，就要租船，否则要订班轮或租订舱位。租订舱位程序一般为：

（1）出口公司填托运单（B/N）。

（2）船运公司或其代理，发托运人装货单 (S/O)。

（3）货装船后，由船长或大副签发收货单，又叫大副收据。

（二）报关

我国规定，凡进出国境的服装，须由设在海关的港口、车站、国际航空站进出，由服装所有人向海关申报，经海关放行后，货可提取或装船出口。

（三）投保

CIF 价格成交合同，卖方在装船前要去保险公司填单办理投保手续。一般应逐笔投保，并做好有关凭证保留，以备后用。

四、制单

出口服装装运出港之后，卖方按信用证规定，制备各种单证。在有效期内，将全证交由有关银行议汇、结汇。

（一）出口单证

1. 票据行为
从程序上依次为出票、票据背书、向付款人提示、付款人签见、付款人承兑、参加承兑、保证、付款、拒绝承兑和拒付、追索。

2. 票据的种类
一般有汇票、本票和支票。

（二）运输单证

1. 托运单据种类
常见的有外销出仓单或提货单、出口服装报关单或出口服装明细单、出口服装托运单。

2. 货运单据种类
如海运提单、委托订舱更改单、铁路运单、承运服装收据、大陆桥联运承运收据、航空运单、邮包收据。

（三）提单

提单 (Bill of Lading) 是最重要的单据，制作提单时应注意：

1. 提单分类
种类较多，应分别对待。

2. 收货人
又叫抬头人。信用证或托收方式下，多制成"凭指定"或"凭交货人指定"。经发货人背书后，还可流通或转让。开证行多要求做成"凭××银行指定"。

3. 货名
可概括服装名称，不必详列。

4. 运费项目
按 CIF、CFR 成交，提单上应注明"运费已付"。若按 FOB 成交，提单注明运费到付。除信用证另有规定外，提单上不必列出运费金额。

5. 目的港与件数
原则上运输标志所列内容一致，若安装有缺、漏、少现象，可在提单运输标志件等前加"EX"字样。

6. 签发份数

合同或信用证中要求出口人提供"全套提单",即承运人签发注明的全部正本份数。

7. 签署人

可以是承运人或其代理人,也可是船长或船长的代表签署。

8. 有关装运的其他条款

有时买方因本国规则,在来证中加列了其他装运条款,要求出口人照做,应按有关规定,结合运输条件区别对待,但若不合理或难于办到,则须向买方提出修改证明。

(四)商业发票

发票(Invoice)主要有商业、海关、领事及厂商发票等。

1. 发票的作用

(1)买卖双方收发服装、收付货款和记账的凭证。

(2)买卖双方办理报关的依据。

(3)卖方缮制其他单据的依据。

(4)在即期付款不出具汇票的情况下,卖方即凭发票向买方收款。

2. 发票内容

(1)应载明"商业发票"或"发票"的字样。

(2)应署有出口单位的全称和详细地址。

(3)应写明进口商的名称、地址,载明发票号码和合同号码。

(4)载明起运地和目的地。

(5)载明服装的描述、唛头及件号。

(6)必要的声明。

(7)进口证号码。

(8)出口商签章。

(9)贸促会认证。

(10)领事签证等。

3. 装箱单和重量单

装箱单和重量单(Packing List and Weight Memo)用以补充商业发票内容的不足,便于买方服装到达目的港时供海关检查和核对服装,又叫花色码单。

(五)海关发票

1. 海关发票的作用

(1)供进口商报送核查服装与估价征税之用。

(2)提供服装原产地依据。

(3)供进口国海关核查服装在其本国服装市场的价格,确认是否倾销等,便于统计。

2. 海关发票的格式

各国的海关发票格式有许多不同，具体操作时应留意。

3. 海关发票的缮制

（1）与商业发票的相应项目必须完全一致。

（2）须列明国内服装市场价或成本价时，应注意其低于销售的离岸价。

（3）经准确核算的运费、保险费及包装费、海关发票应以收货人或提单的被通知人为抬头人。

（4）签具海关发票的人可由出口单位负责办事人员签字，证明人须另由其他人员签字，不能是同一人。

（六）保险单据

保险单（Insurance Policy）上的被保险人必是信用证上的受益人，且须加空白背书，便于办保转让。保险类别、金额应与信用证规定一致。在 CIF 和 CIP 的险金确定时，险单须投保最低金额，数量可是 CIF 或 CIP 的金额加 10%。险单表明货币，应与信用证相同，保险单签发日期应合理。

保险单背后印有保险条款，正面应载明如下内容：被保险人名称；唛头标记；服装名称；保险金额，一般按发票金额加 10%；船名或装运工具；开行日期；费率；运输起止点；险别，一般按 C.I.C. 条款承保；赔款地点，一般在保险的目的地支付赔款；投保日期。

（七）产地证明书与普惠单据

我国有多种不同签发机构签发的产地证明书，分别是中国国际外贸促进委员会产地证明书、普遍优惠制产地证明书、欧洲经济共同体产地证明书、对美国出口原产地声明书以及其他产地证明书，产地证明书是享受普惠政策的必要条件之一。

1. 产地证明书

产地证明书（Certificate of Origin）是说明服装原产地的证件，此时可不用海关或领事发票，以便确定对服装应征收的税率，该证一般由出口地的公证行或工商团体签发。我国是由中国进口商检局或贸促会签发。

2. 普惠单据

目前与我国有普惠制待遇的国家或地区服装出口时须提供普惠制单据，作为进口国海关减免关税的依据。使用普惠制单据时有下列几种类型：

（1）表格 A 产地证明。适用一般服装，由出品公司填制，经中国进出口商检局签证出具。

（2）纺织品产地证实。仅适用于纺织，由中国进出口商检局签发。

（3）纺织品出口许可证件。适用于配额纺织品，由出口地外贸主管部门签发。

（4）手工制纺织品产地证。限手工纺织品类，可由中国进出商检局签发。

（5）纺织品装船证明。仅适用于无配额的毛呢产品，由出口地外贸主管部门签发。

（八）服装检验证明书

服装检验证明书用来说明服装特征及卫生条件，我国多由中国进出口商检局出具。证书名称所列项目或检验结果，应与合同及信用证规定一致。

1. 中国国家检验机构检验证书

包括品质、重量、数量、卫生、消毒、产地、温度检验证书等。

2. 非国家检验机构检验证书

SGS（瑞士通用鉴定公司）、OMIS（日本东京一家公司）、BV（总部在法国）检验证书、进口商代表签发的运前检验证书等。

（九）EDI 无纸外贸单证

EDI 电子数据交换是将进出口外贸双方与银行、海关、运输、保险和商检等国际外贸有关环节之间的信息，用彼此公认、相互约定的标准格式，通过计算机网络以实现彼此间的数据交换的处理，从而完成外贸的全过程。

五、结汇

（一）结汇方式

我国出口结汇有收妥结汇、押汇、定期结汇三种。

1. 收妥结汇

收妥结汇又叫收妥付款，指议付行在审单无误后，将单据寄往国外付款行索款，待转入后，再据当日外汇牌价折成人民币拨交卖方公司。

2. 押汇

押汇指买单结汇，是议付行审单无误后，按信用证条款买入受益人（外贸公司）的汇票和单据，从票面金额中扣除有关利息及费用，再折成人民币拨给外贸公司。

3. 定期结汇

定期结汇是议付行据向国外付款行索取所须的时间，预先固定结汇期限，到期后折成人民币拨交外贸公司。

外汇结单一定要做到正确、完整、及时、简明、整洁，对不同结汇方式应注意有关事宜。

（二）汇票

汇票 (Bill of Exchange) 主要内容如下：

1. 付款人

用信用证支付时，汇票付款人应据信用证规定填写，若无具名，则是开证行。

2. 受款人

多为出口公司。

3. 开票依据

应按信用证规定填写，并填清有关内容。若是托收方式，汇票上可注明合同号码等。

六、索赔和理赔

在出口合同履行过程中，如因国外买方未按合同规定履行义务，致使我方遭受损失，可根据不同对象、不同原因以及损失大小，向对方提出索赔。在向国外提出索赔时，要本着实事求是的精神，尽可能通过友好协商的办法解决，做到既维护我方的正当权益，又不影响双方的外贸关系。

（一）索赔（Claim）

如果我方交货的品质、数量、包装不符合合同的规定，在买方享有复验权的情况下，国外客户即使已经支付货款，我方仍可提出索赔。我们在处理索赔时，应注意下列各点：

1. 审核

要认真细致地审核国外买方提出的单证和出证机构的合法性，一一核对其检验的标准和方法，以防买方串通检验机构弄虚作假或国外的检验机构结果有误。

2. 调研

要认真做好调查研究，弄清事实，分清责任。

（二）理赔 (Settlement of Claim)

贸易存在损失，保险公司必须会同生产部门和运输部门对服装品质、包装、储存、摆货、运输等方面进行周密调查，然后把单证材料和实际情况结合起来，进行分析研究，查清服装发生损失的环节、原因，并确定责任属于何方。如果属于船运公司或保险公司的责任范围，由船运公司或保险公司处理；如确实属于卖方的责任，卖方就应实事求是地予以赔偿。对国外商人提出的不合理要求，卖方必须根据可靠的资料，予以拒绝。在履行合同中，如买方有违约现象，使卖方受损，卖方可据具体情况实事求是地向买方提出索赔。双方均应认真对待，仔细检验，合理赔偿。

第四节　服装进口合同的履行

我国进出口业务中，如按 FOB 和即期信用证支付方式成交时，履约程序为：开信用证、租船订舱、装运、投保、审单支付、接货报关、验货、转交、索赔，并由各个部门协同完成。

一、开信用证、租船订舱及投保

（一）开信用证

进口合同签订后，应开出与合同条款一致的信用证，并且控制好开出时间，若需修改，还须向银行办理改证手续。信用证的内容应完整、自足，要以合同为依据；信用证的条件必须单据化，转化为单据时要以合同为依据。

（二）租船订舱

在 FOB 价格条件下，应由买方派船到对方口岸接运服装。对于备货情况、派船情况、装运情况等都应互相通报，以免脱节误事。国外装船后，进口公司要及时办理保险及接货准备工作。

（三）投保

在 FOB 或 CFR 服装交易条件下进口，保险由买方办理，我国均向中国人民保险公司投保。

二、审单支付、报关、验货及转交

（一）审单支付

银行收到国外寄来的汇票和单据后，按信用证内容，予以审核，无误后由银行直接付款。进口公司以人民币按国家规定向银行买汇赎单。银行审单时若发现证、单不符时，可作适当处理。如停付款、部分付款、验货后付款、凭卖方或议付行担保付款、改正后付款、保留索赔权付款等。

（二）报关、验货、转交

1. 报关

进口货到后，由进口公司或委托外运公司据进口单填制"进口服装报关单"向海关申报，并附各种必要单据，海关审验无误后，才放行。

2. 验货

进口货到目的地（港）卸货时，有关部门（港务）进行卸货时清核，若有短缺，应填"短缺"报告交船方签认，并向船方提出保留索赔权及书面申明。海关、商检、保险公司、服装进口商等会同，对短缺情况进行审核，在索赔期内进行索赔。

3. 转交

上述手续办完后，可向进口公司转交服装。进口关税及内地运费，应由进口公司承担，并转移给订货部门。

三、进口索赔

进口服装常因品质、数量、包装等不符合合同的规定而向有关部门索赔。

（一）向服装出口商索赔

1. 索赔原因
服装名称不符，服装不符，服装品质、规格、数量不符，服装包装不良，包装唛头不清，交货延迟及其他原因。

2. 索赔程序
索赔声明、索赔证明文件及正式索赔。

3. 赔偿内容
申报、请求补运，调换，修补，减价或折让，赔偿损失。

4. 索赔解决方法
和解、调解、仲裁与诉讼。

（二）向承运人索赔

1. 索赔原因
遗失、搬运不当、堆积不当、偷窃、海水侵害、船无适航能力、雨中强行装卸、到货迟延等。

2. 索赔时限
（1）索赔通知。提货前发现服装损坏，立即发出索赔通知。

（2）发出通知。提货后发现服装损坏，于提货日起3日内发出通知。

（3）赔偿时限。货主的损害赔偿请求权为1年。

（4）航空货运索赔时限。服装有损坏或短少时，收货后7日内；服装迟延时，收货后14日内；服装遗失或灭失时，运单发单日起120日内。

3. 索赔依据
索赔人于提出索赔时应提出证据，随时邀请有关单位派人会同查看证件。

（三）向保险公司索赔

1. 索赔条件
保险公司受理被保险人的索赔，所须具备的条件是：

（1）必须有保险契约。

（2）必须有损害发生。

（3）必须发生保险公司所担保的事故。

2. 保险索赔的处理

被保险人发现保险标的物受损时，及时与保险公司联系，并具备必要的单证，以书面正式向保险公司提出索赔。

3. 索赔文件

部分损失时的索赔文件为：索赔函，索赔清单，索赔账单，保险单或保险证书正本，提单正本或副本，装运人开具的发票，包装清单，重量证明书，公证报告，船运公司签认的事故证明书或破损证明书，磅码单或理货单，其他证明文件，船运公司所发的短卸证明书，公证费收据，修理费用及其估价，破损服装剩余价值估价单，海难报告等。

全损情况下的索赔文件为：索赔函，保险单，提单，发票，证明全损的文件。

4. 赔款计算

（1）单独海损。保险赔款的计算公式：

$$保险赔款＝保险金额 × 损害率$$

（2）全损。实际全损时，是保险公司的责任，保险公司将赔付保险金额的全部。推定全损时，被保险人向保险公司办理请求赔偿手续。

（四）向卖方索赔

若进口服装发生下述情况，可向卖方索赔。如原装数量不足、服装品质、规格与合同不符、包装不良致使服装受损、未按期交货、拒交货等。

（五）向船运公司索赔

下列情况应向船运公司索赔：货量少于提单数、清洁提单但服装有残缺、船方过失、服装受损等。

（六）向保险公司索赔

服装短、损，凡属投保范围的，可向保险公司索赔。在进口业务中，索赔时应注意：

1. 索赔证据

对外索赔应先制索赔清单，如商检证书、发票、装箱单、提单副本及其他有关证件等。

2. 索赔金额

包括服装价值、商检费、装卸费、手续费、仓租费、利息等，可据具体情况确定。

3. 索赔期限

按合同规定有限期内提出，过期无效，也可要求延长索赔期。

4. 卖方理赔责任

进口服装中损失，除轮船运公司及保险公司的赔偿责任外，卖方须承担有关责任。

我国进口索赔，因船方或保险公司责任的一般由货运代理外贸运输公司代办，属卖方责任则由进口公司直接交涉，索赔过程中，应各部门协调一致，共同进行。

第五节 国际服装运输保险合同与履行

一、国际运输保险概述

1. 对外贸易保险

对外贸易保险是指对进出口货物在运输过程中受到的各种风险损失采取的一种社会互助性质的补偿方法。现代对外贸易保险已成为国际贸易中不可缺少的业务之一。

2. 服装运输保险

服装运输保险是同自然灾害和意外事故作斗争的一种经济措施，属财产保险范畴，它是以运输过程中的各种服装作为保险标的，被保险人（买方或卖方，又叫投保人）向保险人（保险公司）按一定金额投保一定的险别，并缴纳保险费。保险人承保以后，如保险标的在运输过程中发生约定范围内的损失，应按规定给予被保险人经济上的补偿。

3. 国际贸易货运保险业务类别

按照对外贸易货物运输方式的不同，国际贸易货运保险业务有海洋、陆上、航空以及邮包运输保险等，其中业务量最大的是海洋运输保险。运输方式不同，运输保险的责任范围也各有不同。

二、海上服装运输保险范围

海上服装运输保险范围，包括海上风险、海上损失与费用及海上风险以外的其他外来原因造成风险与损失。

（一）海上风险（Perils of Sea）

海上风险又叫海难，包括自然灾害及意外事故。

1. 自然灾害

指不以人们意志为转移的自然界力量所引起的灾害。主要指以下几种：

（1）恶劣天气。一般指海上的飓风、大浪引起船只颠簸和倾斜造成的损失。

（2）雷电。海上或陆上运输过程中，由雷电所直接造成或由于雷电引起火灾所造成损失。

（3）海啸。由于海底地壳发生变异，引起剧烈震荡而产生巨大波浪，致使保险服装遭受损害或灭失。

（4）地震或火山爆发。直接或归因于地震及火山爆发导致被保险物损失。

2. 意外事故

一般指偶然的非意料中的原因所造成的事故。仅指运输工具的如下意外事故。

（1）搁浅。指船底同海底或浅滩保持一定时间的固定状态，且是事先预料不到的，至于规律性潮汐涨落造成船底触及浅滩或滩床，退潮搁浅，涨潮时船舶重新浮起继续航行，则属必然现象，不属此例。

（2）触礁。指船体触及海中险礁和岩石等造成的事故。同沉船的"残骸"接触，亦属此范畴。

（3）沉没。指船体的全部或大部分已没入水面以下，并失去继续航行的能力。如船体一部分浸入水中或不继续下沉，海水仍不断渗入舱内，但船只还具有航行能力，则不能视为沉没。

（4）碰撞。船舶与他船或其他固定的、流动的固体物猛力接触叫碰撞。船只同海水的接触以及船只停泊在港口内与他船并排停靠码头旁边，因波动相互挤擦，均不属碰撞。

（5）失踪。船舶在航运中失去联络音讯，达到一定时间仍无消息。可按"失踪"论处。时间长短不一，多为 4 ~ 6 个月。造成原因大多是海上灾害引起的。但也有人为因素造成的，如敌方扣押、海盗的掳掠等。

（6）失火。又叫火灾，既包括船只本身、船上设备和机器着火，也包括服装自身燃烧。引起火灾原因很多，有自然灾害因素、服装本身特性、人为因素等。

（7）爆炸。一般是船舶锅炉爆炸或货上服装因气候影响产生化学作用而引发的爆炸。

（二）海上损失与费用

海上损失与费用指被保险服装在海洋运输中，因遭受海上风险而引起损失和费用，包括与海相连接的陆上或内河运输中发生的损失与费用。

1. 海上损失

按海上损失程度不同，可分为全部、部分损失。在部分损失中，按其损失性质，又可分为共同及单独海损。

（1）全部损失，又称全损（Total Loss）。指被保险服装遭受全部损失。按其损失情况不同又可分为：

①实际全损（Actual Total Loss）。指被保险物完全灭失或完全变质或者服装实际上已不能归还保险人而言。构成被保险服装"实际全损"的情况如下：

a. 保险标的物完全灭失。如沉船。

b. 保险标的物丧失已无法挽回。如盗劫。

c. 保险标的物已丧失商业价值或失去原有用途。如服装泡水。

d. 船舶失踪。如半年以上无音讯。

②推定全损（Constructive Total Loss）。服装发生保险事故后，认为实际全损已不可避免，或为避免发生实际全损所须支付的费用与继续将服装运抵目的地的费用之和超过保险价值的，称为推定全损。推定全损情况有：

a. 保险服装受损后，修理费用估计要超过服装修复后的价值。

b. 保险物受损后，整理和续运到目的地的费用，将超过服装到达目的地的价值。

c. 保险服装的实际全损已无法避免，或者为了避免实际全损需要施救所花的费用，将超过获救后的标的价值。

d. 保险标的遭受保险责任范围内事故，使被保险人失去标的所有权，而收回这一所有权所花的费用，将超过收回后的标的价值。

（2）部分损失（Partial Loss）。包括下列两种。

①共同海损（General Average）。指载货的船舶在海上遇到灾害、事故，威胁到船、货等各方的共同安全，为解除这种威胁，维护船货安全，或使航程得以继续完成，由船方有意识地、合理地采取措施，所做出的某些特殊牺牲或支出的某些额外费用，这些损失和费用则需共同负担。

共同海损是采取救难措施所引起的。其构成应具备下列条件：

a. 必须确实遭遇危难，而不是主观臆断。

b. 必须是自动地有意识地采取的合理措施。

c. 必须是为船货共同安全而采取的合理措施。

d. 必须是属于非常性质的损失。

共同海损牺牲和费用都是为了使船舶、服装和运费各方免于遭受损失而支出的，因而应由船方、货方和运费各方按最后获救价值的比例分摊，这种分摊叫共同海损的分摊。

但各国分摊比例不同，我国按《1975 北京理算规则》或《1974 比利时规则》计算。

②单独海损（Particular Average）。指共同海损以外的意外损失，即由于承保范围内的风险所直接导致的船舶或服装的部分损失，该损失仅由各受损方单独负担。

共同海损与单独海损的区别：

a. 造成海损的原因不同。单独海损是承保风险所直接导致的船货损失；共同海损不是承保风险所直接导致的损失，而是为了解除船、货共同危险有意采取合理措施而造成的损失。

b. 损失承担责任有别。单独海损由受损方自行承担；而共同海损则应由各受益方按受损大小的比例共同分摊。

2. 海上费用

海上费用指保险人（保险公司）承保的费用。保险服装遭遇保险责任范围内的事故，除了能使服装本身受到损毁导致经济损失外，还有费用的损失，保险人应给予赔偿。主要有：

（1）施救费用（Sue and Labour Expenses）。指当保险标的遭遇保险责任范围内的灾害事故时，被保险人或他的代理人、雇佣人员和受让人等为防止损失的扩大而采取抢救措施所支出的必要的、合理的费用，保险人要负责赔偿。

（2）救助费用（Salvage Charge）。指保险标的遭遇保险责任范围内的灾害事故时，由保险人和被保险人以外的第三者采取自愿的、有实际效果的救助行动，而向其支付的费用。救助无效果，则无报酬。救助费用一般可列为共同海损的费用项目，按照国际惯例，任何海上航行的船舶都有义务和责任援助其他遇难船舶。

（三）外来风险（Extraneous Risks）

外来风险一般指海上风险以外的其他外来原因所造成的风险。可分为一般及特殊两种：

1. 一般外来风险

一般外来风险指被保险服装在运输途中由于以下原因所造成的风险。其含义是：

（1）偷窃。一般指暗中偷窃，不包括公开的攻击性劫夺。

（2）玷污。指服装在运输中受到其他物质的污染所造成的损失。

（3）渗漏。指流质或半流质的物质因容器的破漏引起的损失。

（4）破碎。指易碎物品遭受碰压造成破裂、碎块的损失。

（5）受热受潮。指由于气温的骤然变化或船上的通风设备失灵，使船舱内的水汽凝结，引起发潮发热导致服装的损失。

（6）串味。指服装受到其他异味物品的影响而引起的串味导致的损失。

（7）生锈。指服装运输过程中辅料生锈的损失。

（8）钩损。指服装在装卸搬运的操作过程中，由于挂钩或用手钩不当导致的损失。

（9）淡水雨淋。指由于淡水、雨水或融雪导致服装水淋的损失。

（10）短少及提货不着。指服装在运输途中被遗失而不能运到目的地，或运抵目的地发现整件短少，未能交给收货人所造成的损失。

（11）短量。服装运输中重量短少所造成的损失。

（12）碰损。指金属及其制品在运输途中因受震动、挤压而造成变形等损失。

2. 特殊外来风险

特殊外来风险指由于军事、政治、国家政策、行政措施造成的损失。

（四）除外责任

本保险对下列损失不负赔偿责任：

（1）被保险人的故意行为或过失所造成的损失。

（2）属于发货人责任所引起的损失。

（3）在保险责任开始前，被保险服装已存在的服装品质不良或数量短差所造成的损失。

（4）被保险服装的自然损耗、本质缺陷、特性以及市价跌落、运输延迟所引起的损失或费用。

（5）本公司海洋运输服装战争险条款和服装运输罢工险条款规定的责任范围和除外责任。

（五）责任起讫

（1）本保险负"仓至仓"责任。自被保险服装运离保险单所载明的起运地仓库或储存处所开始运输时生效，包括正常运输过程中的海上、陆上、内河和驳船运输在内，直至该项服装到达保险单所载明目的地收货人的最后仓库或储存处所，或被保险人用做分配、分派或非正常运输的其他储存处所为止。如未抵达上述仓库或储存处所，则以被保险服装在最后卸载港全部卸离海轮后满 60 日为止。如在上述 60 日内被保险服装需转运到非保险单所载明的目的地时，则以该项服装开始转运时终止。

（2）由于被保险人无法控制的运输延迟、绕道、被迫卸货、重行装载、转载或承运人运用运输契约赋予的权限所作的任何航海上的变更或终止运输契约，致使被保险服装运到非保险单所载明目的地时，在被保险人及时将获知的情况通知保险人，并在必要时加缴保险费的情况下，本保险仍继续有效，保险责任按下列规定终止。

（3）被保险服装如在非保险单所载明的目的地出售，保险责任至交货时为止，但无论任何情况，均以被保险服装在卸载港全部卸离海轮后满 60 日为止。

（4）被保险服装如在上述 60 日期限内继续运往保险单所载原目的地或其他目的地时，保险责任仍按上述第（1）款的规定终止。

（六）被保险人的义务

被保险人应按照以下规定的应尽义务办理有关事项，如因未履行规定的义务而影响保险人利益时，本公司对有关损失，有权拒绝赔偿。

（1）当被保险服装运抵保险单所载明的目的港（地）以后，被保险人应及时提货，当发现被保险服装遭受任何损失，应立即向保险单上所载明的检验、理赔代理人申请检验。如发现被保险服装整件短少或有明显残损痕迹应即向承运人、受托人或有关当局（海关、港务当局等）索取货损差额证明。如果货损货差是由于承运人、受托人或其他有关方面的责任所造成，应以书面方式向他们提出索赔，必要时还须取得延长时效的认证。

（2）对遭受承保责任内危险的服装，被保险人和本公司都可迅速采取合理的抢救措施，防止或减少服装的损失，被保险人采取此措施，不应视为放弃委托的表示，本公司采取此措施，也不得视为接受委付的表示。

（3）如遇航程变更或发现保险单所载明的服装，船名或航程有遗漏或错误时，被保险人应在获悉后立即通知保险人，并在必要时加缴保费，本保险才继续有效。

（4）在向保险人索赔时，必须提供下列单证：保险单正本、提单、发票、装箱单、磅码单、货损货差证明、检验报告及索赔清单。如涉及第三者责任，还须提供向责任方追偿的有关函电及其他必要单证或文件。

（七）索赔期限

索赔期限，从被保险服装在最后卸载港全部卸离海轮后起算，最多不超过两年。

三、我国海洋服装运输保险的险别

保险险别是保险人对风险和损失的承保责任范围，是保险人与投保人履行权利与义务的基础，也是保险人承保责任大小和被保险人缴付保险费多少的依据。海洋运输服装保险种类很多，主要分基本险别及附加险别两大类。

（一）基本险别

据我国《海洋服装运输保险条款》的规定，在基本险别中包括平安险（FPA）、水渍险（WPA 或 WA）和一切险（AR）三种。

1. 平安险

其英文原意指"单独海损不负责赔偿"。当前平安险责任范围为：

（1）在运输过程中，由于自然灾害造成被保险服装的实际全损或推定全损。

（2）由于运输工具搁浅、触礁、沉没、互撞、与流冰或其他物体碰撞及失火、爆炸等意外事故造成被保险服装的全部或部分损失。

（3）只要运输工具曾发生搁浅、触礁、沉没、焚毁等意外事故，不论这意外发生之前或以后，曾在海上遭遇恶劣气候、雷电、海啸等自然灾害造成的被保险服装的部分损失。

（4）在装卸转船过程中，被保险服装一件或数件落海所造成的全部损失或部分损失。

（5）被保险人对承保责任内危险的服装采取抢救，防止或减少服装损失的措施而支付的合理费用，但以不超过该批被救服装的保险金额为限。

（6）运输工具遭自然灾害或意外事故，需在中途的港口或避难港口停靠，因而引起的卸货、装货、存仓及运送服装所产生的特别费用。

（7）发生共同海损所引起的牺牲、分摊费和救助费用。

（8）运输契约订有"船舶互撞条款"，按条款规定应由货方偿还船方的损失。

2. 水渍险

除上述平安险外，由于恶劣气候、雷电、海啸、地震、洪水等自然灾害所造成的部分损失。

3. 一切险

除上述平安险、水渍险之外，服装在运输过程中，因一般外来原因所造成的被保险服装的全部或部分损失。

上述三种险别，被保险人可从中任选一种投保。

据中国人民保险公司海洋运输服装保险条款规定，采用国际惯例的"仓至仓条款"（W/W），即从服装运离保险单所载明的起运港（地）发货人仓库开始，一直到服装到达保险单所载明的目的港（地）收货人仓库为止。但当服装从目的港卸离海轮时起算满60日，不论服装是否到收货人仓库，保险责任均告终止。

此外保险人可要求扩展保险期，但需另定有关协定。

4. 除外责任

是指保险公司明确规定不予承保的损失或费用。与上述除外责任相同。

（二）附加险别

附加险别又可分为一般附加险别和特殊附加险别。

1. 一般附加险别

与上述外来险相似。一般附加险不能独立投保，它只能在投平安险或水渍险基础上加保。但投"一切险"则无须加保，一般附加险已包含在内。

2. 特别附加险别

由于军事、政治、国家政策法令以及行政措施等特殊外来原因所引起的风险与损失的险别。中国人民保险公司承保的特别附加险，包括战争险、罢工险、交货不到险、进口关税险、舱面险、拒收险、黄曲霉素险、出口服装到香港或澳门存储仓火险责任扩展条款等。

目前，我国海运进出口的交易，若出口采用 CIF、进口采用 FOB 和 CFR，常由中国人民保险公司依据海洋运输服装保险条款办理。如国外公司要申请，也可受理。

四、其他运输方式下的货运保险

中国人民保险公司险别如下：

（一）陆上运输服装的保险

陆上运输服装的保险（Land Transportation Cargo Insurance）分为陆运险及陆运一切险两种。

1. 陆运险责任范围

被保服装在运输途中遭受暴风、雷电、地震、洪水等自然灾害，或由于陆上运输工具遭受碰撞、颠覆或出轨。在驳运过程中，驳运工具搁浅、触礁、沉没或由于遭受隧道坍塌、崖崩或火灾、爆炸等意外事故所造成的全部损失或部分损失。相当于海运保险中的"水渍险"。

2. 陆运一切险责任范围

被保险服装在运输途中由于一般外来原因造成的短少、短量、偷窃、渗漏、碰损、破碎、钩损、雨淋、生锈、受潮、受热、发霉、串味、玷污等全部或部分损失，都负责赔偿。

3. 陆上运输服装保险的除外责任

与海洋运输服装保险的除外责任相似。

保险起讫与海运保险仓至仓条款基本一致。并在协商基础上可另加附加险。

（二）航空运输服装保险

航空运输服装保险（Air Transportation Cargo Insurance）分为航空运输险及其一切险。航空运输险承保责任范围与海运水渍险大体相同。航空运输一切险除包括上述航空运输险的责任外，对被保险服装在运输途中由于一般外来原因所造成的，包括被偷窃、短少等全部或部分损失也在赔偿之内。

航空运输服装保险情况下，除外责任与海运保险除外责任相同。航运保险从服装运离保单所载起运地仓库或储存处开始，到保单中载明目的地交到收货人仓库或储存处或被保险人用作分配、分派、或非正常运输的其他储存处为止，或卸离 30 天止。

（三）邮包保险

邮包保险（Parcel Post Insurance）是承保邮包在运输途中因自然灾害、意外事故和外来原因所造成的损失。包括邮包险及邮包一切险，并可酌情加保若干附加险。

五、伦敦保险协会海运保险条款

目前世界上大多数国家在海洋运输保险业务中，直接采用英国伦敦保险协会所制定的"协会货物条款"（Insatiate Cargo Clauses，ICC）。

（一）协会货物条款的种类

协会货物条款种类分六种：协会货物条款（A），简称 ICC（A）；协会货物条件（B），简称 ICC（B）；协会货物条款（C），简称 ICC（C）；协会战争险条款（货物）；协会罢工险条款（货物）；恶意损害险条款。前五种海运货物保险条款的结构及内容相似，基本包括承包范围、除外责任、保险期限、索赔、保险利益、减少损失、防止延迟、法律与惯例八项内容。

（二）协会货物保险险别的承保风险与除外责任

伦敦保险协会货物保险主要险别条款中，承保风险与除外责任是最关键的内容。

1. ICC（A）的承保风险与除外责任

（1）ICC（A）承保风险采用"一切风险减除外责任"的规定方法。

（2）ICC（A）的除外责任。

①一般除外责任。被保险人故意的不法行为造成的损失或费用；自然渗漏、损耗、磨损，服装包装不足或不当造成的损失或费用；保险标的内在缺陷或特性所造成的损失或费用；直接由于延迟所引起的损失或费用；由于船舶所有人、租船人经营破产或不履行债务所造成的损失或费用；由于使用任何核武器所造成的损失或费用。

②不适航、不适货除外责任。指保险标的在装船时，如被保险人或其他受雇人已知船舶不适航及不适货，保险人不负赔偿责任。

③战争除外责任。由于战争、内战、敌对行为等造成的损失或费用；由于捕获、拘留、扣留等（海盗除外）所造成的损失或费用；由于漂流水雷、鱼雷等造成的损失或费用。

④罢工除外责任。罢工者、被迫停工工人直接或间接造成的损失或费用。

2. ICC（B）的承保风险与除外责任

（1）ICC（B）险承保风险采用"列明风险"的方法，灭失或损失合理归因是属于下列任何之一者，保险人予以赔偿：

①火灾、爆炸。

②船舶或驳船触礁、搁浅、沉没或倾覆。

③陆上运输工具倾覆或出轨。

④船舶、驳船或运输工具同水以外的外界物体碰撞。

⑤在避难港卸货。

⑥地震、火山爆发、雷电。

⑦共同海损牺牲。

⑧抛货；浪击落海。

⑨水进船舶、运输工具或集装箱或存货处。

⑩服装在装卸时落海或摔落造成整件的全损。

（2）ICC（B）的除外责任与ICC（A）基本相同，但有以下两点区别：

①ICC（A）只对被保险人的故意不法行为所造成的损失、费用不负赔偿责任外，对于被保险人之外的任何个人或数人故意损害标的物或其他任何部分的损害要负赔偿责任。但在ICC（B）下，保险人对此也不负责。

②ICC（A）将海盗行为列入保险范围，而ICC（B）对海盗行为不负保险责任。

3. ICC（C）的承保风险与除外责任

（1）ICC（C）承保风险比ICC（A）、ICC（B）要小得多。它只承保重大意外事故，而不承保"自然灾害及非重大意外事故"，其承保风险是ICC（B）中的①～⑥六项。

（2）ICC（C）险中的除外责任与ICC（B）完全相同。

ICC（A）风险类似我国的"一切险"，ICC（B）类似"水渍险"，ICC（C）条款类似"平安险"，但又比"平安险"责任范围小一些。

（三）协会海运货物保险主要险别的期限

保险期限即保险有效期，是指保险人承担保险责任的起止时间。一般是"仓至仓"规则。

六、进口集装箱运输保险特别条款

（1）进口集装箱服装运输保险责任按原运输险保险单责任范围负责，但保险责任至原保险单载明的目的港收货人仓库终止。

（2）集装箱服装运抵目的港，原箱未经启封而转运内地的，其保险责任至转运目的地收货人仓库终止。

（3）如集装箱服装运抵目的港或目的港集装箱转运站，一经启封开箱，全部或部分箱内服装仍需继续转运内地时，被保险人或其代理人必须征得目的港保险公司同意，按原保险条件和保险金额办理加批加费手续后，保险责任可至转运单上标明的目的地收货人仓库终止。

（4）集装箱在目的港转运站、收货人仓库或经转运至目的地收货人仓库，被发现箱体有明显损坏或铅封被损坏或灭失，或铅封号码与提单、发票所列的号码不符时，被保险人或其代理人或收货人应保留现场，保存原铅封，并立即通知当地保险公司进行联合检验。

（5）凡集装箱箱体无明显损坏，铅封完整，经启封开箱后，发现内装服装数量规格等与合同规定不符，或因积载或配载不当所致的残损不属保险责任。

（6）进口集装箱服装残损或短缺涉及承运人或第三者责任的，被保险人有义务先向有关承运人或第三者取证，进行索偿和保留追索权。

（7）装运服装的集装箱必须具有合格的检验证书，如因集装箱不适货而造成的服装残损或短少不属保险责任。

七、保险条款和我国进出口服装保险的履行

（一）合同中的保险条款

采用不同贸易术语，办理投保的人不同。凡采用 FOB 或 CFR 条件下成交时，在买卖合同中，应订明由买方投保（To Be Covered by The Buyers）；凡以 CIF 条件下成交的出口合同，均需向中国人民保险公司按保险金额、险别和适用的条款投保，并订明由卖方负责办理投保。如："由卖方按发票金额的 ×× % 投保 ×× 险，×× 险（险别）按中国人民保险公司 1981 年 1 月 1 日的有关海洋运输货物保险条款为主。"

1. 投保金额

又叫保险金额。它是保险人所应承保的最高赔偿金，也是核算保险费的基础。按照国际保险市场的习惯做法，出口服装的保险金额一般按 CIF 货价另加收 10% 计算，这增加的 10% 叫保险加成，也就是买方进行这笔交易所付的费用和预期利润，也可协商确定投保加成率。保险金额计算的公式是：

$$保险金额 = CIF\ 货值 \times (1 + 加成率)$$

在进口业务中，按双方签订的预约保险合同承担，保险金额按进口服装的 CIF 货值计算，不另加减，保费率按"特约费率表"规定的平均费率计算；如果 FOB 进口服装，则按平均运费换算为 CFR 货值后再计算保险金额，其计算公式如下：

$$FOB\ 进口服装：保险金额 = \frac{FOB\ 价 \times (1 + 平均运费率)}{1 - 平均保险费率}$$

$$CFR\ 进口服装：保险金额 = \frac{CFR\ 价}{1 - 平均保险费率}$$

保险费由投保人按约定方式缴纳，保险费是保险合同生效的条件。保险费率是由保险公司根据一定时期、不同种类的服装赔付率，按不同险别和目的地确定的。保险费根据保险费率表按保险金额计算，其计算公式是：

$$保险费 = 保险金额 \times 保险费率$$

在我国出口业务中，CFR 和 CIF 是两种常用的术语。鉴于保险费是按 CIF 货值为基础的保险额计算的，两种术语服装价格应按下述方式换算。

$$由 CIF 换算成 CFR 价：CFR = CIF \times [1 - 保险费率 \times (1 + 加成率)]$$

$$由 CFR 换算成 CIF 价：CIF = \frac{CFR}{1 - 保险费率 \times (1 + 加成率)}$$

2. 险别

我国以 CIF 或 CIP 条件成交，常按中国人民保险公司现行险别及货物商品特点及海上风险程度由双方约定险别。

3. 投保公司

一般以我国为准，但也可协商。

（二）保险的做法

1. 出口服装保险的做法

凡按 CIF 和 CIP 条件成交的出口服装，由出口企业向当地保险公司办理投保手续，据合同或信用证在备妥货并明确装定日期及运输工具后，按规定格式逐笔填制保险单，具体列明被保险金额、起止地点、运输工具名称、起止日期和投保险别，送保险公司投保，缴纳保险费，并向保险公司领取保险单证。

保险公司向出口企业收取保险费方法：

$$保险费 = 保险金额 \times 保险费率$$

保险费率可按服装、目的地、运输工具和投保险别，由保险公司据服装损失率和赔付率，并在此基础上，参照国际保险费水平，结合国情而定。

2. 进口服装保险的做法

按 FOB、CFR 和 CPT 条件成交的进口服装均由买方办理保险。我国一般采取预约保险的做法。各外贸公司均与保险公司（国内）有合约，可先不填投保单，仅以国外装运通知代替投保单，办理投保手续，保险公司自动承保责任。

3. 保险单证

这是保险公司与投保人之间订立的保险合同，也是保险公司出具的承保证明，是被保险人凭以向保险公司索赔及理赔的依据。在国际贸易中保险单证是可以转让的。常用保险单证有：

（1）保险单（Insurance Policy）。又叫大保单，是一种正规的保险合同，内容详细。

（2）保险凭证（Insurance Certificate）。又叫小保单，它是一种简化的保险合同，与保险单有同样的法律效力。

为简化保险手续，我国保险公司有时只在出口企业的商业发票上加注保险编号、险别、金额，并加盖印戳，作为承保凭证，其他项目以发票所列为准。这种凭证目前仅适用于对港、澳地区的部分交易。

（三）"三来一补"项目保险

"三来一补"，即来料加工、来件装配、来样加工和补偿贸易，这种贸易形式在我国较为常见。上述项目所涉及外商或国内加工企业承担的风险大致有：来料及引进设备运输过程中的风险；加工装配过程中的风险（包括财产本身的财产险和机器安装的工程险）；成品运往国外过程中的风险。为使企业的经济核算和外贸业务顺利进行，中国人民保险公司根据上述特点，可办理加工财产一揽子综合保险（又称三段保险），即对加工财产（房屋、辅料及机器设备）从国外起运时起，到成品运交国外收货人为止的全过程中因自然灾害或意外事故遭受损失，分别按进出口服装运输保险及财产保险（设备安装险）的责任范围负责补偿。

办理申请"三来一补"项目保险的基本程序：

1. 投保申请

根据贸易合同规定由我方负责保险的，由服装外贸公司或加工厂向保险公司办理投保申请。外商或国内加工生产企业可根据上述所承担的风险责任申请分段投保有关保险，即分别投保服装运输险、财产险或设备安装险。也可三段一并投保，即从原料、设备进口至成品运交收货人的全过程实行一次投保。如投保人三段保险均在我国办理，可与保险公司签订预保合同。

2. 出具《保险单》

保险公司受理保险后，凭加工生产企业的投保单或外贸公司出口发票签发保险单。对签订预保合同的单位在预保合同范围内的财产负自动保险责任。

八、办理保险索赔程序

（一）提出索赔申请

提出索赔申请指当被保险人的服装遭受承保责任范围内的风险损失时，被保险人向保险人提出的索赔要求。在国际贸易中，如由卖方办理投保，卖方在交货后即将保险单背书转让给买方或其收货代理人，当服装抵达目的港（地），发现残损时，买方或其收货代理人作为保险单的合法受让人，应就地向保险人或其代理人要求赔偿。中国保险公司为便利我国出口服装运抵国外目的地后及时检验损失，就地给予赔偿，已在100多个国家和地区建立了检验或理赔代理机构。至于我国进口服装的检验索赔，则由有关的专业进口公司或其委托的收货代理人在港口或其他收货地点，向当地人民保险公司要求赔偿。被保险人或其代理人向保险人索赔时，应做好下列几项工作。

1. 及时通知并保留现场

当被保险人得知或发现服装已遭受保险责任范围内的损失，应及时通知保险公司，并尽可能保留现场。由保险人会同有关方面进行检验，勘察损失程度，调查损失原因，确定损失性质和责任，采取必要的施救措施，并签发联合检验报告。

2. 索取残损或短量证明

当被保险服装运抵目的地，被保险人或其代理人提货时发现服装有明显的受损痕迹、整件短少或散装服装已经残损，应立即向理货部门索取残损或短量证明。如货损涉及第三者的责任，则首先应向有关责任方提出索赔或声明保索赔权。在保留向第三者索赔权的条件下，可向保险公司索赔。被保险人在获得保险补偿的同时，须将受损服装的有关权益转让给保险公司，以便保险公司取代被保险人的地位或以被保险人名义向第三者责任方进行追偿。保险人的这种权利，叫做代位追偿权。

3. 采取合理的施救措施

保险服装受损后，被保险人和保险人都有责任采取可能的、合理的施救措施，以防止损失扩大。因抢救、阻止、减少服装损失而支付的合理费用，保险公司负责补偿。被保险人能够施救而不履行施救义务，保险人对于扩大的损失甚至全部损失有权拒赔。

4. 备妥索赔证据，在规定时效内提出索赔

保险索赔时，通常应提供的证据有：保险单或保险凭证正本；运输单据；商业票和重量单、装箱单；检验报单；残损、短量证明；向承运人等第三者责任方请求赔偿的函电或其证明文件；必要时还需提供海事报告；索赔清单，主要列明索赔的金额及其计算数据，以及有关费用项目和用途等。根据国际保险业的惯例，保险索赔或诉讼的时效为自服装在最后卸货地卸离运输工具时起算，最多不超过两年。

（二）保险索赔情况

1. 属于出口服装遭受损失

对方（进口方）向保险单所载明的国外理赔代理人提出索赔申请。中国人民保险公司在世界各主要港口和城市，均设有委托检验代理人和理赔代理人两种机构，前者负责检验服装损失。收货人取得检验报告后，附同其他单证，自行向出单公司索赔，后者可在授权的一定金额内，直接处理赔案，就地给付赔款。

进口方在向我国对外理赔代理人提出索赔时，要同时提供下列单证：保险单或保险凭证正本，运输契约，发票，装箱单，向承运人等第三者责任方请求补偿的函电或其他单证，以及证明被保险人已经履行应办的追偿手续等文件，由国外保险代理人或由国外第三者公证机构出具的检验报告，海事报告（海事造成的服装损失，一般均由保险公司赔付，船方不承担责任），货损货差证明，索赔清单等。

2. 属于进口服装遭受损失

我国进口方向保险公司提出索赔申请，当进口服装运抵我国港口、机场或内地后发现有残损短缺时，应立即通知当地保险公司，会同当地国家商检部门联合进行检验。若经确定属于保险责任范围的损失，则由当地保险公司出具《进口服装残短检验报告》。同时，凡对于涉及国外发货人、承运人、港务局、铁路或其他第三者所造成的货损事故责任，只

要由收货人办妥向上述责任方的追偿手续，保险公司即予赔款。但对于属于国外发货人的有关质量、规格责任问题，根据保险公司条款规定，保险公司不负赔偿责任，而应由收货人请国家商检机构出具公证检验书，然后由收货单位通过外贸公司向发货人提出索赔。

进口服装收货人向保险公司提出索赔时，要提交下列单证：进口发票，提单或进出口服装到货通知书、运单，在最后目的地卸货记录及码单。

若损失涉及发货人责任，须提供订货合同。如有发货人保函和船方批注，也应一并提供。若损失涉及船方责任，须提供卸货港口理货签证。如有船方批注，也一并提供。凡涉及发货人或船方责任，还需由国家商检部门进行鉴定出证。若损失涉及港口装卸及内陆、内河或铁路运输方责任，须提供责任方出具的货运记录（商务记录）及联检报告等。

3. 收货人向保险公司办理索赔，可按下列途径进行

海运进口服装的损失，向卸货港保险公司索赔；空运进口服装的损失，向国际运单上注明的目的地保险公司索赔；邮运进口服装的损失，向国际包裹单上注明的目的地保险公司索赔；陆运进口服装的损失，向国际铁路运单上注明的目的地保险公司索赔。

（三）审定责任予以赔付

被保险人在办妥上述有关索赔手续和提供齐全的单证后，即可等待保险公司审定责任，给付赔款。在我国，保险公司赔款方式有两种：一是直接赔付给收货单位；二是集中赔付给各有关外贸公司，再由各外贸公司与各订货单位进行结算。

九、国际货运保险策略

办理国际服装运输保险，几乎是每一单出口业务都要做的事，但要办得既稳妥又经济却不简单。由于实际操作中情况千差万别，因此，如何灵活运用保险，回避出口服装运输中的风险，是技巧性很强的专业工作。国际货物运输险就业务内容来讲是最复杂的。它的品种多，不仅有主险和附加险，而且附加险又分一般附加险、特别附加险和特殊附加险。主险的选择、主险和附加险的搭配运用都需要专业知识。

（一）险别选择五要素

在投保时，你总是希望在保险范围和保险费之间寻找平衡点。要做到这一点，首先要对自己所面临的风险做出评估，甄别哪种风险最大、最可能发生，并结合不同险种的保险费率来加以权衡。多投险种会提高安全感，但同时也增加了保费的支出。出口商投保时，通常要对以下几个因素进行综合考虑：

（1）服装的种类、性质和特点。

（2）服装的服装包装情况。

（3）服装的运输情况（包括运输方式、运输工具、运输路线）。

（4）发生在港口和装卸过程中的损耗情况等。

（5）目的地的政治局势。

办理投保业务时，全面综合地考虑出口服装的各种情况非常重要，这样既可节省保费，又能提高风险保障程度。现在出口业务普遍利润微薄，但风险发生的可能性却越来越大，因此在投保时更应仔细权衡。

（二）何时选用一切险

一切险是最常用的一个险种，它的责任范围包括了平安险、水渍险和 11 种一般附加险，因此，出于方便考虑，买家开立的信用证也多是要求出口方投保一切险。但是，享受便利的同时往往投入也较大。就保险费率而言，水渍险的费率约相当于一切险的 1/2，平安险约相当于一切险的 1/3。

是否选择一切险作为主险，要视实际情况而定。例如，毛、棉、麻、丝、绸、服装类和化学纤维类服装，遭受损失的可能性较大，如玷污、钩损、偷窃、短少、雨淋等，有必要投保一切险。有的货品像低值、裸装的大宗服装，则确实没有必要投保一切险，主险投保平安险就可以了；另外，也可根据实际情况再投保舱面险作为附加险。服装可以投保水渍险作为主险。有的服装仅投保一切险作为主险可能还不够，还需投保特别附加险。

（三）主险与附加险灵活使用

1. 合理选择险别

保险公司在理赔的时候，首先要确认导致损失的原因，只有在投保险种的责任范围内导致的损失才会被赔偿，因此，附加险的选择要针对易出险因素来加以考虑。例如，玻璃制品、陶瓷类的日用品或工艺品等产品，会因破碎造成损失，投保时可在平安险或水渍险的基础上加保破碎险；麻类服装商品，受潮后会发热，引起霉变、自燃等带来损失，应在平安险或水渍险的基础上加保受热受潮险。

2. 针对具体情况而定

目标市场不同，费率亦不同，出口商在核算保险成本时，就不能"一刀切"。举例来讲，如果投保一切险，欧美发达国家的费率可能是 0.5%，亚洲国家是 1.5%，非洲国家则会高达 3.5%。另外，货主在选择险种的时候，要根据市场情况选择附加险，如到菲律宾、印度尼西亚、印度的服装，因为当地码头情况混乱，风险比较大，应该选择偷窃提货不着险和短量险作为附加险，或者直接投保一切险。

（四）防险比保险更重要

保险是转移和分散风险的工具。虽然风险造成的损失保险公司会负责理赔，但货主在索赔的过程中费时费力，也会付出不小的代价，所以，预防风险的意识和在投保的基础上做一些预防措施非常必要。因集装箱的破漏而导致服装受损的案例越来越多，要防止这种风险，一是尽量选择实力强、信誉好的船运公司，他们的硬件设备相对会好一些；二是在装货前要仔细检查空柜，看看有无破漏，柜门口的封条是否完好。还要查看是否有异味，推测前一段装了什么服装。如果你现在要装的货是食品或药品，而以前装的是气味浓烈的服装甚至是危险性很高的化工品的话，就可能导致串味，甚至导致货品无法再使用。

为了使办理索赔更方便，提单最好选择船东提单，而不是货代提单。因为船东提单是严格按照装运实际情况出具给发货人的，而货代提单则存在倒签装船日期、提单上船名与实际船名不符这样的情况，这会给将来的索赔取证工作带来麻烦。

十、保险业务注意问题

（1）应尊重对方的意见和要求。例如，巴基斯坦、墨西哥等 40 多个国家规定，其进口服装必须由其本国保险。对这些国家的出口产品，我们不宜按 CIF 价格报价成立。

（2）如果国外客商要求我们按伦敦保险协会条款投保，我们可以接受客商要求，订在合同里。因为英国伦敦保险协会条款在世界货运保险业务中有很大的影响，很多国家的进口服装保险都采用这种条款。

（3）经托收方式收汇的出口业务，成立价应争取用 CIF 价格条件成交，以减少风险损失。因为在我们交货后，如服装出现损坏或灭失，买方拒赎单，保险公司可以负责赔偿，并向买方追索赔偿。

本章小结

■ 经营地在不同国家（地区）的当事人之间订立的服装买卖合同，统称为服装外贸销售合同或服装外贸买卖合同。我国在对外经济活动中，服装外贸销售合同是一种重要的、基本的涉外经济合同。服装外贸销售合同是以逐笔成交、货币结算、单边进口或出口的方式与不同国家和地区的商人达成的服装买卖合同。

■ 构成一项有效的服装外贸销售合同的必备条件：签约人资格，买卖双方当事人应具有法律行为的资格和能力；自愿签约，必须双方当事人表示意思一致，这种合同才能成立；合同性质是商务合同，是有偿的交换；合同的标的和内容必须合法；合同手续完备，必须符合法律规定的形式和审批手续。

■ 买卖双方就服装交易有关条件进行协商的过程，叫服装交易磋商，又叫外贸谈判。磋商人员要有认真的工作态度、广泛的业务知识，懂法律、会应用，还应做好服装市场调研及客商调研，选择恰当的目标服装市场，了解客户资信，做好合同的商订工作。

■ 合同成立条件：当事人必须在自愿和真实的基础上达成协议、当事人必须具有订立合同的行为能力、合同必须有对价和合法的约因、合同中标的和内容应合法、合同形式须合法。

■ 履行合同是当事人双方共同的责任，"重合同、守信用"是服装外贸的基本原则。我国绝大多数出口合同是 CIF 及 CFR 合同，常采用信用证付款方式。履行合同时，须做好备货、催证、审证、议证、租船订舱、检验、报关、投保、装船、制单结汇等环节。重点是备货、证件、船运、结汇四大工作。

■ 服装运输保险是弥补自然灾害和意外事故的一种经济措施，属财产保险范畴，它是以运输过程中的各种服装作为保险标的，被保险人（买方或卖方，又叫投保人）向保险人（保险公司）按一定金额投保一定的险别，并缴纳保险费。保险人承保以后，如保险标的在运输过程中发生约定范围内的损失，应按规定给予被保险人经济上的补偿。国际服装运输保险种类很多，如海上、陆上、航空、邮包的服装运输保险。办理国际服装运输保险，由于实际操作中情况千差万别，因此，如何灵活运用保险，回避出口服装运输中的风险，是技巧性很强的专业工作。

思考题

1. 服装外贸中外贸洽谈如何做好准备工作？
2. 服装外贸合同成立条件是什么？怎样签订书面合同？
3. 服装外贸中服装交易磋商有哪些形式？包括哪些内容？应遵循什么程序？
4. 服装出口外贸合同如何履行？出口外贸制单结汇如何操作？
5. 服装进口外贸合同如何履行？
6. 海上风险承保范围有哪些？海上损失承保条款是什么？海上费用包括哪些内容？
7. 共同海损与单独海损如何确定？外来风险包括哪些内容？
8. 平安险、水渍险、一切险、附加险承保范围是什么？
9. ICC保险条款包括哪些内容？一般除外责任包括哪些内容？

第八章　服装外贸函电、合同与协议

本章学习要点

1. 熟悉服装外贸函电写作基本原则与格式基本要求。
2. 掌握服装外贸常用函电写作能力。
3. 掌握服装外贸合同格式要求。
4. 了解服装外贸合作协议内容基本要求。

第一节　服装外贸函电写作

一、服装外贸中英函电写作基本原则

（一）讲文明懂礼貌

语言要有礼且谦虚，态度诚恳，及时地回信。

（二）互相尊重和体谅

写信时要处处从对方的角度去考虑有什么需求，而不是从自身出发，语气上要尊重对方。

（三）全面周到完整

一封商业信函应包括各项必需的事项，如邀请信应说明时间、地点等，切忌寄出含糊不清的信件。

（四）明确清楚

意思表达明确，避免错误用词，注意词语所放的位置及句子的结构。

（五）简明扼要

避免废话连篇和不必要的重复，尽量使用短句、单词。

（六）具体细致

细节方面表达明确，不用抽象、笼统的词句。

二、服装商务中英函电基本格式（中英文）

20 May 2012	（Date Line，日期）
Kite & Co., Ltd.	（Co. Name，公司名称）
Regent Street	（Address Co.，公司地址）
New York, US	（Inside Address，收信人地址）
Dear Sirs:	（Salutation，称呼）

We have obtained your name and address from Kite & Co. Ltd., and we are writing to enquire whether you would be willing to establish business relations with us.

We have been importers of shoes for many years. At present, we are interested in extending our range and would appreciate your catalogues and quotations.

If your prices are competitive we would expect to place volume orders on you.

We look forward to your early reply.　　　　　　　　　　　　　　　　　（Body，信文）

Yours faithfully　　　（Complimentary Close，客套结束语）

John Ford　　　（Signature Block，签名栏）

Enc.　　　　　　　　　　　　　　　　　　　　　　（Enclosure Notation，附件说明）

第二节　服装外贸常用中英函电范文

一、服装包装要求范文

5 月 20 日收到贵公司 40 个纸板箱钢螺钉口。

然而，当中 10 个纸箱于运送途中破烂，令服装散落，造成损失。

本公司谅解到此非贵公司之过失，但希望能修改包装的方法，以避免同类事件发生。

我们要求日后的包装为净重 20 千克的木箱，每个木箱可装净重 500 克的纸板箱 40 个。

烦请确认上述方法，并赐知新方法是否引致价格上涨。

盼望早日赐复。

On May 20, we received your consignment of 40 cardboard cartons of steel screws.

We regret to inform you that 10 cartons were delivered damaged and the contents had spilled, leading to some losses.

We accept that the damage was not your fault but feel that we must modify our packing requirements to avoid future losses.

We require that future packing be in wooden boxes of 20 kilos net, each wooden box containing 40 cardboard packs of 500 grams net.

Please let us know whether you can meet these specifications and whether they will lead to an increase in your prices.

We look for forward to your early confirmation.

二、服装定价范文

（一）服装报价范文

例 1：

2012 年 5 月 16 日有关查询丝绸和羊毛新加坡到岸价的电传已收悉。

今日上午已电传报价：丝绸 300 吨，每吨成本加运费新加坡到岸价为 2400 澳元。于 2012 年 7 月或 8 月装运。以上实价需由贵公司于 2012 年 6 月 10 日前回复确认。

该报价为最优惠价，恕不能还价。

本公司与客户正洽售一批丝绸服装交易，若贵公司愿意报以适当买价，本公司乐意出售。近来该类产品需求热烈，令价格上涨。请贵公司把握机会，尽早落实订单为盼。

This is to confirm your telex of 16 May 2012, asking us to make you firm offers for silk and wool CFR Singapore.

We telexed you this morning offering you 300 metric tons of silk at $2400 per metric ton, CFR Singapore, for shipment during July/August 2012. This offer is firm, subject to the receipt of your reply before 10 June 2012.

Please note that we have quoted our most favorable price and are unable to entertain any counter offer.

With regard to silk, we advise you that the few lots we have at present are under offer elsewhere. If, however, you were to make us a suitable offer, there is a possibility of our supplying them.

As you know, of late, it has been a heavy demand for these commodities and this has resulted in increased prices. You may, however, take advantage of the strengthening market if you send an immediate reply.

例 2：

去年此时贵公司所订购的 TW123 型号密封领带，现已停止生产。

现有同类型产品 TC321，存货共 590 件，特惠价每件 30 英镑。贵公司如感兴趣，敬请参看随附的简介说明。

大批订购可获八五折优惠，整批购入则可享八折特惠。

为感谢贵公司以往惠顾，特此给予订购优惠。极盼立即回复，如贵公司未欲订购，本公司亦能尽早另作安排。

This time last year you placed an order for Type TW123 sealed necktie . This is a discontinued line that we had on offer at the time.

We now have a similar product on offer, Type TC321. It occurs to us that you might be interested. A descriptive leaflet is enclosed.

We have a stock of 590 of Type TC321 which we are selling off at GB £ 30 each.

We can offer a quantity discount of up to 15%, but we are prepared to give 20% discount for an offer to buy the complete stock.

We are giving you this opportunity in view of your previous order.

We would appreciate a prompt reply, since we will put the offer out in the event of your not being interested.

（二）首次询价范文

从纽约的萨瑞斯·亨特公司处，敬悉贵公司生产各类手工制人造皮革手套。本地区对中等价格的高品质手套一向有稳定的需求。

请惠寄贵公司的手套目录一份，详述有关价目与付款条件。希望贵公司顺带惠赐样品。

We learn from Saris. Hunt of New York that you are producing hand-made gloves in a variety of artificial leathers. There is a steady demand here for gloves of high quality at moderate prices.

Will you please send me a copy of your glove catalogue, with details of your prices and terms of payment. I should find it most helpful if you could also supply samples of these gloves.

（三）敦促买方接受报价范文

关于火焰牌衬衫的供应事宜，本公司曾于 5 月 10 日报价和于 5 月 20 日邮寄报盘。

现特此通知，该报盘的有效期在本月底结束。

该货品服装市场需求量很大，供货有限。宜从速接受该报价为荷。

We refer to our quotation of 10 May and our mail offer of 20 May regarding the supply of Flame shirts.

We are prepared to keep our offer open until the end of this month.

As this product is in great demand and the supply limited, we would recommend that you accept this offer as soon as possible.

（四）询价的回复范文

欢迎贵公司 5 月 20 号来函询问，谨表谢意！现寄上敝公司产品目录表与样品。

敝公司海外供销主任李先生将于下月初，携同大批货品到伦敦一行，专程拜访贵公司。届时阁下必然同意敝公司的产品品质高且手工精巧，足以满足任何要求极高的顾客。

敝公司同时生产手制皮鞋，品质与手套相同，盼贵公司有意采购，在货目录表内有详细说明。李先生拜访贵公司时会展示样品给贵公司参考。

样品将及时送到贵公司，并盼望早日做出订货决定。

We welcome your enquiry of 20th May and thank you for your interest in our products. A copy of our illustrated catalogue is being sent to you today, with samples of our products.

Mr. Lee, our overseas director, will be in London early next month and will be glad to call on you. He will have with him a wide range of our manufactures, and when you see them we think you will agree hat the quality of the materials used, and the high standard of craftsmanship will appeal to the most selective buyers.

We manufacture a wide range of hand-made leather shoes in which we think you may be interested. They are fully illustrated in the catalogue and are of the same high quality as our gloves. Mr. Lee will be able to show you samples when he calls.

We hope the samples will reach you in good time and look forward to your order.

（五）加价前优惠大客户范文

鉴于全球的皮革价格上升，自明年 1 月 1 日起，本公司的货品价格将全面提升 10%。

本公司万分感激贵公司长期以来的支持，特此建议在价格调整前预早订购货品。凡订购金额超过 20000 英镑，更可获得九五折优惠。

若未能腾出地方存放皮革，本公司乐意免费提供存货服务，直到贵公司有所安排。此次减价特别优惠顾客，预早订购至少可减少来年购买皮革 15% 的支出。

期待着你的覆音。

Due to the rise in the world price of leather, from 1 January of next year, prices for our products are due to increase by 10% across the board.

Since you are a valued customer of long standing, we wish to give you the opportunity to beat the price increases by ordering now at the current prices.

In addition, we are willing to give you a discount of 5% on all orders of more than GB £ 20,000.

We are aware that you do not have sufficient warehousing for large quantities of reserve stock. In the circumstances, we would be prepared to hold leather for you to be delivered at your convenience.

There will be no charge for warehousing at this end.

We believe that you will see the advantages of this arrangement, which will save you at least 15% on leather purchases in the coming year.

We look forward to your early reply.

（六）就价格让步还盘范文

2012 年 5 月 20 日来函收到，不胜感激。得知贵公司认为火焰牌衬衫价格过高，无利可图，本公司极感遗憾。来函又提及日本同类货品报价较其低近 10%。

本公司认同来函的说法，然而，其他厂商的产品质量绝对不能与本公司的相提并论。

虽然极望与贵公司服装交易，但该还盘较本公司报价相差极大，故未能接受贵公司订单。

特此调整报价，降价 2%，祈盼贵公司满意。

谨候佳音。

Thank you for your letter of 20 May 2012，we are disappointed to hear that our price for Flame shirts is too high for you to work on. You mention that we are offering Japanese goods to you at a price approximately 10% lower than that quoted.

We accept what you say, but we are of the opinion that the quality of the other makes does not measure up to that of our products.

Although we are keen to do business with you, we regret that we cannot accept your counter offer or even meet you half way.

The best we can do is to reduce our previous quotation by 2%. We trust that this will meet with your approval.

We look forward to hearing from you.

三、服装装运安排范文

（一）催促装运安排范文

有关第 1234 号合同订购 400 打运动服事宜，至今尚未收到贵公司运货通知。

上次已去信贵公司，表示急需此批服装。如贵公司未能供应此货，本公司或需寻求其他货源。

因此，在 8 月 21 日到期的第 1492 号信用证无法再作延期。还望贵公司体察，尽快解决此迫切而严重的问题。

烦请于 7 天内传真贵公司的装运通知。

We refer to the contract no. 1234 covering 400 dozen track suits.

We wish to remind you that we have had no news from you about shipment of the goods.

As we mentioned in our last letter, we are in urgent need of the goods and we may be compelled to seek an alternative source of supply.

Under the circumstances, it is not possible for us to extend further our letter of credit No. 1492, which expires on 21 August. Please understand how serious and urgent it is for us to resolve this matter.

We look forward to receiving your shipping advice, by fax, within the next seven days.

（二）装运通知范文

5 月 20 日询问有关订货合约第 1234 号装运情况的来信收悉。

因为未能取得从孟买到伦敦的货位而造成延误，本人深感歉意。

但是，该货已于昨日装运上潘迪特号轮船，直接驶往伦敦。

随函敬附下列装运文件：

1. 不可转让的提货单副本一份。

2. 商业发票一式两份。

3. 保证书副本一份。

4. 数量证明书副本一份。

5. 保险单副本一份。

本人能够按照合约订明的要求为贵公司效劳，深感殊荣，深信此货将及时运抵贵公司，并赶得上冬季销售，符合订明的质量要求。

如有任何需要，本人乐意效劳。

Thank you for your letter of 20 May enquiring about the shipment of your order under contract 1234.

Please accept my apology for the delay, which has been caused by the unavailability of shipping space from Bombay to London.

The matter was, however, in hand and your consignment was shipped yesterday on board SS Pandit, which is sailing directly to London.

I enclose one set of shipping documents comprising:

1.One non-negotiable copy of the bill of lading.

2.Commercial invoice in duplicate.

3.One copy of the certificate of guarantee.

4.One copy of the certificate of quantity.

5.One copy of the insurance policy.

I am glad that we have been able to execute your order as contracted. I trust the goods will reach you in time for the winter selling season and prove to be entirely satisfactory. I will personally ensure that you receive our prompt and careful attention at all times.

（三）要求提早装运范文

有关第 1234 号采购合约，条款列明交货日期为 2012 年 5 月。现欲提前于 2012 年 3～4 月交货。

本公司对于提早装运该货所引致的不便，极感歉意。然而，实因有急切需要，才作此要求，还望贵公司能加以谅察。

本着贵我双方长期良好的商业联系，相信贵公司定会尽力帮忙。

如蒙帮助，将不胜感激，并请早日赐复。

We refer to our purchase contract No. 1234.

Under the terms of the contract, delivery is scheduled for May 2012.

We would now like to bring delivery forward to March/April 2012.

We realize that the change of delivery date will probably inconvenience you and we offer our sincere apologies. We know that you will understand that we would not ask for earlier delivery if we did not have compelling reasons for doing so.

In view of our longstanding, cordial commercial relationship, we would be very grateful if you would make a special effort to comply with our request.

We look forward your early reply.

（四）拒绝提早装运范文

5 月 20 日要求提早装运第 1234 号合约的来信收到。

本公司联络船运公司，得知 4 月 5 日前开往贵公司港口的船只已没有剩余货位，因而未能达成有关要求，深感抱歉。

然而，本公司可尽力确保该货将于合约指定的时间送抵。

Thank you for your letter of 20 May requesting earlier delivery of goods under your purchase contract No. 1234.

We have contacted the shipping company and regret to tell you that we are unable to comply with your request. We have been informed that there is no available space on ships sailing from here to your port before 5 April.

We are very sorry that we are unable to advance shipment. We will, however, do everything possible to ensure that the goods are shipped within the contracted time.

四、服装外贸结汇范文

（一）要求分期付款范文

本公司与贵公司订购服装，以保兑不可撤销的信用证付款。

由开立信用证至收到客户付款，所须时间约为四个月。在现今经济气候不佳和利率高企的环境下，这种付款方法占去大量资金。

如蒙贵公司惠允较宽松的付款方法，则可扩展双方业务。建议日后采用货到后凭单据支付现金的方法或由本公司开立见票第三个月付款的汇票服装交易。

专候佳音。

In the past, our purchases of garments from you have normally been paid by confirmed, irrevocable letter of credit.

This arrangement has cost us a great deal of money. From the moment we open the credit until our buyers pay us normally ties up funds for about four months. This is currently a particularly serious problem for us in view of the difficult economic climate and the prevailing high interest rates.

If you could offer us easier payment terms, it would probably lead to an increase in business between our companies. We propose either cash against documents on arrival of goods, or drawing on us at three months' sight.

We hope our request will meet with your agreement and look forward to your early reply.

（二）答复分期付款的要求范文

贵公司 5 月 20 日要求改变付款条件的来函收悉。

现行的付款条件并无不妥。贵公司只在准备装运时才开立有关信用证，而由开立信用证至服装到达贵公司港口一般约需三个月。

为此，未能满足贵公司要求，实感抱歉，并期望此事不致阻碍双方日后的业务发展。

一俟贵公司所须服装运抵，本公司即与贵公司联络。

Thank you for your letter of 20 May asking for a change in payment terms.

There is nothing unusual in our current arrangement. From the time you open credit until the shipment reaches your port is normally about three months. In addition, your L/C is only opened when the goods are ready for shipment.

I regret to say that we must adhere to our usual practice and sincerely hope that this will not affect our future business relations.

We will contact you as soon as supplies of the garment pipes you require come into stock.

（三）建议用信用证付款范文

本公司欲以贵公司报价条件，以每套 300 美元价格（拉哥斯到岸价），订购 500 套毛西服，于 7 ~ 8 月装运。

此项服装交易款额高达 150 000 美元，本公司只是适量现金储备，占用资金三四个月将造成麻烦，故建议以 30 天有效期的信用证付款。

承蒙贵公司一向照顾，若能继续给予优惠，本公司感激不尽。如同意上述建议，烦请赐寄合约，即开立信用证。

We would like to place an order for 500 Irena wool jackets at your price of US $ 300 each, CIF Lagos, for shipment during July/August.

We would like to pay for this order by a 30-day L/C. This is a big order involving US $ 150,000 and, since we have only moderate cash reserves, tying up funds for three or four months would cause problems for us.

We much appreciate the support you have given us in the past and would be most grateful if you could extend this favor to us. If you are agreeable, please send us your contract. On receipt, we will establish the relevant L/C immediately.

（四）答复用信用证付款的建议

5 月 20 日来函收悉。承蒙贵公司订购 500 套毛西服，不胜感谢。

就建议以 30 天有效期的信用证付款，本公司向无此例，但鉴于贵我双方长期互惠关系，乐意接受该建议完成服装交易。

此建议仅适用于此项服装交易，而不能作为今后服装交易的先例。

随函附上此次订单的第 12 号销售合同。烦请按过往常规办理为荷。

Thank you for your order for 500 Irena wool jackets by your letter of 20 May.

We have considered your proposal to pay by a 30-day letter of credit. We do not usually accept time credit. However, in view of our long and mutually beneficial relationship, we are willing to make an exception this time.

I must stress that this departure from our usual practice relates to this transaction only. We cannot regard it as setting a precedent for future transactions.

I enclose our sales contract No.12 covering the order. I would be grateful if you would follow the usual procedure.

五、服装外贸销售方式范文

（一）寄送销售确认书范文

就贵我双方 500 件天意牌衬衫的服装交易，现随函附上有关的传真文件副本及第 850 号销售确认书一式两份。

烦请连署确认书副本，寄回本公司以便存档。望继续合作。

We have great pleasure in enclosing copies of faxes exchanged between us resulting in the conclusion of business for 500 Tangyi silk shirts.

We enclose our sales confirmation No.850 in duplicate. Please sign the bottom copy and return it to us for our files. We look forward to receiving your future enquires and orders.

（二）请求建立商业关系

我们从科特公司得知贵司商号与地址，特此来函，希望能同贵司发展商务关系。

多年来，本公司经营鞋类进口生意，目前想扩展业务范围。请惠寄服装目录与报价单。

如贵司产品价格合理，本公司必定向你方下订单。

We have obtained your name and address from Kite & Co. Ltd., and we are writing to enquire whether you would be willing to establish business relations with us.

We have been importers of shoes for many years. At present, we are interested in extending our range and would appreciate your catalogues and quotations.

If your prices are competitive we would expect to place volume orders on you.

We look forward to your early reply.

（三）请求担任独家代理

本公司担任多家厂家的独家代理，专营精制棉织品，包括各类家用亚麻制品，行销中东。

与贵公司向有事务联系，互利合作。贵公司服装部亦十分了解有关事务合作的情况。

盼能成为贵公司独家代理，促销在巴林服装市场的货品。

上述建议，烦请早日赐复，以便进一步联系合作。

We would like to inform you that we act on a sole agency basis for a number of manufactures.

We specialize in finished garment goods for the Middle Eastern market. Our activities cover all types of household linen.

Until now, we have been working with your garment department and our collaboration has proved to be mutually beneficial. Please refer to them for any information regarding our company.

We are very interested in an exclusive arrangement with your factory for the promotion of your products in Bahrain.

We look forward to your early reply.

（四）同意对方担任独家代理

5月20日建议担任服装机械之独家代理来信已经收妥。

过去双方合作皆互利互助，能获您的眷愿作我公司于巴林的独家代理，殊感荣幸。

现随函附上协议草稿，烦请查实各项条款，惠覆是盼。

双方能加强业务，甚感欣喜。前次到访伦敦，蒙盛情款待，不胜感激。祈盼您莅临广州时，容我一尽地主之谊。

Thank you for your letter of 20 May proposing a sole agency for our garment machines.

We have examined our long and, I must say, mutually beneficial collaboration. We would be very pleased to entrust you with the sole agency for Bahrain.

We have drawn up a draft agreement that is enclosed. Please examine the detailed terms and conditions and let us know whether they meet with your approval.

On a personal note, I must say that I am delighted that we are probably going to strengthen our relationship. I have very pleasant memories of my last visit to London when you entertained me so delightful. I look forward to reciprocating on your next visit to Guangzhou.

（五）协商合作后致谢函

感谢在访问伦敦时，您腾出宝贵的时间来接待我。

那次确实是获益匪浅且令人愉快的协商。希望在与发展中国家，特别是波多黎各的合作事业能获得成功。

再次对您的协助表示谢意，恳请今后能继续给予支持。

盼望很快能再见面。

I appreciate your kindness in sparing your valuable time for me during my recent visit to London.

It was indeed a rewarding and enjoyable meeting. I hope our cooperation in developing countries, particularly Puerto Rico, will bring about the desired results.

Taking this opportunity, I would again like to thank you for what you have done for our organization and hope that you will continue to favor us with your generous support.

I look forward to seeing you again soon.

（六）庆贺分店开业

贵公司的广州分店开业，谨致贺意。我们科特公司预祝贵公司在复杂的国内服装市场上，能有非凡的成就。

敝公司如能有所帮助，请尽管直接与我们联络。

Please accept our warmest congratulations on the establishment of your Guangzhou office. We at Kite Co., Ltd. wish you every success in this increased involvement in our complex.

Should there be any way in which we can be of assistance, please do not hesitate to contact me personally.

（七）祝贺晋升

今早阅读泰晤士报，得知您荣升科特股份有限公司销售部经理。

以您的干劲和才学，相信指日可更上一层楼。

谨致以衷心的祝贺。

I have just read in this morning's Times that you have been made Sales Director Kite Co., Ltd.

Congratulation on your promotion. Knowing you as I do, this will not be the last promotion you get. I look forward to the day when you are in the top job.

My very best good wishes.

六、服装外贸索赔范文

（一）要求提供详细索赔资料范文

多谢 5 月 20 日来函赐知有关损毁索赔的事宜。

贵公司要求就 5 月 18 日第 1234 号订单的损毁服装赔偿 200 英镑。

该服装完好无损，经恰当程序装入纸板箱里，其后放在本公司厂房的密封货柜内。上述过程不应引致任何损毁。

幸好该服装已按惯常的运作程序在伦敦莱特保险公司购买足额保险，可以获得赔偿。

烦请准备清单，详列所有损毁项目，以供保险公司查阅。其代表亦将与贵公司联络，检查该批服装。

再次道歉。

Thank you for your letter of 20 May with a claim for breakages.

Your claim is for GB ￡200 on the shipment delivered on 18 May to your order No.1234.

The goods were in perfect order and properly packed in cardboard boxes. They were then placed in a sealed container at our factory.

It is difficult to imagine how any breakages could occur.

Fortunately, the goods were fully insured under our standard policy with Lloyds of London, but in order to make a claim we shall need much more information.

Please make a complete inventory of the broken items and send it to us. We shall then contact our insurer. Their agent will probably call on you to check the consignment.

I apologize for the inconvenience caused.

（二）就重量不足索赔范文

第 123 号销售合约的 200 吨丝绸，已于 4 月 20 日运抵本公司，并已于 5 月 17 日传真告知有关事宜。

检查服装时，发现有 180 袋破损，估计损失 9000 千克丝绸。其后安排进行检验，有关报告与估计的损失相符。该报告指出此次损失是由于包装袋不合标准引致，故应由贵公司负责该损失。

现按照报告结果向贵公司索偿：

损失丝绸 180 英镑。

检验费 50 英镑。

合计 230 英镑。

随函附上第 TS 1234 号检验报告，烦请早日解决赔偿事宜。

We refer to sales contract No.123 covering the purchase of 200 metric tons of silks.

We telexed you on 17 May informing you that the consignment arrived on 20 April.

On inspection, we found that 180 bags had burst and that the contents, estimated at 9000 kg, had been irretrievably lost.

We proceeded to have a survey report made. The report has now confirmed our initial findings.

The report indicates that the loss was due to the use of substandard bags for which you, the suppliers, are responsible.

On the strength of the survey report, we hereby register our claim against you as follows:

Short delivered quantity GB £180 Survey charges GB £ 50 Total claimed GB £230

We enclose survey report No. TS 1234 and look forward to early settlement of the claim.

（三）货不对版索赔范文

5 月 6 日订购的第 123 号家具装饰订单现已运抵本公司。

经查验后发现装饰布品质与商订的不相符合，本公司极感失望。

该批货色与样本品质相差甚远，部分质量极之差劣，令人怀疑订购过程可能出现错误。

由于货色与本公司要求不符，因此要求退货，并换回订单要求之货色。

本公司诚意希望能友好地解决该问题。如贵公司接受上述安排，本公司准备待贵公司确定能供应合格服装起计算交货日期。

敬希早日回复。

Our order No.123 of 6 May for upholstery materials has now been delivered.

We have examined the shipment carefully and, to our great disappointment, find that they are not of the quality we ordered.

The materials do not match the samples you sent us. The quality of some of them is so poor that we feel that a mistake has been made in making up the order.

The goods do not match the requirements of our company. We have, therefore, no choice but to ask you to take the materials back and replace them with materials of the quality we ordered.

We are very keen to resolve this matter amicably. If you can replace the materials, we are prepared to allow the agreed delivery time to run from the date you confirm that you can supply the correct materials.

We look forward to your early reply.

（四）接受更换损坏货品

有关上周发运的第 123 号订单的来信收悉。

对于服装在运送途中破损的事宜，本公司感到遗憾。本公司一向特别小心包装服装，然而不当的运输方法亦会引致损坏。

本公司将按照贵公司开列的破损服装清单更换新货，不日将运抵贵处。

已就有关损失向保险公司索偿，烦请保留破损服装供保险公司检查。

不便之处，敬希见谅。

Thank you for your letter regarding your order No.123, delivered last week.

We are sorry to hear of the breakages that occurred in transit. We ask our shipments with great care but there are occasions when the merchandise is mishandled along the way.

I have your inventory of the broken items. We shall make up a consignment of replacements that should reach you shortly.

Please hold the broken items for possible insurance inspection. I have lodged a claim with our insurer for the loss.

Our apologies for the inconvenience.

（五）拒绝更换损坏货品

5月20日来信收悉。

贵公司认为本公司出产的鞋子理应非常耐穿，不应只穿着一个月便损坏；本公司亦赞同此意见。

经仔细检查贵公司退回的鞋子后，本公司生产经理认为该鞋曾被彻底浸湿，其后再经烘干。这样的处理方法就是质料最好的鞋子，耐用程度也会减低。

基于上述原因，本公司非常抱歉未能接受更换要求。

Thank you for your letter of 20 May.

We agree with you that our shoes should last longer than one month.

If they do not, we like to know the reason why.

We have carefully examined the pair you returned to us. Our production manager reports that the shoes have been thoroughly soaked and then dried by heat. Even the best quality shoes will not withstand this treatment.

For this reason, we regret that we cannot agree to your request for a replacement pair.

（六）拒绝索偿要求

贵公司于5月15日来信投诉经由海洋皇帝号装运的棉花出现问题，本公司非常遗憾。

经彻查，证实该批服装离埠时完好无缺，提货单可作证明。

相信损坏是发生于运送途中，因此本公司不能答应贵公司索偿。赔偿责任应由有关船运公司承担。

本公司感激贵公司知会本公司上述事宜，亦乐意代向船运公司商讨赔偿问题。

盼望能尽早解决有关问题。

Thank you for your letter of 15 May referring to the consignment of cotton goods sent to you per SS Ocean Emperor. We regret to note your complaint.

We have investigated the matter thoroughly. As far as we can ascertain, the goods were in first class condition when they left here. The bill of lading is evidence for this.

It is obvious that the damage you complain of must have taken place during transit. It follows, therefore, that we cannot be held responsible for the damage.

We therefore advise you to make a claim on the shipping company, Emperor Line, who should be held responsible.

We are grateful that you have brought the matter to our attention.

If you wish, we would be happy to take issue with the shipping company on your behalf.

We look forward to resolving this matter as soon as possible.

（七）拒绝退货要求

多谢 5 月 20 日来信，提及第 123 号订单按照贵客户指定设计和规格制作的 8 条地毯。

本公司诚意为贵公司效劳；同时亦希望贵公司谅解我们在尽力满足贵客户复杂要求时所遇到的困难。

由于该订单是专门订造的，所以恕难接受退货。

贵客户或能就该批服装作另外的安排。

上述事宜，还望谅察。

Thank you for your letter of 20 May regarding your order No.123 for 8 carpets manufactured to your client's design and specifications.

We appreciate your problem. At the same time, we are sure that you can understand the difficulties we had in satisfying your client's complex specifications.

Since the consignment is a special design, made to order for your client, we are unable to return it to our in inventory.

Consequently, we cannot honor your request.

Perhaps your client can find another use for these specially designed carpets.

Thank you for giving us this opportunity to explain the situation.

七、服装外贸保函范文

保　函

致 ：

鉴于我司与客户间的业务合同，我司特要求贵司在以下条件下签发海运单，而无须正本提单。

发货人 ：____　　　　地址 ：____　　　　电话 ：____

收货人 ：____　　　　地址 ：____　　　　电话 ：____

使用期限 ：____　　　　收货地 / 目的地 ：____

我司谙知在使用海运单情况下，收货人无须凭正本提单或海运单及副本，而仅凭身份证明即可提取货物，并且我司愿承担因使用海运单所引起的一切风险和责任。

公司名称 ：____　　　　盖章或签字 ：____　　　　日期 ：____

LETTER OF INDEMNITY

To:

Based on business contract with our customers, we desire and request you to issue sea waybill instead of original bill of lading under below circumstandce.

Shipper：＿＿＿＿　　　　Add：＿＿＿＿　　　　Tel/Fax：＿＿＿＿

Consignee：＿＿＿＿　　　Add：＿＿＿＿　　　　Tel/Fax：＿＿＿＿

Period：＿＿＿＿　　　　 Orig/Dest：＿＿＿＿

In consideration of your issuance of sea waybill, we hereby warrint that we are fully aware that, once sea waybill issued, delivery will be made upon proper proof of identity and authorization without the need of producting or surrendering original bill of lading, or a copy of the sea waybill, and we will undertake all the risk and responsibility resulted from the issuance of sea waybill as well.

Company Name：＿＿＿＿　　　Stamp or authorized signature：＿＿＿＿　　　Data:＿＿＿

第三节　服装外贸合同范文

一、服装买卖合同（FOB条款）范文

买方：＿＿＿＿＿＿＿　　　　地址：＿＿＿＿＿＿　　　邮码：＿＿＿＿＿　　　电话：＿＿＿＿＿

法定代表人：＿＿＿＿＿＿　　　职务：＿＿＿＿＿＿

卖方：＿＿＿＿＿＿＿　　　　地址：＿＿＿＿＿＿　　　邮码：＿＿＿＿＿　　　电话：＿＿＿＿＿

法定代表人：＿＿＿＿＿＿　　　职务：＿＿＿＿＿＿

买卖双方遵循平等、自愿、互利、互惠原则协商并达成如下协议，共同信守。

第一条　品名、规格、数量及单价

第二条　合同总值

第三条　原产国别及制造厂商

第四条　装运港（地）

第五条　目的港（地）

第六条　装运期；＿＿＿＿＿ 分运；＿＿＿＿＿ 转运

第七条　包装　所供服装必须由卖方妥善包装，适合远洋和长途陆路运输，防潮、防湿、防震、防锈、耐野蛮装卸。任何由于卖方包装不善而造成的损失由卖方负担。

第八条　唛头　卖方须用不褪色油漆于每件包装上印刷包装编号、尺码、净重、提吊位置及 "此端向上"、"小心轻放"、"切勿受潮" 等字样的唛头。

第九条　保险　装运后由买方投保。

第十条　付款条件

1. 买方在收到备货电传通知后及装运期前 30 天，开立以卖方为受益人的不可撤销信用证，其金额为合同总值的 ＿＿＿%，计 ＿＿＿。

＿＿＿ 银行收到下列单证经核对无误后，承付信用证款项（如果分运，应按分运比例承付）：

（1）全套可议付已装船清洁海运提单，外加两套副本，注明"运费待收"，空白抬头，空白背书，已通知到货口岸 ____ 运输公司。

（2）商业发票一式五份，注明合同号，信用证号和唛头。

（3）装箱单一式四份，注明每包装物数量，毛重和净重。

（4）由制造厂家出具并由卖方签署的品质证明书一式三份。

（5）提供全套技术文件的确认书一式两份。

2. 卖方在装船后 10 天内，须挂号航空邮寄三套上述文件，一份寄买方，两份寄目的港 ____ 运输公司。

3. ____ 银行收到合同中规定的，经双方签署的验收证明后，承付合同总值的 ____%，金额为 ____。

4. 买方在付款时，有权按合同第十五条、第十八条规定扣除应由卖方支付的延期罚款金额。

5. 一切在中国境内的银行费用均由 ____ 方承担，一切在中国境外的银行费用均由 ____ 方承担。

第十一条　装运条款

1. 卖方必须在装运期前 45 天，用电报／电传向买方通知合同号、服装品名、数量、发票金额、件数、毛重、尺码及备货日期，以便买方安排订舱。

2. 如果服装任一包装达到或超过重 ____ 吨，长 ____ 米，宽 ____ 米，高 ____ 米，卖方应在装船前 50 天，向买方提供五份包装图纸，说明详细尺码和每件重量，以便买方安排运输。

3. 买方须在预计船抵达装运港日期前 10 天，通知卖方船名，预计装船日期、合同号和装运港船方代理，以便卖方安排装船。如果需要更改载装船只，提前或推后船期，买方或船方代理应及时通知卖方。如果货船未能在买方通知的抵达日期后 30 天内到达装运港，从第 31 天起，在装运港所发生的一切仓储和保险费由买方承担。

4. 船按期抵达装运港后，如果卖方未能备货待装，一切空仓费和滞期费由卖方承担。

5. 在服装越过船舷脱离吊钩前，一切风险及费用由卖方承担。在服装越过船舷脱离吊钩后，一切风险及费用由买方承担。

6. 卖方在服装全部装运完毕后 48 小时内，须以电报／电传通知买方合同号、服装品名、数量、毛重、发票金额、载货船名和启运日期。如果由于卖方未及时电告买方，以致服装未及时保险而发生的一切损失由卖方承担。

第十二条　技术文件

1. 下述全套英文本技术文件应随服装发运。

（1）基础设计图。

（2）说明书、图。

（3）制造图纸和说明书。

（4）零备件目录。

（5）使用和维护说明书。

2. 卖方应在签订合同后 60 天内，向买方或用户挂号航空邮寄本条第 1 款规定的技术文件，否则买方有权拒开信用证或拒付货款。

第十三条　保质条款　卖方保证服装系用上等的材料和一流工艺制成、崭新、未曾使用，并在各方面与合同规定的质量、规格和性能相一致，在服装正确安装、正常操作和维修情况下，卖方对合同服装的正常使用给予 ＿＿＿ 天的保证期，此保证期从服装到达 ＿＿＿ 起开始计算。

第十四条　检验条款

1. 卖方／制造厂必须在交货前全面、准确地检验服装的质量、规格和数量，签发质量证书，证明所交服装与合同中有关条款规定相符，但此证明书不作为服装的质量、规格、性能和数量的最后依据，卖方或制造厂商应将记载检验细节和结果的书面报告附在质量证明书内。

2. 在服装抵达目的港之后，买方须申请 ＿＿＿ 国服装检验局（以下简称商检局）就服装质量、规格和数量进行初步检验并签发检验证明书，如果商检局的检验发现到货的质量、规格或数量与合同不符，除应由保险公司或船方负责者外，买方在服装到港 ＿＿＿ 天内有权拒收服装，向卖方提出索赔。

3. 如果发现服装质量和规格与合同规定不符，或服装在合同第十三条所规定的保证期内证明有缺陷，包括内在的缺陷或使用不良的原材料，买方将安排商检局检验，并有权依据商检证书向卖方索赔。

4. 如果由于某种不能预料的原因，在合同有效期内检验证书来不及办妥，买方须电告卖方延长商检期限 ＿＿＿ 天。

第十五条　索赔

1. 卖方对服装不符合本合同规定负有责任且买方按照本合同第十三条和第十四条规定，在检验和质量保证期内提出索赔时，卖方在征得买方同意后，可按下列方法之一种或几种理赔：

（1）同意买方退货，并将所退服装金额用合同规定的货币偿还买方，并承担买方因退货而蒙受的一切直接损失和费用，包括利息、银行费用、运费、保险费、检验费、仓储、码头装卸及监管保护所退服装的一切其他必要的费用。

（2）按照服装的质量低劣程度、损失程度和买方蒙受损失的金额将服装贬值。

（3）用质量和性能符合合同规定的部件替换有瑕疵部件，并承担买方所蒙受的一切直接损失和费用，新替换部件的保质期须相应延长。

2. 卖方在收到买方索赔书后一个月之内不予答复，则视为卖方接受索赔。

第十六条　不可抗力

1. 签约双方中任何一方受不可抗力所阻无法履约，履约期限则应按不可抗力影响履约的期限相应延长。

2. 受阻方应在不可抗力发生或终止时尽快电告另一方，并在事故发生后 14 天内将有关当局出具的事故证明书挂号航空邮寄给另一方认可。

3. 如果不可抗力事故持续超过 120 天，另一方有权用挂号航空邮寄书面通知，通知受阻方终止合同，通知立即生效。

第十七条　仲裁　双方对执行合同时发生的一切争执均应通过友好协商解决，如果不能解决，按 ＿＿＿ 项仲裁。

1. 提交中国国际经济外贸仲裁委员会，根据该会的仲裁程序进行仲裁。

2. 提交双方同意的第三国仲裁机构仲裁。

仲裁机构的裁决具有最终效力，双方必须遵照执行，仲裁费用由败诉方承担，除非仲裁机构另有裁定。

仲裁期间，双方须继续执行合同中除争议部分之外的其他条款。

第十八条　延期和罚款　如果卖方不能按合同规定及时交货，除因不可抗力者外，若卖方同意支付延期罚款，买方应同意延期交货。罚款通过在议付行付款时扣除，但罚款总额不超过延期服装总值的 5％，罚款率按每星期 0.5％ 计算，少于 7 天者按 7 天计。如果卖方交货延期超过合同规定船期 10 个星期时，买方有权取消合同。尽管取消了合同，但卖方仍须立即向买方交付上述规定罚款。

第十九条　附加条款　本合同由双方于 ＿＿＿ 年 ＿＿＿ 月 ＿＿＿ 日在 ＿＿＿ 市用 ＿＿＿ 文签署。正本一式 ＿＿＿ 份，买卖双方各执 ＿＿＿ 份。本合同以下述第（　　）款方式生效。

1. 立即生效。

2. 合同签署后 ＿＿＿ 天内，由双方确认生效。

买方：＿＿＿＿＿＿＿　签名：＿＿＿＿＿＿　　卖方：＿＿＿＿＿＿＿　签名：＿＿＿＿＿＿

签署日期：＿＿＿＿＿＿ 年 ＿＿＿＿ 月 ＿＿＿＿ 日

二、服装买卖合同（CFR或CIF条款）范文

约首、第一条至第八条与上文相同，为避免重复，本文省略。

第九条　保险

1. 在 CIF 条款下：由卖方出资按 110％ 发票金额投保。

2. 在 CFR 条款下：装运后由买方投保。

第十条　付款条件

1. 买方在装运期前 30 天，通过 ＿＿＿＿＿＿＿ 银行开立由买方支付以卖方为受益人的不可撤销信用证，其金额为合同总值的 ＿＿＿％，计 ＿＿＿。该信用证在 ＿＿＿ 银行收到下列单证并核对无误后承付（在分运情况下，则按分运比例承付）。

（1）全套可议付已装船清洁海运提单，外加两份副本，注明"运费已付"、空白抬头、空白背书、已通知到货口岸 ＿＿＿＿＿＿＿ 运输公司。

（2）商业发票一式五份，注明合同号、信用证号和唛头。

（3）装箱单一式四份，注明每包装服装数量、毛重和净重。

（4）由制造厂家出具并由卖方签字的品质证明书一式三份。

（5）已交付全套技术文件的确认书一式两份。

（6）装运后即刻发给买方的已装运通知电报／电传附本一份。

（7）在 CIF 条款下：全套按发票金额 110% 投保 ____ 的保险费。

2. 卖方在装运后 10 天内，须航空邮寄三套上述文件 [（6）除外] 一份寄给买方，两份寄目的港（地）____ 运输公司。

3. 银行在收到合同中规定的、由双方签署的验收证明后，在 ____ 天内，承付合同金额的 _____%，金额为 ____。

4. 按本合同第十五条和第十八条规定，买方在付款时有权将应由卖方支付的延期服装罚款扣除。

5. 所有发生在买方国境内的银行费用应由 ____ 方承担。所有发生在买方国境外的银行费用应由 ____ 方承担。

第十一条　装运条件

1. 卖方必须在装运前 40 天向买方通知预订的船只及其运输路线，供买方确认。

2. 卖方必须在装运前 20 天通知买方预计发货时间、合同号、发票金额、发运件数及每件的重量和尺码。

3. 卖方必须在装船完毕后 48 小时内，以电报／电传方式向买方通知服装名称、数量、毛重、发票金额、船名和启运日期。

4. 如果任一单件服装的重量达到或超重、超体积，卖方须在装船期前 50 天向买方提供 5 份详细包装图纸，注明详细的尺码和重量，以便买方安排内陆运输。

5. 在 CFR 条款下：如果由于卖方未及时按第十一条第 3 款执行，以致买方未能将服装及时保险而造成的一切损失，由卖方承担。

第十二条　技术文件

1. 下述全套英文本技术文件一份必须随每批服装一同包装发运：

（1）设计效果图。

（2）说明书、图。

（3）易磨损件的制造图纸和说明书。

（4）零配件目录。

（5）安装、操作和维修说明书。

2. 此外，在签订合同 60 天内，卖方必须向买方或最终用户挂号航空邮寄本条第 1 项中规定的技术文件，否则，买方有权拒开信用证或付货款。

第十三条　保质条款　卖方必须保证所供服装系用上等材料和一流工艺制造、崭新、未曾使用，并在各方面与合同规定的质量、规格和性能相一致，在服装正确安装、正常操作和维修情况下，卖方必须对合同服装的正常使用给予 ＿＿＿ 天的保证期，此保证期从服装到达起开始计算。

第十四条　检验条款均与上文相同，此处为避免重复而省略。

第十五条　索赔均与上文相同，此处为避免重复而省略。

第十六条　不可抗力均与上文相同，此处为避免重复而省略。

第十七条　仲裁均与上文相同，此处为避免重复而省略。

第十八条　延期和罚款均与上文相同，此处为避免重复而省略。

第十九条　附加条款及尾约均与上文相同，此处为避免重复而省略。

三、服装外贸合同书（易货）范文

＿＿＿ 年 ＿＿＿ 月 ＿＿＿ 日于 ＿＿＿ 市 ＿＿＿

＿＿＿＿＿＿（以下简称售方）与 ＿＿＿＿＿＿（以下简称购方）签订合同如下：

第一条　合同对象　根据 ＿＿＿ 年 ＿＿＿ 月 ＿＿＿ 日签署的关于建立外贸关系的协议精神，在 ＿＿＿ 国、＿＿＿ 国境车上交货条件下，售方向购方售出，购方从售方购入服装。其品名、数量、种类、价格及交货期均按第1、第2号附件（略）办理，该附件为本合同不可分割的部分。

合同总金额为 ＿＿＿＿＿。售方有权对所供服装数量多交或少交3%。

第二条　价格　根据本合同所售出的服装价格以 ＿＿＿ 计算，系 ＿＿＿ 国境车上交货价，包括包皮、包装和标记等费用在内。

第三条　交货期　交货期在本合同附件1、2中规定。发运站在国际铁路运单上的戳记日期视为交货期。

第四条　付款　购方应在收到服装后三天内将货款凭卖方提交的下列单据汇至售方指定账户：账单三份；铁路运单副本；品质证明书三份；装箱单三份。

第五条　品质　按本合同所售出的品质应与双方所确认的各执一份的样品相一致，应该符合本合同附本中所规定的技术条件和售方国国家标准。

服装质量应由售方国生产者或售方国商检机关出具的品质证明书证明。购方在本合同供货结束后，仍将标准样品保存六个月。

第六条　包装和标记　包装及标记应保证服装在运输和可能发生的换装时完好无损，同时应保护服装免受气候的影响。包装应符合本合同附件中规定的要求。

每件服装或货签上应以不易抹掉的颜色用 ＿＿＿、＿＿＿ 文印刷下列标记：合同号；货件号；毛重；净重；包装箱尺寸（厘米）；品名及货号；运输号；收货人和发货人。

包装箱高度超过1米时，应标上重心符号。标记应符合国际货运代理协会要求并且应刷写在包装箱两侧（侧面，最好在端面）。每箱服装应附有详细的装箱单，上面注明品名、货号、规格、数量、箱（包）号。

第七条　发运程序　发货时，售方应随铁路运单附下列单据：

1. 发货明细单两份 (明细单标明合同号、协议书及附件号)。

2. 品质证明书一份。

3. 装箱单一份。

售方应自发货之日起七天内用电报或信函将下列事项通知购方：合同号；品名；件数；发货日期；车号；运单号；收货人，售方负责将按本合同售出的服装运达指定交货地点。

服装的所有权以及可能发生的风险或破损的责任，从服装自售方国铁路交给购方国铁路时起，即由售方转至购方。

第八条 其他条件 任何一方无权在未取得另一方书面同意的情况下将本合同的权利和义务转交给第三方。

本合同的任何更改和补充都应以书面形式进行并由双方签字。

本合同签订后，一切谈判及在此之前的与合同有关的一切来往信函均告失效。

领取进口 / 出口许可证由购方 / 售方负责。

本合同在双方取得进口 / 出口许可证后生效。

本合同一式两份，两份均具有同等效力。

售方：_____ 代表：_____ 法定地址：_____ 传真：_____ 时间：_____

购方：_____ 代表：_____ 法定地址：_____ 传真：_____ 时间：_____

_____ 年 _____ 月 _____ 日

四、服装外贸合同书(现汇)范文

_____ 公司 (以下简称卖方) 与 _____ 公司 (以下简称买方) 订立合同如下：

第一条 合同标的 卖方卖出、买方购入服装。服装应符合下文第四条中所确定的清单 No.1 (略)。该清单为本合同的附件，是本合同不可分割的组成部分。

第二条 价格和合同总金额 在清单 No.1 中所载明的服装价格，以美元计价。本合同总金额为 _____。服装价格包括抵 _____ 的一切费用,同时包括在买方国境外预付的包装、标记、保管、装运、保险的费用。

第三条 供货期限和日期 服装应在卖方银行通知保兑的、与第二条所列金额相符的有效信用证时起 60 天内从公司运往 _____。卖方有权提前供货，也有权视情况一次或几次供货。

第四条 服装品质 服装品质和数量由买卖双方以书面协议确定，在本合同附件清单 No.1 中载明。清单 No.1 附在本合同上 (见第一条)。

第五条 包装和标记 服装包装应符合规定的标准和技术条件，保证服装在运输中完好无损。每件服装上应有以下标记:到达站名称、卖方名称、买方名称、货件号、毛重、净重、体积 (用立方米表示)。

第六条 支付 买方应在本合同签订后 20 个工作日内开立以卖方为受益人、不可撤销的、可分割的、可转让的跟单信用证。该信用证的总金额在合同第二条中载明，其有效期至少 80 天。

信用证由卖方选择的、法律上承认的 ____ 银行开立并确认。以信用证付款凭卖方向银行提交以下单据进行：____ 发票一式三份；____ 全套买方名义下的运输单；____ 包装单一式三份；____ 本合同副本；____ 在买方国境内的一切银行费用由买方负担，在买方国境外的一切费用由卖方负担。

第七条　服装的交接　所有服装应由检查人员进行必要的数量和品质检查。检查人员的结论是最终结论，买卖双方不得对此有争议。

余下部分买方可以拒收和退还，买方应单独保管其拒收的服装，并对此承担责任，便于卖方、供货人和检查人员进行可能的检查。如果确定拒收成立，对服装的责任自动转移给卖方，由卖方自行决定服装的处理，服装的保管费由供货人支付。

第八条　保险　根据上文第二条由 ____ 对服装在运抵 ____ 港之前进行保险。

第九条　品质保证　服装品质应符合清单 No.1。买方没有义务接收不符合清单 No.1 的服装。

买方可以不加解释和不出示证据退还未被接收的服装 (见下文第十条)。根据下文第十条，卖方应在收到买方理由充分的索赔时起 30 天内如数更换未被接收的服装，以保证完全按照本合同规定运送服装。

第十条　索赔　服装运到时，买方有权就服装的数量向卖方提出索赔 (见第七条)，反之，买方接收共同指定的检查员确定的数量的服装。买方可以就服装品质不合格向卖方提出索赔。所有运抵的服装如果没有以适当的方式拒收或退回，都被认为买方已经接收。

有充分理由退还的拒收服装都被认为卖方供货不足，同时免除对买方就拒收服装的支付或赔偿提出任何异议。检查员最终确定有充分理由拒收和退回服装的数量。在服装原封不动或无损坏退还卖方的情况下，未超出检查员确定的界限的服装的拒收，无须经服装不合格证明，在规定的期限内，根据必需的手续，应由卖方无条件承认。

买方索赔函用挂号信寄给卖方。就某一批服装提出索赔，不能成为双方拒收和拒付根据本合同所规定的其他供应服装的理由。

第十一条　不可抗力　出现不可抗力，即火灾、自然灾害、封锁、禁止进出口和其他合同双方人力不可抗拒的情况造成合同某一方不能完全或部分履行合同义务时，按不可抗力与其后果存在的时间推迟履行合同义务。

如果上述情况与其后果持续达三个月以上，任何一方都有权拒绝履行本合同项下的义务。在此情况下，任何一方都无权要求补偿可能的损失。由不可抗力造成不能履行合同义务的一方应尽快将妨碍履行义务的不可抗力的出现和终止情况通知另一方。由卖方或买方国有关商会出具的证明是上述不可抗力情况出现的必需证明。

第十二条　罚则　如违反本合同规定的服装抵达期限，卖方应向买方支付罚金。罚金数额规定如下：

1. 在最初三周内每过期一个日历周支付未交服装总金额的 1%。

2. 以后每过期一个日历周支付未交服装总金额的 2%，但罚金总额不能超过未交服装总金额的 15%。

第十三条　其他条件　任何一方在没有征得另一方书面同意的情况下不得将自己对本合同的权利和义务转让给第三者。

对合同的一切修改和补充意见只有以书面形式形成并经双方签字后才有效。在买方国境内的一切费用和规费，包括海关规费和关税，与订立、履行本合同有关的费用，由买方承担，在买方国境外，则由卖方承担。

本合同用 ____ 两种文字书就，两种文本具有同等法律效力。

第十四条　仲裁　由本合同派生或与本合同有关的一切争议和分歧由国际仲裁机构审理。

第十五条　双方法定地址

卖方：_____　地址：_____　邮码：_____　电话：_____

买方：_____　地址：_____　邮码：_____　电话：_____

五、服装进口合同范文

买卖双方身份信息与常见合同一致，此处省略。

买卖双方在平等、互利原则上，经充分协商一致，由买方购进，卖方出售下列服装，并按下列条款履行：

第一条　服装名称、规格、生产国别、制造工厂、包装及唛头。每件服装上用不褪色的涂料标明货号、毛重、净重、编号、尺码、目的口岸，并标明下列唛头。

第二条　数量、单价、总值。

第三条　装运期限每月交货数量必须一次交清，不得分批装运。

第四条　装运口岸（地）：

第五条　目的口岸（地）：

第六条　付款条件　买方在收到卖方关于预计装船日期及准备装船的数量的通知后，应于装运前 20 天通过 ____ 银行开立以卖方为受益人的不可撤销的信用证。该信用证凭即期汇款票及本合同规定的单据在开证行付款。

第七条　单据　各项单据均须使用与本合同相一致的文字，以便买方审核查对。

1. 填写通知目的口岸对外外贸运输公司的空白抬头、空白背书的全套已装船的清洁提单（如本合同为 FOB 价格条件时，提单应注明"运费到付"或"运费按租船合同办理"字样；如本合同为 CFR 价格条件时，提单应注明"运费已付"字样）。

2. 发票　注明合同号、唛头、载货船名及信用证号；如果分批装运，须注明分批号。

3. 装箱单及 / 或重量单　注明合同号及唛头，并逐件列明毛重、净重和货号。

4. 制造工厂的品质及数量 / 重量证明书　品质证明书内应列入根据合同规定的标准按

货号进行化学成分、机械性能及其他各种试验的实际试验结果。数量／重量证明书应按货号列明重量。

（1）单证。

（2）份数。

（3）寄送地址。

（4）送交方议付银行名。

（5）送交议付银行 (副本) 一份。

（6）空邮目的岸外运公司 (副本)。

5. 按本合同规定的装运通知电报抄本。

6. 按本合同规定的航行证明书 (如本合同为 CFR 价格条件时，需要此项证明书；如本合同为 FOB 价格条件时，则不需此项证明书)。

第八条　装运条件

1. 离岸价条款

（1）装运本合同服装的船只，由买方或卖方运输代理人 ＿＿＿ 船运公司租订舱位。卖方负担服装的一切费用风险到货装到船面为止。

（2）卖方必须在合同规定的交货期限 30 天前，将合同号码、服装名称、数量、装运口岸及预计服装运达装运口岸日期，以电报通知买方，以便买方安排舱位。并同时通知买方在装货港的船舶代理，若在规定期限内买方未接到前述通知，即作为卖方同意在合同规定期内任何日期交货，并由买方主动租订舱位。

（3）买方应在船只受载期 12 天前将船名、预计受载日期、装载数量、合同号码、船舶代理人，以电报通知卖方，卖方应联系船舶代理人配合，按期备货装船。如买方因故需要变更船只或更改船期时，买方或船舶代理人应及时通知卖方。

（4）买方所租船只按期到达装运口岸后，如卖方不能按时备货装船，买方因而遭受的一切损失包括空舱费、延期费及／或罚款等由卖方负担。如船只不能于船舶代理人所确定的受载期内到达，在港口免费堆存期满后第 16 天起发生的仓库租费、保险费由买方负担，但卖方仍负有载货船只到达装运口岸后立即将服装装船之义务并负担费用及风险，前述各种损失均凭原始单据核实支付。

2. 成本加运费价条款　卖方负责将合同所列服装由装运口岸装班轮到达目的口岸，中途不得转船。服装不得用悬挂买方不能接受的国家旗帜的船只装运。载货船只在驶抵本合同规定的口岸前不得停靠 ＿＿＿＿＿＿＿ 或 ＿＿＿＿＿＿＿ 附近地区。

第九条　装运通知　卖方在服装装船后，立即将合同号、品名、件数、毛重、发票金额、载货船名及装船日期以电报通知买方。

第十条　保险　自装船起由买方自理，但卖方应按本合同规定通知买方。如卖方未能按此办理，买方因而遭受的一切损失全由卖方负担。

第十一条　检验和索赔　货卸目的口岸，买方有权申请 ＿＿＿ 国服装检验局进行检验。

如发现服装的品质及 / 或数量 / 重量与合同或发票不符，除属于保险公司及 / 或船运公司的责任外，买方有权在货卸目的口岸后 90 天内，根据 ____ 服装检验局出具的证明书向卖方提出索赔，因索赔所发生的一切费用 (包括检验费用) 均由卖方负担。FOB 价格条件时，买方有权同时索赔短重部分的运费。

第十二条　不可抗力　由于人力不可抗拒事故，使卖方不能在合同规定期限内交货或者不能交货，卖方不负责任。但卖方必须立即以电报通知买方，并以挂号函向买方提出有关政府机关或者商会所出具的证明，以证明事故的存在。由于人力不可抗拒事故致使交货延期一个月以上时，买方有权撤销合同，卖方不能取得出口许可证，不得作为不可抗力。

第十三条　延期交货及罚款　除不可抗拒原因外，如卖方不能如期交货，买方有权撤销该部分的合同，或经买方同意在卖方缴纳罚款的条件下延期交货。买方可同意给予卖方 15 天的优惠期。罚款率为每 10 天按货款总额的 1%。不足 10 天者按 10 天计算。罚款自第 16 天起计算，最多不超过延期货款总额的 5%。

第十四条　仲裁　一切因执行本合同或与本合同有关的争执，应由双方通过友好方式协商解决。如经协商不能得到解决时，应提交中国国际经济外贸仲裁委员会，按照该仲裁委员会仲裁程序进行仲裁。仲裁委员会的裁决为终局裁决。对双方均有约束力，仲裁费用除仲裁委员会另有决定外，由败诉一方负担。

第十五条　本合同于 ____ 年 ____ 月 ____ 日于 ____ 国 ____ 市用 ____ 文签署，正本一式两份，买卖双方各持一份。

买　方：____ (盖章) 代表人：____　卖　方：____ (盖章) 代表人：____

签署日期：_____ 年 ____ 月 ____ 日

六、服装出口合同范文

(一) 服装出口合同

卖方与买方身份信息与常见合同一致，此处省略。

卖方与买方在平等、互利基础上，经双方协商一致同意按下列条款履行，并严格信守。

第一条　服装名称、规格、包装及唛头。

第二条　数量、单价、总值　卖方有权在 3% 以内多装或少装。上述价格内包括给买方佣金 ____%，按 FOB 值计算。

第三条　装运期限。

第四条　装运口岸 (地)。

第五条　目的口岸 (地)。

第六条　保险　由卖方按发票金额 110% 投保。

第七条　付款条件　买方应通过买卖双方同意的银行，开立以卖方为受益人的、不可撤销的、可转让和可分割的、允许分批装运和转船的信用证。该信用证凭装运单据

在 ＿＿＿ 国的 ＿＿＿ 银行见单即付。

该信用证必须在 ＿＿＿ 前开出。信用证有效期为装船后 15 天在 ＿＿＿＿ 国到期。

第八条　单据　卖方应向银行提供已装船清洁提单、发票、装箱单／重量单。如果本合同按 CIF 条件，应再提供可转让的保险单或保险凭证。

第九条　装运条件。

1. 载运船只由卖方安排，允许分批装运并允许转船。

2. 卖方于服装装船后，应将合同号码、品名、数量、船只名称、装船日期以电报通知买方。

第十条　品质和数量／重量的异议与索赔　货到目的口岸后，买方如发现服装品质及／或数量／重量与合同规定不符，除属于保险公司及／或船运公司的责任外，买方可以凭双方同意的检验机构出具的检验证明向卖方提出异议。品质异议须于货到目的口岸之日起 30 天内提出，数量／重量异议须于货到目的口岸之日起 15 天内提出，卖方应于收到异议后 30 天内答复买方。

第十一条　不可抗力　由于不可抗力使卖方不能在本合同规定期限内交货或者不能交货，卖方不负责任。但卖方必须立即电报通知买方。如果买方提出要求，卖方应以挂号函向买方提供由有关机构出具的事故的证明文件。

第十二条　因执行本合同有关事项所发生的一切争执，应由双方通过友好方式协商解决。如果不能取得协议时，则在被告国家根据被告国家仲裁机构的仲裁程序规则进行仲裁。仲裁决定是终局的，对双方具有同等的约束力，仲裁费用除非仲裁机构另有决定外，均由败诉一方负担。

卖　方：＿＿＿＿＿＿＿＿（盖章）　　代表人：＿＿＿＿＿＿＿＿

买　方：＿＿＿＿＿＿＿＿（盖章）　　代表人：＿＿＿＿＿＿＿＿

＿＿＿＿ 年 ＿＿＿ 月 ＿＿＿ 日订立

（二）服装出口代理合同

合同编号：＿＿＿　　　签订地点：＿＿＿　　　签约日期：＿＿＿

甲方（受托方）：　　　　　　　乙方（委托方）：

第一条　经友好协商，乙方委托甲方代理出口下列商品。

货号	名称及规格	单位	数量	单价	金额

总值（大写）：

第二条　交货要求。

1. 交货期限。

2. 交货地点（乙方必须在交货时随附各种有关单据，详见乙方义务 4）。

3. 交货方式。

第三条　代理出口货款及代理手续费用按以下的方式支付：甲方在全额收汇后，先扣除银行费用、出口运保费等甲方以外单位收取的各项费用后，按照实际收汇金额扣除美元运费以比例向乙方结算，（注：结汇暂按本合同前述约定的结算价计算；如实际结汇日因汇率变动导致甲方损失，则该损失由乙方承担，双方可对结算比例作相应的调整），并收取 ____ 元人民币的代理费。

第四条　本合同系甲、乙依据我国外贸代理的有关法律、法规签订，甲方据此以自己名义与外商签订出口合同。

第五条　双方权利、义务。

1.甲方权利、义务。

（1）根据乙方授权范围以自己名义对外签订出口合同。

（2）以出口合同为准确认代理出口货物之规格、包装、数量及价格等。

（3）如需实质性修改或变更出口合同，需经乙方书面确认。

（4）办理出口许可证、负责催证、租船、订舱、保险、制单和结汇。

（5）负责办理出口报关，并可根据"特别约定"办理有关商检、单证缮制、退税申报或其他手续。在乙方办理退税等手续时，甲方应予以配合，在合理的期限内提供必要的材料和信息。

（6）出口合同付款方式为信用证的，甲方负责审核信用证条款，并及时将信用证要求以书面形式通知乙方备货发运。

（7）根据乙方提供的资料缮制托运单据，办理托运手续，并及时将托运情况、交货时间、地点通知乙方。如由乙方安排托运，则乙方应在出运后两个月内将外汇核销单等单据交甲方，且保证上述资料的合法、准确、完整和真实。

（8）收汇后将结汇款再扣除所有费用后，及时汇给乙方。

（9）甲方就整个代理出口事项，未经乙方同意不得转委托，但可就代理中单个事务委托专业公司履行。

（10）如遇乙方产品在外国因质量问题被诉，甲方应及时通知乙方，以便乙方早日准备应诉。

（11）由于国际市场变化而未能签订出口合同的，本协议自行终止，甲方不承担违约责任。

（12）因不可抗力，外商或乙方违约等非甲方原因，使出口合同不能履行或不完全履行，甲方免责，但应根据乙方的书面委托及有效证据对外索赔及理赔，并将进程及时通报乙方，转付委托索赔所得款项，如乙方不愿对外索赔或规定期限内不提供费用及协助，甲方可自行承担费用和风险对外索赔，由此产生的损益由甲方自行承担。

（13）承担因违反本合同规定造成的损失和对外责任。

2.乙方权利、义务。

（1）接受与甲方协商确定的出口合同的固定条款，以出口合同为准确认代理出口货物之规格、包装、数量及价格等，保证货物数量、质量、包装、交货期符合出口合同的规定，并对由于上述原因所引起的后果及有关货物及其包装所包含的知识产权问题承担全部责任。

（2）根据出口合同组织生产，按时、按质、按量将货物交到约定地点。

（3）提供正确的资料，给予甲方合理的时间制作出口单证、安排托运，承担由于资料错误引起的后果。

（4）提供完整准确的交货单、装箱单、厂验证或换证凭单、出口包装证明等必备单据。

（5）负责办理退税等手续，有关货物出运等方面可在"特别约定"中另行规定。

（6）及时支付运费、仓租、寄样、装卸杂费、报关、商检、卫检、各类出口许可证、产地证等甲方以外单位收取的费用，承担结汇过程及信用证修改过程中发生的费用。如不能及时支付，甲方有权停止执行代理，所产生损失由乙方承担。

（7）乙方如委托甲方代理出口商品配额或许可证商品，除另有约定，乙方应提供批准通知或许可证并承担费用。乙方应给与甲方合理期限办理转让手续。

（8）乙方有义务向甲方支付代理手续费及其他相关费用，若国外客户是乙方指定，因外商的原因造成甲方损失由乙方承担。

（9）发生对外理赔或索赔时，应及时书面委托甲方提供有效证据及预支有关费用（包括但不限于出国费用、律师费、仲裁或诉讼费等），并承担理陪、索赔后果及因自身不作为（包括不委托、不付费、不提供证据及协助等）导致的一切后果。

（10）乙方违约时，应偿付甲方垫付的费用、利息及损失（包括但不限于甲方为实现债权而支出的律师费、仲裁或诉讼费、拍卖费等费用），支付代理手续费及合同总价 ＿＿＿％ 的违约金，并承担甲方因此对外承担的责任.

（11）由于外商或乙方的原因导致甲方收汇逾期未核销，由此产生的所有损失乙方必须予以赔偿。

（12）乙方因不可抗力而不能履行出口合同的，免除向甲方支付违约金，但应及时通知甲方并在不可抗力发生日起 15 天内提供有关机构出具的证明。

（13）出口合同签订前，乙方要求变更合同条款应以书面方式通知甲方。如只规定了定价原则而没有规定具体价格条款及交易条款，则由甲方在确定具体价格条款及交易条款后通知乙方，乙方应该在甲方指定的时间内答复，否则被认为同意甲方定的条款。

第六条　有关本合同的附件为本合同的不可分割部分，具有同等法律效力。

第七条　凡因执行本合同所发生的或与本合同有关的一切争议，应由双方通过友好协商予以解决，如果协商不能解决，应提交 ＿＿＿ 仲裁委员会，根据 ＿＿＿ 仲裁委员会仲裁规则进行仲裁。仲裁裁决是终局的，对双方都有约束力，仲裁费用除非仲裁另有决定外均由败诉一方负担。

＿＿＿仲裁委员会地址：＿＿＿　　　　　邮编：＿＿＿

电话：＿＿＿　　　　　　　　　　　传真：＿＿＿

第八条　本合同一式二份，经双方签字、盖章后生效。

第九条　特别约定。

第十条　合同附件　对外贸易货物出口合同条款。

甲乙双方及法定代表人信息与常见合同一致，*此处省略*。

七、国际技术转让合同范文

受让方（甲方）、转让方（乙方）相关身份信息与常见合同一致，*此处省略*。

第一章　合同内容

第一条　乙方同意向甲方提供制造 ＿＿＿＿ 合同产品的书面及非书面专有技术。用该项技术所生产的合同产品的品种、规格、技术性能等详见本合同附件一（略）。

第二条　乙方负责向甲方提供制造、使用和销售合同产品的专有技术和其他所有有关技术资料。技术资料的内容及有关事项详见本合同附件二（略）。

第三条　乙方负责安排甲方技术人员在乙方工厂进行培训，乙方应采取有效措施使甲方人员掌握制造合同产品的技术，具体内容见本合同附件三（略）。

第四条　乙方派 ＿＿＿＿ 称职的技术人员赴甲方合同工厂进行技术服务。具体要求详见本合同附件四（略）。

第五条　乙方同意在甲方需要时，以最优惠的价格向甲方提供合同产品的备件，届时双方另签协议。

第六条　乙方有责任对本合同项目甲方需要的关键设备提供有关咨询。

第七条　乙方应向甲方提供合同产品的样机、铸件和备件，具体内容详见本合同的附件五（略）。

第八条　甲方销售合同产品和使用乙方商标的规定，见本合同第八章。

第二章　定义

第九条　合同产品，指本合同附件一中所列的全部产品。

第十条　蓝图，指乙方制造合同产品目前所使用的总图、制造图样、材料规范及零件目录等的复制件。

第十一条　技术资料，是指必须具有的、乙方目前正用于生产合同产品的全部专有技术和其他有关设计图纸、技术文件等。

第十二条　标准，指为制造合同产品向甲方提供的技术资料中，由乙方采用制定的标准。

第十三条　入门费，指由于乙方根据本合同第一章第二条、第三条、第四条、第六条、第七条规定的内容以技术资料转让的形式向甲方提供合同产品的设计和制造技术，甲方向乙方支付的费用。

第十四条　提成费，指在本合同有效期内，由于乙方所给予甲方连续的技术咨询和援助，以及甲方在合同有效期内连续使用乙方的商标和专有技术，甲方向乙方支付的费用。

第十五条　合同有效期，指本合同开始生效的时间到本合同第六十四条规定的本合同终止时间的时日。

第三章　价格

第十六条　按本合同第一章规定的内容，甲方向乙方支付的合同费用规定如下：

第十七条　入门费为 ____ 美元（大写：____ 美元）这是指本合同产品有关的资料转让费和技术培训费，包括技术资料在交付前的一切费用，入门费为固定价格。

第十八条　合同产品考核验收合格后，甲方每销售一台合同产品的提成费为基价的 ____%。甲方向乙方购的零件不计入提成费。

第十九条　计算提成费的基价应是甲方生产合同产品当年 12 月 31 日有效的，乙方在 ____ 国 ____ 市公布和使用的每台目录价格的 ____%。

第二十条　乙方同意返销甲方生产的合同产品。返销产品的金额为甲方支付乙方全部提成费的 ____%。返销的产品应达到乙方提供的技术性能标准。每次返销的产品品种、规格、数量、交货期由双方通过友好协商确定。

第四章　支付和支付条件

第二十一条　本合同项下的一切费用，甲方和乙方均以美元支付。

甲方支付给乙方的款项应通过 ____ 国 ____ 银行和 ____ 国 ____ 银行办理。

如果乙方和甲方偿还金额，则此款项应通过 ____ 银行和 ____ 银行办理。

所有发生在甲方国的银行费用，由甲方负担。发生在甲方国以外的银行费用由乙方负担。

第二十二条　本合同第三章规定的合同费用，甲方按下列办法和时间向乙方支付：

1. 甲方收到下列单据，并审查无误后 ____ 天内向乙方支付入门费 ____ 美元（大写：____ 美元）。

（a）由乙方出具的保证函。在乙方不能按照合同规定交付技术资料时，保证偿还金额 ____ 美元。（b）即期汇票正、副本各一份。（c）应支付金额为入门费总价的形式发票正本一份，副本三份。（d）____ 国政府当局出具的许可证影印件一份。若乙方认为不需要出口许可证，则乙方应提出有关不需要出口许可证的证明信一份。

2. 甲方收到乙方交付第一阶段产品的下列单据并审查无误后 ____ 天内向乙方支付 ____ 美元（大写：____ 美元）。

（a）即期汇票正、副本各一份。（b）商业发票正本一份，副本三份。（c）空运提单正本一份，副本三份。（d）乙方出具的第二阶段产品的技术资料、样机、铸件和备件交付完毕的证明信正、副本各一份。

3. 甲方收到乙方交付第二阶段产品的下列单据并审查无误后 ____ 天内向乙方支付 ____ 美元（大写：____ 美元）。

（a）即期汇票正、副本一份。（b）商业发票正本一份，副本三份。（c）空运提单正本一份，副本三份。（d）乙方出具的第二阶段产品的技术资料、样机、附件五规定的 _____

已交付完毕的证明信正副本各一份。

4. 合同产品第一批样机验收合格后，甲方收到乙方下列单据并审查无误 ＿＿ 天内，向乙方支付 ＿＿ 美元（大写：＿＿ 美元）。

（a）即期汇票正、副本一份。（b）商业发票正本一份、副本三份。（c）双方签署的"合同产品考核验收合格证书"影印本一份。

注：如果验收试验延迟并是甲方的责任，将不迟于合同生效之日支付。

第二十三条　本合同第三章规定的提成费，甲方将在抽样产品考核验收合格后按下述办法和条件向乙方支付：

1. 甲方在每日历年度结束后 ＿＿ 天内，向乙方提交一份甲方在上一日历年度的每种型号的产品实际销售量的报告。

2. 乙方每年可派代表到合同工厂检查和核实甲方合同产品实际销售量的报告，甲方将给予协助。乙方来华费用由乙方负担。如果汇总和／或报告中所列的合同产品数量在检查时发现出入很大，则甲乙双方应讨论此差距并洽商采取正确的措施。

3. 甲方收到乙方下列单据并审查无误后的 ＿＿ 天内向乙方支付提成费：

（a）即期汇票正、副本各一份。（b）商业发票正本一份，副本三份。（c）该年提成费计算书一式四份。

4. 在合同期满年度内，甲方在合同终止后 ＿＿ 天内将提交一份最后销售合同产品数量的报告，以便乙方计算提成费。

第二十四条　按本合同规定，如乙方需向甲方支付罚款或赔偿时，甲方有权从上述任何一次支付中扣除。

第五章　技术资料交付

第二十五条　乙方应按本合同附件二的规定向甲方提供技术资料。

第二十六条　乙方应在 ＿＿ 机场或车站交付技术资料，＿＿ 机场或车站的印戳日期为技术资料的有效日期。甲方应在收到资料两周内，确认资料收悉。

第二十七条　第一阶段产品的技术资料、样机、铸件和备件：

1. 在合同生效后的 ＿＿ 周内，乙方必须发出一套蓝图、一套二底图和一套标准。可以分批交货。

2. 在合同生效后的 ＿＿ 周内，乙方必须发出与第一阶段合同产品有关的全部技术资料、样机、铸件和备件。

第二十八条　第二阶段产品的技术资料和样机：

1. 第二阶段开始日期后的 ＿＿ 周内，乙方必须发出与第二阶段产品有关的一套蓝图、一套二底图和一套标准。可以分期交货。

2. 第二阶段开始后的 ＿＿ 周内，乙方必须尽快发出与第二阶段合同产品有关的全部技术资料和样机、铸件和备件。

第二十九条　在每批技术资料或样机、铸件和备件发运后的 ＿＿ 小时内，乙方应将空运提单号、空运提单日期、资料编号、合同号、件数和重量电告甲方。同时乙方应以航空信将下列单据寄给甲方：

（a）空运提单正本一份，副本二份。（b）所发运技术资料、样机、铸件和备件的详细清单五式二份。

第三十条　若乙方提供的技术资料或样机、铸件和备件在运输途中，遗失或损坏，乙方在收到甲方关于遗失或损坏的书面通知后，应尽快不迟于 ＿＿ 个月内免费补寄或重寄给甲方。

第三十一条　交付技术资料应具有适用于长途运输、多次搬运、防雨、防潮的坚固包装。

在每件包装箱的内部和外表，都应以英文标明下列内容：（a）合同号；（b）运输标记；（c）收货人；（d）技术资料目的地；（e）重量（千克）；（f）样机、铸件和备件目的地。

第六章　技术资料的改进和修改

第三十二条　为了适应甲方的设计标准、材料、工艺装备和其他生产条件，在不改变乙方基本设计的条件下，甲方有权对乙方的技术资料进行修改和变动。甲方必须将这些修改和变动通知乙方。乙方有责任在培训或技术指导时协助甲方修改技术资料，详见附件三、附件四。

第三十三条　甲方必须在型号后加注尾标，以示区别那些影响形状、配合或功能的修改，并通知乙方。

第三十四条　合同有效期内，双方在合同规定的范围内的任何改进和发展，都应相互免费将改进、发展的技术资料提交给对方。

第三十五条　改进和发展的技术，所有权属改进、发展的一方。

第七章　质量验收试验

第三十六条　为了验证按乙方提供的技术资料制造的合同产品可靠性，由甲、乙双方共同在合同工厂对考核的合同产品的技术性能和要求进行考核验收。如果需要，也可以在乙方工厂进行试验或重做。甲方可派指定的人员验证重复试验，乙方负责重复试验和乙方人员的费用，甲方负责甲方参加重复试验的人员和翻译的费用。具体办法见本合同附件七（略）。

第三十七条　考核试验产品的技术性能应符合乙方提供的本合同中的标准规定，即通过鉴定。甲、乙双方签署"合同产品考核验收合格证明"一式四份，每方各执二份。

第三十八条　如考核试验产品的技术性能达不到附件规定的技术参数，双方应友好协商，共同研究分析原因，采取措施，消除缺陷后进行第二次考核验收。

第三十九条　如考核试验产品不合格是乙方的责任，则乙方派人参加第二次考核验收的一切费用，由乙方负担。如系甲方责任，该费用由甲方负担。

第四十条　若考核试验产品第二次试验仍不合格时，如系乙方的责任，乙方应赔偿甲方遭受的直接损失，并采取措施消除缺陷，参加第三次考核，费用由乙方负担。如系甲方责任，该费用由甲方负担。

第四十一条　若考核试验产品第三次考核试验不合格时，双方应讨论执行合同的问题，如系乙方责任，则按合同第五十三条规定，甲方有权修正合同。如系甲方责任，则由双方共同协商进一步的执行问题。乙方将根据甲方的要求，为改进不合格的样机提供技术咨询。

第八章　"合同产品"的出口和商标

第四十二条　甲方生产的"合同产品"可在国内销售 / 可根据下列条件出口到其他国家：

1. 甲方应首先与乙方协商，要求在乙方的销售 / 分配网所在地区安排销售（销售，分配网包括乙方子公司和代理商）。

出口销售的数量和项目将通过友好协商决定，若无法安排，则甲方可以自由出口，但是，甲方必须在完成交易后一周内，将项目、数量和购买商名称通知乙方。

2. 在乙方销售 / 分配网不包括的地区，甲方可以自由销售。

第四十三条　对于甲方把"合同产品"装在甲方国的主机上出售到任何国家（包括在乙方销售 / 分配网所在地国家）的权利，乙方不得干涉。为维修甲方国出口的主机，甲方可以自由销售作为配件的"合同产品"。

第四十四条　在合同期间，甲方可以在"合同产品"上使用乙方使用的商标和标上甲方的商标，并注上"____ 国 ____ 制造"。商标许可证应由甲方和 ____ 公司单独签订。

第四十五条　当使用商标时，甲方生产的"合同产品"必须符合本合同项下由乙方提供的标准。在必要的时候，每年乙方可进行一次抽样试验，在抽样试验结果不符合乙方提供的标准时，乙方应建议甲方改进不合格的"合同产品"并在 ____ 个月内再次进行试验。若结果仍不符合，则乙方就可中止甲方使用其商标的权利。甲方可以再次提交另外的样品给乙方进行试验。再次抽样试验，结果符合乙方提供的标准时，乙方将再次给予甲方使用其商标的权利。

第九章　保证

第四十六条　乙方保证其提供的技术资料是在合同生效时乙方使用的最新技术资料，并与乙方拥有的技术资料完全一致。在合同期间，"合同产品"设计变化的技术通知书和技术改进、发展资料，乙方将及时地送至甲方。

第四十七条　乙方保证其提供的技术资料是完整的、清晰的、可靠的，并按第五章的规定按时交付。有关定义如下：

1. "完整"系指乙方提供的资料是本合同附件中规定的全部资料，并与乙方自己工厂目前使用的资料完全一致。

2. "可靠"系指甲方按技术资料制造的合同产品应符合乙方按合同提供的合同产品技术规范。

3. "清晰"系指资料中的图样、曲线、术语符号等容易看清。

第四十八条　如果乙方提供的技术资料不符合第四十六条、第四十七条的规定时，乙方必须在收到甲方书面通知书后 ＿＿＿ 天内免费将所缺的资料，或清晰、可靠的资料寄给甲方。

第四十九条 当乙方不能按本合同第五章规定的时间交付资料，则乙方应按下列比例向甲方支付罚款：

迟交 ＿＿＿ 至 ＿＿＿ 周，每整周罚款为入门费总价的 ＿＿＿%；迟交 ＿＿＿ 至 ＿＿＿ 周，每整周罚款为入门费总价的 ＿＿＿%；迟交超过 ＿＿＿ 周以上，每整周罚款为入门费总价的 ＿＿＿%。

第五十条 若发生第四十九条事项，乙方支付给甲方的罚款总数不超过 ＿＿＿ 美元（大写：＿＿＿ 美元）。

第五十一条 乙方支付给甲方的第四十九条中规定的罚款，应以迟交的整周数进行计算。

第五十二条 乙方支付给甲方罚款后，并不解除乙方继续交付上述资料的义务。

第五十三条 按第七章的规定，由于乙方的责任，产品考核经三次不合格时，则按以下办法处理：

1. 若考核产品不合格以致甲方不能投产，则必须修改合同，采取有效措施将不合格的产品从合同中删除。乙方应退还甲方已经支付的那部分金额。这部分退还金额仅限于合同产品总的范围中不合格产品所占部分。并加年利 ＿＿＿% 的利息。

2. 如果根据第四十一条修改合同，则甲方放弃只涉及不合格的那部分产品和零件的制造权，甲方将退回有助于制造这些不合格产品的全部文件，不可复制或销毁。

第十章 许可证和专有技术

第五十四条 乙方唯自己是根据本合同规定向甲方提供许可证和专有技术的合法者，并能够合法地向甲方转让上述许可证和专有技术而无任何第三者的指控。

如果第三方提出侵权的控诉，则乙方应与第三方处理此控诉并负责法律和经济责任。

第五十五条 与合同有关的完整的 ＿＿＿ 国专利清单列入附件二，本合同生效一个月内，乙方将向甲方提供专利影印本一式二份。但不给予 ＿＿＿ 国专利许可证或不应包括此许可证。

第五十六条 本合同终止后，甲方仍有权使用乙方提供的许可证和专有技术，而不承担任何义务和责任。合同终止后，使用 ＿＿＿ 商标的权利也将终止。

第五十七条 双方都应履行本合同，不应以任何方式向第三方透露和公布双方提供的任何技术资料或商业情报。

第十一章 税费

第五十八条 凡因履行本合同而引起的一切税费，发生在甲方国以外的应由乙方承担。

第五十九条 在执行合同期间，乙方在甲方国境内取得的收入应按甲方国税法缴税。此税费由甲方在每次支付时扣缴，并将税务局的收据副本一份交乙方。

第十二章　仲裁

第六十条　条款

1. 凡因执行本合同而引起的一切争执，应由双方通过友好协商来解决。在不能解决时，则提交仲裁解决。

2. 仲裁地点。

（1）由 ＿＿＿＿ 国 ＿＿＿＿ 仲裁委员会按该会仲裁规则进行仲裁。

（2）仲裁在瑞典的斯德哥尔摩进行，并由斯德哥尔摩商会仲裁院按仲裁院的程序进行仲裁。

3. 仲裁裁决应是终局裁决，对双方均有约束力，双方都应遵照执行。

4. 仲裁费应由败诉一方负担。

5. 在仲裁过程中，本合同中除了接受仲裁的部分外，仍应由双方继续执行。

第十三章　不可抗力

第六十一条　若签约的任何一方，由于战争及严重的火灾、水灾、台风和地震所引起的事件，影响了合同的执行时，则应延迟合同期限，延迟时间应相当于事故所影响的时间。

第六十二条　责任方应尽快地将发生的人力不可抗拒的事故电告另一方，并在 ＿＿＿＿ 天内以航空挂号将有关当局出具的证明文件提交另一方确认。

第六十三条　若人力不可抗拒事故延续到 ＿＿＿＿ 天以上时，双方应通过友好协商尽快解决合同继续执行问题。

第十四章　合同生效及其他

第六十四条　合同在甲方和乙方代表签字之后，双方需向各自政府申请批准，并以最后批准一方的日期作为生效日。双方应尽最大的努力在 ＿＿＿＿ 天期限内获得批准。并用电报通知对方，随之以信件予以确认，若合同签字后 ＿＿＿＿ 个月内不能生效，则本合同对甲方和乙方都无约束力，经双方同意，申请批准的期限可以延长。

第六十五条　本合同用 ＿＿＿＿、＿＿＿＿ 文和 ＿＿＿＿ 文书写各四份，＿＿＿＿ 文文本和 ＿＿＿＿ 文文本具有同等效力，双方执 ＿＿＿＿、＿＿＿＿ 文文本各二份。

第六十六条　本合同从合同生效之日起 ＿＿＿＿ 年内有效。有效期满后，本合同即自动失效，除非在合同有效期内双方另有协议，第二阶段合同产品开始日期将由乙方来甲方指导时，双方签订备忘录予以确认。

1. 合同期满前 ＿＿＿＿ 个月之前的任何时候，甲方或乙方均可提出要求进行合同延期的谈判，届时签订合同延期的专门条款。

2. 合同第一阶段在合同生效之日开始，合同第二阶段的开始日期预期为合同生效后的第 ＿＿＿＿ 个月。

3. 合同终止前，任何合同项下发生的未清理的赊欠和债务将不受合同终止的影响，合同的终止并不能解除债务赊欠一方对另一方的债务。

4. 本合同附件均为本合同不可分割的部分，与合同正文具有同等效力。

5. 合同签字前双方之间的所有来往通信文电，从合同生效之日起自动失效。

6. 只有根据双方授权代表签字的书面文件才能对本合同进行更改和补充。这些文件将成为合同不可分割的部分。

7. 双方为履行本合同而进行的通信应以 ＿＿＿ 国文字书写一式二份。

8. 在对方预先没有同意前，双方不应将本合同的任何权利或义务转让给第三方。

9. 本合同中的任何条款并不影响 ＿＿＿ 国和任何其他国家之间贸易。

第六十七条　甲方同意从乙方购买一批(原材料或半成品)，以便甲方生产"合同产品"，金额为 ＿＿＿ 美元（大写：＿＿＿ 美元）。特殊零件的订货和计划由考察小组在 ＿＿＿ 国确定，如价格和条件优惠，甲方将从乙方再订一批（原材料和零件）。

第十五章　法定地址

第六十八条

甲方：中国 ＿＿＿ 公司　　地址：＿＿＿　邮码：＿＿＿　电话：＿＿＿

法定代表人：＿＿＿＿＿＿　　　　　　　　　　＿＿＿ 年 ＿＿ 月 ＿＿ 日

乙方：＿＿＿ 公司　　地址：＿＿＿　邮码：＿＿＿　电话：＿＿＿

法定代表人：＿＿＿＿＿＿　　　　　　　　　　＿＿＿ 年 ＿＿ 月 ＿＿ 日

八、服装销售合同范文

合同编号：　　　　签订地点：　　　　签订日期：

买方：　　　　　　卖方：

双方同意按下列条款由买方售出下列服装：

1. 服装名称、规格及包装。

2. 服装数量。

3. 服装单价。

4. 服装总值（装运数量允许有 ＿＿＿ % 的增减）。

5. 装运期限。

6. 装运口岸。

7. 目的口岸。

8. 保险；由 ＿＿＿ 方负责，按本合同总值110% 投保 ＿＿＿ 险。

9. 付款：凭保兑的、不可撤销的、可转让的、可分割的即期有电报套汇条款 / 见票 / 出票 ＿＿＿ 天期付款信用证，信用证以 ＿＿＿ 为受益人并允许分批装运和转船。该信用证必须在 ＿＿＿ 前开到卖方，信用证的有效期应为上述装船期后第15天，在中国 ＿＿＿ 到期，否则卖方有权取消本售货合约，不另行通知，并保留因此而发生的一切损失的索赔权。

10. 服装检验：以中国 ＿＿＿ 所签发的品质 / 数量 / 重量 / 包装 / 卫生检验合格证书作为卖方的交货依据。

11. 装运唛头。

12. 其他条款。

（1）异议：品质异议须于货到目的口岸之日起 30 天内提出，数量异议须于货到目的口岸之日起 15 天内提出，但均须提供经卖方同意的公证行的检验证明。如责任属于卖方者，卖方于收到异议 20 天内答复买方并提出处理意见。

（2）信用证内应明确规定卖方有权可多装或少装所注明的百分数，并按实际装运数量议付。（信用证之金额按本售货合约金额增加相应的百分数。）

（3）信用证内容须严格符合本售货合约的规定，否则修改信用证的费用由买方负担，卖方并不负因修改信用证而延误装运的责任，并保留因此而发生的一切损失的索赔权。

（4）除经约定保险归买方投保者外，由卖方向中国的保险公司投保。如买方需增加保险额及 / 或需加保其他险，可于装船前提出，经卖方同意后代为投保，其费用由买方负担。

（5）因人力不可抗拒事故使卖方不能在本售货合约规定期限内交货或不能交货，卖方不负责任，但是卖方必须立即以电报通知买方。如果买方提出要求，卖方应以挂号函向买方提供由中国国际外贸促进委员会或有关机构出具的证明，证明事故的存在。买方不能领到进口许可证，不能被认为系属人力不可抗拒范围。

（6）仲裁：凡因执行本合约或有关本合约所发生的一切争执，双方应以友好方式协商解决；如果协商不能解决，应提交中国国际经济外贸仲裁委员会，根据该会的仲裁规则进行仲裁。仲裁裁决是终局的，对双方都有约束力。

卖方：　　　　　　　　　　　　　买方：

九、包船运输合同范文

托运方（甲方）、承运方（乙方）及其法定代表人、身份信息与常见合同一致，此处略去。

乙方同意甲方托运 ＿＿＿ 货物，经双方协商一致，签订本合同，共同遵守执行。

第一条　运输方法

乙方调派 ＿＿＿ 吨船舶一艘，船名 ＿＿＿，编号 ＿＿＿，船舶有 ＿＿＿ 吊装设备，应甲方要求由 ＿＿＿ 港运至 ＿＿＿ 港 ＿＿＿ 号码头，按现行包船运输规定办理。

第二条　货物包装要求

乙方将货物用 ＿＿＿ 材料包装，每包体积 ＿＿＿ 米，重量 ＿＿＿ 吨。（或 ＿＿ 型号包装集装箱。）

第三条　货物集中与接收时间

甲方应 ＿＿＿ 年 ＿＿ 月 ＿＿ 日至 ＿＿ 月 ＿＿ 日内将货物集中于 ＿＿＿ 港 ＿＿＿ 号码头。由乙方联系港口接收集货，货物由甲方看守。

第四条　装船时间

乙方于 ＿＿＿ 年 ＿＿ 月 ＿＿ 日将船舶抵达港，靠好码头，于 ＿＿ 月 ＿＿ 日时至 ＿＿ 时将货物装完。

第五条　运到期限

乙方应于 ＿＿ 年 ＿＿ 月 ＿＿ 日 ＿＿ 时前将货物运达目的港码头。

第六条　启航联系

乙方在船舶装货完毕启航后，即发电报通知甲方做好卸货准备。如需领航时亦通知甲方按时派引航员领航，费用 ＿＿ 元由 ＿＿ 方负担。

第七条　卸船时间

甲方保证乙方船舶抵达目的港码头，自下锚时起于 ＿＿ 小时内将货物卸完。

第八条　运输质量

乙方装船时，甲方派员监装，指导照章操作，保证安全装货，装完船封好舱，甲方派押运员一人押运，乙方保证原装原运。

第九条　运输费用

以船舶载重吨位计货物运费 ＿＿ 元，空驶费按运费的50％计 ＿＿ 元，全船运费为 ＿＿ 元。

第十条　运费结算办法

本合同签订后，甲方应于 ＿＿ 年 ＿＿ 月 ＿＿ 日前向乙方预付运输费用 ＿＿ 元。乙方在船舶卸完后，甲方应于 ＿＿ 年 ＿＿ 月 ＿＿ 日付清运输费用。

第十一条　甲方违约责任

1. 甲方未按时集中货物，造成乙方船舶不能按时装货、按时起航，每延误一小时应向乙方偿付违约金 ＿＿ 元。

2. 甲方未能按时卸货，每延迟一小时应向乙方偿付违约金 ＿＿ 元。

3. 甲方未按时付清运输费用，每逾期一天，应向乙方偿付未付部分运输费用 ＿＿％ 的违约金。

4. 甲方如不履行合同或擅自变更合同，应偿付乙方 ＿＿ 元违约金。

第十二条　乙方违约责任

1. 乙方未按期将货物运达目的港码头，每逾期一天，应偿付甲方违约金 ＿＿ 元。

2. 乙方船舶起航后未电报通知甲方准备卸船时间，所造成损失由乙方负责。

3. 乙方违章装、卸造成货物损坏，应赔偿实际损失，并向甲方偿付损失部分价款 ＿＿％ 的违约金。

4. 乙方不履行合同或擅自变更合同，应偿付甲方 ＿＿ 元违约金，并退还甲方的预付款。

第十三条　不可抗力

1. 在装、卸货物过程中，因气候影响装、卸作业时间，经甲乙双方签证，可按实际时间扣除。

2. 因 ＿＿ 级以上风暴影响，不能按期履行合同，双方均不负违约责任。

第十四条　本合同执行中如发生争议，先由双方协商解决，协商不能解决，双方可按下列第 ＿＿ 项解决：1. 申请仲裁机关裁决；2. 向人民法院起诉。

第十五条　本合同一式二份，甲乙双方各执一份。

甲方：_____；代表人：_____；_____ 年 ____ 月 ____ 日

乙方：_____；代表人：_____；_____ 年 ____ 月 ____ 日

十、货物运输合同范文

托运方、承运方及其法人代表信息与常见合同相同，此处略去。

根据国家有关运输规定，经过双方充分协商，特订立本合同，以便双方共同遵守。

第一条　货物名称、规格、数量、价款

第二条　包装要求

托运方必须按照国家主管机关规定的标准包装；没有统一规定包装标准的，应根据保证货物运输安全的原则进行包装，否则承运方有权拒绝承运。

第三条　货物起运地点；货物到达地点

第四条　货物承运日期；货物运到期限

第五条　运输质量及安全要求

第六条　货物装卸责任和方法

第七条　收货人领取货物及验收办法

第八条　运输费用、结算方式

第九条　各方的权利义务

1.托运方的权利义务

（1）托运方的权利：要求承运方按照合同规定的时间、地点、把货物运输到目的地。货物托运后，托运方需要变更到货地点或收货人，或者取消托运时，有权向承运方提出变更合同的内容或解除合同的要求。但必须在货物未运到目的地之前通知承运方，并应按有关规定付给承运方所须费用。

（2）托运方的义务：按约定向承运方交付运杂费。否则，承运方有权停止运输，并要求对方支付违约金。托运方对托运的货物，应按照规定的标准进行包装，遵守有关危险品运输的规定，按照合同中规定的时间和数量交付托运货物。

2.承运方的权利义务

（1）承运方的权利：向托运方、收货方收取运杂费用。如果收货方不交或不按时缴纳规定的各种运杂费用，承运方对其货物有扣压权。查不到收货人或收货人拒绝提取货物，承运方应及时与托运方联系，在规定期限内负责保管并有权收取保管费用，对于超过规定期限仍无法交付的货物，承运方有权按有关规定予以处理。

（2）承运方的义务：在合同规定的期限内，将货物运到指定的地点，按时向收货人发出货物到达的通知。对托运的货物要负责安全，保证货物无短缺，无损坏，无人为的变质，如有上述问题，应承担赔偿义务。在货物到达以后，按规定的期限，负责保管。

3. 收货人的权利义务

（1）收货人的权利：在货物运到指定地点后有以凭证领取货物的权利。必要时，收货人有权向到站，或中途货物所在站提出变更到站或变更收货人的要求，签订变更协议。

（2）收货人的义务：在接到提货通知后，按时提取货物，缴清应付费用。超过规定提货时，应向承运人交付保管费。

第十条　违约责任

1. 托运方责任

（1）未按合同规定的时间和要求提供托运的货物，托运方应按其价值的 ____% 偿付给承运方违约金。

（2）由于在普通货物中夹带、匿报危险货物，错报笨重货物重量等招致吊具断裂、货物摔损、吊机倾翻、爆炸、腐蚀等事故，托运方应承担赔偿责任。

（3）由于货物包装缺陷产生破损，致使其他货物或运输工具、机械设备被污染腐蚀、损坏，造成人身伤亡的，托运方应承担赔偿责任。

（4）在托运方专用线或在港、站公用线、专用线自装的货物，在到站卸货时，发现货物损坏、缺少，在车辆施封完好或无异状的情况下，托运方应赔偿收货人的损失。

（5）罐车发运货物，因未随车附带规格质量证明或化验报告，造成收货方无法卸货时，托运方应偿付承运方卸车等存费及违约金。

2. 承运方责任

（1）不按合同规定的时间和要求配车、发运的，承运方应偿付甲方违约金 ____ 元。

（2）承运方如将货物错运到货地点或接货人，应无偿运至合同规定的到货地点或接货人。如果货物逾期达到、承运方应偿付逾期交货的违约金。

（3）运输过程中货物灭失、短少、变质、污染、损坏，承运方应按货物的实际损失 (包括包装费、运杂费) 赔偿托运方。

（4）联运的货物发生灭失、短少、变质、污染、损坏，应由承运方承担赔偿责任的，由终点阶段的承运方向负有责任的其他承运方追偿。

（5）在符合法律和合同规定条件下的运输，由于下列原因造成货物灭失、短少、变质、污染、损坏的，承运方不承担违约责任：

①不可抗力；②货物本身的自然属性；③货物的合理损耗；④托运方或收货方本身的过错。

本合同正本一式二份，合同双方各执一份；合同副本一式 ____ 份，送 ____ 等单位各留一份。

托运方：____　　代表人：____　　时间：____ 年 ____ 月 ____ 日

承运方：____　　代表人：____　　时间：____ 年 ____ 月 ____ 日

十一、汽车运输合同范文

托运单编号：

甲方（托运方）：____　电话：____　乙方（承运方）：____　电话：____

甲方委托乙方承运下列商品车：

合计：（运费金额大写）

经甲、乙友协商，就有关商品车承运事宜达成如下协议：

1. 乙方应"安全、准时、快捷"的将商品车交付于甲方指定的接车人，并将随车物品及有关的资料一并交付。

2. 交接车。甲方向乙方交车时（甲方待运的商品车）双方经办人员须仔细查验该车原有的损伤及随车物品。查验完成后将损伤情况及随车物品登记在本合同中，以避免引起甲乙双方不必要的纠纷。

甲方指定的接车人接收到乙方托运到目的地的商品车经验收后要在乙方托运单中签字。交接验收后，乙方承运责任随之解除，承运车辆再出现的任何问题均无乙方责任。

3. 单证交接。甲方必须将符合国家规定并与该商品车运输有关的单证、资料交于乙方，供乙方在运送过程中备查，如因甲方单证、资料原因造成的一切损失及后果均无乙方责任。

4. 赔偿。乙方在承运过程中发生的各类事故以及由此对商品车造成的直接损失，由乙方负责赔偿。

5. 运费付费方式。现付人民币（大写）：____；到付人民币（大写）：____。

6. 本合同自签订之日起生效，至合同履行结束后终止。本合同履行过程中，遇到不可抗力的自然灾害、战争等因素导致未能履行合同的责任方可以免除责任，本合同一式两份，双方各执一份。

7. 本合同未尽事宜，甲乙双方应签订补充合同，补充合同与正本同样有效。履行本合同过程中发生争议，应友好协商，协商不成通过乙方所在地人民法院诉讼解决。

8. 该车随车物品登记：____；该车原有损伤情况：____。

9. 补充合同内容：

甲方（签字、盖章）：____　　乙方（签字、盖章）：____

年 月 日　　　　　　年 月 日

第四节　服装外贸协议范文

一、服装独家代理协议范文

本协议于 2003 年 9 月 20 日在中国广州由有关双方在平等互利基础上达成，按双方同意的下列条件发展业务关系：

1. 协议双方

甲方：广州宏发实业有限公司　地址：中国广州天河五山路 25 号　　电话 / 传真：

乙方：华大外贸私人有限公司　地址：新加坡滑铁卢街 123 号（0718）电话 / 传真：

2. 委任

甲方指定乙方为其独家代理，为第三条所列服装从第四条所列区域的顾客中招揽订单，乙方接受上述委任。

3. 代理服装

"金花"牌西服。

4. 代理区域

仅限于新加坡。

5. 最低业务量

乙方同意，在本协议有效期内从上述代理区域内的顾客处招揽的上述服装的订单价值不低于 10 万美元。

6. 价格与支付

每一笔服装交易的服装价格应由乙方与买主通过谈判确定，并须经甲方最后确认。付款使用保兑的、不可撤销的信用证，由买方开出，以甲方为受益人。信用证须在装运日期前 15 天到达甲方。

7. 独家代理权

基于本协议授予的独家代理权，甲方不得直接或间接地通过乙方以外的渠道向新加坡顾客销售或出口第三条所列服装，乙方不得在新加坡经销、分销或促销与上述服装相竞争或类似的产品，也不得招揽或接受以到新加坡以外地区销售为目的的订单，在本协议有效期内，甲方应将其收到的来自新加坡其他商家的有关代理产品的询价或订单转交给乙方。

8. 商情报告

为使甲方充分了解现行服装市场情况，乙方承担至少每季度一次或在必要时随时向甲方提供服装市场报告，内容包括与本协议代理服装的进口与销售有关的地方规章的变动、当地服装市场发展趋势以及买方对甲方按协议供应的服装的品质、包装、价格等方面的意见。乙方还承担向甲方提供其他供应商类似服装的报价和广告资料。

9. 广告及费用

乙方负担本协议有效期内在新加坡销售代理服装做广告宣传的一切费用，并向甲方提交所用于广告的声像资料，供甲方事先核准。

10. 佣金

对乙方直接获取并经甲方确认接受的订单，甲方按净发票售价向乙方支付 5% 的佣金。佣金在甲方收到每笔订单的全部货款后才会支付。

11. 政府部门间的服装交易

在甲、乙双方政府部门之间达成的服装交易不受本协议条款的限制，此类服装交易的金额也不应计入第五条规定的最低业务量。

12. 工业产权

在本协议有效期内，为销售有关西服，乙方可以使用甲方拥有的商标，并承认使用于或包含于洗衣机中的任何专利商标、版权或其他工业产权为甲方独家拥有。一旦发现侵权，乙方应立即通知甲方并协助甲方采取措施保护甲方权益。

13. 协议有效期

本协议经有关双方如期签署后生效，有效期为 1 年，从 2003 年 10 月 1 日至 2004 年 9 月 30 日。除非做出相反通知，本协议期满后将延长 12 个月。

14. 协议的终止

在本协议有效期内，如果一方被发现违背协议条款，另一方有权终止协议。

15. 不可抗力

由于水灾、火灾、地震、干旱、战争或协议一方无法预见、控制、避免和克服的其他事件导致不能或暂时不能全部或部分履行本协议，该方不负责任。但是，受不可抗力事件影响的一方须尽快将发生的事件通知另一方，并在不可抗力事件发生 15 天内将有关机构出具的不可抗力事件的证明寄交对方。

16. 仲裁

因履行本协议所发生的一切争议应通过友好协商解决。如协商不能解决争议，则应将争议提交中国国际经济外贸仲裁委员会（北京），依据其仲裁规则进行仲裁。仲裁裁决是终局的，对双方都有约束力。

甲方：广州宏发实业有限公司（签字）　　乙方：华大外贸私人有限公司（签字）

二、服装销售代理协议范文

合同号：　　　　　日期：

为在平等互利的基础上发展外贸，有关方按下列条件签订本协议：

1. 订约人

供货人（以下称甲方）

销售代理人（以下称乙方）

甲方委托乙方为销售代理人，推销下列服装。

2. 服装名称及数量或金额

双方约定，乙方在协议有效期内，销售不少于 ＿＿＿＿＿ 的服装。

3. 经销地区

只限在 ＿＿＿＿＿＿＿＿。

4. 订单的确认

协议所规定服装的数量、价格及装运条件等，应在每笔服装交易中确认，其细目应在双方签订的销售协议书中做出规定。

5. 付款

订单确认之后，乙方须按照有关确认书所规定的时间开立以甲方为受益人的保兑的、不可撤销的即期信用证。乙方开出信用证后，应立即通知甲方，以便甲方准备交货。

6. 佣金

在本协议期满时，若乙方完成了第二款所规定的数额，甲方应按装运服装所收到的发票累计总金额付给乙方 ____% 的佣金。

7. 服装市场情况报告

乙方每 3 个月向甲方提供一次有关当时服装市场情况和用户意见的详细报告。同时，乙方应随时向甲方提供其他供应商的类似服装样品及其价格、销售情况和广告资料。

8. 宣传广告费用

在本协议有效期内，乙方在上述经销地区所做广告宣传的一切费用，由乙方自理。乙方须事先向甲方提供宣传广告的图案及文字说明，由甲方审阅同意。

9. 协议有效期

本协议经双方签字后生效，有效期为 ____ 天，自 ____ 至 ____。若一方希望延长本协议，则须在本协议期满前 1 个月书面通知另一方，经双方协商决定。若协议一方未履行协议条款，另一方有权终止协议。

10. 仲裁

在履行协议过程中，如产生争议，双方应友好协商解决。若通过友好协商达不成协议，则提交中国国际外贸促进委员会对外外贸仲裁委员会，根据该会仲裁程序暂行规定进行仲裁。该委员会的决定是终局的，对双方均具有约束力。仲裁费用，除另有规定外，由败诉一方负担。

11. 其他条款

（1）甲方不得向经销地区其他买主供应本协议所规定的服装。如有询价，当转达给乙方洽办。若有买主希望从甲方直接订购，甲方可以供货，但甲方须将有关销售确认书副本寄给乙方，并按所达成服装交易的发票金额给予乙方 ____% 的佣金。

（2）若乙方在 ____ 月内未能向甲方提供至少 ____ 订货，甲方不承担本协议的义务。

（3）对双方政府间的外贸，甲方有权按其政府的授权进行有关的直接外贸，而不受本协议约束。乙方不得干涉此种直接外贸，也无权向甲方提出任何补偿或佣金要求。

（4）本协议受签约双方所签订的销售确认条款的制约。

本协议于 ____ 年 __ 月 __ 日在 ____ 签订，正本两份，甲乙双方各执一份。

甲方（签字）：　　　　　　　　　　　乙方（签字）：

三、服装OEM合作协议范文

甲方：_____   乙方：_____

_____ 公司（以下简称甲方）与 ____ 公司（以下简称乙方）本着互惠互利、共同发展的原则，经磋商达成如下合作协议：

（一）甲方所须要产品系列

1.____ ；   2.____ ；   3.____ 。

（二）质量保证

1. 乙方遵照甲方要求，为甲方生产符合甲方企业产品质量标准的服装产品，产品在乙方生产厂以 OEM 方式包装贴牌。

2. 乙方严格按照国家标准进行生产，如发生质量问题，经甲方鉴定认同后，乙方负责对该批服装的退、换。

3. 如乙方所提供的产品使用后，在 ____ 年内如发现质量问题，经有关权威机构确认确属产品问题，乙方负责无偿补货。

4. 乙方有义务为甲方提供常规免费的技术服务、咨询和培训，协助提供或制订技术方案、报价、标书，及从事商务活动必需的企业资料：工商登记、税务登记、企业资质、荣誉证明、ISO 质量体系管理验证书及工程业绩等。

5. 乙方保证向甲方提供合格产品，符合国家标准、行业标准或企业标准；如果经双方验证产品质量存在问题，则无条件退换或退款，并承担全部运输费用、质检费用和规定范围之内试用的成本费用。

（三）价格

1. 甲方只是委托乙方生产加工服装产品，并非租用乙方的厂房，故甲乙双方经协商，甲方只按每件 _____ 元的加工费和乙方结算即可；其他费用开支均与甲方无关。

2. 包装物由甲方提供。

（四）付款方式

1. 经甲、乙双方协商后，甲方应付给乙方的货款以 ____ （季、月、周）结方式结算，当期的加工费于 ____ 日前汇至乙方指定的账户。

2. 甲方按计划下单给乙方生产，首批货物之款项，在收货后 ____ 天内付清，第二批开始 ____ 结清。

3. 甲方每次下单给乙方需提前 ____ 天做出计划，以便于乙方安排生产。

（五）产品品质体系及运输、交货等相关规定

1. 乙方提供产品，必须明确：①产品名称；②产品号型；③数量；④生产和出厂日期；⑤质量检验报告；⑥产品合格证明（可选择指定随货物同行）；⑦货物清单。

2. 甲方需明确货物：①产品名称；②产品号型；③数量；④出厂交货日期；⑤需否提供"质检报告"；⑥需否提供"产品合格证"；⑦用甲方包装，需甲方提供合法商标登记证明和委托乙方 OEM 包装贴牌的委托书，并提供品种、规格等说明标签；⑧是否代办运输；⑨选择保险及费率；⑩乙方优先按甲方指定的运输公司承办运输，如果甲方未指定，乙方代办选择承运方，并由甲方确认为准。

3. 甲方应给出乙方充足生产周期时间，和代办运输时间，以保证能及时供应和收货；常规情况下，产品生产周期 _____ 天。

4. 生产出来的服装产品在乙方的仓库或指定的地点交货，乙方可以向甲方提供代办运输的义务服务；运输费用及运输保险费由甲方的收货方承担；如运输过程出现意外，乙方有责任处理索赔事务；

5. 乙方按 OEM 定价向甲方供货；乙方以与甲方商定的付款方式结算。

6. 甲方收到服装产品之后，应在 _____ 天之内就号型、数量、包装等做出确认，逾期未做确认，视同已确认。

7. 甲方收到服装产品之后，应在 _____ 个工作日之内检验或试用，以便确认产品质量。

8. 乙方给予甲方结算优惠条件，实行限期、限额月结方式，每月 30 日对账，乙方开发票给甲方，下一个月第一周内结清上一个月度款项，其中限额 _____ 元，超过 _____ 元当批现款结清。

9. 双方服装产品质量认识发生差异、争议，应寻求国家确认的行业权威机构做第三方仲裁为准。

（六）保密协议

甲、乙双方应共同严格保守相关技术、价格、合作协议等不宜对第三方公开的商业秘密，且合作结束后 _____ 年内也要严格保密协议，因任一方泄露相关机密，给另一方造成损失的，应赔偿 _____ 万元人民币，同时终止合作协议。

（七）其他

1. 双方约定合作期限，自 _____ 年 _____ 月 _____ 日始至 _____ 年 _____ 月 _____ 日止。

2. 每年度（ _____ 月 _____ 日前）双方协商确定下一年度合作事宜。

3. 上述未尽事宜，由双方协商解决。

4. 双方互不侵害对方利益，如有侵害，协商解决不成功，可寻求法律解决。

5. 本协议一式两份，双方各执一份。

（八）附件

甲方向乙方提供：

1. 企业合法服装品牌商标登记证明材料。

2. 授权委托乙方 OEM 包装贴牌的委托书。

乙方向甲方提供：

1. 公司服装生产 OEM 价目。

2. 公司服装产品企业标准。

3. 权威机构服装产品标准。

4. 公司服装有关样板收费规定。

5. 公司工商税务登记资料。

6. 批准服装采购订货《供销合同》。

甲方：　　　　　　　　　　乙方：

法人代表签字：　　　　　　法人代表签字：

代理人签字：　　　　　　　代理人签字：

地址：　　　　　　　　　　地址：

电话：　　　　　　　　　　电话：

日期：　　　　　　　　　　日期：

签约地点：

四、服装寄售协议范文

____ 公司,注册地在中国广州 ____（以下称寄售人）,与 ____ 公司,注册地在 ____（以下称代售人），按下列条款签订本协议：

1. 寄售人将不断地把 ____（服装）运交给代售人代售。服装价格为服装市场 CIF 市价，约隔 90 天运交一次。

2. 代售人在征得寄售人对价格、条款等到同意之后，必须尽力以最好价格出售寄售服装。

3. 开始阶段，每次船运服装的价格不得超过 ____ 美元，代售人未偿付的货款不能超过 ____ 美元。

4. 寄售人对赊销造成的坏账不负任何责任，代售人在任何时候均负有支付寄售人货款的义务。

5. 代售人将接受寄售人开立的以代售人为付款人的 90 天远期汇票，年利 ____%。

6. 代售人以签字信托收据从寄售人银行换取包括提单在内的装运单据。

7. 寄售人负担服装售出之前的保险费和仓储费。

8. 寄售人必须遵守 ____ 政府的规章。

9.本协议英文正本两份，双方各持一份。

双方确认上述内容，并于20＿＿＿年＿＿月＿＿日签字立约，以资证明。

＿＿公司（签字）：＿＿＿＿＿＿；　＿＿公司（签字）：＿＿＿＿＿

五、服装销售确认书范文

（一）范文一

合同号：　　　　　　　日期：　　　　　　　签约地点：

卖方：　　　　　　　　传真：　　　　　　　地址：

买方：　　　　　　　　传真：　　　　　　　地址：

兹经买卖双方同意按下列条款成交：

货号；品名及规格；数量；单价；金额；总值。

1.数量及总值均有＿＿＿＿％的增减，由卖方决定。

2.包装。

3.装运唛头。

4.装运期。

5.装运口岸和目的地。

6.保险由卖方按发票全额110%投保至＿＿＿为止的＿＿＿险。

7.付款条件：买方须于＿＿＿＿年＿＿月＿＿日将保兑的，不可撤销的，可转让可分割的即期信用证开到卖方。信用证议付有效期延至上列装运期后15天在中国到期，该信用证中必须注明允许分运及转运。

8.仲裁条款：凡因本合同引起的或与本合同有关的争议，均应提交中国国际经济外贸委员会，按照申请仲裁时该会现行有效的仲裁规则进行仲裁，仲裁地点在＿＿＿，仲裁裁决是终局，对双方均有约束力。

9.备注。

卖方：　　　　　　　　　　　买方：

（二）范文二

合同号：　　　　　　　日期：　　　　　　　签约地点：

卖方：　　　　　　　　地址：　　　　　　　传真：

买方：　　　　　　　　地址：　　　　　　　传真：

兹买卖双方同意成交下列服装订立条款如下：

1.服装名称及规格。

2.数量。

3.单价。

4. 金额。

5. 总值。

数量及总值均得有 ____ % 的增减，由卖方决定。

6. 包装。

7. 装运期限：收到可以转船及分批装运之信用证 ____ 天内装出。

8. 装运口岸。

9. 目的港。

10. 付款条件：开给我方 100% 不可撤销即期付款及可转让可分割之信用证，并须注明可在上述装运日期后 15 天内在中国议付有效。

11. 保险：按中国保险条款，保综合险及战争险（不包括罢工险）。由客户自理。

12. 装船标记。

13. 品质和数量/重量：双方同意以装运港中国进出口服装检验局签发的品质的数量(重量)检验证书作为信用证项下议付所提出单据的一部分。买方有权对服装的品质和数量(重量)进行复验，复验费由买方负担。如发现品质或数量（重量）与合同不符，买方有权向卖方索赔。但须提供经卖方同意的公证机构出具之检验报告。

14. 备注。

（1）买方须于 ____ 年 ____ 月 ____ 日前开到本批服装交易的信用证（或通知售方进口许可证号码），否则，售方有权不经通知取消本确认书，或接受买方对本约未执行的全部或一部，或对因此遭受的损失提出索赔。

（2）凡以 CIF 条件成交的业务，保额为发票的 110%，投保险别以本售货确认书中所开列的为限，买方要求增加保额或保险范围，应于装船前经售方同意，因此而增加的保险费由买方负责。

（3）品质数量异议：如买方提出索赔，凡属品质异议须于货到目的口岸之日起 3 个月内提出，凡属数量异议须于货到目的口岸之日起 15 在内提出，对所装运物所提任何异议属于保险公司、轮船运公司及其他有关运输机构或邮递机构所负责者，售方不负任何责任。

（4）本确认书所述全部或部分服装，如因人力不可抗拒的原因，以致不能履约或延迟交货，售方概不负责。

（5）买方开给售方的信用证上请填注本确认书号码。

（6）仲裁：凡因执行本合同或与本合同有关事项所发生的一切争执，应由双方通过友好的方式协商解决。如果不能取得协议时，则在被告国家根据被告仲裁机构的仲裁程序规则进行仲裁。仲裁决定是终局的，对双方具有同等约束力。仲裁费用除非仲裁机构另有决定外，均由败诉一方负担。

（7）买方收到本售货确认书后立即签回一份，如买方对本确认书有异议，应于收到后 5 天内提出，否则认为买方已同意本确认书所规定的各项条款。

卖方：　　　　　　　　　　　买方：

六、国际商标许可协议范文

本协议由 ____ 公司（以下称为许可方）和 ____（以下称为被许可方）于 _____ 年 ____ 月 ____ 日签订。

鉴于许可方拥有具有一定价值并经注册的商标和服务标志，且拥有并可出售其他如附文第一节所述的许可方财产，其中包括"商标"。这一商标在广播或电视中经常使用，并出现在各种促销和广告业务中，得到公众的广泛认可，在公众印象中与许可方有密切关系；

鉴于被许可方意于在制造、出售、分销产品时使用这一商标；因此考虑到双方的保证，达成如下协议：

第一条 授予许可

1. 产品。根据以下规定的条款，许可方授予被许可方，被许可方接受单独使用这一商标的许可权利，且只在制造和出售、分销以下产品时使用。（加入产品描述）

2. 地域。许可协议只在 ____ 地区有效。被许可方同意不在其他地区直接或间接使用或授权使用这一商标，且不在知情的情况下向有意或有可能在其他地区出售协议下产品的第三者销售该产品。

3. 期限。许可协议自 ____ 日生效，如未提前终止，至 ____ 日期满。若满足协议条件，本协议期限每年自动续展，直至最后一次续展终止于 ____ 年 12 月 31 日。始于 ____ 年 12 月 31 日，本许可协议在每一期末自动续展一年，到下一年的 12 月 31 日止，除非一方在协议到期前 30 天以前书面通知另一方终止协议的执行。

第二条 付款方式

1. 比例。被许可方同意向许可方支付其或其附属公司、子公司等出售协议产品的净销售额的 ____% 作为使用费。"净销售额"指总销售额减去数量折扣和利润，但不包括现金折扣和不可收账目折扣。在制造、出售或利用产品时的费用均不可从被许可方应支付的使用费中折扣。被许可方同意如向其他许可方支付更高的使用费或更高比例的许可使用费，将自动马上适用于本协议。

2. 最低限度使用费。被许可方同意向许可方支付最低限度使用费 ____ 美元，作为对合同第一期应支付使用费的最低保证，上述最低限度使用费将在第一期的最后一天或此前支付。在协议签字时支付的预付款将不包括在内。此最低限度使用费在任何情况下都不会再归还给被许可方。

3. 定期报告。第一批协议产品装运后，被许可方应立即向许可方提供完整、精确的报告，说明被许可方在前一期售出的产品数量、概况、总销售额、详细列明的总销售额折扣、净销售额及前一期中的利润。被许可方将使用后附的、由许可方提供给其的报告样本。无论被许可方在前一期中是否销售了产品，均应向许可方提供报告。

4. 使用费支付。除上述最低使用费以外的使用费需在销售期后 ____ 日交付，同时提交的还有上述要求的报告。许可方接受被许可方按协议要求提供的报告和使用费（或兑现支付使用的支票）后，如发现报告或支付中有不一致或错误，可以在任何时间提出质疑，被许可方需及时改正、支付。支付应用美元。在许可地内的应缴国内税由被许可方支付。

第三条　专有权

1. 除非许可方认可在协议有效期内不在协议有效区域内，再授予别人销售第一节所述产品时使用这一商标，本协议不限制许可方授予其他人使用这一商标的权利。

2. 协议规定如果许可方向被许可方提出购买第一节所述产品，用于奖励、赠给或其他促销安排，被许可方有 10 天时间决定是否同意。如果被许可方在 10 天内未接受这一要求，许可方有权通过其他生产者进行奖励、赠给或其他促销安排。在这种情况下，当其他生产者的价格比许可方向被许可方支付的高时，被许可方有 3 天时间去满足生产者生产此种产品的要求。被许可方保证在未得到许可方书面同意前，不把协议产品与其他产品或服务一起作为奖励，不与其他作为奖励的产品或服务一起出售协议产品。

第四条　信誉

被许可方承认与该商标相关联的信誉的价值，确认这一商标、相关权利及与该商标相关联的信誉只属于许可方，这一商标在公众印象中有从属的含义。

第五条　许可方的所有权及许可方权利的保护

1. 被许可方同意在协议有效期内及其后，不质疑许可方就该商标享有的所有权和其他权利，不质疑本协议的有效性。如果许可方能及时收到索赔和诉讼的通知，许可方保护被许可方，使其不受仅由本协议所授权的商标使用引起的索赔和诉讼的损害，许可方可选择就这样的诉讼进行辩护。在未得到许可方的同意之前，不应就这样的索赔和诉讼达成解决办法。

2. 被许可方同意向许可方提供必要的帮助来保护许可方就该商标拥有的权利。许可方根据自己的意愿，可以自己的名义、被许可方的名义或双方的名义针对索赔和诉讼应诉。被许可方在可知范围内将书面告知许可方就协议产品的商标的侵权和仿制行为；只有许可方有权决定是否对这样的侵权和仿制行为采取行动。若事先未得到许可方的书面同意，被许可方不应就侵权和仿制行为提出诉讼或采取任何行动。

第六条　被许可方提供的保证及产品责任保险

被许可方负责为自己和／或许可方就其非经授权使用协议产品商标、专利、工艺、设计思想、方法引起的索赔、诉讼或损失，就其他行为或产品瑕疵导致的索赔、诉讼或损失进行辩护，并使许可方免受损失。被许可方将自己负担费用，向一家在 ＿＿＿ 地区有经营资格的保险公司承保产品责任险，为许可方（同时也为被许可方）因产品瑕疵导致的索赔、诉讼或损失提供合理的保护。被许可方将向许可方提交以许可方为被保险人的已付款保险单，在此基础上，许可方才能同意产品出售。如果对保险单有所改动，需事先得到许可方的同意。许可方有权要求被许可方向其提供新的保险单。许可方一词包括其官员、董事、代理人、雇员、下属和附属机构，名字被许可使用的人，包装制造人、名字被许可使用的广播、电视节目制作人、节目转播台、节目主办者和其广告代理及这些人的官员、董事、代理人和雇员。

第七条 商品质量

被许可方同意协议产品将符合高标准，其式样、外观和质量将能发挥其最好效益，将保护并加强商标名誉及其代表的信誉。同时协议产品的生产、出售、分销将遵守适用的联邦、州、地方法律，并不得影响许可方、其计划及商标本身的名声。为了达到这一目标，被许可方应在出售协议产品之前，免费寄给许可方一定量的产品样品，其包装纸箱、集装箱和包装材料，以取得许可方的书面同意。协议产品及其纸箱、集装箱和包装材料的质量和式样需得到许可方的同意。向许可方提交的每份产品在得到其书面同意前不能视作通过。样品按本节所述得到同意后，被许可方在未得到许可方的书面同意前不能做实质变动。而许可方除非提前 60 天书面通知被许可方，不能撤销其对样品的同意。在被许可方开始出售协议产品后，应许可方的要求，将免费向许可方提供不超过 ____ 件的随机抽样样品及相关的纸箱、包装箱和包装材料。

第八条 标签

1. 被许可方同意在出售许可合同项下产品或在产品广告、促销和展示材料中将根据第一节附文中商标权第五、第六条的规定标明"注册商标 ____ 公司 ____ 年"，或其他许可方要求的标志。如果产品、或其广告、促销、展示材料含有商标或服务标志，应标明注册的法律通知及申请。如果产品在市场出售时其包装纸箱、集装箱或包装材料上带有商标，在上述物品上也应标明相应标志。被许可方在使用小牌、标签、标记或其他标志时，在广告、促销和展示材料中标明商标，需事先得到许可方的同意。许可方的同意不构成此协议下许可方权利和被许可方责任的放弃。

2. 被许可方同意与许可方真诚合作，确保和维护许可方（或许可方的授予人）对商标拥有的权利。如果商标、产品、相关材料事先未注册，被许可方应许可方的要求，由许可方承担费用，以许可方的名义对版权、商标、服务标志进行恰当注册，或应许可方的要求，以被许可方自己的名义注册。但是，双方确认本协议不能视作向被许可方转让了任何与商标有关的权利、所有权和利益。双方确认除根据本许可协议，被许可方享有严格按协议使用商标的权利外，其他相关权利都由许可方保留。被许可方同意协议终止或期满时，将其已获得的或在执行协议项下行为而获得的有关商标的一切权利、权益、信誉、所有权等交回给许可方。被许可方将采取一切许可方要求的方式来完成上述行为。此种交回的权利范围只能基于本协议或双方的契约而产生。

3. 被许可方同意其对商标的使用不损害许可方的利益，而且不因为其使用该商标而取得关于商标的任何权利。

第九条 促销资料

1. 在任何情况下，被许可方如果期望得到本协议产品的宣传材料，那么生产该宣传材料的成本和时间由被许可方承担。所有涉及本协议商标或其复制品的宣传材料的产权应归被许可方所有，尽管该宣传材料可能由被许可方发明或使用，而许可方应有权使用或将其许可给其他方。

2. 许可方有权，但没有义务使用本协议商标或被许可方的商标，以使本协议商标、许可方或被许可方或其项目能够完满或卓越。许可方没有义务继续在电台或电视台节目中宣传本协议商标或其数字、符号或设计等。

3. 被许可方同意，在没有得到许可方的事先书面批准的情况下，不在电台或电视台作使用本协议商标的产品的宣传或广告。许可方可以自由决定同意批准或不批准。

第十条　分销

1. 被许可方同意将克尽勤勉，并且持续制造、分销或销售本协议产品，而且还将为此做出必要和适当的安排。

2. 被许可方在没有得到许可方的书面同意前，不得将本协议产品销售给那些以获取佣金为目的的、有可能将本协议产品当作促销赠品的、以促进其搭售活动目的的及销售方式有问题的批发商、零售商、零售店及贸易商等。

第十一条　会计记录

被许可方同意建立和保留所有有关本协议项下交易活动的会计账本和记录。许可方或其全权代表有权在任何合理的时间内查询该会计账本或记录及其他所有与交易有关的、在被许可方控制之下的文件和资料。许可方或其全权代表为上述目的可摘录其中的内容。应许可方的要求，被许可方应自行承担费用，将其至许可方提出要求之日止的所有销售活动情况，包括数量、规格、毛价格和净价格等以独立的、公开账本方式，向被许可方提供一份详细的会计报告申明。所有的会计账本和记录应保留至本协议终止两年之后。

第十二条　破产、违约等

1. 如果被许可方在达成协议后 3 个月内未开始生产和销售一定量的第一节所述的产品，或者 3 个月后的某个月未销售产品（或类产品），许可方在采取其他补偿措施以外，可书面通知被许可方因其该月未生产销售协议产品（或类产品）而终止合同。通知自许可方寄出之日起生效。

2. 如果被许可方提出破产陈诉，或被判破产，或对被许可方提起破产诉状，或被许可方无偿还能力，或被许可方为其债权人的利益而转让，或依照破产法做出安排，或被许可方停止经营，或有人接收其经营，则此许可合同自动终止。除非得到许可方书面表示的同意意见，被许可方、其接收者、代表、受托人、代理人、管理人、继承人或被转让人无权出售、利用或以任何方式经营协议产品，或相关的纸箱、集装箱、包装材料、广告、促销和陈列材料。这是必须遵守的。

3. 如果被许可方违反了本协议条款下的义务，许可方在提前 10 天书面通知后有权终止合同，除非被许可方在 10 天内对其违约行为做出全部补偿，令许可方满意。

4. 根据第十二条所述条款，终止许可合同将不影响许可方对被许可方拥有的其他权利。当协议终止时，基于销售额的使用费即刻到期需马上支付，不能缺交最低限度使用费，且最低限度使用费将不返还。

第十三条　竞争产品

如果协议第一节所述的产品与目前、今后生产的使用该商标的产品，或其下属、附属机构生产的使用该商标的产品相矛盾，许可方有权终止协议。许可方书面通知被许可方后30天此通知生效。根据第十五条的条款，被许可方在协议终止后有60天时间来处理手中的协议产品和在接到终止协议通知前正在生产的产品。然而，如果在60天期间，对协议产品的终止有效，被许可方应缴纳的实际使用费少于当年的预付保证金，许可方将把签约当年已付的预付保证金与实际使用费之间的差额退还给被许可方。上句所述的退还条款仅适用于第十三条规定的协议终止情况，而不影响除表述相矛盾的条款外其他所有条款的适用性。

第十四条　最后报告

在协议期满前60天内，或收到终止通知的10天以内，或是在无须通知的协议终止情况下10天以内，被许可方应向许可方出具一份报告以说明手中的和正在加工中的协议产品的数量和种类。许可方有权进行实地盘存以确认存货情况和报告的准确。若被许可方拒绝许可方的核查，将失去处理存货的权利。许可方保留其拥有的其他法律权利。

第十五条　存货处理

协议根据第十二条的条款终止后，在被许可方已支付预付款和使用费，并已按第二条要求提供报告的情况下，如协议中无另外规定，被许可方可以在收到终止协议通知后60天内处理其手中的和正在加工中的协议产品。合同到期后，或因被许可方未在产品，或其包装纸箱、集装箱、包装材料和广告、促销、展示材料上加贴版权、商标和服务标志注册标签，或因被许可方生产的产品的质量、式样不符合第七条所述许可方的要求，而导致协议终止，被许可方不得再生产、出售、处理任何协议产品。

第十六条　协议终止或期满的效果

协议终止或期满后，授予被许可方的一切权利即刻返还许可方。许可方可自由地向他人转让在生产、出售、分销协议产品过程中使用该商标的权利。被许可方不得再使用该商标，或直接、间接地涉及该商标。除第十五条所述的情况外，被许可方不得在制造、出售、分销其自己的产品时使用类似的商标。

第十七条　对许可方的补偿

1. 被许可方认识到（除另有规定外），如果其在协议生效后3个月内未开始生产、分销一定量的协议产品，或在协议期内未能持续地生产、分销、出售协议产品，将立即导致许可方的损失。

2. 被许可方认识到（除另有规定外），如果在协议终止或期满后，未能停止生产、出售、分销协议产品，将导致许可方不可弥补的损失，并损害后继被许可方的权利。被许可方认识到，对此没有恰当的法律补偿。被许可方同意在此情况下，许可方有权获得平衡法上的救济，对被许可方实施暂时或永久禁令，或实施其他法庭认为公正、恰当的裁决。

3. 实施这些补偿措施，不影响许可方在协议中规定享有的其他权利和补偿。

第十八条　无法执行协议的原因

若由于政府法规的变化，或因国家紧急状态、战争状态和其他无法控制的原因，一方无法执行协议，书面通知对方原因和希望解除协议的意愿，则被许可方将被免除协议下的义务，本协议将终止，而基于销售额的使用费将立即到期应付，最低限度使用费将不会返还。

第十九条　通知

除非有更改地址的书面通知，所有的通知、报告、声明及款项均应寄至协议记载的双方正式地址。邮寄日视作通知、报告等发出之日。

第二十条　不允许合资企业

根据本协议，双方不应组成合伙人关系或合资企业。被许可方无权要求或限制许可方的行为。

第二十一条　被许可方不得再行转让、许可

本协议和协议下被许可方的权利、义务，未经许可方书面同意，不得转让、抵押、再许可，不因法律的实施或被许可方的原因而受到阻碍。许可方可以进行转让，但需向被许可方提供书面通知。

第二十二条　无免责

除非有双方签字的书面契约，本协议的任何条款不得被放弃或修改。本协议以外的陈述、允诺、保证、契约或许诺都不能代表双方全部的共识。任一方不行使或延误行使其协议下的权利，将不被视作对协议权利的放弃或修改。任一方可在适用法律允许的时间内采取恰当的法律程序强制行使权利。除了如第六条和第十二条的规定，被许可方和许可方以外的任何人、公司、集团（无论是否涉及该商标），都不因本协议而获得任何权利。

按契约规定时间执行协议的双方：

许可方：　　　　　　　　被许可方：

签字人：　　　　　　　　签字人：

职务：　　　　　　　　　职务：

七、货物承运协议范文

甲方：＿＿＿＿　　　　乙方：＿＿＿＿

双方在平等互利的基础上，就合作办理由广州或经香港往世界各地的国际出口运输业务，达成下列协议。

第一条　甲方委托乙方代理合同项下＿＿＿＿货名：＿＿＿件数：＿＿＿毛重：＿＿净重：＿＿＿价值：＿＿＿，所有经过白云机场出口货物的配载，运输，报关，报检及其他相关手续。

第二条　服务范围

乙方办理甲方由广州空运到世界各地，包括运至香港中转之货物手续。乙方应负责为甲方提供安全、迅速、可靠的空运事宜，包括优先提供航位。

第三条　双方的义务与权利

1. 乙方作为甲方代理，在接到甲方齐全正确的报关资料及单货相符的前提下，乙方在报关过程中如海关需查验货物或遇到其他问题时应及时通知甲方，甲方在接到乙方通知时，应尽快办理，从而保证货物的质量不受损害及顺利通关。

2. 甲方应对所提供的报关资料和货物的真实性负责任。

3. 乙方应确认遵守并执行甲方委托之一切货物运输责任与义务，并依照买卖合同或订单这有关运输条件规定自起运地妥善安排运至目的地。

4. 货物交运时，乙方应切实查验其表面情况，并查点货物实际运载箱数，乙方有确保甲方利益的责任。提货时，如发现货损、货差、发运体积、重量等有变动，必须通知甲方，必要时向甲方提供货运站凭证，或代甲方聘请测量行作测量报告。

本协议自双方签字盖章之日起生效。

甲方（签章）　　　　　　　　　乙方（签章）

　　年　　月　　日　　　　　　　　年　　月　　日

八、航空货运协议范文

甲方：　　　　　　　　乙方：

甲乙双方在平等，协商，自愿的原则下，签订以下协议

1. 乙方为甲方代办航空运输，乙方为甲方提供运输设计、电话查询、代办保险、打包，航空运输、航空提货、送货等一揽子航空服务。

2. 乙方自收到甲方货物后至交航空公司交付客户止负责货物的安全保管。如发生遗失或损坏，乙方应向甲方作出赔偿，赔偿额按民航局规定（如外包装完好无损，内物缺少或损坏不在赔偿之列）。

3. 乙方当天收到甲方货物后，按次日航班进行托运，如出现航班变动或调整等意外事件，则须及时通知甲方，双方相互协商另行调整航班。

4. 甲方必须向乙方提供正确的收件人姓名、地址、电话。如因收件人姓名、地址错误而造成的时间延误或经济损失乙方将不承担任何责任。

5. 贵重物品如需投保，投保金额按保险总价值的____％收取保险费，一旦出险，乙方则按保险公司的有关条例对甲方作出赔偿，如甲方未对其托运货物进行投保，一旦出险，乙方则按民航条例及程序向甲方作出赔偿（即物品遗失，缺损，按普通货物赔偿，每千克最高赔偿人民币贰拾元整）。

6. 甲方必须把加盖公章的托运单交于乙方确定委托关系，乙方开具货运分单为结算凭证。如甲方对乙方运单金额有异议请在分单传真后24小时内提出，否则视为确认。

7. 结算方式：____。到货后乙方将结算清单及凭证交甲方，甲方在5个工作日内付清。欠款额度为人民币____。超过额度，乙方将立即将账单交给甲方，甲方在收到账单5个工作日内付清。所有欠款逾期支付，甲方必须向乙方每日支付欠款金额千分之五的滞纳金。

甲方不得以任何理由拒付乙方运费。双方如有争执，应按协商原则处理，协商不成，可由乙方所在地市法院裁决，仲裁费用由败诉一方承担，除非另有规定。

8. 协议一式四份，双方各执二份，协议自签订之日起生效，有效期为一年。

9. 本协议包含以下附件：公司营业执照复印件两份；签字代表身份证复印件两份。

甲方（公章）：   乙方（公章）：

代表：   代表：

开户银行及账号：   开户银行及账号：

签字日期：   签字日期：

九、物流服务协议范文

甲方：____   乙方：____

甲、乙双方本着平等互利、互相合作的精神，根据国家有关法律、法规，结合仓储、运输的实际情况，签订本物流服务协议：

第一条　货物运输

1.1 甲方委托乙方将甲方的货物安全、及时地运送到指定地点；配送报价及时效见附件一《物流服务报价时限表》。

1.2 甲方委托乙方运送的货物为甲方或甲方所属集团子公司的产品。

1.3 甲方客户收货的方式：

1.3.1 乙方按照甲方的指令将货物运至目的地，并由甲方客户根据《送货通知单》上的信息核对货物的外包装、封口标志、各品种件数，如外包装完好、品规、数量准确等，乙方应要求甲方客户在运单上签收实收各品规的数量，注明收货人全名、收货日期并加盖公章或收货专用章。

1.3.2 乙方应在客户指定的接货人出具有关收货的授权委托书、个人身份证复印件后方能办理货物交接手续。乙方在向收货方配送时，以收货方加盖印章或指定收货人签字作为唯一有效的交接凭证。

1.3.3 甲方应将收货的方式告知客户并做好客户的工作。

1.4 配送途中如果发生车祸、途中遇劫、被盗等，乙方须立即向当地公安部门报案，同时采取必要的补救措施，并及时将情况通知甲方，甲方应积极配合乙方进行事故处理和索赔工作。

1.5 经双方协商需要增加运输地点、变更托运方式或运价时，以双方补充协议为准。

第二条　甲方的权利及义务

2.1 甲方有权要求乙方安全、及时地把货物送到指定地点，并可随时向乙方追踪货物动向及其他信息。甲方有权对乙方的配送作业进行监督、指导，甲方按约定的《物流考核细则》对乙方的表现进行考核，提供考核报告并予以实施。

2.2 甲方应以系统或书面形式（送货通知单或函件）将有关的作业指示通知乙方（包

括货物的名称、型号、件数、规格、具体提货时间、指定收货人的姓名、电话、详细地址、邮政编码、传真或电子信箱以及客户公章或者收货专用章等信息）。

2.3 甲方应在双方约定的时间和地点交付约定数量的货物，并对乙方人员和车辆提供适宜的工作条件，做好货品的交接。

2.4 甲方货物包装必须符合仓储及运输要求，若由于国家有关机构查验货物而造成外包装破损、内装货物短缺、损坏的（乙方必须提供书面依据，经甲方认定），或由于甲方包装不符合仓储及运输要求而造成的损失，乙方不承担相关责任。

2.5 甲方应按照本协议第五条支付运费。

第三条　乙方的权利及义务

3.1 乙方应按协议约定为甲方提供物流服务。

3.2 乙方应负责货物自甲方指定仓库出库到客户签收全过程的货物安全；在运输过程中货物毁损、灭失、丢失的，应由乙方按货物现款价全额赔偿给甲方。

3.3 乙方确保向甲方开具合法、有效的运输发票；由于乙方未能及时开出有效的发票而造成的支付延误，甲方不承担责任。

3.4 乙方如因意外或其他原因不能按时完成货物运输，须及时通知甲方，乙方必须及时采取其他解决措施；乙方应按照第 7.5 条负责赔偿由于延迟交货而造成的损失。

3.5 乙方在运输过程中如发现包装破损，应将破损货物及时返回甲方的仓库，并在当天以书面形式通知甲方（注明破损的品规、批号、生产日期、有效期及破损的具体情况）。甲方仓管员必须分开存放，破损货物包材更换必须在甲方仓管员的监督下进行。由于乙方原因造成的包装破损，货物的返工、包材费及运费全由乙方承担。更换下的破损包材每月底必须在甲方市场人员或库管员的监督下进行销毁，双方签字后报物流部总部仓储主管备案。乙方在运输过程中产生的破损货物，必须在两个月内（除甲方生产时间）更换完包装补送至目的地，否则甲方有权要求乙方对破损货物按照货物现价款予以全额赔偿。

3.6 乙方负责提供甲方所须的各类货物统计报表。

第四条　费用与结算

4.1 乙方按照双方签订的费用结算协议按月收取费用。

4.2 乙方在每月 10 日以前将上一个月的结算单（模板详见附件）、正式发票及客户签收单原件交给甲方。

4.3 甲方在接到乙方的结算单、发票及客户签收单原件，审核无误后，在每月的 25 日前以支票或银行转账等方式向乙方支付上个月的物流服务费用。甲方如对所发生的费用有异议，应在收到乙方结算单的 5 个工作日内以书面形式通知乙方，否则必须全额支付全部款项。对于没有异议的款项若不能在以上规定的时间内支付给乙方，则按 2‰的月息向乙方支付违约金。若因乙方延期提交结算依据，甲方有权相应顺延向乙方支付费用。

4.4 乙方与甲方或甲方所属集团子公司分别进行费用结算。

4.5 甲乙双方关于运费的结算遵循以下原则：甲方下单发往同一地址（同一地址指同

一城市同一街道）的货物，下单日期不同，但乙方同一日期提货发运的，双方按同一票货物结算运费。

4.6 甲乙双方根据甲方提供的《产品资料》中的产品重量和体积结算运费，如甲方产品的重量和体积变动在5%（含）以内的，甲乙双方按原《产品资料》的重量和体积结算运费，如变动大于5%的，甲乙双方另行协商确定报价结算运费。在甲乙双方未确定报价期间，乙方应本着合作的原则继续履行本协议中约定的物流运输义务。

4.7 乙方必须凭甲方客户签收的合格回单原件向甲方结算运费，任何复印件、传真件等非原件形式的回单均不能作为结算运费的依据。

第五条 保险条款

甲方委托乙方运输的货物的保险由乙方负责办理，保险费用由乙方承担（甲方支付给乙方的运费已包含保险费用）；乙方应将办理各项保险的有关单据的复印件提供给甲方。

第六条 保密条款

6.1 双方理解本协议（包括任何附件）所涵盖的商业关系的性质及具体事项构成保密和专有的信息。对任何该等信息的披露将可能对双方造成竞争性损害。因此，任何关于甲方和/或乙方的成本、程序、运力、货物的数量、种类、运送目的地、客户等其他详情或一方获得的有关另一方的商业活动的信息任何时候都应作为保密信息，未经该另一方（视情况而定）事先明确表示书面同意，一方不得向任何其他第三方透露。否则构成违约，违约方应就所有由于其未能履行其在本条款下的义务而给另一方造成的损害、成本和费用向另一方做出补偿，受害另一方还有权决定是否终止履行本协议。

6.2 本保密条款有效期为本协议终止后三年，并不因本协议的解除、终止、无效或撤销而终止。

第七条 违约责任与免责

7.1 甲方提供的货物、收货人及其他相关货物运输的信息不正确或不完整的，甲方应赔偿乙方由此发生的滞装、滞卸或空驶产生的损失。

7.2 当货物外包装完好而内装货物短缺情况下收货人拒收的，甲方承担乙方退运及处置费用。

7.3 出现7.1、7.2所述的情形时，乙方对甲方货物的安全仍应负全部责任，货物产生毁损、灭失、丢失的，乙方应按现款价全额赔偿给甲方。

7.4 由于甲方匿报危险品或禁运品致使甲方货物损坏或乙方车辆、仓库、设备损坏、人身伤亡及其他直接间接的损失和费用，或者给第三方造成的损失和费用，应由甲方负责赔偿。

7.5 由于乙方未按规定时间送货，甲方有权依据《物流配送管理考核办法》对乙方进行考核。

7.6 若出现可归责于乙方的下列情形，甲方有权提前三日以书面形式解除本协议，并有权追究乙方违约责任。

（1）延迟交货一个月内累计达到三次以上（包括三次）。

（2）因乙方过错造成甲方拾万元以上的货物损失。

（3）甲方单个客户投诉一个月内累计达到三次以上（包括三次）。

（4）乙方违反国家有关法令，致使货物被有关部门查扣、弃置或作其他处理。

（5）乙方未按照约定办理货物运输保险。

（6）乙方未按照约定提供担保。

7.7 乙方不承担由于以下原因导致的递送延误、货物短缺、损坏等责任。

（1）不可抗力；但乙方应在24小时内通知甲方，并提供有关证明。

（2）货物本身的自然性质变化造成货物受损。

（3）外包装表面完好而内装货物短缺。

（4）甲方违反国家有关法令，致使货物被有关部门查扣、弃置或作其他处理；（乙方必须提供书面依据，经甲方认定）。

第八条 代位求偿权

无论何种原因，若乙方已向甲方履行赔偿义务后，甲方应及时将其享有的保险索赔权和向责任方的追偿权无条件转移给乙方，并就乙方实现其代位索赔及代位追偿的权利提供一切必要的方便。

第九条 担保条款

乙方愿意以银行担保或现金的方式，为其应承担的责任提供经济担保，银行提供的担保金额为人民币 ____ 万元或现金为人民币 ____ 万元，担保权益人为甲方（详见银行给甲方出具的保函）。

第十条 特殊情况的处理

10.1 对客户的不良品的处理：乙方在接到甲方的货物返还指令后，按要求将货物送至甲方指定的地点，再将确认后的相关单据返还甲方。

10.2 对于处理特殊情况而产生的额外服务费用，甲乙双方可另行商定结算标准及方式。

第十一条 适用法律及争议的解决

11.1 本协议的签署、生效、解释、履行、修改、终止应遵守中华人民共和国的法律。

11.2 对于履行本协议而发生的任何争议，双方首先应当通过友好协商解决。如协商不成，任何一方均应向甲方所在地法院起诉。

第十二条 留置权

乙方在任何情况下均不享有货物的留置权。

第十三条 修改与补充

13.1 本协议的任何修改或补充均应得到双方的书面确认，并自双方授权代表签字并盖章之日起生效。

13.2 在修改未获得双方书面确认前，本协议条款仍然有效。

13.3 本协议未尽事宜，双方可另行签订补充协议，并作为本协议的组成部分。补充协议与本协议具有同等法律效力。

13.4 如乙方根据甲方的要求提供部分仓库供甲方存放货物,则双方另行签订仓储协议。

第十四条　本协议范围

依据本协议,乙方将按甲乙双方认可的《物流运输报价表》中的区域为甲方提供物流服务。

第十五条　协议期限

15.1 本协议自双方签字盖章后生效,运作线路为 ＿＿,具体报价详见附件一《物流服务报价时限表》,有效期自 ＿＿＿＿ 年 ＿＿ 月 ＿＿ 日起至 ＿＿＿＿ 年 ＿＿ 月 ＿＿ 日止。

15.2 本协议到期后,双方应继续履行本协议到期前协议约定的双方尚未履行完毕的一切责任和义务。

15.3 如乙方以上运作线路出现其中一个市场严重违规或经考核不符合甲方服务标准的情况,则全线退出以上全部市场的物流运作业务。

第十六条　其他

16.1 因乙方责任造成甲方货物的损失,应依据甲方提供的最新产品价格表进行赔偿。

16.2 本协议附件为本协议不可分割的组成部分,与本协议具有同等法律效力。

16.3 本协议一式两份,双方各执一份,两份协议具有同等法律效力。

甲方:　　　　　　　　　　　乙方:

盖章:　　　　　　　　　　　盖章:

授权代表人:　　　　　　　　授权代表人:

日期:　　　　　　　　　　　日期:

本章小结

- 服装外贸常用中英函电范文。
- 服装外贸合同范本。包括服装买卖合同(FOB条款)范文;服装买卖合同(CFR或CIF条款)范文;服装外贸合同书(易货)范文;服装外贸合同书(现汇)范文;服装进口合同范文;服装出口合同范文;国际技术转让合同范文;OEM合作协议。
- 服装外贸协议范本。包括服装独家代理协议范文(Exclusive Agency Agreement);服装销售代理协议范文(Sales Agency Agreement);服装销售代理协议范文(Sales Agency Agreement);服装售货合同范文(Sales Contract);服装寄售协议范文(Agreement of Consignment);服装销售确认书范文(1)(Sales Confirmation 1);服装销售确认书范文(2)(Sales Confirmation 2);国际商标许可合同范文;货运承运协议书。

思考题

根据服装外贸合同范本、服装外贸协议范本,模拟写出各类服装外贸合同书。

参考文献

[1] 黎孝先. 国际贸易实务 [M]. 北京：对外贸易教育出版社，1994.

[2] 陈宪. 国际贸易——原理、政策、实务 [M]. 上海：立信会计出版社，1998.

[3] 对外经济合作部人事教育劳动司. 对外经贸理论与实务（下）[M]. 北京：对外经济贸易出版社，2000.

[4] 陈学军. 服装国际贸易概论 [M]. 北京：中国纺织出版社，2002.

[5] 余建春，王家馨. 服装贸易实务 [M]. 北京：中国纺织出版社，2002.

[6] 陈雁，李莉. 服装进出口贸易 [M]. 上海：东华大学出版社，2008.

[7] 陈学军. 出口服装商检实务 [M]. 北京：中国纺织出版社，2007.

[8] 国家进出口商品检验局检验科技司. 出口服装质量与检验 [M]. 北京：中国纺织出版社，1998.

[9] 张神勇. 纺织品及服装外贸 [M]. 北京：中国纺织出版社，2004.

[10] 博斌，袁晓娜. 国际贸易实务与案例 [M]. 北京：清华大学出版社，2007.

[11] 国务院新闻办公室. 中国的对外贸易 [N]. 北京：新华社，2011.

[12] 尹成德. 中美双边贸易发展趋势 [J]. 中国经济时报，2010.

[13] 姚兰. 纺织业遭遇贸易摩擦不断升温 [J]. 纺织服装周刊，2011.

[14] 蔡景红. 浅谈中国服装企业现状与未来趋势 [J]. 企业导报，2011（13）.

中国国际贸易促进委员会纺织行业分会

中国国际贸易促进委员会纺织行业分会成立于 1988 年，成立以来，致力于促进中国和世界各国（地区）纺织服装业的贸易往来和经济技术合作，立足为纺织行业服务，为企业服务，以我们高质量的工作促进纺织行业的不断发展。

✎ 简况

◁» 每年举办（或参与）约 20 个国际展览会
涵盖纺织服装完整产业链，在中国北京、上海和美国、欧洲、俄罗斯、东南亚、日本等地举办
◁» 广泛的国际联络网
与全球近百家纺织服装界的协会和贸易商会保持联络
◁» 业内外会员单位 2000 多家
涵盖纺织服装全行业，以外向型企业为主
◁» 纺织贸促网 www.ccpittex.com
中英文，内容专业、全面，与几十家业内外网络链接
◁» 《纺织贸促》月刊
已创刊十八年，内容以经贸信息、协助企业开拓市场为主线
◁» 中国纺织法律服务网 www.cntextilelaw.com
专业、高质量的服务

✎ 业务项目概览

◁» 中国国际纺织机械展览会暨 ITMA 亚洲展览会（每两年一届）
◁» 中国国际纺织面料及辅料博览会（每年分春夏、秋冬两届，分别在北京、上海举办）
◁» 中国国际家用纺织品及辅料博览会（每年分春夏、秋冬两届，均在上海举办）
◁» 中国国际服装服饰博览会（每年举办一届）
◁» 中国国际产业用纺织品及非织造布展览会（每两年一届，逢双数年举办）
◁» 中国国际纺织纱线展览会（每年分春夏、秋冬两届，分别在北京、上海举办）
◁» 中国国际针织博览会（每年举办一届）
◁» 深圳国际纺织面料及辅料博览会（每年举办一届）
◁» 美国 TEXWORLD 服装面料展（TEXWORLD USA）暨中国纺织品服装贸易展览会（面料）（每年 7 月在美国纽约举办）
◁» 纽约国际服装采购展（APP）暨中国纺织品服装贸易展览会（服装）（每年 7 月在美国纽约举办）
◁» 纽约国际家纺展（HTFSE）暨中国纺织品服装贸易展览会（家纺）（每年 7 月在美国纽约举办）
◁» 中国纺织品服装贸易展览会（巴黎）（每年 9 月在巴黎举办）
◁» 组织中国服装企业到美国、日本、欧洲及亚洲等其他地区参加各种展览会
◁» 组织纺织服装行业的各种国际会议、研讨会
◁» 纺织服装业国际贸易和投资环境研究、信息咨询服务
◁» 纺织服装业法律服务

书目：服装

书 名	作 者	定价(元)
【服装高等教育"十二五"部委级规划教材】		
女装结构设计与产品开发	朱秀丽　吴巧英	42.00
现代服装材料学(第2版)	周璐瑛　王越平	36.00
运动鞋结构设计	高士刚	39.80
服装生产现场管理(第2版)	姜旺生　杨　洋	32.00
新编服装材料学	杨晓旗　范福军	38.00
实用服装专业英语(第2版)	张小良	36.00
发式形象设计	徐　莉	48.00
CAD服装款式表达	高飞寅	35.00
服装产品设计：从企划出发的设计训练	于国瑞	45.00
运动鞋造型设计	魏　伟　吴新星	39.80
【服装高等教育"十二五"部委级规划教材(本科)】		
礼服设计与立体造型	魏　静　等	39.80
服装工业制板与推板技术	吴清萍　黎　蓉	39.80
服装表演基础	朱焕良	35.00
纺织服装前沿课程十二讲	陈　莹	39.80
服装画表现技法	李　明　胡　迅	58.00
成衣设计与立体造型(附光盘1张)	魏　静	39.80
时装工业导论(附光盘1张)	郭建南	38.00
舞蹈服装设计	韩春启	68.00
创意空间	冯信群、刘晨澍、刘艳伟	45.00
服装CAD应用教程(第2版)	陈建伟	39.80
【普通高等教育"十一五"国家级规划教材】		
毛皮与毛皮服装创新设计(第2版)	刁　梅	49.80
服装舒适性与功能(第2版)	张渭源	28.00
服装品牌广告设计	贾荣林　王蕴强	35.00
服装工业制板(第2版)	潘　波　赵欲晓	32.00
服装材料学·基础篇(附盘)	吴微微	35.00
服装材料学·应用篇(附盘)	吴微微	32.00
服饰配件艺术(第3版)(附盘)	许　星	36.00
时装画技法	邹　游	49.80
服装展示设计(附盘)	张　立	38.00
化妆基础(附盘)	徐家华	58.00
服装概论(附盘)	华　梅　周　梦	36.00
服饰搭配艺术(附盘)	王　渊	32.00
服装面料艺术再造(附盘)	梁惠娥	36.00
服装纸样设计原理与应用·男装编(附盘)	刘瑞璞	39.80
服装纸样设计原理与应用·女装编(附盘)	刘瑞璞	48.00
中西服装发展史(第二版)(附盘)	冯泽民　刘海清	39.80
西方服装史(第二版)(附盘)	华　梅　要　彬	39.80
中国服装史(附盘)	华　梅	32.00

本

科

教

材

书目：服装

书　名	作　者	定价（元）
中国服饰文化（第二版）（附盘）	张志春	39.00
服装美学（第二版）（附盘）	华　梅	38.00
服装美学教程（附盘）	徐宏力　关志坤	42.00
针织服装设计（附盘）	谭　磊	39.80
成衣工艺学（第三版）（附盘）	张文斌	39.80
服装CAD应用教程（附盘）	陈建伟	39.80
服装立体裁剪（第2版）	张文斌	39.80
【服装高等教育"十一五"部委级规划教材】		
服装生产经营管理（第4版）	宁　俊	42.00
艺术设计创造性思维训练	陈　莹　李春晓　梁　雪	32.00
服装色彩学（第5版）	黄元庆　等	28.00
服装流行学（第2版）	张　星	39.80
服装商品企划学（第二版）	李　俊　王云仪	38.00
首饰艺术设计	张晓燕	39.80
针织服装结构设计	谢梅娣　赵　俐	28.00
服装表演概论	肖　彬　张　舰	49.80
服装买手与采购管理	王云仪	32.00
服饰图案设计（第4版）（附盘）	孙世圃	38.00
服装设计师训练教程	王家馨　赵旭堃	38.00
服装工效学（附盘）	张　辉	39.80
服装号型标准及其应用（第3版）	戴　鸿	29.80
服装流行趋势调查与预测（附盘）	吴晓菁	36.00
服装表演策划与编导（附盘）	朱焕良	35.00
针织服装结构CAD设计（附盘）	张晓倩	39.80
服装人体美术基础（附盘）	罗　莹	32.00
内衣设计（附盘）	孙恩乐	34.00
成衣立体构成（附盘）	朱秀丽　郭建南	29.80
中国近现代服装史（附盘）	华　梅	39.80
服装生产管理与质量控制（第三版）（附盘）	冯　冀　冯以玫	33.00
服装生产管理（第三版）（附盘）	万志琴　宋惠景	42.00
服装生产工艺与设备（第二版）（附盘）	姜　蕾	38.00
服装市场营销（第三版）（附盘）	刘小红　刘　东	36.00
服装商品企划实务（附盘）	马大力	36.00
服装厂设计（第二版）（附盘）	许树文　李英琳	36.00
服装英语（第三版）（附盘）	郭平建　吕逸华	34.00
服装设计教程（浙江省重点教材）	杨　威	32.00
服装电子商务	张晓倩	32.00

（左侧竖排：本　科　教　材）

注　若本书目中的价格与成书价格不同，则以成书价格为准。中国纺织出版社图书营销中心函购电话：
（010）67004461。或登陆我们的网站查询最新书目：
中国纺织出版社网址：www.c－textilep.com